부서진 사람

HOMAGE TO A BROKEN MAN
By Peter Mommsen

Copyright ⓒ 2015 by Plough Publishing House
Originally published in English as
Homage to a Broken Man: The Life of J. Heinrich Arnold
by Plough Publishing House
with a foreword by Eugene H. Peterson
All rights reserved.

Korean translation copyright ⓒ 2021 by Where the Wind Blows

이 한국어판의 저작권은 Plough Publishing House와 독점 계약한
바람이 불어오는 곳에 있습니다. 신저작권법에 의해 한국 내에서
보호를 받는 저작물이므로 무단 전재와 복제를 금합니다.

Homage to a Broken Man

부서진 사람

피터 맘슨 지음 | 칸앤메리 옮김

부르심을 따라 살았던 사람,
하인리히 아놀드의 생애

바람이불어오는곳

크리스토프와 버레나에게

상처가 없다면 당신은 어떤 존재가 될까?
천사도 어쩔 수 없는,
가련하고 실수투성이인 이 땅의 자녀들을 깨우칠 자는
생의 수레바퀴에 짓눌려 부서진 한 사람.
사랑의 군영에는 오직
상처 입은 병사만이 복무할 수 있으니.

― 손턴 와일더, 「물을 휘저은 천사」에서

차례

서문　　　　　　　　11
저자의 말　　　　　17

1. 오파　　　　　　19
2. 혁명　　　　　　32
3. 자네츠　　　　　48
4. 파탄　　　　　　68
5. 회심　　　　　　77
6. 태양 특공대　　　84
7. 로테　　　　　　98
8. 아버지와 아들　 104
9. 사춘기　　　　 116
10. 타타　　　　　 126
11. 도착　　　　　 134
12. 나치　　　　　 146
13. 질룸　　　　　 166
14. 애나마리　　　 178
15. 작별　　　　　 186
16. 네 시　　　　　199
17. 마지막 편지　　204

18. 피난길 결혼 214
19. 에미 마리아 221
20. 헬리오퍼 235
21. 프리마베라 243
22. 참회 263
23. 악몽 312
24. 프리마베라의 아이들 327
25. 추방 336
26. 나환자촌 346
27. 아버지 노릇 363
28. 마리아나 375
29. 다시 나선 길 388
30. 변화 409
31. 우드크레스트 425
32. 시련 453
33. 해방 484
34. 피날레를 향해 509

나가며 539
감사의 말 541

일러두기

* 이 책은 2004년 동명의 제목으로 출간된 초판을 전면 확대 개정하여 출간한 최종판이다. 이전 판에 없던 풍성한 이야기와 증언, 광범위한 자료와 사진이 들어 있다.
** 모든 주는 옮긴이의 것이다.

서문

성인이 되고 나서 저는 목회자로서, 동시대에 함께 살고 있는 사람들의 인생과 성경에 등장하는 인물들의 이야기가 어떻게 연관되는지 살펴보는 일에 생의 대부분을 할애했습니다. 성경의 계시 전체가 우리에게 이야기로 전해지는 것처럼, 오늘날 우리 삶에서 복잡다단하게 일어나는 창조와 구속 사건을 '이야기'만큼 적절히 풀어낼 수 있는 수단은 없습니다.

『부서진 사람』은 저자 피터 맘슨이 자신의 할아버지의 생애를 다룬 전기입니다. 이 책에 담긴 이야기는 "지상 최고의 스토리"인 예수님 이야기만큼 가치가 있습니다. 우리 삶의 현장에서 재현된 복음이기 때문입니다. 옛날처럼 오늘날에도 하나님은 전혀 영웅에 어울릴 것 같지 않은, 결함 있는 사람을 부르셔서 그분의 영광을 위해 사용하시며, 아무리 멀리 떠나간 백성에게도 변함없이 신실하십니다.

이 책을 읽으며 제 머릿속에 시편 118편의 한 구절이 떠올랐습니다. "집 짓는 사람들이 내버린 돌이, 집 모퉁이의 머릿돌이 되었다." 예수님은 죽음이 임박했음을 직감하고 이 구절로 자신이 처한 상황을 설명하셨습니다. 이 책에 등장하는 "부서진 사람"을 이처럼 적절하게 표현하는 구절도 없을 겁니다. 그는 "집 짓는 사람들이 내버린 돌"이었던 예수님을 따랐습니다. 요한 하인리히 아놀드는 형제자매들과 함께 그리스도를 섬기는 삶으로 부름 받았다는 것을 한 번도 의심한 적이 없었습니다. 그는 격동하는 시대에 위태롭게 성장통을 겪고 있던 기독교 공동체 운동을 이끌었지만, 결코 리더가 되려 한 적이 없었습니다. 천성적으로 겸손하고 신비주의적인 성향을 지닌 데다 전공도 농업이었던 아놀드는 곧 그보다 야심차고 영악한 사람들에 의해 밀려났습니다. 다행히도 이야기는 거기서 끝나지 않습니다.

이 이야기를 읽으며 여러분은 또 다른 성경 구절을 떠올릴 것입니다. 예수께서 제자들에게 그분의 사랑과 구원, 새로운 삶을 증언할 때 반드시 일어날 것이라고 경고하신 말씀입니다. "사람의 원수가 자기 집안 식구일 것이다"(마 10:36). 그리고 "제자도의 대가"라는 본회퍼의 유명한 말이 새롭게 다가올 것입니다. 비록 아놀드는 가까운 사람들에게 좀처럼 믿기 힘든 일을 당했지만, 그러기에 더욱 그의 신실함과 용서 그리고 그가 교회 공동체에 다시 첫사랑의 불꽃을 일으킨 이야기가 도드라져 보입니다.

현대를 살아가는 사람들의 영혼에 가장 해로운 영향을 미치는 한 가지는 이야기의 '불명확성'입니다. 이야기를 조각내어 단절된 일화로 만들거나 축소시켜 가십거리로 전락시킬 때, 또는 이야기를 분해하여 일련의 공식이나 규칙으로 변형시킬 때 이야기는 혼미해집니다. 텔레비전이나 인터넷, 신문, 광고, 소문 등으로 날마다 우리에게 전해지는 언어 속에는 표면적인 사건만 있지 그 뒤에 존재하는 이야기가 담겨 있지 않습니다. 과거와 연결되거나 미래 또는 숭고한 가치를 지향하는 이야기는 거의 존재하지 않습니다. 현대의 이야기는 우리를 더 깊은 현실로 이어 주기보다는 그것과 단절시켜, 앙상한 차체만 모아 놓은 폐차장처럼 사건과 논평만 나뒹구는 곳에 우리를 덩그러니 버려 놓습니다.

이와는 반대로 누군가의 진실하고 솔직한 이야기는 마치 복음과 같이 선한 영향을 미칩니다. 사건과 사고로 혼란스런 세상 속에서 진정한 이야기는 빛과 일관성, 의미와 가치를 불러옵니다. 이야기가 있다면, 아마도, 어쩌면 이야기를 창조하신 분이 (분명!) 존재할 겁니다.

오스트리아의 작가이자 신학자인 프리드리히 폰 휘겔은 "영혼 중에 복제물은 없다"고 즐겨 말했습니다. 학창 시절 저는 어떤 눈송이도, 어떤 떡갈나무 잎도 동일하게 생긴 게 없다는 사실을 배우며 무척 경이로웠습니다. 사람은 그보다 더 독특한 존재입니다. 복음을 진정으로 수용하는 과정은 언제나 지극히 개인적입니다. "내가 너를 지명하여 불렀으니"(사 43:1)는 이후 제 삶과 목회에 시금석과 같은 말씀이 되었습니다.

반면 우리를 둘러싼 문화는 하나님이 지명하여 부르신 존재에 '마른 체형, 구원받지 못한, 거식증, 조울증, 편부모, 당뇨병, 좌뇌형 인간' 등의 꼬리표를 달아서 개인의 독특함을 무너뜨립니다. 꼬리표가 그 사람이 처한 상황을 이해하는 데 미미한 도움을 줄 수도 있습니다. 그러나 그것이 개인의 정체성을 규정하는 데 사용되는 순간 제가 가장 관심을 두는 것, 하나님께서 유일하며 절대 복제할 수 없다고 말씀하신 영혼의 선명성이 흐려집니다.

누군가가 이름으로 불릴 때 그리고 구매자나 환자, 유권자 혹은 죄인이 아닌 하나뿐인 존재로 대우 받을 때 복음은 완성됩니다. 우리를 구원하시는 사랑은 항상 개인적이고 구체적이며 결코 일반적이지 않습니다. 그리스도의 자비는 개개인이 처한 상황에 따라 다른 얼굴로 나타나며 절대 추상화할 수 없는 개념입니다.

좋은 작가는 우리로 하여금 꼬리표를 떼고 존재를 보게 하며, 고정화되고 상투적인 말 이면의 진실을 듣게 합니다. 피터 맘슨은 그런 작가입니다. 이 책의 마지막 장을 넘길 때쯤이면 당신은 요한 하인리히 아놀드의 친구가 되어 있을 겁니다. 이 책에서 우리는 우리 안에 그리스도가 사신다는 것을 깨닫고 민감하게 반응할 수 있게 해 주는, 다양한 인물들의 이야기를 접하게 됩니다. 이 책을 읽은 여러분이 적어도 "하나님을 사랑하는 사람들에게는, 모든 일이 서로 협력해서 선을 이룬다는 것"(롬 8:28)을 더는 의심하지 않게 되기를 바랍니다.

누군가가 생각하는 것처럼 악은 가장 난해한 수수께끼가 아닙니다. 그것은 결코 선과 구원의 신비에 비길 수 없습니다. 그러나 오직 악을 직면한 후에야 우리는 선과 구원의 신비에 들어설 수 있습니다. 이 책에 등장하는 인물들, 브루더호프와 같은 공동체, 그리고 겸손하고 참을성 많은 요한 하인리히 아놀드와 같은 지도자를 만나 교감할 때에야 비로소 선과 악 그리고 구원을 감싼 신비로운 안개가 걷힐 것입니다.

유진 피터슨

저자의 말

이 책은 소명을 따라 살기를 애썼던 한 인간의 실화이자 디트리히 본회퍼가 말했던 제자도의 대가에 관한 이야기다. 책을 펼치면 금세 분명해지겠지만 결코 성인군자를 다룬 영웅담이 아니다. 외할아버지는 단점도 많고 실패에도 친숙한 분이셨다. 그럼에도 나는 할아버지의 인생이 내게 그랬던 것처럼 독자들에게도 의미 있기를 바라는 마음에서 이 글을 썼다.

글을 쓰면서 난 특별히 할아버지의 영적 여정에서 중요한 순간들에 초점을 맞추려 했다. 그런 이유로 할아버지의 생애를 포괄적으로 다루는 대신 절충안을 택해야 했다. 즉 보통의 전기에서 다뤘을 법한 사람과 이야기를 상당 부분 건너뛰고, 할아버지 인생의 성장기에 집중해 내용의 상당 부분을 그분이 청장년으로서 겪었던 일련의 사건들로 채웠다. (이 책은 할아버지가 목회자로 섬겼던 기독교 공동체 브루더호프의 역사라고 말할 수 없다.)

할아버지는 절대 유명인이 아니었다. 할아버지를 개인

적으로 알았던 사람은 그분에게서 지대한 영향을 받았지만, 할아버지가 살아 계신 동안 영향을 미친 사람은 수천을 넘지 못한다. 이토록 평범하고 무명에 가까운 사람에 관해 글을 쓰는 건 처음부터 전기의 요건에 맞지 않는다. 전통적으로 전기는 (최초의 인문주의자 페트라르카의 표현처럼) "저명한 사람", 다시 말해 유명한 정치인과 영웅, 천재, 악당, 성인과 같은 사람의 행적을 기록하기 위해 고안된 장르이다. 나의 할아버지는 그 어떤 부류에도 들지 못한다.

그럼에도 내가 이 글을 쓰는 이유는 할아버지의 이야기가 누구에게나 다가갈 수 있는 중요한 이야기라고 믿기 때문이다. 그분의 용기와 겸손, 어떤 일이 있어도 소명을 따르고자 했던 투철한 의지는 수백만의 가슴 속에 어떤 갈망을 일으킬 것이다. 이것이 사실이라면 기존의 전기 작가들이 가지고 있었던 성공, 유명세, 영향력과 같은 기준은 더는 절대적이거나 중요한 게 아니다. 2천 년 전 랍비라 불리던 한 사람이 말했듯, "꼴찌가 된 사람들이 첫째가 되고, 첫째가 된 사람들이 꼴찌가 될 것이다."

인용구와 대화는 관련된 사람들의 기억에 기초하거나 문서를 통해 재구성했다. 이야기에서 그다지 중요하지 않은 몇몇 사람의 이름은 가명을 썼다.

1. 오파

외할아버지가 돌아가시던 날 아침, 나는 유치원 친구들에게 말했다. "오늘 오파*가 하늘나라에 가셨어!" 우리 가족과 오랜 친구인 선생님은 울음을 터뜨렸다. 난 선생님의 눈물을 이해할 수 없었다. 할아버지가 하늘나라로 가셨다는 건 자랑스러운 일 아닌가?

물론 할아버지가 보고 싶을 거다. 할아버지와 할머니는 우리 집에 같이 사셨다. 2년 전 할머니가 돌아가신 뒤로 할아버지는 내내 편찮으셔서 거의 문밖을 나서지 않으셨다. 아홉 남매 중 일곱째인 우리 어머니는 의사였고, 할아버지는 밤사이 어머니를 부를 때 사용하는 호출기를 침대맡에 두셨다. 어머니는 매일 할아버지의 방에서 적어도 한두 시간씩 머물렀다. 내가 방바닥에서 노는 동안 어머니는 할아버지의 침대 곁에 앉아 있었다. 난 할아버지의 침대 위에서 뛰놀기를 좋아했는데 할아버지가 허락하시면 할아버지

★   할아버지를 뜻하는 독일 말.

배 위에서도 뛰었다. 할아버지의 베개 위에는 몸을 일으킬 때 사용하는 공중그네 같은 손잡이가 있었는데, 거기에 매달려 몸을 앞뒤로 흔들다가 손을 놓으면 할아버지의 배 위에 떨어지기 안성맞춤이었다.

어머니가 공중그네를 가지고 놀지 못하게 하신 날도 있었다. "할아버지 쉬셔야 해"라고 어머니가 말하면 난 할아버지 옆에 앉아 있는 것으로 만족해야 했다. 할아버지 방에 걸려 있는 작은 검정 십자가를 보게 된 것은 아마 그런 날 중 하나였을 것이다. 나는 왠지 모르게 그 십자가에 마음이 끌렸다. 할아버지가 소년이었을 때 엄마처럼 여겼던 타타 이모를 위해 직접 만드셨다는 십자가였다.

할아버지는 몇 시간씩 바흐 음악에 심취하셨다. 〈마태수난곡〉을 들을 때면 나는 할아버지에게 점심 식사를 가져가던 그때가 떠오른다. 얇게 썬 토마토에 어찌나 소금을 많이 뿌리시던지 마치 서리가 내린 것 같았다. 어머니가 말려도 아무 소용이 없었다. 할아버지는 병 때문에 구부러진 손가락으로 찻주전자 손잡이를 잡고 차를 부은 후, 알약처럼 생긴 사카린(할아버지는 당뇨병을 앓고 계셨다)을 스푼으로 듬뿍 넣고 휘저으셨다.

강한 독일어 억양으로 사랑한다고 말씀하시는 할아버지의 음성은 깊고 느긋한 테너 음이었다. 나는 할아버지 방과 그 방에서 나는 아스파라거스와 오드 콜로뉴 향수, 부르고뉴 포도주 향이 뒤섞인 냄새가 좋았다. 하지만 할아버지 방을 좋아했던 가장 큰 이유는 어린아이로서 결코 표현할 수도, 설명할 수도 없는 어떤 것이었다. 아무런 저항 없이 나는 할아버지 방의 그 무엇에 깊이 빠져들었다. 어른이 된 지금도 난 그것이 무엇인지 정확히 설명할 수 없다. 다만 나를 할아버지의 침상으로 이끈 것이 무엇이었든 간에, 오랜 세월 그 일은 내 인생에서 가장 강력한 경험으로 남아 모든 것이 잘못되었을 때 언제나 돌아갈 곳이 되어 주었다.

할아버지가 돌아가시고 12년이 지난 후 나는 하버드 대학의 입학식이 열리는 강당에 앉아 우리의 앞날을 예비하는 루덴스틴 총장의 연설을 듣고 있었다. "여러분은 최고의 인재이며, 엘리트 중의 엘리트입니다." 총장은 1천 6백 명의 신입생을 향해 말했고 나는 그 말을 철석같이 믿었다. 입학 후 3년이 지나도록 그 믿음엔 변함이 없었다. 이렇게 생겨난 영혼의 암은 점차 내 생각과 행동까지 병들게 했다. 루덴스틴 총장을 탓할 순 없었다. 그는 단지 자기 일을 했을 뿐이니까. 하지만 대학 입학과 동시에 전에 없던 고약한 영혼의 병이 생긴 건 부인할 수 없는 사실이었다.

나는 재정적인 지원도 넉넉했고 학업 성적도 괜찮은 편이었다. 문예지를 만드는 일을 했고 술 마실 기회가 생기면 코가 삐뚤어지도록 마셨다. 럭비와 조정에 소질이 없다는 것도 알았다. 스물두 살이 되던 날 아침 접이식 침대에서 일어난 나는 간밤에 마신 샴페인으로 숙취가 아직 남아 있었고, 구겨진 턱시도를 입은 채 땀에 축축이 젖어 있었다. 공허했고 절망스러웠다. 수년 동안 지독하게 따라다니던 죄의식을 언제나 교묘히 피해 왔지만 더는 그럴 수 없었다.

모든 것이 가식적이고 잘못된 것처럼 보이는 순간, 난

선택의 기로에 서 있다는 사실을 깨달았다. 자라면서 배웠던 진정한 가치들을 깡그리 무시하든지, 아니면 가던 길을 멈추고 뒤돌아서서 내가 확신했던 그 무엇을 다시 찾을 때까지 거슬러 올라가든지 해야 했다.

그래서 나는 증조할머니, 그러니까 할아버지의 어머니의 삶까지 되짚어 갔다. 전동의자를 타고 계단을 내려오시는 증조할머니의 모습이 지금도 어렴풋이 기억난다. 그렇게 방을 나와 우리 집에 아침을 드시러 온 증조할머니는 할아버지 옆에 앉아 컵에 담긴 삶은 계란을 수저로 조금씩 떠 드셨다.

오마*도 기억난다. 할머니는 따뜻하고 활동적인 분으로 매사에 빈틈이 없으셨다. 소파에 앉아 우리에게 이야기를 들려주시던 할머니는 생일이나 크리스마스 때면 잊지 않고 선물을 챙겨 주셨다. 할머니는 엄한 분이기도 하셨다. 한번은 내가 아침 식사 자리에서 할머니의 말을 듣지 않은 일이 있었다. 할아버지는 자식들이 할머니의 말을 거역하는 일은 절대 그냥 넘어가지 않으셨는데 손주라고 예외일 순 없었다. 할아버지가 아버지에게 말씀하셨다. "마커스, 저 아이는 매를 좀 맞아야겠네." (어머니의 일기에 따르면 당시 내 나이는 세 살이 채 안 되었다.) 하지만 그런 순간에도 난 할아버지가 무섭지 않았다. 할아버지와 있으면 언제나 안심이 되었다.

오래지 않아 할머니가 암 선고를 받았다. 거실 소파에

★   할머니를 뜻하는 독일 말.

누워 이웃집 아이들이 학교를 오가는 모습을 지켜보시던 할머니는 내 다섯 살 생일을 며칠 앞두고 돌아가셨다.

하지만 무엇보다 내 기억 속에 생생한 분은 할아버지다. 할머니가 돌아가신 후 나는 사촌 노랜과 함께 반짝거리는 빨간 종이로 할아버지께 드릴 카드를 만들었다. 할아버지 방에 가서 카드를 건네드리며 우리는 "할머니께서 보내신 거예요"라고 말했다. 카드를 받아 든 할아버지의 얼굴이 환하게 밝아졌다. 할아버지는 우리를 침대에 앉히고 이야기를 들려주셨다. 라틴 아메리카에 살 때 애완동물로 기르던 원숭이 이야기, 부잣집 사모님을 마차에 태우고 정글 속을 달리던 일, 그리고 마차를 끌던 말이 죽게 된 이야기까지. 할아버지는 탁월한 이야기꾼이셨다. 할아버지의 미소에는 전염성이 있었고 그분은 종종 큰 소리로 웃음을 터뜨리셨다.

돌이켜 보면, 나보다 할아버지랑 더 친한 사촌들이 많았다. 어머니의 말에 따르면 나는 종종 할아버지에게 애정 표현하기를 거부했다. 할아버지 침대 옆에 있던 서랍장 위에는 사탕을 담아 놓은 그릇이 있었다. 이따금 나는 할아버지 방에 가서 사탕만 챙기고 안녕히 주무시라는 인사를 하지 않으려 해서 부모님을 당황스럽게 했는데, 할아버지는 그저 껄껄 웃으셨다. "괜찮다. 여긴 자유 국가가 아니냐."

일곱 살 때 나는 생전 처음 고기를 잡았는데 한 척이 넘는 농어였다. 빨간색 찌가 물에 들어갈 때 느꼈던 짜릿함을 아직도 잊을 수 없다. 누군가가 물고기를 손질해 주었고 나는 (아마도 생선을 싫어했기 때문에) 할아버지께 드리자고 제안했다. 할아버지는 내가 잡은 생선을 남김없이 다 잡수셨다. 돌아가시기 한 달 전 일이다.

할아버지의 생애 마지막 나날 동안 어머니는 할아버지 침대에서 뛰놀지 못하게 하셨다. 어떤 날은 아예 사촌들과 할아버지 방에 들어가지 못할 때도 있었는데 그런 날에는 창밖에서 할아버지를 문안하는 것으로 만족해야 했다. 정원에 서서 우리는 유리창 너머를 흘끗흘끗 쳐다보며 할아버지가 좋아하시는 노래를 불렀다. 할아버지는 산소 호흡기를 달고 두 눈을 감은 채 가만히 누워 계실 때도 있었고, 우리를 보고 웃으며 손을 흔드시는 날도 있었다.

돌아가시고 나서 난 할아버지가 영영 떠나셨다는 사실을 인정하게 됐지만, 결코 그분을 잊은 적이 없었다. 어린 시절 경험했던 할아버지는 아직도 내 안에 생생히 살아 계신다. 하지만 십대로 접어들자 인생은 훨씬 복잡해졌고 할아버지는 내 안에서 점점 멀어져 갔다. 심지어 그분에 관한 얘기를 듣는 것만으로 짜증이 일기 시작했다. 물론 할아버지에 대한 사랑이 변한 것은 아니었다. 하지만 그는 도대체 누구였던가? 나는 할아버지가 무엇을 하셨는지 안다. 그렇게 불리길 원치 않으셨겠지만 할아버지는 거의 평생을 목회 상담가로 사셨다. 세심함과 겸손함 때문에 존경을 받으셨다는 것도 안다. 그러나 할아버지에 대한 평판이 왜 엇갈리는지는 여전히 풀리지 않는 수수께끼다. 어째서 돌아가신 할아버지의 이름을 듣는 것만으로도 사람들의 반응은 극과 극으로 나뉠까?

친가 조부모를 포함해 내가 아는 대부분의 어른은 오

파를 깊이 사랑했고 심지어 경외심을 나타내기까지 했다. 그들은 자신이 만난 사람 중에서 할아버지가 제일 중요한 사람이었으며 자신의 인생을 완전히 바꾸어 놓았다고 얘기했다. 반면 다르게 느낀 사람들도 있었다. 할아버지와 사이가 어그러진 몇몇 친척은 수십 년 동안 할아버지를 만나지 않았음에도 지금까지 할아버지를 대변하는 모든 것을 경멸한다. 할아버지에게 상담을 받은 사람이 수년 후에 할아버지를 살해하려 했던 일도 있었다. 그는 자신이 할아버지를 쏘기 직전 마음을 바꿔 방아쇠를 당기지 않았다고 우쭐댔다.

하버드에 들어갈 때 나는 자기 소개서에 학문에 대한 열정이 중요하다고 썼지만 그건 상투적인 문구였을 뿐이다. 하버드에서 내가 진짜로 원했던 것은 내 멋대로 할 수 있는 새로운 세상, 새로운 권력이었다.

좋았던 순간들도 있었다. 카다멈 향이 그윽한 학내 커피숍에서 친구들과 물담배를 피며 새뮤얼 콜리지*와 버지니아 울프**를 논하던 일. 코넬 웨스트 교수의 사무실에 교수님과 단 둘이 마주 앉아 편하게 개인지도를 받으며 사회정의와 라인홀드 니버♦, W. E. B. 두보이스♦♦, 그리고 침례교 교인으로 자란 교수님과 기독교 공동체에서 자란 나의

★   영국의 시인, 평론가. 윌리엄 워즈워스와 함께 『서정 가요집』을 발간했으며 낭만주의의 선구자가 되었다.
★★ 영국의 작가. 조이스, 프루스트와 함께 '의식의 흐름'이라는 새로운 소설 형식을 시도했다.

성장 배경을 스스럼없이 나누었던 일. 이른 새벽, 떠오르는 태양 빛에 물들어 가는 찰스강을 바라보며 노를 저어 무지개다리 밑을 지나던 일. 하지만 아무리 행복한 순간에도 난 이것이 내가 원하는 삶이 아님을 잘 알고 있었다. 나는 내가 어디에서 왔는지 알았다. 오파와 오마는 내가 가고 있는 이 길을 절대 달갑게 여기지 않으셨을 테다.

부모님과 다른 식구들도 마찬가지였다. 그들은 내가 곤경에 처했다는 사실을 알아채고 휴학을 권했다. 나는 휴학할 생각이 전혀 없었기에 수개월 동안 떼쓰고 구슬리고 으름장을 놓고 감정적으로 협박했다. 하지만 결국 항복한 쪽은 아버지와 어머니가 아닌 나였다. 3학년을 마치고 나는 니카라과의 오지로 향하는 비행기에 몸을 실었다. 이제 진짜 사람들을 만나야 할 때라고, 아버지가 말씀하셨다.

고전과 문학을 전공하는 학생으로서 다문화를 경험할 기회에 관심 있는 척했지만 사실 나는 눈곱만큼도 흥미가 없었다. 누가 케임브리지*를 떠나 일용직 노동자로 손에 흙을 묻히며 살고 싶겠는가? 하지만 얼마 후 나는 니카라과호 한가운데 있는 오메테페 섬의 유기농 농장에서 일하게 되었다. 두 개의 화산으로 이루어진 이 섬은 내륙에서 한 시간 정도 배를 타고 들어가야 했다.

◆ 미국의 신학자. 변증법적 신학을 기초로 역사와 사회를 비판적으로 분석하고 기독교적 인간관과 기독교적 사회 윤리의 확립에 노력했다.
◆◆ 미국의 작가, 흑인 운동 지도자. 『흑인의 영혼』을 발표하여 온건 노선에 반대하는 흑인 지식인층의 지지를 받았고, 전국 유색인종 협회를 창설했다.
★ 미국 메사추세츠주 동쪽에 있는 도시로, 하버드 대학이 위치해 있다.

나는 농장에서 일하는 사람들과 서서히 친해졌다. 일꾼들은 대부분 인근 마을 사람이었고 하루에 3달러 50센트를 받고 일했다. 나는 그들이 쓰는 스페인어를 배웠는데, 자음이 거의 없는 듯한 말이었다. 하이로와 그의 사촌 루이스와 함께 아르마딜로를 잡으러 화산에 올라가기도 했다. 루이스의 가족은 가난했다. 그들은 야구공만 한 용암 덩어리 때문에 경작이 어려운 높은 산지에 살고 있었다. 이 지역의 다른 많은 농부처럼 루이스도 농약 분무기를 짊어지고, 미국에서는 이미 오래전 금지된 화약 약품을 온몸에 뒤집어써 가며 작물에 뿌렸다. 스무 살이 채 안 되었는데도 그는 벌써 머리가 빠지고 있었다.

그래도 루이스는 원주민 라켈에 비하면 형편이 나았다. 나는 미국 선교사들을 위해 새로 지은 방갈로의 방 하나를 빌려 살고 있었는데, 라켈의 판잣집은 내 방에서 아주 가까운 곳에 있었다. 라켈에겐 세 살부터 열네 살까지 일곱 명의 자녀가 있었다. 하나같이 기생충으로 고생하고 있었고 한 명은 말라리아를 앓았다. 세 살짜리 막내는 아프리카 수단의 기아처럼 배가 볼록 튀어나와 있었다. 조그만 텃밭에 채소를 키우는 라켈에겐 고정된 수입도 남편도 없었다.

그러던 어느 날 라켈은 본토에 있는 병원에 갔다가 자궁에 종양이 있다는 진단을 받았다. 검사는 무료였지만 치료는 돈이 들었다. 그 소식을 들은 농장 주인은 매달 그녀에게 약값을 대주었다. 그런데 이상하게도 종양은 계속 커졌고 몇 달 뒤 라켈은 고통스럽게 죽었다. 농장 주인과 나는 이해할 수 없었지만 남겨진 아이들은 그 이유를 알고 있었다. 그녀는 약을 살 돈으로 음식을 샀던 것이다.

물론 누구나 들었을 법한 이야기이다. 하지만 이 일은 내가 머물던 곳에서 돌을 던지면 닿을 만한 곳에서 일어났다.

마을 친구들은 나를 만날 때마다 "왜 그렇게 슬퍼 보여?"라고 물었다. 어떤 땐 웃고 있을 때조차 그렇게 물어와 나를 당혹스럽게 만들었다. 내 속을 훤히 꿰뚫어 보고 절박한 심정을 알아챘던 것이다.

나는 잘못된 길로 가고 있었다. 부모님을 힘들게 한다는 자책감과 내가 저지른 은밀한 죄 때문에 밤잠을 못 이루는 날도 있었다. 내가 더럽고 추악하게 느껴졌다.

"나쁜 자식, 너는 주위 사람들의 사랑을 빨아먹는 기생충이야." 내 안의 내가 말했다. "너 자신을 위해선 거창한 계획을 세우면서 루이스와 라켈 같은 사람들은 생각이라도 해 봤니? 그렇게 이기적으로 살라고 태어난 게 아니잖아. 죽을 때 후회하지 않겠어?"

마음 깊은 곳엔 할아버지와 함께 있을 때 느꼈던 감정들이 잠자는 씨앗처럼 묻혀 있었다. 신성하면서도 위험한 기억을 감춘 채 난 거의 잊은 듯 살아왔다.

이제 그 기억이 다시 필요했다. 나는 할아버지가 소장했던 책들을 훑어보기 시작했다. 그러나 한 번에 많은 양을 볼 엄두가 나지 않았다. 어느 날 할아버지가 사랑했던 13세기의 신비주의자 마이스터 에크하르트의 글을 읽는데 참회와 회심, 하나님과의 연합에 관한 이런 문구가 있었다. "누구도 자신 안에 하나님을 모시는 일이 불가능하다고 생각해서는 안 됩니다. 그 일은 하나님이 하시는 일이기 때문입니다. 어떤 이는 그런 경험이 없다고 말할지 모릅니다. 저는 그에게 안됐다고 말해 줄 것입니다. 하지만 그런 경험을 바라는 마음조차 없다면 그것은 더 불쌍한 일입니다. 진정한 회개를 경험하지 못했다면 최소한 그것을 갈망하십시오! 그러한 갈망이 생기지 않는다면 갈망하기를 바라기라도 하십시오!"

"꼭 나를 두고 하는 말이네." 나는 잠시 생각에 빠졌다. "하지만 이제 어쩌지?" 크리스마스 무렵 어느 더운 오후에 나는 농장 주인이 시험 삼아 수박을 기르는 기름진 작은 밭에서 덩굴 주위의 잡풀을 뽑고 있었다. 호수 내음으로 가득한 대기는 썩은 파파야처럼 진하고 달콤하며 끈적거렸다. 나는 머리 위로 날아가는 왜가리를 보았다. 일렁이는 햇살에 왜가리의 날개가 하얗게 빛났다. 문득 나 자신이 사막에 버려진 듯 추하게 느껴졌다. 나는 고랑 옆에 무릎을 꿇고 울면서 기도했다. 하나님께 정확히 뭐라고 말했는지 기억나지 않는다. 그러나 한 가지 분명한 것은, 내가 잘못했고 집에 돌아가기 위해서라면 모든 것을 포기하고 어떤 일이든 할 수 있다는 다짐이었다.

그 일로 내 삶이 하루아침에 변한 것은 아니지만 분명 그날은 나의 전환점이었다. 얼마 안 돼 나는 오메테페를 떠났다. 학업을 마치기 위해서가 아니라 내가 가야 할 길을 계속 찾기 위한 결정이었다. 내게 필요한 것은 회개와 용서였다. 그날 이후로 조금씩 목표를 향해 나아갔다. 때로 초점을 잃고 도망치려 하거나 머뭇거릴 때도 있었지만 결코 내가 가려는 길에 대해 의심하지 않았다. 벌거벗은 모습과 직면해야 하는 고통스러운 순간에도 나는 새로운 삶에 대한 기대로 들떠 있었다. 절대 뒤돌아서지 않으리라.

여름이 되어 나는 사촌 크리스, 프리실라, 에이미, 그리고 여동생 마리아나와 함께 뉴욕 북부에 있는 고향으로 돌아왔다. 우리는 모두 이십대였다. 각자 자신의 능력을 시험해 보았고 또 실수도 저질렀다. 우리가 이제 같은 방향을 향해 가고 있다는 사실이 놀라울 따름이었다. 우리는 부모님께 질문을 던지고 오파와 오마가 남긴 문서를 찾아보며 우리의 뿌리를 발견하기 시작했다. 우리가 발견한 사실 중 어떤 것은 우리를 심각하게 만들었고, 어떤 것은 웃게 했으며, 어떤 것은 분노하게 했다.

어느 날 저녁 우리는 할아버지 무덤가에 서서 그분에 대해 얘기하기 시작했다. 자정이 지나도록 옛이야기를 떠올리며 우리는 자리를 뜨지 못했다. 할아버지가 어떻게 나치와 맞섰는지, 어떻게 가족에게서 분리되어 나환자촌에가 일하게 되셨는지. 정말이지 할아버지와 얼굴을 맞대고 얘기하고 싶었다.

우리는 할아버지를 상담가 혹은 친구로 알았던 사람들에게서 그분에 관한 이야기를 들었다. 그들의 소중한 추억을 듣는 우리의 마음은 때로 냉랭했다. 우리가 원하는 할아버지는 성인이 아니었다. 우리는 쉽게 다가갈 수 있는 할아버지를 바랐다. 물론 할아버지와 친분을 맺고 그분의 책을 읽은 사람들이 할아버지에게서 큰 영향을 받은 것은 사실이다. 하지만 그런 사람은 기껏해야 몇 천 명에 지나지 않는다. 할아버지는 유명인이 아니었다. 바로 그러한 이유로, 보통의 삶을 살아갈 우리는 할아버지에게 묻고 싶었다. "저는 무엇을 위해 살아야 하나요?", "다른 사람과 어떻게 관계를 맺을 수 있죠?", "인생에서 중요한 건 뭔가요?", "하나님은 어떤 분이신가요?"처럼 부끄럽지만 아주 기초적인 질문들이었다.

할아버지 무덤 옆에 서 있던 밤, 나는 그분이 언제나 내 안에 계셨다는 사실을 깨달았다. 한때 선명했던 그분의 모습은 점점 크게 벌어지는 협곡 건너편의 무엇처럼 멀어지고 희미해졌다. 하지만 이제 나는 그것을 영원히 되찾아야만 한다.

예상보다 훨씬 방대한 자료들 속에서 오파의 삶의 조각들을 맞춰 가며 나는 답을 찾기 시작했다. 오파의 삶을 글로 옮기려는 세 번의 시도는 모두 실패했다. 한번은 오파의 존재가 너무 강렬하게 느껴져 더는 그분의 글을 읽을 수 없을 때도 있었다. 집필을 다시 시작한 건 1년 전 일이다. 이 이야기는 여전히 살아 있기에 당신의 삶에도 유의미하게 다가갈 것이다.

이렇게 해서 이 책이 세상에 나왔다. 놀랍고 애달픈 사연으로 가득한 베를린에서 이야기는 시작된다.

2. 혁명

1919년, 베를린.

아침 식사 후, 총격이 멈춘 시간을 틈타 세일러복을 입은 소년이 큰길을 따라 학교로 향했다. 소년은 중간에 병사들이 거리를 가로질러 파 놓은 참호를 건너야 했다. 병사들은 참호 옆에 흙더미를 쌓아 올려 바리케이드를 치고 그 위에 널빤지를 얹어 사람들이 참호를 건널 수 있게 만들었다. 널빤지 위를 걷던 여섯 살 소년은 구덩이 아래 철모를 쓴 병사들을 내려다보았다. 병사들은 여느 때처럼 총격이 시작되길 기다리며 담배를 피우고 있었다. 지금은 학교가 계속 운영될 수 있도록 정부와 혁명군이 약속한 휴전 시간이다. "조심히 서둘러 가거라. 곧 총격이 다시 시작될 테니." 어머니의 당부가 하이너*의 귓가에 맴돌았다.

하루도 빠짐없이 병사들은 소년에게 큰 소리로 인사했다. "좋은 아침!" 하이너는 자신에게 못되게 구는 이웃

★ 하인리히 아놀드의 어린 시절 이름.

아이들보다 이 친절하고 쾌활한 병사들이 더 좋았다. 사람들은 이웃 아이들이 하이너에게 심술궂은 이유가 모두 하이너의 아버지 때문이라고 했다. 동네의 다른 어른들은 옷깃에 독일 제국기를 닮은 적색과 흰색, 검정색이 섞인 리본을 달고 다녔다. 반면 에버하르트 박사는 국제 노동자 운동을 상징하는 적색 리본을 달았다. 이러한 이유로 동네 아이들은 하이너에게 "빨갱이! 빨갱이!"라고 소리쳤지만 하이너와 아이들 중 누구도 그 말뜻을 이해하는 사람은 없었다.

총파업을 일으켜 종전을 앞당긴, 스파르타쿠스단★★이라고 불리는 급진적 마르크스주의자들이 사회주의 공화국을 세우려 시가전을 벌인다는 사실을 어린 하이너가 알 리 없었다. 하이너는 아버지에게 빨갱이가 무슨 뜻이냐고 물었다. 훗날 하이너는 "그게 아버지와 처음으로 나눈 심각한 대화였어"라고 회상했다. 사실 개신교 신학자였던 에버하르트는 공산주의자가 아니었다. 그는 폭력이라면 치를 떠는 사람이었지만 그래도 노동 계층을 위한 정의가 이루어져야 한다고 믿었다. "이 참혹한 전쟁에서 가장 고통당하는 사람들은 바로 노동자란다."

하이너는 몇 가지 단어에 대해서도 알게 되었다. 이를테면, '퇴위'는 황제가 나라를 팽개치고 네덜란드로 도망간 것을 의미하고, '휴전'은 독일의 굴욕적인 패배를 뜻했다. '암살'은 예전에 하이너의 부모님이 얘기해 준 혁명대를 군

★★ 1916년 독일의 혁명적 사회주의자들이 조직한 정치 단체.

대가 뒤쫓는 것을 의미했다. 로자 룩셈부르크*와 카를 리프크네히트**가 대표적인 혁명대였는데, 이들은 하이너가 살던 빌머스도르프 외곽에서 체포되어 살해됐다.

어떤 것은 설명이 필요 없었다. 참전 군인들은 "우리는 배고프다!"라고 외치며 시내 한복판을 행진했다. 전쟁 막바지의 2년 동안 먹을 것이라곤 순무밖에 없었다. 부유층이라고 상황이 다르진 않았다. 삶은 순무, 순무 팬케이크, 설탕이 없어 사카린으로 만든 순무 잼. 전쟁이 끝난 지금, 사정은 더 나빠졌다. 빈민가의 어린이들이 굶어 죽기 시작했다. 어른들의 수군대는 말을 들은 하이너도 이 사실을 알고 있었다. 시청 공무원들은 뼈만 앙상한 시신을 베를린 바깥에 매장하기 위해 신문지에 싸서 실어 갔다.

하이너에겐 누나 에미-마가렛, 형 하디, 그리고 한 살 어린 남동생 한스-헤르만과 젖먹이 여동생 모니카가 있었다. 그리고 아버지와 어머니 에미, 엘자 폰 홀란더 이모가 한집에 같이 살았다. 하이너의 식구들은 모두 이모를 타타라고 불렀다. 아버지는 '푸르헤'라는 출판사의 편집인이었고, 타타 이모는 아버지의 비서로 함께 일했다. 아버지와 이모는 이른 아침 집을 나섰기 때문에 보통 하이너가 일어날

★ 폴란드 태생의 독일 혁명가. 젊어서 폴란드 노동 운동에 참가하였으며, 독일 사회당의 좌파 지도자가 되어 스파르타쿠스단을 조직하고 정치적 봉기를 꾀하다가 처형되었다.
★★ 독일의 혁명가, 정치가. 사회 민주당 좌파의 지도자였으며, 마르크스주의의 원칙을 고수하여 1차 세계대전에 반대하고 탈당했다. 독일 혁명 때 룩셈부르크 등과 스파르타쿠스단을 조직하고 독일 공산당을 창립하여 무장 봉기를 일으켰으나 실패하고 우익 장교에게 살해당했다.

무렵이면 그들은 집에 없었다.

베를린에 총성이 울리는 저녁 시간, 에미와 아이들은 거실에 앉아 에버하르트와 타타가 돌아오길 기다리곤 했다. 안절부절못하는 에미는 연신 "아직도 안 오네!"라고 말하며 앉았다가 일어서기를 반복했다.

한번은 이렇게 다섯 시간이나 기다린 적이 있었는데, 밤 11시가 되어서 현관문에 열쇠 넣는 소리가 들렸다. 창백한 얼굴로 들어선 에버하르트가 말했다. "전차가 교전 지역에 멈춰 선 바람에 한동안 꼼짝도 못했어. 총격이 멈출 때까지 전차 바닥에 바짝 엎드려 있어야 했거든."

목요일엔 일찍 잠자리에 들어야 했다. 에버하르트와 에미가 "열린 모임"을 주재하는 날이었기 때문이다. 그런 날이면 식당과 응접실은 사람들로 북적였다. 하이너는 하디, 에미-마가렛과 위층에 남아 있는 것이 싫었다. 밖에서 들리는 기관총 소리는 밤이 되면 언제나 더 가깝게 들렸다. 반면 아래층에 모인 어른들의 이야기를 엿듣는 건 재미있었다. 열린 모임은 파티가 아니라 진지한 토론을 하는 시간이었다. 사람들은 정부의 약점과 파탄 난 독일 문화, 최근에 러시아를 장악한 볼셰비키라는 집단에 대해 토론을 했다. 자신들에 관한 얘기도 빼놓지 않았는데 그럴 때마다 이상하게 늘 똑같은 질문으로 돌아왔다. "그럼 이제 우리는 무엇을 해야 하지?"

누구도 하이너가 어른들의 이야기를 이해한다고 생각하지 않았다. 아직 글을 읽기 전이었지만 하이너는 주의 깊게 들을 줄 알았고 조금씩 이해의 폭을 넓혀 가고 있었다.

하이너는 아래층에 모인 사람 중에 시가전을 벌이는 두 당파의 지도자가 있다는 사실을 알았다. 아버지와 함께 출판사에서 일하는 동료들은 보수적인 사람들이었다. 하이너와 형제자매들은 그들의 손에 공손히 입맞춤해야 했고 그들의 사마귀나 점에 대해서 말해서는 안 되었다. 이들은 검은 옷을 입고 깃을 빳빳하게 세웠으며 머리 한가운데로 가르마를 탔다. 서로에게 말할 때는 격식을 차리느라 웃지도 않았다. 그들이 하이너의 어머니에게 인사할 때면 꼭 '여사님'이라고 불렀다. 하이너와 그의 형제자매들은 이들에게 "경건한 사람들"이라는 이름을 붙여 주었다. 경건한 사람들의 우두머리는 아버지의 상사인 게오르크 미카엘리스였는데, 사람들은 그에게 "각하"라고 존칭했다. 그는 전시에 수상을 지낸 인물이었다.

경건한 사람들은 에버하르트와 에미의 "다른" 친구들을 보고 놀라곤 했는데, 그들은 예술가와 사회 운동가, 급진주의자, 대학생, 보건 개혁가, 금주주의자, 그리고 유대인이었다.

그토록 다양한 사람들이 모였기 때문에 토론 중에 격렬한 의견 충돌이 일어나는 건 다반사였다. 그런데도 사람들은 매주 다시 모였다. 더 나은 세상을 만들기 위해 모두가 동의하는 최선의 대안은 없었지만, 구시대가 몰락했다는 사실을 부인하는 사람은 아무도 없었다. 모두 새로운 사회에 대한 필요를 절감했다. 에버하르트는 그들의 갈망을 자신의 말로 옮겼다.

하이너는 아버지가 말할 때마다 가슴이 뛰었다. "오늘

날 우리에게 필요한 것은 대격변입니다. 모든 사회적 규범과 질서를 뒤엎고 재평가해야 합니다.…… 답은 바로 예수님의 가르침에 있습니다."

많은 사람이 회의감을 드러냈다. "하지만 그게 정말 현실적일까요? 남에게 대접받고 싶은 대로 하라? 그런 사회가 가능해요? 그건 광신주의예요. 아니, 어떻게 적을 진심으로 사랑할 수 있단 말입니까?"

에버하르트가 기존에 하던 출판 일과 더불어 대중 연설을 재개한 것은 바로 이즈음이었다. 에버하르트는 십대 때부터 구세군 모임에서 연설을 하곤 했는데, 그의 부모님은 이 사실을 알고 경악했다. 에버하르트의 아버지는 그에게 이 일로 교수직을 박탈당할 수도 있다고 말했다(실제로 그런 일은 일어나지 않았다). 이제 아버지가 된 에버하르트는 종종 베를린의 빈민가에서 열리는 구세군 모임에 아들들을 데려갔다. 하이너에게 가장 깊은 인상을 주었던 것은 집회장 앞에 참회하는 사람들을 위해 놓은 '자비석'이었다. 군중 속에서 남자나 여자가 그 앞에 나와 무릎을 꿇었는데, 술에 취해 비틀거리는 사람은 사관의 곁부축을 받아 나왔다. 그들이 작은 목소리로 죄를 고백하면 관악대가 연주를 시작했고 군중은 부흥 찬송을 힘차게 불렀다. "저 여자가 무슨 고백을 했을까?" 아이들이 수군댔다. "한참을 얘기하던데."

이제 에버하르트의 비전은 부흥 집회의 울타리를 넘어섰다. 하이너는 간혹 어머니의 응접실에서 부드러운 녹색 양탄자 위에 널려 있는 포스터를 보곤 했다. 포스터에는 대

문짝만 한 검정 글씨로 아버지의 강연 주제가 적혀 있었다. "세계 혁명과 세계 구원", "종교 시스템의 파산", "기독교를 향한 니체의 도전", "대중의 노예화", "개인의 가치", "새 시대의 청년을 위한 영성." 에버하르트는 가끔 자녀를 그의 강연회에 초대했다. 에버하르트의 쩌렁쩌렁한 목소리가 집회장에 울려 퍼질 때 하이너와 형제자매들은 아버지가 한없이 자랑스러웠다. 청중이 천 명이 넘는 대형 집회에서도 에버하르트는 전혀 위축되지 않았다. 청중 한 사람 한 사람의 반응을 끌어내려는 듯, 에버하르트는 연단에서 내려와 강연장 앞뒤를 오가며 큰 소리로 외쳤다. "당신은 어디에 서 있습니까? 어느 편을 택할 것입니까? 자신의 삶을 어떻게 변화시키겠습니까?"

에버하르트 아놀드 박사는 자신의 말을 실행에 옮기는 사람으로 정평이 나 있었다. 실제로 에버하르트는 불편할 만큼 급진적으로 가족의 생활 양식을 바꾸는 중이었다. 그는 수십 년에 걸친 탐욕과 사회적 불평등 때문에 1차 세계대전이 일어나 수백만의 목숨을 앗아갔다고 믿었다. 따라서 에버하르트와 에미는 중산층의 특권을 내려놓음으로써 사회 최하층 계급과 연대를 이루려고 노력했다. 두 명의 하녀를 자신들의 침실에 머물게 하고 자신들은 하녀들이 쓰던 방으로 옮겨 갔다. 또한 하녀들은 부엌이 아닌 에버하르트 가족과 함께 식사했다. 식사 예절을 배워야 하는 불편함이 있었지만 이들은 금세 새로운 질서가 가져다주는 유익을 깨달았다. 타타와 에미는 설거지를 시작했고 에버하르트는 저녁마다 구두 닦는 일을 맡겠다고 선언했다. 하루는 에버하르트가 구두 닦는 일을 잊었는데, 다음 날 하녀들이 그의 서재 문을 두드리며 나무랐다. "박사님, 저희 구두요······. 구두 닦는 일을 잊으셨어요!"

1919년 여름이 시작될 무렵, 치열했던 시가전이 끝났다. 신정부군이 혁명대를 몰아냈다. 하지만 에버하르트 가족의 혁명은 이제 막 시작이었다. 어느 더운 오후, 에미와 아이들은 발코니에서 주말에 열린 학생 수련회에 참석했던 에버하르트가 돌아오기를 기다리며 거리를 내다보고 있었다. 저 멀리서 집 쪽으로 걸어오는 한 남자가 있었는데 분명 에버하르트였다. 그런데 어찌 된 일이지 평소에 입던 검은 외투와 빳빳하게 깃을 세운 셔츠, 넥타이, 서류 가방이 보이지 않았다. 대신 에버하르트는 간단한 셔츠와 반바지 차림에 등산화를 신고 있었다. 한쪽 겨드랑이에 외투를 낀 에버하르트는 셔츠 윗단추를 채우지도 않은 채 긴 양말은 온데간데없이 맨다리를 드러내고 있었다. 에미는 웃어야 할지 울어야 할지 몰라 둘 다 하기 시작했다. "아니, 에보★! 지금 제정신이에요?" 에미가 내려다보며 물었다. 에버하르트는 에미를 쳐다보며 함박웃음을 터뜨렸다.

에버하르트가 집 안으로 들어오자 아이들은 우스꽝스러운 차림의 아버지를 뚫어지게 쳐다봤다. 그것도 아랑곳없이 에버하르트는 학생 수련회에서 발견한 것을 에미에게 말해 주느라 정신이 없었다. '청년 운동'이라고 불리는 이

★ 에버하르트의 애칭.

활동에 대해 에버하르트와 에미는 이미 몇 달 전부터 들어 알고 있었지만, 몸소 경험하기는 이번이 처음이었다. 에버하르트에 따르면, 청년 운동의 리더들은 대부분 전선에서 돌아온 젊은이들이었다. 전쟁을 범죄라고 일컫고 위선을 경멸하는 그들은 총검과 독가스를 발명한 "문명"을 어떻게 문명이라고 부를 수 있으며, 성직자들이 어떻게 치명적인 폭탄을 위해 축복을 빌 수 있냐고 물었다.

청년 운동에 참여한 사람들은 계층 구분 없이 모두가 사랑하며 조화롭게 사는 사회를 염원했다. 그들은 삭막한 도시의 삶을 혐오하고 중산층의 사교 문화, 특히 교회를 갑갑하게 느꼈으며 독일 대학의 속물근성을 참지 못했다. 목가적인 공동체와 전통적인 학교를 동경하던 이들은 많은 경우 그들의 이상을 직접 실천에 옮기기도 했으며, 지역 전통을 되살리기 위해 노력하고 획일적인 문화를 거부했다. 에버하르트가 눈이 휘둥그레진 아이들에게 말했다. "이 사람들이 어떤 행색을 하고 숲속으로 도보 여행을 떠나는 줄 아니? 담요와 냄비를 배낭에 묶고 자기들만의 깃발을 흔들면서 행진한단다. 야외에서 취사를 하고 들판이나 헛간에서 잠을 자지." 에버하르트의 이야기가 이어졌다. "저녁이 되면 모닥불을 피우고 그 주위에서 춤을 춰. 중산층의 복장이 싫어서 남자들은 오늘 내가 입은 것처럼 입고, 여자들은 소박한 윗도리에 폭이 넓은 형형색색의 치마를 입지."

1차 세계대전 후에 일어난 '독일 청년 운동'은 분파가 너무 다양해서 쉽게 정의하기가 어렵다. 거기에는 가톨릭, 개신교, 유대인, 이교도, 시온주의자와 공산주의자, 무정부주의자, 중세주의자, 자연주의자, 페미니스트, 그리고 반민족주의자 등 여러 갈래가 존재했다. 에버하르트가 아이들에게 설명했다. "청년 운동의 가장 큰 특징이 뭔지 아니? 바로 모든 것에 질문을 던진다는 거야. 진정성이 있는지, 없는지 말이야. 어떤 것이 진정성이 있으면 그들은 그게 뭐든 다 받아들여." 이 점 하나만으로도 청년 운동은 에버하르트가 합류하고 싶을 만큼 충분히 매력적이었다.

구세군에서 전도 활동을 하던 때처럼 에버하르트는 청년 운동에 관해 점점 더 열성적으로 얘기했다. 하지만 에미를 설득하는 데는 어떤 말도 필요 없었다. 그날 이후 가족 중 어느 누구도 전통적인 방식으로 옷을 입지 않았다. 타타 역시 (노동 운동에 대한 지지를 표시하기 위해) 빨간 잉크로 블라우스를 물들였고 얼마 지나지 않아 친구들과 함께 베를린 중심부 공원에서 즉흥적으로 열리는 민속춤 교습에 참석하기 시작했다.

출판사 사람들은 에버하르트의 옷차림에 눈살을 찌푸렸고, 사회 정의와 평화를 말하며 계급과 전쟁을 반대하는 에버하르트에게 거부 반응을 보였다. 이즈음 에버하르트의 상사인 미카엘리스는 우익 정당인 독일 국가 인민당에 대한 교계의 지지를 모으기 위해 노력하고 있었다. 그는 에버하르트에게 "광신주의" 때문에 앞날을 망칠 수 있다고 경고했다.

하지만 에버하르트는 승진에 관심이 없었다. 에버하르트는 "완전히 새로운 삶"을 찾고 있었다. 그는 다른 무엇보다 구약에 나오는 유대 예언자들의 예언과 평화로운 왕국에 관한 비전에서 영감을 얻었다. 에버하르트에게 영감을 준 또 다른 예언자가 있었는데 바로 구스타프 란다우어였다. 무정부주의자, 평화주의자, 신비주의자이자 널리 읽히는 사회주의 저작의 저자로도 유명했던 그는 구약 예언자의 비전을 현실화할 때가 무르익었다고 믿었다. 란다우어는 새로운 사회의 출발점이 될 수 있도록 지방에 자급자족할 수 있는 정착촌을 세워야 한다고 주장했다. (안타깝게도 그는 혼란스러웠던 1919년, 꽃피우지 못한 혁명이 뮌헨에서 무자비하게 진압될 때 살해됐다.)

가장 큰 상점에서도 식품이 귀했고 그나마 있는 식품도 맛없고 비싸기만 했다. 아이들은 제빵 회사에서 밀가루에 톱밥을 섞어 만든 빵을 먹고 배탈이 났다. 1920년이 되자 아놀드가(家) 아이들의 영양 상태는 급속히 악화됐고, 한 명만 제외하고 모두 영국 퀘이커교의 후원을 받아 제공된 학교 급식 대상이 되었다. 제외된 한 명은 바로 또래보다 키가 컸던 하이너였다. 그러나 하이너도 하디와 에미-마가렛만큼 굶주리기는 마찬가지였다. 하이너는 천국에 가면 하프 연주에 신경 쓰느라 먹을 시간이 모자라지나 않을까 걱정하곤 했다. 매일 아침 일곱 살배기 소년은 한쪽에 비켜서서 빵 한 개와 코코아 한 잔을 받기 위해 줄지어 서 있는 아이들을 지켜봤다.

다행히도 아놀드가는 재산이 있었던 다른 가족들처럼 베를린 외곽의 땅을 빌려 텃밭을 일굴 수 있었다. 전쟁 전 장미를 키웠던 이곳은 이제 (젖을 얻기 위해) 염소를 키우고,

감자와 무를 재배하는 농장이 되었다. 에버하르트는 당시 사람들이 생소하게 여기던 채소도 심었는데 바로 "러브 애플"이라고 불리던 토마토였다. 에미는 손님이 오면 특별식으로 토마토를 내놓았는데 이때마다 아이들은 사과와 다른 예상치 못한 맛을 본 손님의 얼굴이 찌그러지는 순간을 즐겁게 기다렸다.

아버지를 도와 두둑을 만들고 발로 그사이를 밟아 고랑을 내며 아이들은 신이 났다. 에버하르트가 노래를 부르며 두 발을 모아 껑충껑충 뛸 때마다 아이들이 따라했다. "캥거루, 캥거루! 큰 눈을 끔뻑끔뻑!" 아버지가 김매기를 끝내면 아이들은 헛간에서 놀았다. 작은 난로와 테이블, 몇 개의 의자가 들어선 그곳은 아이들에게 최고의 놀이터였다.

어느 주말, 농장을 찾은 아놀드 가족은 누군가가 설치한 줄에 빨래가 널려 있는 것을 발견했다. 에버하르트는 성큼성큼 헛간으로 걸어가 문을 두드렸다. 문이 열리자 프리츠 슈발바가 얼굴을 내밀었다. 그는 에버하르트의 강연에 몇 번 참석했던 자로 안면이 있는 무정부주의자였다.

"여기서 자네를 만나다니 뜻밖이군!" 조금 놀란 에버하르트가 손을 내밀며 말했다.

"아, 아놀드 박사님, 박사님께서 사유 재산에 반대하신다는 것은 모두가 아는 사실이 아닙니까? 그래서…… 저희가 이곳으로 이사를 왔습니다!"

에버하르트는 아무 말 없이 웃었다. 하지만 프리츠가 아내가 아닌 다른 젊은 여자를 데려왔기 때문에 그날 이후로 에버하르트는 이 무단 점유자가 농장에 있는 한 아이들이 농장에 가는 것을 금했다.

그사이 아놀드가의 집은 우아한 연립 주택의 모습을 조금씩 잃어 갔다. 한 주에 한 번씩 가졌던 열린 모임은 그쳤지만, 아예 일상이 열린 모임처럼 변해 버렸다. 검은 정장을 입은 경건한 사람들은 거의 모습을 나타내지 않았고 대신 새로운 손님들이 찾아오기 시작했다. 참전 군인 출신의 노숙자와 평범한 삶을 꿈꾸는 전직 매춘부도 있었다. "철새"라고 불리는 청년 운동 도보 여행자들도 단골이었다. 손에 입 맞추거나 존칭을 부르는 일은 사라졌고 모두가 서로의 이름을 불렀다. 날씨가 좋으면 집 앞 잔디밭은 손님들의 차지였다. 그들은 종종 원을 그리며 춤을 췄고 하이너와 하디, 에미-마가렛을 끼워 줄 때도 있었다. 하룻밤 묵어 가는 손님들은 대부분 식당 의자나 거실 소파 위에서 잠을 청했다.

1920년 3월, 군부 내 우익 조직이 쿠데타(카프 반란*)를 일으키자 다시 시가전이 벌어졌다. 노동당은 총파업으로 맞섰고 군인들과 불법 무장 단체 간에 총격전이 시작됐다. 폭력 사태가 치열하게 전개되던 어느 날, 무공훈장이 많기로 유명한 헬무트 폰 뮈케 해군 중령이 에버하르트에게 전

★　1920년 3월 13일. 바이마르 공화국을 전복시키려 우익 정치가 카프를 우두머리로 해서 제정파 군인들이 베를린에서 일으킨 쿠데타. 독일 국민 대다수가 반대하여 총파업을 일으켜 쿠데타는 며칠 만에 실패로 돌아갔으나 이후 바이마르 공화국의 미래에 중대한 영향을 미쳤다.

화를 걸어 방문을 청했다. 곧 문 앞에 나타난 헬무트는 커피를 마시면서 에버하르트에게 반란 정부가 설치할 청년부의 장관을 맡아 달라고 요청했다. 에버하르트는 거절했다. "저는 다른 길을 가겠습니다." 내전의 위기가 고조되자 에버하르트는 사상자를 최소화하기 위해 그가 할 수 있는 일을 시행했다. 자신이 알고 지내던 정부와 반군 양측의 인사들을 각각 집으로 초대해 서로에 대한 적대감을 누그러뜨리도록 노력했다. 한편 에미는 안주인으로서 손님이 상대편의 인사와 마주치는 일이 없도록 수완을 발휘했다. 이러한 노력 끝에 에버하르트는 지역 공산당 세력이 블랙리스트에 올려 암살하려고 계획한 정부군 장교의 수를 줄이는 데 성공했다.

카프 반란이 실패한 후 아놀드가에서 몇 주 동안 벌어진 저녁 토론회는 점점 격렬해졌다. "말은 이것으로 충분해. 이젠 행동에 나설 때라고!" "맞아. 하지만 어떻게?" 서서히 공감대가 형성됐다. 오래된 관습과 방식, 생각을 버리는 것만으론 충분치 않다는 것이었다. 계층을 형성하는 근본 원인, 바로 사유 재산이 폐지되어야 한다. 우리의 이웃이 우리와 같은 교육과 의료 혜택, 주택, 식량을 얻을 수 없는데 어떻게 "이웃을 네 몸과 같이 사랑하라"는 예수님의 명령을 따른다고 할 수 있단 말인가?

그러던 어느 날 에버하르트의 대중 연설을 들은 한 노동자가 봉투를 손에 들고 방문했다. 응접실에 앉아서 기다리라는 안내를 받은 그는 막상 에버하르트가 들어서자 떠날 채비를 하고 있었다. "아놀드 박사님, 박사님의 일에 도움이 될까 싶어 후원금을 가지고 왔습니다."(호화로운 가구를 훑어보며) "그런데 여기에 와 보니 이런 돈은 필요 없겠네요." 노동자는 그렇게 떠났고, 에버하르트는 수 주 동안 이 일을 얘기하며 얼굴을 붉혔다.

도대체 무엇이 사도행전에 나오는 초대 예루살렘 교회 공동체를 가능하게 했을까? "많은 신도가 다 한마음과 한뜻이 되어서, 아무도 자기 소유를 자기 것이라고 하지 않고, 모든 것을 공동으로 사용하였다.…… 그들 가운데는 가난한 사람이 한 사람도 없었다. 땅이나 집을 가진 사람들은 그것을 팔아서, 그 판 돈을 가져다가…… 각 사람에게 필요에 따라 나누어 주었다." 이런 공동체가 바로 그들이 찾는 답이 아닐까?

자연히 주제는 이런 공동체를 어디에 세워야 성공할 수 있을지로 옮겨졌다. "물론, 도시지." 교외에 사는 중산층 이상주의자들이 주장했다. "그래야 도시 빈민들을 구제할 수 있으니까." 그러자 도시에 사는 급진적인 노동자들이 반론을 제기했다. "아니야, 아이들이 빈민가와 떨어져서 건강한 환경에서 자랄 수 있으려면 한적한 시골이 더 적합해."

그러나 이 토론을 결론 지은 사람은 다름 아닌 소아과 의사였다. 하이너에겐 다섯 살 된 동생 한스-헤르만이 있었는데 집 주위를 씩씩하게 뛰어다니던 아이가 갑자기 영양 결핍 때문에 걷지도 못하고 팔로 몸을 끌고 다니는 지경에 이르렀다. 다른 아이들도 건강이 안 좋기는 마찬가지였다. 특히 막내 모니카가 심했다. "자제분들의 상태가 심각합니다." 소아과 의사가 에미에게 경고했다. "도시를 떠나 시골로 데려가십시오. 깨끗한 공기와 건강한 농장 음식이 필요합니다."

1920년 6월 초, 아놀드 가족은 놀란 친구들 앞에서 이삿짐을 정리하고 있었다. 에버하르트가 얼마 전부터 "죽음의 도시"라고 부르기 시작한 베를린을 떠나려는 참이었다. 정착지는 슐뤼히턴 근처의 조그만 마을이었는데, 주거지와 학교 등 건물이 띄엄띄엄 떨어져 있는 시골에 위치했다. 슐뤼히턴은 '독일 청년 운동'의 성지로 알려진 곳이었다. 게다가 에버하르트와 비전을 공유하는 게오르크 플레미히도 그곳에 살고 있었는데, 그는 이전에 에버하르트에게 함께 독립 출판사를 세워 보자고 제안했던 사람이다.

"아이들은 어떻게 하고? 머무를 곳은 있어?" 친척들이 물었다. 팔려고 내놓은 빈집을 아놀드 가족이 발견했지만 집주인이 어물쩍거린다는 소식을 들었기 때문이다. 에버하르트가 임시로 구한 숙소는 더 황당하기 짝이 없었다. 길 건너 여인숙 뒤편에 있는 세 개의 작은 방이었는데 가구가 하나도 없었다. 하지만 아놀드 가족은 의연했다. 그들은 모든 것을 포기할 각오가 되어 있었다. 아놀드 가족이 현금을 얻기 위해 생명 보험을 해지한다는 소문까지 돌았다.

에버하르트의 상사인 미카엘리스의 부인이 에미를 찾아와 에버하르트의 "엉뚱한 결정"에 따르지 말라고 설득했지만 허사였다. 후에 미카엘리스 부인은 에미를 아는 친구에게 말했다. "글쎄, 에버하르트보다 에미가 더 광신적이더라니까! 아무도 못 말려."

3. 자네츠

1920년 6월.

저녁 무렵 도착한 기차에서 한 무리의 아이들이 내렸다. 승차장에는 며칠 전에 미리 와 있던 아이들의 부모가 손을 흔들며 서 있었다. 에버하르트는 새집으로 짐을 옮기기 위해 농장 마차를 빌려 왔다. 아이들이 마차에 올라탈 때 에미는 수레국화로 만든 화관을 아이들의 머리에 씌워 주었다. 이미 마차 둘레에도 꽃다발로 장식을 해 놓은 터였다.

도시 소년이 마차를 타고 시골 풍경을 만끽하기에 딱 좋은 저녁이었다. 울타리 사이사이에 반딧불이가 깜박였고 어두운 숲속에서 새 소리가 들려왔다. 하이너는 모든 것을 경이에 찬 눈으로 바라봤다. 마치 동화 속 세상에 와 있는 듯한 느낌이었다.

마차가 첫 번째 마을에 들어서는 순간 하이너의 환상이 깨지기 시작했다. 집 앞마다 김이 모락모락 나는 거름 무더기가 있었다. 시골의 민낯이 드러나고 하이너의 동화는 쿠린내 나는 현실로 변해 버렸다.

마차는 집들이 옹기종기 모여 있는 또 다른 마을에 멈춰 섰다. 마차에서 내린 아이들이 새집이 어디인지 궁금해하던 찰나 에미가 말했다. "자, 나를 따라오렴." 에미가 여인숙 뒤편으로 아이들을 안내하자 부서질 듯한 계단이 나타났다. 그 위에 사과 창고와 안장을 만드는 곳으로 쓰이던 방 세 개가 그들의 새집이었다. 하디와 에미-마가렛은 천장에 드러난 서까래와 엉성하게 짜인 마룻바닥을 보고 눈이 휘둥그레졌다. 베를린에서 살던 집과는 너무나 딴판이었다. 특히 묵은 사과 냄새와 아래층 돼지우리에서 올라오는 희미한 냄새에 아이들은 할 말을 잃고 서 있었다.

마지막 짐을 내린 에버하르트가 마부에게 돈을 지불하자 곧 저녁 먹을 시간이 되었다. 여인숙 주인 로체니우스 씨가 갓 구운 빵과 버터, 우유를 가져왔다. "마음껏 먹으렴!" 에미가 행복하게 말했다. 음식을 먹던 하이너는 왠지 맛이 이상하다고 느꼈다. 하이너에겐 버터보다 전시에 배급 받은 마가린이 더 익숙했다.

시골에서 맞은 첫 아침부터 하이너는 탐험에 나섰다. 마을 양쪽 가파른 언덕에는 나무가 무성했다. 여인숙을 나서기만 하면 하이너가 동화책에서나 보던 동물들이 풀밭에 있었다. 돼지, 양, 황소, 그리고 저건 젖소인가? 하이너가 동물들을 익히는 데는 그리 오랜 시간이 걸리지 않았다. 아무리 덩치가 큰 동물이라도 무서워하지 않던 하이너는 이상하게 거위만 보면 질겁을 했다. 거위들은 하이너가 혼자 있을 때마다 뱀같이 긴 목을 빼 들고 쉭쉭 거리며 성난 눈으로 달려들었다.

어느 날 하이너는 길에 세워 둔 수레를 살피고 있었다. 수레에는 한쪽 끝에 수도꼭지가 달린, 큼지막한 나무통이 얹혀 있었다. 하이너가 꼭지를 살짝 돌리는 순간 고약한 냄새의 걸쭉한 갈색 액체가 쏟아져 나와 사방팔방 튀기 시작했다. 정신없이 꼭지를 잠그려던 하이너는 오히려 꼭지를 반대 방향으로 돌리는 바람에 액체 줄기만 더 세차졌다. "로체니우스 아저씨, 샘이 터졌어요!" 하이너가 소리쳤다. 마침내 꼭지를 닫고 고개를 드는 순간, 하이너는 사람들이 자신을 빙 둘러싼 채 깔깔대며 웃고 있다는 것을 깨달았다. 옷에 묻은 분뇨를 급히 털어 낸 하이너는 쏜살같이 어디론가 사라졌다.

혜센주 남부에 위치한 자네츠는 아름답지만 외딴곳이었다. 상점이 하나 있을 뿐 별다른 게 없었다. 기차역도 우체국도 없었다. 300명 정도 되는 주민은 대부분 가난한 가톨릭 신자였다. 얼마 안 되는 땅을 일궈 먹고 사는 사람, 날품을 팔아 생계를 유지하는 사람, 마을에서 제일 큰 고용주인 '자네츠 타일 공장'에 다니는 사람들도 있었다. 아침마다 다양한 연령대의 사람들이 가마 위로 솟은 높다란 굴뚝을 향해 무리 지어 갔다.

어린아이의 눈에도 자네츠는 대로와 멋진 집들이 가득한 베를린과는 완전히 다른 곳이었다. 하지만 하이너는 어른이 되고 나서야 비로소 자신의 부모님이 이곳으로 오면서 얼마나 철저히 모든 것을 내려놓았는지 깨달았다. 물론 그들이 원하던 일이었다. 사람들은 대부분 "네 이웃을 네 몸과 같이 사랑하라" 하신 예수님의 명령을 고귀하지만 실현 불가능한 것으로 생각했다. 그러나 에버하르트는 그 말씀을 실천하기 위해 과감히 베를린의 화려함을 뒤로하고 이곳으로 이주했다. 에버하르트와 에미, 타타에게 그것은 전혀 불가능한 명령이 아니었다. 하지만 그 명령을 따르기 위해선 완전히 다른 방식의 삶이 필요했다. 에버하르트는 가난하고 착취당하는 사람들이 바로 우리의 이웃이라고 설파했다.

"우리는 오순절에 시작된 성령의 역사에 동참하고 싶습니다. 초대 예루살렘 신도들은 가진 것을 모두 나누었습니다. '그들은 한마음과 한뜻이 되어서 모든 것을 공동으로 사용했습니다.' 성령이 그들에게 부어지는 순간 누구도 사유 재산에 매달리지 않았습니다."

"우리는 진실한 삶을 추구합니다. 가장 단순한 일이 실용적일 뿐 아니라 예술적 경험이 되는 삶, 지성주의와 그 함정에서 자유로운 삶, 새로운 인류 곧 참된 것을 창의적으로 드러내는 사람을 길러 내는 그런 삶을 꿈꿉니다."

"우리에게 필요한 건 이론이나 이상적인 목표, 예언자와 지도자가 아닙니다. 우리에겐 형제애와 자매애가 필요합니다. 우리는 예수님의 산상수훈을 따라 살아야 합니다. 정의와 용서, 일치의 삶이 오늘날에도 가능하다는 것을 보여 줘야 합니다."

에버하르트의 이러한 생각을 알고 있는 마을 사람은 손에 꼽을 정도였다. 자네츠에 그 같은 공동체를 세우려는 에버하르트의 계획에 사람들은 별 관심이 없었다. 그렇다고 사람들이 "박사님들"(사람들은 아놀드가를 통틀어서 이렇게 불렀다)의 출현에 환호하지 않은 것은 아니었다. 박사님들은 곧 마을에 수입이 생긴다는 의미였다. 세탁하는 아줌마, 재봉사와 마부들 모두 자기들이 얻게 될 수익을 생각하며 머릿속으로 계산기를 두드렸다. 로체니우스는 자신의 여인숙에 얼마나 많은 손님이 묵게 될지 궁금해했다. 아놀드가는 처음부터 사람들의 관심을 끌었다.

반면 농촌에 살게 되었다는 사실에 신이 난 에버하르트와 에미, 타타는 할 수 있는 데까지 시골 사람들과 어울리려 노력했다. 하이너와 에미-마가렛, 하디는 곧바로 교실이 하나밖에 없는 마을 학교에 출석하기 시작했다. 학교는 베를린의 학교와 또 달랐다. 하이너는 자작나무 회초리로 질서를 잡는 선생님이 너무 잔혹하다고 생각했지만 반 친구들은 아무렇지도 않게 여겼다. 한 친구는 하이너에게 빨간 잉크를 채워 넣은 돼지 오줌보를 바지 엉덩이 쪽에 넣어 두어 매를 맞을 때 가짜 피가 다리를 타고 흐르게 하는 법을 보여 주기도 했다.

그렇다고 아놀드가의 아이들이 체벌 당하는 일은 없었다. 부모의 지위 때문이었다. 하지만 그들을 회초리에서 구한 특권 때문에 반 친구들은 아놀드가의 아이들을 시기하기 시작했다. 처음 며칠 동안 모범생으로 칭찬받던 하이너와 하디는 학교 가기를 그만뒀다. 학교 종이 울리면 둘은 동네 시냇가로 달려가 보트와 둑, 물레방아를 만들며 놀았다. 얼마 지나지 않아 이 사실을 알게 된 에버하르트는 하이너와 하디를 엄하게 꾸짖으며 설명을 요구했다. 자초지종을 들은 에버하르트는 그날 이후로 아이들이 집에서 공부할 수 있도록 친구를 가정 교사로 불러왔다.

하이너에겐 천국 같은 시간이었다. 수업 시간은 일정치 않았고 거의 온종일 하고 싶은 대로 할 수 있었다. 하이너가 이웃집을 제집처럼 드나들며 또래들과 시골 사투리로 재잘대기까지는 그리 오랜 시간이 걸리지 않았다. 친구들의 어머니는 곧잘 하이너에게 케이크와 소시지를 대접했고 잔심부름을 부탁하기도 했다. 하지만 하이너에겐 심부름마저 재미있었다. 도시에선 저장 식품을 구하려면 제과점에 가야 했다. 하지만 자네츠에선 모든 걸 손수 만들었다. 잼을 만드는 일은 온종일 걸리는 마을 행사였다(전통적인 방법으로 만드는 잼은 보통 15시간 내지 20시간을 불에 조려야 했다). 사람들은 커다란 구리솥 주변에 모여 향신료로 초록색 호두 껍데기를 곁들인 자두나 배가 졸아드는 것을 지켜봤다. 할머니나 엄마들이 이야기를 들려주거나 찬송가를 부르면 동네에서 힘 좀 쓰는 소년들은 순서를 바꿔 가며 잼을 저었다.

하이너가 자네츠를 탐사하는 동안 에미는 집안일을 했고 에버하르트와 타타는 새로운 출판사에서 함께 일했다. 출판은 시간이 많이 드는 작업이었다. 원고를 읽고 편집하고, 저자와 인쇄소, 배급소와 협업해야 했다. 회계 담당자와 교정볼 사람도 구해야 했으며 절실하게 필요한 자금을 얻기 위해 후원 편지도 수없이 써야 했다. 날씨가 좋은 날이면 둘은 나무 그늘에 앉아, 에버하르트가 구술하고 타타가 받아쓰는 식으로 일하기도 했다.

새로운 주거지를 찾는 문제도 시급했다. 길 건너 노란 벽돌로 지어진 이층집을 사려면 돈이 필요했다. 수개월을 미적대던 집주인이 마침내 합리적인 제안을 해 왔다. 때마침 함부르크에서 선박업을 크게 하는 친구가 보내온 후원금 덕에, 아놀드가는 가을에 집을 빌릴 수 있었다.

얼마 후 에미가 유산으로 받은 가구들을 잔뜩 실은 마차가 도착했다. 동네 아이들이 지켜보는 가운데 고풍스러운 의자와 마호가니 소파, 호화로운 붉은색 방석이 내려졌다. 격조 있어 보이는 큼지막한 식탁이 그 뒤를 이었고 마침내 가문의 문양이 새겨진 캐비닛과 의자들이 등장했다.

어떤 면에서 에미와 타타는 그들이 가져온 가보만큼 자네츠와 어울리지 않는 사람들이었다. 발틱 해안의 독일어권 항구 도시들을 지배했던 귀족 가문인 폰 홀란더가는 거의 300년 동안 그들의 본거지였던 리가시(市)에 시장과 상인, 철학자들을 배출해 온 명문가였다. 물론 가문의 위기도 있었다. 라트비아에 투자했던 돈을 날렸고, 백만 루블 정도의 가치를 지녔던 땅을 볼셰비키*에게 몰수당하기도 했다. 하지만 폰 홀란더가는 결코 귀족으로서의 명예심을 잃지 않았다. 일례로 할레 대학의 법학 교수이자 독일 귀족 협회 전 회장이었던 에미의 아버지는 가족이 빵과 차로 단출한 저녁을 먹을 때도 하인들의 저녁상엔 소시지와 맥주를 올리도록 했다.

★ 레닌을 지지한 급진파. 1917년 10월 혁명을 지도하여 정권을 장악한 후 1918년 당명을 '러시아 공산당'으로 바꾸었다.

에버하르트는 "확고한 이상주의"를 견지하는 장인을 존경했다. 그러나 두 사람의 의견이 일치하는 일은 거의 없었다. 첫 만남부터 긴장이 시작됐다. 1907년 어느 봄날, 근사하게 차려입은 낯선 청년이 폰 홀란더의 집에 나타났다. 자기소개를 마친 청년은 에미와의 결혼을 허락해 달라고 요청했다. 박사 과정을 밟고 있던 에버하르트는 할레라는 도시의 지식인 사회를 휩쓸던 기독교 부흥 운동의 리더로 알려진, 젊고 패기 있는 청년이었다. 에버하르트는 최근에 있었던 성경 공부 모임에서 에미를 만났다고 설명했다.

에미의 부모는 마지못해 두 사람의 결혼을 허락했다. 에버하르트가 명문가 출신이기에 가능했던 일이었다. 에버하르트의 아버지 칼 프랑클린 아놀드는 브레슬라우 대학에서 교회사를 가르치는 교수였고, 외가는 많은 신학자를 배출한 집안이었다. (에버하르트는 오랜 세월 올덴부르크에 있는 불트만 사촌들과 학문적 교류를 이어 갔는데, 그중 하나가 유명한 신약학자인 루돌프 불트만**이었다.)

하지만 얼마 안 가 에미의 부모는 신앙을 실천에 옮기려는 에미와 에버하르트의 급진적인 행동에 불안해지기 시작했다. 엘자는 정도가 더 지나쳤다. 부흥회에 참석하는 것까진 괜찮았다. 두 자매에겐 어렸을 적부터 종교적 성향이 있었다. 에미는 루터교 수녀회가 운영하는 병원에서 간호사 교육을 받았고, 예술가적 기질을 가진 엘자도 그림을 그

★★ 독일의 신학자. 신약 성경의 양식사적 연구를 개척했고, 비신화화를 제창하고, 실존론적 해석을 꾀했다.

리는 것만큼이나 새롭게 발견한 신앙에 열정적이었다. 하지만 에미의 부모는 줄기차게 신앙을 삶으로 드러내야 한다고 말하는 에버하르트가 더 걱정스러웠다. 제도권 교회가 복음을 희석한다고 비판하며 교회의 권위를 무시하는 에버하르트의 태도 역시 불안했다. 무엇보다 에버하르트의 오만함을 참을 수 없었다. 에버하르트가 한 편지에서 "저는 현존하는 교회 제도에 전쟁을 선포합니다"라고 적었던 것이다. 결국 딸들에게 더는 종교 집회에 참석하지 말라고 명령한 에미의 부모는 정신과 의사까지 불러 엘자를 진료하게 했다. "과도한 흥분 상태"라는 진단을 내린 의사는 엘자에게 두 주 동안 침대에 누워 절대 안정을 취하라고 말했다.

하지만 두 자매는 포기하지 않았다. 두 자매는 자신들의 회심이 진짜가 아니라면 아무짝에도 쓸모없는 것이라고 강변했다. 머지않아 위기가 찾아왔다. 처음에는 엘자가, 그다음으로 에버하르트, 그리고 마지막으로 에미가 다시 세례를 받는 사건이 터졌다. 이는 단지 이들이 루터교에서 탈퇴하는 것을 의미할 뿐 아니라 무엇보다 가문에 먹칠하는 일이었다.

집안에 온통 난리가 났고 여러 소문과 추측이 무성했다. "에버하르트야 어렸을 때부터 선동가였으니까 그럴 수 있지만, 폰 홀란더 자매는 어떻게 된 거지? 참하고 얌전한 규수들이었는데 말이야." 사람들이 수군거렸다. 에미의 부모는 파혼을 시도했고 말 안 듣는 에미를 집에서 쫓아냈다(다행히 베를린에 살고 있던 친구가 에미를 받아 줬다). 하지만 누구도 이 세 젊은이를 막을 수 없었다. 1909년 크리스마스 직전, 에버하르트와 에미는 결혼식을 올렸고 엘자는 곧바로 에버하르트의 비서 일을 시작했다. 4년 후인 1913년 12월 23일 하이너가 태어날 무렵, 엘자는 하이너의 가족과 떼려야 뗄 수 없는 관계가 되어 있었다.

    하이너가 태어나던 날, 한적한 티롤 지방에 자리 잡은 아놀드가의 저택 위로 눈발이 날리고 있었다. 두 주 후, 양쪽 폐에 폐렴이 생긴 아기가 사경을 헤매고 있을 때까지 눈은 그치지 않았다. 하지만 아기 곁에는 엘자가 있었다. 엘자가 수 주 동안 자리를 뜨지 않고 정성껏 간호한 결과 하이너는 조금씩 나아지고 있었다. 수시로 체온을 확인하고, 적절한 습도를 위해 하이너의 침대 주변에 젖은 천을 널어 놓느라 엘자는 눈 붙일 새가 없었다. 마침내 아기가 폐렴에서 회복되었다는 진단을 받고 에미는 감사의 눈물을 흘리며 엘자의 품에 아기를 안겼다. "이제부터 이 아이는 내 아이인 동시에 너의 아이야." 실제로 소년 하이너는 부모가 누구냐고 묻는 말에 "아빠, 엄마. 그리고 타타예요"라고 대답하곤 했다.

    1921년, 또 다른 폰 홀란더 자매가 대책 없는 자네츠 일가에 합류했다. 모니는 할레에서 성공적으로 조산원을 운영하던 조산사였다. 오랜만에 언니들의 얼굴이나 볼 생각으로 잠깐 자네츠를 들렀던 모니는 식사가 제때 준비되지 못하는 상황을 목격했다. 어쩔 때는 두 시간이나 늦어질 때도 있었다. 에미와 타타는 과로한 기색이 역력했고, 집 안 가득한 손님 중에 그들을 도울 수 있을 만한 사람은 몇 안 되었다. 모니는 자네츠의 살림을 제대로 꾸려 보자는 마음에 아예 눌러앉았다.

모니가 합류하고 나서 식사 시간이 지체되는 일은 없어졌다. 하지만 모니는 곧 식단을 개선할 돈이 없다는 사실을 알게 되었다. 점심과 저녁 메뉴는 대체로 감자 수프와 정체 모를 채소 요리가 전부였다. (부유한 기독교 가족이 잘게 썬 감자 통조림을 기부해 몇 달 동안 통조림만 먹은 적도 있었다. 전쟁 중에 비축해 놓았던 식량이었는데, 베를린에서 굶주렸던 많은 이들에 대한 기억 때문에 통조림을 먹는 아이들의 마음은 편치 않았다.) 아침은 늘 호밀죽이었다. 땔감은 다른 필수품과 마찬가지로 구하기가 힘들었다. 에버하르트가 출판 사업으로 벌어들인 돈은 종종 지난달에 빌린 돈을 갚는 데 사용됐다.

다행히도 하이너의 어머니와 이모들은 자축하는 법을 알았다. 공들여 재배한 과일을 처음으로 수확하던 날, 추수 마차를 장식하고 앞마당에서 춤을 추었다. 에버하르트가 염소를 새로 들여오던 날, 폰 홀란더 자매들은 야생화로 엮은 화관을 염소 머리 위에 씌운 채 마을 한 바퀴를 돌았고 아이들도 의기양양 뒤따랐다.

자매들이 모이면 늘 웃음꽃이 피어났다. 아무리 많이 들었던 우스갯소리도 그들은 전혀 질리지 않는 듯 되풀이했다. "모니, 우리가 같이 참석했던 부흥회 기억나니?" 에미가 얘기를 꺼냈다. "내 침대가 너무 더러워서 안내해 줬던 여자에게 시트를 새 걸로 갈아 달라고 했더니 그 여자가 어이없는 표정을 하면서 이렇게 말하는 거야. '에미 양, 그 침대에서 잤던 다섯 사람은 모두 선교사였어요!'"

다른 사람들이 눈물을 흘리거나 화를 낼 상황도 자매들은 웃음으로 넘겼다. "고상한 것과 우스꽝스러운 건 종이 한 장 차이야." 터무니없는 일이 벌어질 때마다 자매들은 이런 식으로 서로를 격려했다. 한 마리 있던 젖소를 잃던 날도 그랬다. 젖을 짜고 여물을 챙겨 주는 일은 오토라는 젊은 친구의 몫이었다. 시 쓰기를 좋아했던 오토는 시구가 떠오르면 젖을 짜다가도 그만두고 시를 써야 했다. 내팽개쳐진 소가 고통스럽게 우는 데도 오토는 삼십 분이고 한 시간이고 방에 틀어박혀 시를 썼다. 오토와 사랑에 빠진 에바는 그럴 때마다 누구도 오토를 방해하지 않도록 신경썼다. 손가락을 입술에 댄 채 까치걸음으로 온 집 안을 돌아다니며 아이들을 조용히 시켰다. "제발 시끄럽게 하지 마! 오토가 시를 쓰고 있잖아!"

젖소의 반격이 시작됐다. 시간이 지날수록 젖이 줄어들더니 급기야 돌출된 뼈에 모자를 걸 수 있을 정도로 앙상하게 야위었다. 에버하르트는 어쩔 수 없이 소를 팔기로 했다. 젖소와 함께 아이들에게 줄 우유와 버터도 사라졌다.

자네츠에 식량은 늘 부족했다. 그나마 아이들이 캐 오는 야생 시금치만 넉넉할 뿐이었다. 아놀드가 저택으로 이사한 첫 달부터 손님들이 몰려들더니 그 후로도 방문객의 행렬은 끊이지 않았다(첫해에만 2천 명이 넘는 손님이 다녀갔다). 어떤 이들은 그저 호기심에 찾아왔다 금세 떠났고, 어떤 이들은 며칠씩 묵고 가기도 했다. 사람들은 대개 알리지 않고 불쑥 찾아왔다. 이런 상황에서도 모니와 에미는 한숨 짓는 대신 으레 웃어넘기곤 했다. 저녁 식사 시간에 예상보다 많은 인원이 오면 그저 모자란 음식의 양을 불리면 될 일이었다. "열 명이 올 줄 알았는데 스무 명이 왔네. 일단 수프에 물을 더 넣고, 어서 들어오라고 해!"

손님 중에는 대학생 나이의 도보 여행자들이 많았다. 어깨에 기타를 멘 젊은이들은 보통 시골 사람들처럼 화사한 색깔의 옷차림이었다. 그들은 아놀드 박사의 공동체를 청년 운동의 가치를 지키는 보루라고 생각했다. 반바지 대신 긴 바지(부르주아의 옷!)를 입고 온 손님은 다음 날 아침 무릎까지 잘린 바지를 발견하곤 했다. 손님들은 집안일이나 밭일을 돕는 것이 원칙이었지만 실제로는 "일하고 싶은 충동을 느낄" 때만 일했다. 에미는 손님들에게 자신이 가꾸는 채소를 맡기지 않고 물 주고 김매는 일을 도맡아 했다.

정치에 관심이 많은 사람 역시 자네츠로 몰려들었다. 어떠한 상황에서도 폭력을 용인하지 않고 사회 정의와 사해동포주의를 주장하는 에버하르트의 열정에 끌렸기 때문이었다. "사유 재산은 절도와 다름없습니다. 아무리 고도로 발달한 문명이라 할지라도 가난한 사람들을 착취해서 세워진 것이라면 부패한 문명입니다." 에버하르트와 에미는 사랑의 공산주의를 가르쳤다. 자네츠에선 어떤 것도 자기 소유라고 주장하지 않으며 모든 수입과 재산은 대의를 위해 쓰였다. "세상의 고통을 함께 나누고자 하는 사람이 어떻게 자신을 위해 조그마한 것이라도 숨길 수 있을까요?" 에미는 편지에 적었다. "우리는 우리와 함께 사랑의 영을 섬기는 사람들과 우리의 모든 소유를 나누기 원합니다. 무소유는 우리의 신조입니다."

자네츠를 찾아오는 사람이 모두 정상적이거나 평판이 좋은 것만은 아니었다. 몇 달에 한 번씩 스스로를 "자연의 사도"라고 부르는, 헙수룩한 사람이 찾아왔다. 자연의 사도는 이 마을 저 마을을 맨발로 떠돌아다니며 건강한 삶에 관해 설교했다. 걸친 옷이라곤 구멍이 숭숭 뚫린 속옷밖에 없었는데 그는 "라마 박사님의 속옷"이라고 자랑했다. 어떤 가족은 야생화로 엮은 옷을 입고 나타나기도 했는데, 그들이 하는 말이라곤 "우리는 숲에서 왔어요. 우리는 숲에서 살아요. 우리는 숲으로 돌아갈 거예요"밖에 없었다. 한 청년은 절대 생명을 해치면 안 된다고 생각해 아무것도 먹지 않으려 했다(후에 그는 굶어 죽었다).

에버하르트는 유머를 모르는 사람이 아니었다. 하지만 아이들에게는 절대로 별난 사람들을 놀리면 안 된다고 철저히 타일렀다. 모든 사람을 사랑으로 대하는 법을 배우는 것이 교육의 유일한 목적이며, 학문이나 기술을 배우는 것보다 훨씬 중요하다고 에버하르트는 강조했다. "다른 사람을 바보로 만드는 짓은 정말 나쁜 죄란다." 언젠가 에버하르트가 하이너에게 말했다. "그건 영혼을 죽이는 행위야."

통나무 같은 팔뚝을 가진 스물한 살의 대장장이 아담 폰 아담스키는 감옥에서 나오자마자 자네츠로 왔다. 하루는 아담이 하이너에게 물었다. "타타를 위해 내가 할 수 있는 일이 없을까? 너무 말랐잖아. 타타는 뭘 좋아해?"

"초콜릿." 하이너가 말했다. 초콜릿은 너무 귀해서 구경하기도 쉽지 않았다.

"그리고 너희 아버지, 아버지는 뭘 좋아하시니?"

"음, 아마도 와인 한 병이면 될 거예요."

잠시 사라진 아담은 다음 날 저녁 공동체 식구를 위한 선물 보따리를 어깨에 짊어지고 나타났다. 그가 돌아온 뒤 몇 시간 후 경찰이 문을 두드렸다. 아담이 하이너의 귀에 속삭였다. "난 마구간 건초더미에 숨어 있을 테니까 경찰들이 돌아가면 알려 줘."

자네츠 공동체에서 아담을 본 적이 있는 경찰들은 아담을 찾고 있다고 설명했다. 경찰들에 따르면 어제 아담은 근처 대장간에서 돈궤를 훔쳐 달아났다. 하지만 에버하르트는 아담의 행방을 몰랐고 경찰들은 그냥 떠났다. 하이너는 경찰들이 사라지자마자 마구간으로 달려가 숨어 있는 아담에게 나와도 된다고 소리쳤다.

아담을 본 에버하르트가 물었다. "도대체 무슨 일을 한 거지?"

"전 그냥 에버하르트 당신이 좋아서 그런 것뿐이라고요. 당신과 타타를 행복하게 하고 싶어서."

"난 자네가 다시 도둑질하지 않길 바랐어."

"아니, 당신 같으면 훔치고 나서 훔쳤다고 얘기하겠습니까?" 아담이 쏘아붙였다. 그러고서 아무 말 없이 길 저편으로 사라졌다.

몇 달 동안 미혼모들이 자네츠에 머무른 적도 있었다. 그중에는 베를린시 복지과의 소개를 받고 온 사람들이 있었다. 경험 많은 조산사 모니와 너그러운 에버하르트가 미혼모와 아기를 잘 돌봐 줄 것을 알았기 때문이다. 다른 미혼모들은 아놀드가의 옛 농장에 불법으로 거주했던 젊은 무정부주의자, 프리츠 슈발바의 피해자였다. 자신의 여자 친구가 임신할 때마다 프리츠는 그들을 자네츠로 보냈다. 이렇게 찾아온 미혼모들이 하이너에게 들려준 사연은 이상하리만치 비슷했다. 평생을 여자들에게 괄시받고 살아온 불쌍한 프리츠가 자신을 통해 드디어 진정한 사랑을 발견했다는 내용이었다.

어떤 수줍고 우울한 젊은 여자는 자신의 아이를 가지면 훗날 그 아이가 인류를 구원할 것이라는 프리츠의 말에 속아 넘어가 자네츠로 오는 신세가 되었다.

이처럼 불우한 사람들을 보는 하이너의 마음은 괴로웠다. 반면 달 밝은 밤에 즐겨 찾아오는 피리 부는 사나이, '운 좋은' 한스는 하이너를 기쁘게 하는 방문객이었다. 아놀드가의 아이들은 한스가 도착하기도 전에 오카리나 소리를 듣고 잠옷 차림으로 한스를 맞으러 뛰쳐나갔고, 마을 아이들도 그 뒤를 이었다. 운 좋은 한스(본명은 한스 필러였다)는 동화책에서 걸어 나온 인물 같았다. 검은 나팔바지에 주황색 조끼를 입은 한스의 등에는 큼직하게 자신의 이름이 금박으로 새겨 있었다. 한스는 취침용 빨간 모자를 자랑스럽게 쓰고 다음과 같이 자기를 소개했다. "저는 운 좋은 한스입니다. 평화를 찾아 세상을 떠돈답니다."

1차 세계대전에 참전했던 한스는 육탄전에서 한 사람을 죽였다. 한스는 하이너에게 그 일에 대한 죄책감과 후회가 어떻게 자신의 인생관을 통째로 바꾸었는지 얘기해 주었다. 한스는 독일 전역을 돌아다니며 세계 평화의 꿈, "지구의 봄날"을 전파한다고 말했다. 운 좋은 한스는 시인이자 음악가였다. 즉흥적으로 곡을 만들고 옮겨 적느라 잠시도 쉴 틈이 없었다. 가는 곳마다 바이올린과 오카리나 세트, 아코디언을 들고 다녔다.

하루는 어떤 목사가 공동체를 방문했다가 복도 벽에 무지개와 전함이 가라앉는 그림을 그리고 있던 한스와 프리츠와 맞닥뜨렸다. "어디서 왔습니까?" 목사가 프리츠에게 불쑥 물었다.

"감옥에서 왔습니다. 난 무정부주의자요." 프리츠가 답했다.

"그러면 당신은요?" 한스를 보며 목사가 물었다.

"정신 병원에서 왔습니다."

기독교 공동체에서 흔히 볼 수 있는 그런 소개는 아니었다.

운 좋은 한스가 아슬아슬한 장난을 칠 때도 있었다. 한번은 한스가 자네츠를 왔다 갔다 하는 사이에 패전의 원흉으로 비난받던 장군에게 접근했던 일이 있었다. 당시는 물가가 너무 치솟는 바람에 수많은 사람이 저축해 놓은 돈을 날리고, 실직과 배고픔으로 허우적대던 때였다. 한스가 장군에게 제안했다. 명성을 되찾고 싶으면 야전 취사장을 도시로 옮겨와 가난한 사람들을 먹이라는 게 그의 제안이었다. 한스는 옆에서 그 장면을 촬영하겠다고 약속했다. 놀랍게도 장군은 한스의 제안을 수락했다. 카메라를 들고 거리로 나선 한스는 병사들에 둘러싸인 채 장군에게 명령했다. "좀 똑바로 서 봐요!" "음식을 이렇게 직접 퍼 주는 겁니다!" 마침내 가져온 음식이 모두 사라지고, 배식을 끝낸 장군이 한스를 따로 불러 촬영한 것을 좀 보여 달라고 부탁했다. 운 좋은 한스가 카메라를 열었다. 그런데 비어 있는 게 아닌가. "아니, 이걸 어쩌나. 필름을 집에 놓고 왔나 보네." 장군과 병사들은 몹시 화가 났지만, 군중들은 운 좋은 한스의 편이었다.

수양회나 집회가 열리는 주말이면 에버하르트는 손님들이 머무를 수 있게 집 뒤편의 마구간을 유스호스텔로 개조했다. 거의 매일 저녁 하이너는 한데 어우러져 모닥불에 요리를 하거나 기타와 바이올린으로 새로운 노래를 시도하는 젊은 남녀들과 대화했다. 하이너는 그들의 다양한 세계관을 접하며 세상을 알아 갔다. 채식주의자, 국수주의자, 공산주의자, 예술가, 신학생, 요가 수행자, 무정부주의자, 노동자들의 이야기를 듣고 때로 그들과 논쟁을 벌이기도 했다.

무정부주의자와 노동자는 하이너의 영웅이었다. 그중에는 하이너와 가장 친한 친구가 된 크리스텔 거빙어도 있었다. 1921년 오순절 집회 때, 끝없는 토론에 싫증이 난 하이너는 같이 놀아 줄 사람을 찾아다니다가 크리스텔과 만났다. 덥수룩한 수염에 안경을 쓴 크리스텔은 숲 가장자리에 앉아 있었다. 처음에 하이너는 크리스텔이 적어도 서른 살이 넘은, 나이 많은 어른일 것으로 생각했다. 하지만 술래잡기 놀이를 같이하면서 하이너는 크리스텔이 그보다 훨씬 어리다는 사실을 알게 되었다. 그날 밤 하이너를 어깨에 메고 집으로 돌아온 크리스텔은 공동체의 일원이 되어 계속 자네츠에 머물렀다.

크리스텔은 바이에른 출신의 인쇄공이자 목수였다. 바로 하이너가 제일 좋아했던 부류, 노동자였다. 그가 하이너에게 충고했다. "잘 들어. 학교에서 너무 열심히 공부하면 안 돼. 많이 배우면 네 아버지처럼 될 테니까. 네 아버지는 선의를 가지고 우리 같은 사람들과 어울리려고 하지만 결코 노동자들을 이해할 수 없어. 그러기엔 머리에 든 지식이 너무 많거든."

하루는 하이너가 트루디 선생님에게 말했다. "크리스텔이 그러는데 훌륭한 목수가 되려면 다른 건 배울 필요가 없대요."

"하지만 산수를 못 하면 목재도 측정 못할 텐데."

"좋아요. 그럼 산수는 배우겠지만 글쓰기는 안 배울래요."

"그러면 집을 떠나 있을 땐 어떻게 편지를 쓸래?"

"선생님도 참." 하이너가 밝은 표정으로 대답했다. "타타가 있잖아요. 타타가 저 대신 타자기로 쳐 줄 거예요."

트루디는 노동자가 되기로 한 하이너의 결심이 일시적인 변덕이기를 바랐다. 하지만 하이너는 요지부동이었다. 고집스럽게 배우기를 거부한 하이너의 성적은 날이 갈수록 나빠졌다. 반 친구들은 하이너가 그저 둔하다고 생각했다. 하지만 크리스텔만은 하이너를 이해했고 더 버티라고 격려까지 했다. "학교와 배움은 우리 노동자들과 너 같은 지식인의 자녀가 친구가 되지 못하게 만드는 장애물이야. 계속 저항해야 해!"

크리스텔은 늘 착취받는 수백만의 사람들에게 정의가 필요하다고 얘기했다. "반드시 대중을 살릴 길이 있을 거야!" 크리스텔의 눈이 반짝였다. "부자와 지식인의 탐욕 때문에 대중이 비참해지는 거라고." 하이너는 "언제나 자유를 추구하라"는 크리스텔의 좌우명을 새겨듣고 절대 잊지 않았다.

4. 파탄

1922년 여름, 에버하르트의 공동체는 3년째에 접어들고 있었다. 아직도 호기심에 다녀가는 사람들이 많았지만 그사이 핵심 멤버들도 제법 늘었다. 어린아이들과 장기 손님을 제외하면 모두 스물세 명이었다. '노이베르크' 출판사는 종교와 사회 이슈, 시사를 다룬 인기 잡지와 다양한 책들을 내놓고 있었다. 에버하르트는 인상적인 책들을 기획하고 있었는데 그중에는 동화집, 유대 학자가 쓴 반유대주의의 역사와 중세 여성 신비주의자를 다룬 책도 있었다. 대학 강연을 통해 에버하르트는 독일 전역에서 명성을 얻는 터였다.

공동체는 활기차게 돌아갔지만 멤버들의 생계는 어려웠다. 전쟁이 끝나고 물가가 오르더니 급기야 치솟는 지경에 이르렀다. 잡지 구독자들이 돈을 보내올 무렵이면 이미 돈 가치는 상당히 떨어진 후였다. 에버하르트는 예수님의 말씀을 철저히 신뢰했다. "걱정하지 말아라. 공중의 새를 보아라. 씨를 뿌리지도 않고, 거두지도 않지만 너희의 하늘 아버지께서 그것들을 먹이신다. 하나님의 자녀인 너희는 더더욱 먹이시지 않겠느냐?" 에버하르트가 재정을 방만하게 운영한 것도 아니었다. 회계 감사 위원회를 두어서 공동체의 재정을 감시하게 했고, 멤버 회의에서 수입과 지출을 꼼꼼히 살폈다. 하지만 에버하르트는 늘 돈이 아니라 믿음이 중요하다고 강조했다.

에버하르트는 조바심을 내며 장기 계획을 세우는 사람을 싫어했다. 에버하르트는 "걱정은 또 다른 물질주의"라고 말하곤 했다. 자네츠는 믿음의 사람들을 위한 곳이지 경영자나 회계사를 위한 곳이 아니었다. 재정 상황이 특히 열악했던 어느 날 하이너는 에버하르트가 누군가에게 하는 얘기를 들었다. "돈이 없는 게 아니야. 단지 우리 손에 들어오지 않았을 뿐이지."

그해 7월, 아놀드 일가는 네덜란드 빌토번으로 향하는 기차에 몸을 실었다. 그곳에서 자네츠의 출판 사업을 유지할 수 있도록 정기적으로 후원해 준 퀘이커 교인과 며칠을 보낼 계획이었다. 교육자이자 무정부주의자요 평화주의자였던 케이스 부커는 자신의 신념을 지키기 위해 세금도 내지 않고 심지어 우편 제도도 이용하지 않던 사람이었다. (후에 케이스 부커는 네덜란드 왕가의 후원을 받아 학교를 설립한다. 1957년 그가 쓴 책 『코즈믹 뷰』(*Cosmic View*)는 우주의 모습을 은하계에서 원자의 규모까지 보여 주고 있는데, 이 책의 영향을 받아 아이맥스 형식으로 〈우주의 역사〉(*Cosmic Voyage*)라는 영화가 제작되었다.) 케이스의 아내 베티는 캐드베리* 가문 출신이었는데 자신의 유산을 초콜릿 공장의 종업원들에게 나누어 주었다.

부커 가족은 야생화와 소나무로 둘러싸인 소박한 전원주택에 살고 있었다. 그곳은 법으로 야외에 불 피우는 행위를 금지한 지역이었다. 케이스에게 금지령은 일단 어기고 봐야 할 것이었다. 아놀드 가족이 도착한 저녁, 케이스는 커다란 모닥불을 피워 놓고 수백 명의 친구들을 초대했다. 경찰이 도착할 무렵 모닥불은 이미 활활 타오르고 있었고, 모든 사람이 그 주위를 돌며 춤을 추고 있었다. 케이스가 깜짝 놀란 경찰관의 팔을 끌어당겨 춤추는 무리 속에 밀어 넣는 장면을 하이너는 재밌게 바라봤다. 경찰관이 합류하자 모두가 환호하며 경찰관 주위를 껑충껑충 뛰었다. 그날만큼 하이너가 신나게 춤춘 적은 없었다.

여정이 반쯤 지났을 쯤 에버하르트는 자네츠에서 보낸 전보를 받았다. 은행으로부터 며칠 안에 빚을 갚으라는, 예상치 못한 독촉장이 날아왔다는 내용이었다. 평상시대로 에버하르트는 걱정하지 않았다. 분명 필요한 돈이 생길 것이라는 확신이 들었고 실제로 그런 일이 일어났다. 온 가족이 집으로 향하는 기차에 올라서기 직전, 한 여인이 에버하르트에게 살며시 다가왔다. 인도네시아 공주로서 아놀드 가족과 친분이 있었던 마리아 무젠이었다. 그녀는 에버하르트의 손에 봉투를 쥐여 주며 말했다. "큰일에 쓰시기를."

집에 돌아온 가족들은 싸늘한 대접을 받았다. 하이너와 다른 아이들을 위해선 작은 케이크가 있었지만 하이너의 부모와 타타를 위해 준비된 건 묽은 수프뿐이었다. 아놀

★   유명한 초콜릿 회사. 설립자의 이름을 따서 세워졌다.

드 가족이 없는 사이 몇몇 공동체 사람들은 빚 문제로 인해 공황 상태에 빠졌다. 아놀드 가족이 돌아오자 사람들은 작심하고 "재정 건전성"에 대해 솔직한 의견을 피력했다. 차분히 듣던 에버하르트가 말했다. "영적인 삶뿐 아니라 물질적인 삶에 이르지 못하는 믿음은 쓸모없는 믿음입니다."

에버하르트를 비판하던 사람들은 분노했고 바로 그날 밤 모임이 소집됐다. 모임이 시작되자마자 비난이 빗발쳤다. 호기심에 모인 일단의 방문객들도 열린 창을 통해서 모임을 지켜보고 있었다. 거의 모든 멤버들이 에버하르트에게 노골적으로 적대적이었다. 그들은 에버하르트를 광신자라고 불렀다. "이 모든 게 백일몽이야! 우리보고 믿음으로 살라고? 재정적인 지원, 안정적인 운영 자금을 마련할 수 있는 철저한 계획을 세우라고. 예수님이 어쩌고저쩌고 떠들기만 하면 뭐해? 현실을 생각해야지, 현실을!" 어떤 이가 큰소리로 맞장구쳤다. "자네츠는 사기야! 당신과 에미는 사기꾼이라고!"

에버하르트는 물러서지 않고 반박할 기회를 요청했다. "기적도 경제적 현실의 한 부분이요!" 에버하르트는 집에 오는 길에 받았던 봉투에 관해 얘기했다. 봉투 안에는 네덜란드 돈이 들어 있었는데, 마르크화로 환전하면 정확히 빚을 갚는 데 필요한 액수였다.

하지만 때는 이미 늦었다. "우리는 이미 청산 절차에 들어갔소." 그들이 에버하르트에게 통보했다. "자네츠는 끝장났어. 실험은 끝났다고!" 한 사람 한 사람 자네츠를 떠나겠다고 선언했다.

크리스텔도 그중 한 사람이었다는 사실을 하이너는 믿을 수 없었다. "우리는 아직도 친구야." 하이너를 안심시키며 크리스텔이 소년을 무릎 위에 앉혔다. "네 잘못이 아니란다. 네 부모님 탓이지." 크리스텔의 말은 하이너에게 전혀 위로가 되지 않았다. 다음 날 우연히 그가 아버지를 심하게 비난하는 말을 듣고 나서는 더더욱 그랬다.

견디기 힘든 시간이 몇 주 동안 이어졌다. 어느 날 하디가 하이너에게 말했다. "아버지가 계단 아래에서 울고 계셨어." 눈물을 흘리는 부모를 어떻게 위로할까? "사람들이 이렇게까지 증오를 쏟아 내리라고는 생각하지 못했다." 에버하르트 입에서 흘러나온 유일한 한 마디였다. 에버하르트를 가장 매몰차게 비난했던 사람 중에는 그가 수년간 사랑하고 신뢰했던 사람들이 있었다. 비난도 모자란 듯 그들은 한여름임에도 창문을 열어 놓은 채 귀한 땔감을 태워 없앴고, 값어치 있는 물건들은 모조리 챙겨 갔다. 가축도 팔고 가구와 농기구들도 처분했다. 어떤 이는 에미가 겨울에 쓰려고 저장해 둔 과일 조림에까지 손을 댔다.

에버하르트는 그들을 막을 기력이 없는 듯 그저 넋 놓고 바라보기만 했다. 에버하르트가 정신을 차린 것은 누군가 공동체를 해산하자고 제안했을 때였다. 가슴을 펴고 꼿꼿하게 몸을 세운 에버하르트는 그곳에 있는 사람들이 모두 들을 수 있도록 예전처럼 힘차게 이야기했다. "기억하십시오. 법적 정족수인 일곱 명의 멤버가 있는 한 공동체는 이 집에 대한 권리를 유지합니다!" 남은 사람은 정확히 일곱 명이었다.

사람들과 함께 크리스텔도 떠났다. 하이너는 쓸쓸했다. 훗날 하이너는 이때의 일을 회고하며 일기에 다음과 같이 썼다. "크리스텔은 떠났고 상처와 아픔만 남았다. 파파와 마마가 무서웠다. 난 더는 하나님을 믿지 않고 크리스텔만 의지했었다. 밤이 되면 습관적으로 기도하고 그냥 자버렸다."

유년 시절 내내 하이너는 크리스텔이 몹시 그리웠다. 한편으론 양심의 가책도 느꼈다. 크리스텔을 좋아하면 아버지를 미워하는 건가? (세월이 흘러 에버하르트는 하이너에게 그렇지 않다고 말해 줬다. "크리스텔을 친구로 삼은 건 잘한 일이란다." 아버지가 돌아가신 후 하이너는 친구에게서 크리스텔이 종종 헤센주까지 찾아와 아버지의 묘를 방문한다고 들었다.)

10월이 되어 성난 마지막 무리가 공동체를 떠났다. (떠난 사람 중 많은 이들이 다시 모여 새로운 공동체를 세웠지만 몇 년 못 가 해체됐다.) 이제 에버하르트와 에미, 타타와 모니 외에 아이들의 선생님 트루디, 수지와 파울만 남았다. 노란색 저택은 텅 빈 듯 적막했다. 그 와중에도 에버하르트는 아이들과 뛰놀고 장난쳤다. 하지만 나머지 시간엔 말없이 슬퍼 보였다. 하이너는 가끔 엄마와 이모들이 눈물을 훔치는 것을 보았다.

케이스 부커는 계속해서 출판 사업을 후원했지만 출판사엔 남은 게 별로 없었다. 자네츠를 떠난 사람들이 잡지와 잘나가는 책들의 판권도 함께 챙겨 갔기 때문이었다. 사업도 사업이지만 사람들이 갑자기 자네츠를 외면하기 시작한 게 문제였다. 공동체가 분열되면서 사방팔방으로 자네츠에 관한 소문들이 퍼져 나갔다. 주로 에버하르트를 비난하는 내용이었다. 전에 에버하르트를 지지하던 많은 사람이 이제 거리를 두기 시작했다.

그렇게 상처를 받았음에도 에버하르트와 에미는 떠난 사람들을 향해 한마디의 원망도 하지 않았다. "남은 사람들이 착하고 떠난 사람들이 못된 건 아니야." 어머니가 하이너에게 설명했다. "떠난 사람들은 그저 모든 것을 실험으로 보았을 뿐이야. 우리는 소명이라고 생각했던 거고."

11월에 낯선 젊은이가 찾아왔다. 수도복처럼 헐렁한 갈색 옷을 걸치고 샌들을 신은 청년은 등에 배낭과 기타를 메고 있었다. 긴 머리가 어깨 아래까지 내려온 청년은 자신의 이름을 샤를마뉴의 전설적인 기사의 이름을 따 롤랑이라고 소개했다.

롤랑이 오는 것을 본 하이너는 곧장 그에게 다가갔다. 몇 분 후 모니는 칼 카이덜링(롤랑의 본명)에게 점심을 만드는 데 사용할 나무를 패는 일을 맡겼다. 장작을 같이 패면서 칼과 하이너는 금세 수다를 떨기 시작했다. 칼은 공동체를 찾게 되어 얼마나 다행인지 모른다고 말했다. 기차역에서 내려 공동체를 찾다가 길을 잃은 칼은 우연히 경찰관을 만나 방향을 물었다.

"그래서 그 유대인 공동체에 찾아간다고?" 경찰관이 물었다.

"제가 듣기론 기독교 공동체라고 그러던대요."

"뭐 그럴 수도 있지. 그런데 그 사람들이 어디서 돈을 받겠소? 부유한 유대인! 아니면 어떻게 버틸 수 있었겠소?" (실제로 자네츠의 핵심 후원자인 막스 볼프는 지방에 공장을 소유한 유대인이었다. 막스는 반유대주의에 맞서 정의를 위해 힘쓰는 에버하르트를 존경했다.)

스무 살 청년 칼은 하이너에게 아버지가 자신을 집에서 쫓아냈다고 말했다. 하지만 칼은 곧 에버하르트를 친아버지처럼 대하기 시작했고 며칠 만에 공동체에 합류하겠다고 결심했다. 칼은 계속해서 장작을 공급하는 일을 맡았고, 하이너도 학교에서 빠져나올 수 있을 때마다 칼을 도왔다. 트루디가 하이너의 빈자리를 발견할 때쯤이면 두 사람은 벌써 시야에서 멀어져 나무 손수레를 비탈 위로 밀고 있었다.

겨울이 가고 봄이 왔다. 하이너와 칼은 숲에서 몇 시간씩 사슴을 보거나 풀밭에 누워 이야기를 나눴다. 함께 있는 동안 그들은 10년이라는 나이 차를 거의 느끼지 못했다.

버려진 아이와 고아를 구제하려는 부모님의 계획 덕분에 하이너에게도 또래 친구가 생기게 됐다. 그해에만 여섯 명의 새로운 아이들이 자네츠에 도착했다. 그중 하나가 조피였다.

전쟁 중에 아버지를 잃은 조피 슈빙을 자네츠에 데려온 건 지쳐 보이는 어떤 여인이었다. 여인은 조피를 놀이방에 두고 조용히 사라졌다. 조피의 눈에 흔들 목마를 타고 있는 자기 또래의 남자아이가 들어왔다. 소년도 자기처럼 맡겨진 아이라고 생각한 조피는 남자아이에게 자기도 목마를 타고 싶다고 말했다. 하이너는 목마에서 내려오려 하지 않왔다. "이건 내 말이야."

"여기선 모든 걸 다 나눠 쓴다고 하던데." 당황한 조피가 말했다.

"맞아. 하지만 널 여기에 받아 준 건 우리 아버지야." 이렇게 쏘아붙이고 하이너는 목마에서 내려오지 않았다.

조피는 도움을 구하려 엄마를 찾았지만 거기엔 아무도 없었다. 조피가 울음을 터뜨리자 소년의 마음이 조금 누그러졌다. "엄마를 잃었구나. 나도 엄마가 없어. 아니, 있긴 한데, 나랑 같이 있을 시간이 없어. 청소하고 요리하고 밭에서 풀 뽑고 손님 치르느라 너무 바빠. 고아들도 돌봐야 하고. 내 생각엔 우린 같은 처지네."

5. 회심

하이너가 열두 살이 되던 해, 하이너의 마음을 사로잡은 것이 있었다. 사두* 혹은 성자라고 불리는 인도 사람이 독일 전역을 순회하며 강연회를 열었는데, 가는 곳마다 신문 1면을 장식했다. 에버하르트는 저녁마다 부엌 식탁에 둘러앉은 가족들에게 신문 기사를 큰 소리로 읽어 주었다.

사두의 이름은 선다 싱이었다. 펀자브 지방에서 시크교도로 자란 16세 소년 선다 싱은 하나님이 누구인지 간절히 알고 싶은 마음에 시크교 경전부터 시작해서 힌두교, 불교, 이슬람교 경전까지 닥치는 대로 읽었다. 하지만 기독교는 제국주의자들의 종교여서 딱 질색이었다. 선다 싱의 부모는 아들을 대학에 보낼 생각으로 장로교 선교사가 세운 기독교 학교에 보냈는데, 어느 날 선다 싱은 친구들이 보는 앞에서 성경을 갈기갈기 찢고 불태웠다.

이러한 행동에서 오는 자기만족감은 오래가지 못했다.

★ 힌두교에서, 특히 은둔해 사는 성자.

얼마 지나지 않아 선다 싱은 하나님께 도전장을 내밀었다. "지금 당장 당신의 정체를 밝히지 않으면, 전 자살해서 사후의 세계를 보고야 말겠습니다." 선다 싱은 밤새도록 기도했다.

선다 싱의 말에 의하면, 새벽 4시 30분쯤 환한 빛이 방을 채웠다. 처음에는 집에 불이 난 줄 알았다. 하지만 빛 가운데서 누군가가 나타나 우르두어*로 말했다. "선다야, 언제까지 나를 조롱하려고 하느냐? 진리를 찾는 네 기도를 듣고, 너를 구원하려고 내가 이렇게 찾아왔다. 그런데도 넌 왜 받아들이지 않느냐?" 손과 발에 난 상처를 본 선다는 그가 예수님인 것을 깨달았다.

다음 날 선다 싱이 밤새 일어난 일을 부모님께 말했을 때, 그들은 꿈이려니 하고 넘어갔다. 하지만 시간이 지나면서 더는 아들의 변화를 가볍게 여길 수 없게 되었다. 친척들은 선다 싱에게 갖은 회유로 새로운 종교를 포기하라고 다그쳤지만 소용이 없었다. 그러자 그를 없는 사람 취급하면서 협박하고 독살까지 시도하더니 마침내는 고향에서 추방했다. 그 후 선다 싱은 유명한 사두가 되어 인도뿐 아니라 네팔과 티베트까지 돌아다니며 예수님의 말씀을 전했다. 그리고 이제는 유럽에서도 복음을 전하는 중이었다.

아버지가 읽어 주신 신문 기사에 깊이 감동한 하이너는 몇 주 동안 조용히 사라져 혼자 긴 산책을 다녀오곤 했

★ 인도-유럽 어족의 인도-유럽어파에 속한 언어로, 현재 파키스탄과 인도의 공용어 중 하나다.

다. 특히 시냇가 옆 버드나무를 즐겨 찾았는데, 거기에서 사도처럼 설교하며 청중에게 먹을 것을 구하는, 길 위의 삶을 꿈꿨다. 선다 싱을 만나 직접 얘기하고 싶은 마음도 간절했다. 그가 자네츠를 방문한다면 모든 걸 물어볼 수 있겠지. 정말 예수님이 방으로 들어오셨나요? 아니면 천국에서 내려다보시며 큰 소리로 말씀하셨나요? 그랬다면 이웃도 들었을 텐데…….

하이너에게 생각할 거리를 안겨 주는 다른 일들도 일어났다. 어느 날 가족이 함께 베란다에서 식사하고 있는데, 오십대로 보이는 허름한 행색의 남자가 휘청거리며 집 쪽으로 다가왔다. 하이너는 충동적으로 식탁에서 벌떡 일어나 남자에게 다가가 손을 잡고 집으로 초대했다. 손님이 하룻밤 머물러도 되냐고 묻는 하이너에게 에버하르트가 답했다. "물론이지. 그 사람이 원한다면 말이다."

남자는 눈물을 흘리며 자신의 얘기를 털어놓았다. 그의 이름은 칼 가일이었으며 살인 전과자였다. 중국의 의화단 사건**을 진압할 때 참전하기도 했던 칼은 오랜 복역 기간을 마치고 막 출소했다. 하지만 그를 기다리는 건 노숙자의 삶이었다. 모두가 할 말을 잃고 의자에 얼어붙은 듯 가만히 있을 때, 에버하르트가 일어나 그의 어깨에 팔을 둘렀다. 에버하르트는 칼의 고개를 태양 쪽으로 돌리며 살인자와

** 중국 청나라 말기에 일어난 외세 배척 운동. 1900년 6월, 베이징에서 교회를 습격하고 외국인을 박해하는 일을 한 의화단을 청나라 정부가 지지하고 대외 선전 포고를 했기 때문에, 미국을 비롯한 8개국의 연합군이 베이징을 점령, 진압한 사건이다.

온갖 죄인을 위해 오신 예수님 이야기를 들려줬다. 그날 밤 하이너와 다른 아이들은 담요를 가지고 와 칼의 잠자리를 만들었다.

하루는 오스발트라는 남자가 머리에 분홍 리본을 달고 치마 차림으로 찾아왔다. 에버하르트는 두 팔을 벌려 환영하며 자신의 서재를 침실로 쓰라고 내주었다. 그날 저녁 식사 시간에 오스발트는 벌떡 일어나, "순수한 이들이여, 순수함으로 돌아갈지어다!"라고 소리치고는 옷을 훌러덩 벗었다.

에버하르트는 오스발트에게 옷을 다시 입으라고 명령하며 준엄하게 꾸짖었다. "예수님은 자네를 괴롭히는 악에서 자네가 자유롭게 되기를 바라시네. 하지만 자네가 그걸 원해야만 해."

순간 오스발트는 자신 안의 마귀들에 의해 갈기갈기 찢어지는 듯 괴성을 지르며 방을 뛰쳐나갔다. 식탁에 앉아 있던 사람들은 미동도 없이 침묵했다. 하이너는 마을을 가로질러 가는 오스발트를 향해 개들이 짖어대는 소리를 듣고 있었다.

하이너는 동생 모니카가 싫어하는데도 왜 아버지가 오스발트 같은 사람들을 환영하는지 곰곰이 생각해 보았다. 왜 그런 사람들이 촛불에 나방이 몰려들 듯 자네츠에 찾아올까? 하이너는 나름의 답을 찾았다. 그건 바로 사랑이었다. 상처받은 사람들은 자네츠에서 사랑을 발견했다. 하이너는 칼 가일의 얼굴을 태양 쪽으로 돌리는 아버지의 손길에서 그 사랑을 느꼈다. 오스발트에게 호통을 치신 것도 결국은 사랑이었다. 하이너가 발견한 또 다른 답은 아버지의 권위였다. 아버지의 말씀에는 언제나 권위가 느껴졌는데, 그 권위는 마치 다른 곳에서 내려온 듯한 권위였다.

하이너는 감히 이런 생각들을 입 밖에 낼 수 없었지만, 아버지의 사랑과 권위가 예수님과의 친밀한 관계에서 나오는 것임을 직감적으로 알고 있었다. 어느 날 하이너는 수줍게 아버지에게 물었다. "어떻게 하면 예수님을 만날 수 있나요?"

"네가 찾는다면, 그분을 발견할 거다." 아버지가 대답했다.

어느 날 저녁, 에버하르트는 공동체 식구들에게 또다시 놀라운 이야기를 들려줬다. 라코프는 한 세기 전에 러시아의 항구 도시 아르한겔스크에 살던 청년이었다. 많은 유산으로 풍족한 삶을 살 수 있었지만, 라코프도 선다 싱처럼 이상한 환상을 보고 완전히 다른 사람이 되었다.

어느 날 밤 라코프는 꿈에서 해가 떠오르는 이른 아침에 밭을 가는 사람을 보았다. 갑자기 근처의 허름한 오두막에서 바이올린 소리가 흘러나왔다. 밭을 갈던 남자는 잠시 멈춰 바이올린 소리를 듣더니 다시 밭을 갈기 시작했다. 이내 오두막에서 소리가 다시 흘러나왔는데, 이번에는 아기 울음소리였다. 남자는 쟁기를 내려놓고 오두막 쪽으로 갔다. 남자가 오두막에서 발견한 것은 죽어 가는 아기였다. 그가 아기 쪽으로 몸을 구부려 아기를 안았더니 아기가 곧 나은 게 아닌가. 그러자 라코프는 그 남자가 누구인지 알아챘다. 너무나 흥분한 나머지 라코프는 소리쳤다. "형제 예수여, 제가 갑니다!"

그날 밤 라코프는 어머니에게 쪽지 한 장을 남기고 도시를 떠났다. 그 후 라코프는 러시아를 떠돌아다니며 가는 곳마다 불쌍한 사람들을 도왔다. 과부들의 집을 다시 지어 주고, 호화로운 생활을 하는 성직자를 꾸짖었다. 관중들이 가득 찬 오페라 하우스에서 다이아몬드로 치장한 부자들에게 근처 빈민가 사람들을 돌보라고 다그치기도 했다. 라코프는 만나는 사람마다 예수에 관해 들려주었다. 가난한 사람들은 라코프를 사랑했지만, 권세자들은 그를 증오하고 두려워했다. 수없이 체포되고 (키예프, 오데사 등 여러 지역에서) 추방당한 라코프는 결국 독방에 갇힌 신세가 되었다. 감옥에서 굶주림과 열병에 시달리며 점점 쇠약해진 라코프는 급기야 미쳐 버렸다. 그를 가엾게 여긴 간수들이 그가 작은 정원에 나와 지낼 수 있도록 배려해 줬다. 라코프는 그곳에 앉아 여생을 보냈다. 눈을 감고 얼굴에 미소를 머금은 채 앉아 있는 라코프의 굽은 등에 햇살이 따사롭게 내려앉았다. 가끔 라코프는 느린 걸음으로 빙빙 돌거나 몸을 흔들며 말했다. "저는 춤을 추고 있어요. 이제 곧 하나님을 만날 거랍니다." 어느 날 저녁, 춤을 추던 라코프가 갑자기 멈춰서더니 눈을 크게 뜨고 소리쳤다. "예수여!" 앞으로 푹 고꾸라진 라코프는 더 이상 이 세상 사람이 아니었다.

아버지가 이야기를 마치자 하이너의 눈에서 눈물이 흘러내렸다. 혼란스러운 마음을 추스르지 못해 하이너는 식탁에서 일어나 휘청거리며 자기 방으로 들어갔다. 침대에 몸을 던진 하이너는 생각했다. 왜 그렇게 착한 사람이 고통받고 부서진 채로 생을 마감해야 했을까? 왜 예수님은 죽으셔야 했나?

그 순간 하이너는 전에 한 번도 느껴보지 못했던 무언가를 느꼈다. 방에 찾아오신 예수님이 자신을 부르시며 말씀하셨다. 예수님의 존재가 너무나 강렬한 나머지 하이너는 온몸이 떨려 왔다. 갑자기 소년은 위대한 사랑에 사로잡혔다. 이 땅에서 어린이들을 위로하고, 병든 자를 치유하고, 죄인을 용서하고, 환전상들을 성전에서 쫓아내고, 제자들을 가르치고, 끝내 범죄자로 십자가에서 고통스럽게 죽어간 자신의 아들을 보며 하나님이 느끼셨을 마음을 하이너는 조금이나마 이해할 수 있었다.

바로 이때 하이너는 인생의 소명을 발견했다. 하이너는 라코프가 겪어야 했던 고통을 자신도 겪어야 함을 직감했다. 예수님을 위해 사람들 가운데로 나아가는 것은 마치 늑대 소굴로 들어가는 것과 같았다.

하이너는 아버지가 찾아와 잘 자라고 인사할 순간을 애타게 기다렸다. 하지만 정작 에버하르트가 방에 들어오자 하이너는 울먹이며 겨우 몇 마디만 웅얼거릴 수 있을 뿐이었다. 하이너는 머리를 쓰다듬으며 다정하게 몇 마디를 남기고 떠난 아버지가 자신을 이해하지 못했을 것이라 생각했다.

한참 동안 하이너는 누워서 천장만 쳐다봤다. 열두 살밖에 안 됐지만, 하이너는 자신의 경험이 틀림없는 사실임을 잘 알고 있었다. 하이너는 라코프와 같은 삶을 사는 자신의 모습을 상상해 보았다. 아무것도 소유하지 않고, 이 마을 저 마을 떠돌며 가난한 사람들에게 복음을 전하는 삶을.

6. 태양 특공대

 자네츠에서 일곱 해를 보내는 동안 아놀드 가족에겐 거실이 없었다. 1925년(크리스텔과 그 밖의 사람들이 떠난 지 3년이 되는 해)이 되자 자네츠는 오십여 명이나 되는 식구로 북적대서 구석구석에 침대를 놓아야 할 지경이었다. 그중에는 젊은 두 가족과 열 명의 위탁 아동들도 있었다.

 아놀드가의 다섯 아이는 자신들만의 엄마를 꿈꿨지만 에미는 너무 바빠서 타타와 모니가 엄마 역할을 할 때가 많았다. 아이들이 아파 누울 때면 타타는 몇 시간이고 옆에 앉아 재밌는 이야기와 노래로 아이들을 달래 주었다. 배고파서 집에 올 때면 모니가 저녁까지 버틸 수 있도록 간식을 만들어 주기도 했다. 종종 손님들은 폰 홀란더 자매들에게 어떻게 아이들의 사랑을 세 사람이 나누어 가질 수 있냐고 묻곤 했다. 서로 질투하게 되지 않나요? "아니요." 자매들이 대답했다. "오히려 사랑이 더 풍성해집니다. 아이들도 더 행복하고요!"

 그렇다고 에미가 아이들을 방치한 것은 아니었다. 잠

자리에 들기 전 에미는 아이들을 모아 이야기를 들려주거나 기타를 치며 노래하는 시간을 가졌다. 무슨 일이 있어도 에미는 이 시간을 꼭 지켰다. 공동체 모임이 길어지면 살며시 부엌으로 나와 아이들을 찾았다. 단순히 아이들과 편안한 시간을 갖는 문제가 아니었다. 부산한 공동체에서 벌어지는 일들을 아이들이 하나도 놓치지 않는다는 것을 잘 알고 있었던 에미는 아이들에게 생각과 걱정을 털어놓을 수 있는 시간을 마련해 주었던 것이다. 에미는 특히 민감한 하이너가 맘에 걸렸다. 친척에게 보내는 편지에서 에미는 이렇게 썼다. "하이너는 하나님 없이는 잘 자랄 수 없는 아이예요."

아놀드가의 아이들은 매일 부모님의 침실에서 아침 식사를 했다. 에버하르트는 이 시간만큼은 아이들이 흥미로워할 주제로만 얘기해야 한다고 강조했다. 가끔 에미가 깜빡하고 말썽 피우는 손님이나 식료품점에 쌓여 가는 빚과 같은 걱정거리를 늘어놓으면, 에버하르트는 팔꿈치로 쿡 찌르며 말했다. "하지만 여보, 지금은 아이들에게 집중합시다." 두 사람이 부딪힐 때도 있었다. 파파와 마마는 누가 듣고 있든지 상관없이 서로에게 솔직히 얘기했다. 하지만 그런 부모님의 모습을 보고 하이너는 불안하지 않았다. 종종 아버지와 어머니가 서로에게 "난 당신보다 하루라도 더 살고 싶지 않아요"라고 말하는 것을 듣곤 했던 하이너는 한순간도 부모님의 깨어질 수 없는 연대를 의심치 않았다.

어느 날 아침, 여느 때처럼 가족이 함께 아침을 먹고 있었다. 에버하르트는 늘 꾸물거리던 하이너가 그날 아침만은 서둘러 나가고 싶어 하는 낌새를 눈치챘다. 여덟 살 모니카도 슬금슬금 문 쪽으로 몸을 움직이고 있었다. "너희 둘, 어디 가려고 그러는 거지?"

"그건…… 말할 수 없어요." 모니카가 말했다.

파파에게 그런 대답이 통할 리 없었다. 파파가 다시 물었지만 모니카는 여전히 대답하려 하지 않았다. 마침내 모니카가 다시 입을 열었다. "하이너 오빠가 우리 일에 대해 말하지 말라고 했어요."

에버하르트의 시선이 하이너에게로 향했다. "하이너, 도대체 무슨 일을 꾸미고 있는 건지 다 털어놔라. 당장!"

처음에 머뭇거리던 하이너는 곧 모든 걸 솔직히 털어놨다. 아버지가 라코프 이야기를 들려주시던 밤 자신의 방에서 경험했던 일을 어떻게 다른 아이들에게 하나씩 찾아가 얘기해 줬는지, 아이들과 함께 예수님을 따르는 모임을 만들기로 한 일과 첫 모임을 위해 들꽃과 초, 빨간 상보로 교실을 장식한 일을 모두 말했다. 하이너에 따르면, 초대받은 친구들이 말없이 입장할 만큼 모임은 엄숙했다. 이것은 결코 동호회가 아니었다. 언제나 행동할 준비가 되어 있는 특공대였다. 모임에 어떤 이름을 붙일까 고민하던 아이들은 마침내 이름을 정했다. '태양 특공대.'

하이너의 얘기를 다 들은 에버하르트는 커피를 한 모금 마셨다. 방 안이 조용해졌다. 하이너가 다시 얘기를 시작했다. "오늘 아침 마을 아이들에게 태양 특공대에 관해 얘기해 주기로 했어요. 모임에서 같이 먹으려고 블랙베리도 땄어요. 이렇게 있다가는 모임에 늦을지 몰라요."

에버하르트가 나가도 좋다고 허락하자 아이들이 사라졌다. 그날 오후 하이너는 아버지와 다시 만났다. 에버하르트는 아무 말도 하지 않았다. 그러나 저녁이 되어 하이너의 방에 들어온 에버하르트는 아들의 이마에 잇따라 입을 맞추며 사랑한다고 말했다. 이후로부터 하이너는 아버지가 단지 아버지가 아닌 가장 친한 친구로 여겨졌다.

하이너의 회심은 에버하르트를 깜짝 놀라게 했다. 자신도 열일곱 살 때 비슷한 경험을 하고 친구들에게 열정적으로 나누었던 때가 있었다. 하지만 전쟁이 끝나고 에버하르트는 젊은 시절 경험했던 부흥회식 기독교에서 관심이 멀어졌다. 아이들에게 종교를 강조하는 것도 조심하기 시작했다. (한번은 에버하르트가 아이들의 교실에 들어간 적이 있었는데, 구세군 사관 출신인 여자 선생님이 구약 성경에 나오는 이야기에 관해 긴 설교를 늘어놓고 있었다. 한동안 듣고 있던 에버하르트는 아무 말 없이 교실을 떠났다. 그 후로 여자 선생님은 다시는 성경을 가르치지 않았다.)

하이너는 아버지에게 라코프처럼 자신도 길을 떠나 예수님을 전하고 싶다고 말했다. 에버하르트가 답했다. "하이너야, 정말 멋진 생각이다. 하지만 먼저 이곳에 있는 아이들과 마을 아이들에게 집중하면 어떻겠니? 아이들에게 관심을 보이고 네가 경험한 것들을 그들도 경험할 수 있도록 도와주렴." 하이너는 고개를 끄덕였다.

에버하르트는 처음부터 하이너에게 어른들(하이너가 좋아하는 칼 카이덜링까지도!)이 태양 특공대에 간섭하게 하지 못하도록 당부했다. 에버하르트도 아주 특별할 때만 모임을 찾았다. 그런데도 에버하르트는 모임이 어떻게 돌아가는지 잘 알고 있었다. 때때로 하이너를 서재로 불러 모임에 관한 새로운 아이디어를 들었던 것이다. 에버하르트는 온도계를 보듯 아들의 감정 상태를 읽을 수 있었고, 아들의 열정이 식을 때면 따뜻하게 격려해 주었다.

에버하르트 다음으로 태양 특공대를 지지해 준 사람은 타타였다. 타타의 침실이 하이너의 옆방이었기 때문에 거의 매일 저녁 하이너는 이모 방에 찾아가 대화를 나눴다. 식구들 모두 하이너와 타타의 관계가 하이너가 태어나던 날까지 거슬러 올라갈 정도로 특별하다는 사실을 잘 알고 있었다. 예를 들어, 타타의 생일이 되면 마치 하이너의 생일이라도 되는 양 다함께 축하했다. 이제 하이너는 타타와 자신의 모든 계획을 터놓고 말하는 사이가 됐다. 한쪽만 마음을 나누었던 것은 아니다. 어느 날 밤 타타는 하이너를 깨워 양심이 찔려서 잠이 안 온다고 말했다. "오늘 어떤 여자에게 몰인정한 말을 내뱉었어. 정말 고약하게 말이야. 그냥 누군가에게 털어놓고 싶었어." 타타는 그렇게 말하고 잘 자라는 인사와 함께 방으로 돌아갔다.

하이너와 함께 태양 특공대의 핵심 멤버를 이뤘던 다른 두 사람은 바로 조피와 또 다른 위탁 아동 루이제 콜프였다. 조피는 하이너보다 한 살 어렸다. 하루는 하이너가 조피에게 다가가 선다 싱과 아시시의 성 프란치스코, 라코프에 관해 얘기했다. 하이너는 자신의 얘기를 너무나 중요하게 생각한 나머지 다른 사람의 시선을 전혀 의식하지 않았다.

그러고서 조피에게 비밀로 해 달라고 당부하면서 예수님이 어떻게 자신에게 찾아왔는지 말해 주었다.

"예수님께서 나도 무언가 하기를 바라지 않으실까?" 조피가 물었다. 하이너가 같은 얘기를 루이제에게 들려주자 루이제도 똑같은 질문을 던졌다. 이렇게 해서 태양 특공대가 시작됐다.

이들은 우선 깃발을 만들기로 했다. 자네츠에 오기 전 조피는 재봉사였던 엄마에게서 바느질을 배웠다. 하이너는 깃발로 쓰기 딱 좋은 길이의 빨간 천을 구해 왔다. 하이너는 조피 뒤에 서서 태양의 노란색 불꽃을 어떻게 잘라야 할지 말해 줬다. 그리고 조피가 에미의 오래된 발재봉틀로 두 천을 꿰매는 것을 지켜봤다. 하이너는 완성된 깃발을 장대에 묶었다. 그날 오후 태양 특공대는 깃발을 들고 신나게 노래하며 온 마을을 행진했다.

하이너는 태양 특공대원답지 못하게 행동하는 대원을 서슴없이 질책했다. 어느 날 조피가 수업 시간에 책상 밑에 소설을 두고 몰래 읽다가 들킨 일이 있었다. 트루디 선생님이 조피에게 책을 가져오라고 요구했다. 연애 소설이었다. "조피, 이런 책은 네 나이에 걸맞지 않은 책이야."

하이너가 자리에서 벌떡 일어났다. "뭐라고? 나쁜 책을 읽고 있었다고? 나라면 상상도 못 할 일이야. 그런데 조피, 넌 어떻게 그럴 수 있니?"

"하이너, 이 책을 읽어 보기나 했어?" 조피가 되받아쳤다.

"뭐? 난 나쁜 책은 절대 안 봐."

학교가 끝나고 두 사람은 다시 만나 언쟁을 끝냈다.

이따금 하이너가 자신의 잘못을 조피에게 털어놓을 때도 있었다. 언젠가 하이너가 어머니의 관심을 끌려고 아픈 척한 적이 있었다. 어머니가 늘 병을 달고 사는 동생 한스-헤르만과 결핵을 앓고 있는 누이 에미-마가렛만 챙기는 데 속이 상했던 것이다. 심하게 기침하는 하이너를 보고 놀란 어머니는 꾀병인 줄도 모르고 하이너가 결핵 검사를 받게 했다. 그도 그럴 만한 것이 에미-마가렛뿐 아니라 에버하르트도 결핵을 앓고 있었고, 최근에 에미의 언니 올가가 결핵으로 목숨을 잃는 일까지 있었기 때문이었다.

하이너가 양심에 가책을 느끼기까진 그리 오랜 시간이 걸리지 않았다. "조피, 말할 게 있어. 엄마에게 거짓말을 했어." 하이너는 눈물을 흘리며 말했다. "조피, 난 세상에서 제일 추악한 죄인이야."

학교에서 하이너는 조피의 옆자리였다. 트루디가 수학 숙제를 내주자 하이너는 조피에게 쪽지를 넘겼다. "여기에다 답 좀 적어 줘." 하이너가 속삭였다. "난 태양 특공대의 다음 임무에 대해서 생각해 봐야 하거든."

트루디는 공부에 눈곱만치도 관심 없는 하이너를 보며 속을 태웠다. 그런 트루디를 하이너는 천진난만하게 위로했다. "트루디 선생님, 왜 저 때문에 그렇게 고생하세요?" 하이너는 크리스텔에게서 들었을 법한 말까지 덧붙였다. "어리석은 사람에겐 백약이 무효해요." 장학사가 학교를 방문하던 날, 당연히 트루디는 초조할 수밖에 없었다. 하지만 장학사가 던지는 질문에 다른 아이들은 입도 뻥긋 못할 때, 하이너만은 척척 대답해서 모두를 놀라게 했다.

조피는 하이너가 하는 얘기를 즐겨 들었다. 하이너는 끊임없는 상상력으로 언제나 새로운 계획을 세웠다. 하루는 조피와 루이제, 하이너가 감자밭에서 일하고 있었다. 공동체에 머물던 어떤 노숙자와 최근에 합류한 농부, 알프레드 그나이팅도 함께 있었다.

한 시간쯤 지나자 지루해진 아이들은 자두나무에 올라가 실컷 열매를 따 먹었다. 알프레드는 일을 계속했지만 노숙자는 피곤하다고 불평하면서 나무 그늘 밑에 대자로 눕더니 잠이 들었다.

노숙자를 내려다보던 하이너의 눈에 순간 어떤 끔찍한 것이 들어왔다. 남색과 흰색이 섞인 셔츠에 검은 핏자국 같은 게 묻어 있지 않은가. 온갖 생각이 하이너의 머릿속을 스쳤다. 하이너는 조피와 루이제에게 핏자국을 가리키며 감자밭 너머 귀신이 나온다는 숲 이야기를 꺼냈다. 숲에 갔다가 사라진 사람들이 있다고 마을 사람들이 부모님에게 얘기하지 않았던가.

"저 남자는 분명 살인자일거야." 하이너가 단호하게 말했다. "자신이 저지른 일 때문에 얼마나 양심이 괴로울까! 우리가 저 남자를 구해야 해. 예수님을 믿게 하자!"

여자아이들도 동의했다. 나무에서 내려온 아이들은 남자가 잠에서 깰 때까지 기다렸다가 이유도 말하지 않고 다짜고짜로 예수님을 믿어야 한다고 설득하기 시작했다.

태양 특공대는 하이너가 길에서 데려왔던 전과자 칼 가일을 특별히 챙겼다. 첫날부터 칼은 공동체의 일원이 되었고 그 후 에버하르트에게 세례도 받았다. 에버하르트는 칼 가일에게 공동체에 단 하나뿐인 욕조 사용 시간표를 만드는 임무를 맡겼다. (언젠가 칼은 새벽 2시 30분에 침실 문을 쿵쿵 두드려 에버하르트를 깨웠다. "에버하르트, 에버하르트! 욕조 물을 받아 놨어요!" 에버하르트는 순순히 칼의 말을 따라 욕조로 갔다.) 아이들은 칼 가일에게 자신만의 방을 선물해 주고 싶었다. 방에 전등을 걸고 신약 성경과 돋보기안경까지 마련했다. 안경을 사는 건 꿈도 못 꾼다고 했던 칼의 말이 생각났기 때문이다. 어느 날 저녁 하이너와 조피, 루이제가 천사로 분장하고 칼의 방을 찾았다. 책상에 앉아 있던 칼 가일이 노래를 부르는 아이들을 보더니 어깨를 들썩이며 울기 시작했다. 노래가 끝나자 칼은 자신이 얼마나 형편없이 살았는지 얘기했다.

얘기를 들은 아이들은 칼에게 말했다. "예수님은 바로 아저씨 같은 분을 위해 오셨어요." 칼 가일은 자세를 바로 잡고 아이들에게 연신 고맙다고 말했다. 하이너가 칼을 똑바로 보며 말했다. "아저씨, 예수님을 따르세요."

일요일 아침, 하이너는 식당으로 내려가는 계단에서 루이제를 만났다. 매주 아버지가 인도하는 기도 모임에 가는 길이었다. 어쩌다 말싸움을 한 끝에 루이제가 하이너의 뺨을 때렸다. 잠시 후 신약 성경을 겨드랑이에 낀 에버하르트가 나타났다. 이상한 낌새를 눈치챈 에버하르트가 물었다.

"무슨 일이냐?"

"하이너가 또 못되게 굴었어요." 루이제가 우는소리로 말했다.

에버하르트는 하이너의 턱을 잡아 들어올렸다. "하이너, 너는 왜 좀 더 친절하지 못하지?"

하이너는 울분을 이기지 못하고 소리쳤다. "아버지는 공동체의 아이들은 모두 사랑하시면서 왜 저는 사랑하시지 않죠?"

에버하르트가 성경으로 하이너의 머리를 내리쳤다. 한 번도 아니라 두 번씩이나. 하이너는 아버지 손에 떠밀려 계단 아래에 있는 저장실로 들어갔다. 열쇠가 돌아가고 문이 잠겼다. 하이너는 몹시 화가 났다. 기도 모임을 시작하는 노랫소리가 벽 사이로 들려왔다.

곧 문이 열리고 아버지가 들어왔다. "정말 무슨 일이 있었던 거니?" 부드러운 말투로 아버지가 묻자 하이너가 자초지종을 설명했다.

"내가 잘못했다. 아버지가 용서를 빌게." 에버하르트가 말했다.

하이너의 마음이 눈처럼 녹아내렸다.

"루이제와 다른 아이들은 진짜 부모가 없잖니. 내가 너보다 다른 아이들을 더 사랑하는 것처럼 보여도, 그 아이들은 네가 가진 것을 영원히 가질 수 없다는 사실을 절대 잊지 말아라."

그 순간 하이너는 아버지를 그 어느 때보다 사랑하게 되었다.

오래지 않아 태양 특공대의 열정이 차츰 식어 갔다. 하이너는 의기소침했다. 파파는 하이너가 받은 소명이 진짜라고 안심시켜 주었다. 아버지가 심어 준 확신은 하이너에게 언제나 든든한 버팀목이 되어 주었다. 특히 공동체의 다른 사람들이 하이너를 조롱할 때는 더욱 그랬다. 어떤 이는 하이너의 회심이 "지나치게 종교적"이어서 건전치 못하다고 했고, 또 어떤 이는 은연중에 가짜라고 얘기하기까지 했다. 가장 상처가 됐던 일은 하이너가 친하다고 생각했던 사람이 아버지에게 태양 특공대를 헐뜯는 말을 한 것이었다. 비록 하이너가 듣고 있는 줄 모르는 상태에서 나온 대화였고, 아버지가 열렬히 아이들을 변호하는 것을 들었음에도 하이너에게는 큰 충격이었다.

하이너는 어쩌면 소명을 제대로 따르지 못해서 받는 벌일지도 모른다고 생각했다. 어찌 됐든 회심을 경험하고 몇 달이 지나도록 라코프나 선다 싱처럼 길을 떠나지 못하고 뭉그적거리고 있지 않은가. 어느 날 오후, 조피와 루이제와 당근밭에서 잡초를 뽑던 하이너는 자신의 문제를 털어놓았다. 우리는 인생을 허비하고 있는 거야. 단지 누군가 이 풀이 잡초라고 정했기 때문에 온종일 뽑고 있는 건 시간 낭비가 아닐까? 예쁜 꽃일 수도 있잖아. 당근 옆에서 자라게 해 주면 안 돼?

여자아이들도 맞장구쳤다. 하이너가 제안했다. "랑거베르크산에 올라가자. 꼭대기에서 흩어져서 예수님이 우리에게 무엇을 원하시는지 각자 기도하는 거야. 우리가 길을 떠나길 원하시나, 아니면 자네츠에 남길 원하시나 알아보자고. 모두 같은 답을 받으면 떠나는 거고, 한 사람이라도 다른 답을 받으면 남는 거야. 어때?" 아이들은 손을 털고 곧바로 산으로 향했다. 아이들을 감독하던 알프레드가 눈치챘을 때 아이들은 이미 시선에서 멀어지고 있었다. "어어, 이 녀석들 냉큼 돌아오지 못해!" 알프레드가 소리쳤지만 하이너는 아랑곳하지 않았다. 하이너에겐 집중해야 할 중요한 임무가 있었다. 알프레드는 뒤쫓아 보려고 했지만, 자신보다 빨리 달리는 아이들을 도저히 따라잡을 수 없었다. 이내 아이들을 숲에서 놓치고 말았다.

산꼭대기 빈터에 다다른 아이들은 각자 기도할 곳으로 흩어졌다. 삼십 분쯤 지나 아이들은 다시 모였다. 모두 같은 답을 가지고서. 오늘 자네츠를 떠나는 거야!

하이너는 자못 진지했다. "복음을 전하는 일은 장난이 아니야." 하이너는 여자아이들에게 경고했다. "사람들이 반기지 않을 거야. 우리가 전하는 말을 싫어할 거라고. 우리 목에 쇠줄을 걸고 다리를 쇠사슬로 묶어서 감옥에 처넣을지도 몰라. 쇠사슬을 조여 올 거야. 조금씩, 조금씩." 여자아이들은 소름이 끼치는 듯 부르르 떨었다.

저 아래 어디선가 아직도 수풀을 헤치며 아이들을 찾는 알프레드의 소리가 들려왔다. "애들아, 어딨니? 어서 돌아와!" 하이너가 고개를 들었을 때 조피와 루이제는 이마를 맞대고 있었다. "너희들 뭘 그렇게 소곤대는 거지?" 하이너가 물었다. "무서운가 보지? 그러면 여기 남아 있어. 나 혼자 갈 테니까."

"아, 아니야. 하나도 안 무서워." 조피가 황급히 답했다. "그냥 우리 인형을 갖고 가기로 상의한 것뿐이야."

"뭐라고!" 하이너가 펄쩍 뛰었다. "인형을 가져간다고? 이렇게 진지한 순간에 어떻게 인형을 생각하고 있니?"

따사로운 오후 햇살을 받으며 아이들은 이웃 마을을 향해 발걸음을 옮겼다. 드디어 하이너의 꿈이 이루어지는 순간이었다. 이게 바로 라코프와 선다 싱이 살았던 삶이야!

땅거미가 지고 으스스한 그림자들이 길에 드리웠다. 공기까지 차가워졌다. 하이너는 집 생각이 나기 시작했다. 아들이 작별 인사도 하지 않고 떠난 걸 알면 부모님은 뭐라고 말씀하실까? 하이너의 발걸음이 차츰차츰 느려지더니 완전히 멈추었다. 파파와 마마, 타타를 이렇게 그냥 떠날 수는 없었다.

아이들이 터벅터벅 밭을 지나 돌아올 때쯤 마침내 "게으른 녀석들"을 찾아낸 알프레드는 호되게 아이들을 꾸짖으며 서둘러 집으로 데려갔다. 하이너는 꾸지람을 듣는 시늉만 했다. 마음에서는 다른 생각들이 충돌을 일으켰다. 정말로 사두처럼 살라는 부르심을 받았다면, 왜 떠나는 순간 양심이 나의 발목을 잡았을까? 아버지와 얘기하고 싶은 마음이 굴뚝같았다. 하지만 출장을 떠난 에버하르트는 밤늦게나 돌아올 예정이었다. 사람들로 북적대는 거실에서 기다리기가 힘들었던 하이너는 헛간에 가 어두컴컴한 벽에 기대어 있었다.

말발굽 소리가 가까이 들리자 하이너는 정신이 번쩍 들었다. 급하게 마당으로 들어온 파파가 말의 속도를 줄였다. "무슨 일이니?" 말에서 내리는 에버하르트의 시선은 하이너에게 고정되어 있었다. "웬일인지 서둘러 집에 와야겠다는 마음이 들더구나. 네가 나를 찾고 있는 것 같아서 말이다."

하이너는 안장 내리는 일을 도우며 아버지에게 모든 것을 말했다. 에버하르트는 웃지도 꾸짖지도 않았다. 아들의 말을 진지하게 곱씹더니 마침내 입을 열었다. "하이너야, 절대로 오늘처럼 집을 떠나서는 안 된다. 물론 하나님께서 네게 맡기신 임무가 있어. 하지만 바로 여기서 그 임무를 수행해야 한다. 라코프처럼 길을 떠나는 건 훌륭한 일이야. 그렇지만 네가 여기서 파송된다면 더 훌륭하지 않겠니?"

며칠 후, 에버하르트는 하이너와 다시 얘기했다. 그리고 하이너가 수년 후에도 되새길 말을 남겼다. "감정에 기초해서 살 수는 없는 법이다. 어떨 때는 바라는 만큼 감정이 따라오지 않을 수도 있어. 하지만 그럴 때조차도 계속 가야 한다. 네가 받은 소명에 묵묵히 순종하면서 말이다."

7. 로테

로테는 1923년 자신의 고향 노르트하우젠에서 열린 대중 연설회에서 에버하르트를 처음으로 만났다. 고아원에서 누구한테도 환영받지 못하고 자란 로테는 상처 많은 젊은 여인이었다. 에버하르트와 에미에게 보낸 편지에서 로테는 공동체에 합류하길 요청하며 다음과 같이 적었다. "나에겐 당신들이 가지고 있는 가장 중요한 것, 예수님이 없습니다. 악한 파도가 나를 덮쳐 옵니다. 나를 이 세상에 태어나게 한 부모가 저주스럽고, 마음속에 사악한 생각들이 몰려옵니다……. 이제 누구도 나를 구할 수 없습니다."

처음에 자네츠 아이들은 로테를 평범한 열일곱 살 소녀로 생각했다. 로테는 집 밖 풀밭에서 에미-마가렛과 춤추기를 좋아했다. 그런데 시간이 지나면서 로테의 행동이 이상해지기 시작했다. 괴팍하게 굴거나 침울하게 지낼 때가 많아졌다. 어느 날 하이너의 유치한 말싸움을 들은 로테는 비아냥거리며 말했다. "너네같이 어리석은 태양 특공대는 맨날 싸움질이지!" 로테는 사람들이 자신의 말 때문에 상처받는 것을 즐기는 듯했다.

그리고 발작이 시작됐다. 외부의 힘에 의해 흔들리듯, 로테의 온몸이 떨리고 뒤틀렸다. 비명을 지르며 자신의 목소리가 아닌 다른 목소리로 차마 입에 담지 못할 말들을 쏟아 놓았다. 발작이 몇 시간씩 지속될 때도 있었다. 혼자 있을 때마다 자살을 시도했기 때문에, 항상 누군가는 로테를 지켜보아야 했다. 에버하르트와 에미, 그리고 몇 안 되는 어른들 외엔 제대로 감당할 수 없는 일이었다. 곧 그들 모두 잠이 부족해 녹초가 되었다.

로테가 완전히 회복될 때까지 돕기로 마음먹은 에버하르트는 로테의 문제가 단순한 정서 불안이라고 생각하지 않았다. 로테를 놓고 선과 악이 맹렬한 싸움을 벌이고 있었다.

신기하게도 모두가 로테의 치열한 싸움 때문에 지쳐 갈수록 모두의 마음은 하나가 되었다. 자매들을 도우러 자네츠에 왔던 모니는 로테의 짐을 벗겨 주려는 에버하르트의 힘겨운 노력을 보며 공동체에서 하나님의 새로운 능력을 느낀다고 고백했다. 이 강렬한 경험 때문에 모니는 단순히 친척이어서가 아니라 자신만의 확신을 가지고 공동체에 남기로 결정했다.

머물기로 한 사람이 모니만은 아니었다. 브레슬라우에서 온 스물네 살의 건축가 게오르크 바르트도 있었다. 그는 편지에서 다음과 같이 적었다. "이 공동체에서 저는 하나님 나라를 가까이 느낍니다. 너무나 강렬해서 맛을 보고 향기를 느낄 수 있을 정도입니다." 에버하르트는 게오르크에게 방과 후에 아이들을 돌보는 일을 맡아 달라고 부탁했다. 지금까지 누구도 하지 않던 일이었다. 게오르크는 아이들에게 공놀이를 가르쳤고 함께 도보 여행을 갔다. 공동체 일이나 밭일을 돕는 아이들을 감독하기도 했다.

1925년 가을까지 계속된 로테의 싸움은 태양 특공대에 깊은 영향을 미쳤다. 공동체에 사는 어느 누구도 로테의 싸움과 관련해 불분명한 태도를 유지할 수 없었다. 태양 특공대도 마찬가지여서 무엇이든 돕기로 결정했고, 주로 모여서 노래하며 로테를 위해 기도했다. 하루는 하이너가 자기보다 어린 공동체 아이들을 모임에 초대해 모닥불을 피우려 했다. 불을 피우려 여러 번 시도했지만 번번이 꺼졌다. 하이너는 이해할 수 없었다. 장작이 완전히 말라 있었으니 말이다.

순간 하이너는 프리드리히가 그 자리에 있는 것을 눈치챘다. 프리드리히는 모임에 올 때마다 태양 특공대의 활동을 비웃는 아이였다. 그날 밤도 프리드리히는 불을 피우려는 조피와 루이제, 하이너를 흉내 내며 놀려 댔다. 조피와 루이제가 조용히 해 달라고 부탁했지만, 프리드리히는 점점 더 거칠고 비꼬는 말을 내뱉었다. 결국 하이너는 집으로 돌아가 달라고 요청했다. "좋아. 그래서 상황이 달라진다면 가 주지." 프리드리히는 히죽대면서 떠났다.

연기만 피우던 장작에서 갑자기 불꽃이 일기 시작했다. 불꽃은 주변의 덤불을 밝힐 정도로 환하게 타올랐다. 설명할 수 없는 현상에 경외심을 갖게 된 아이들은 모닥불에 둘러서서 마지막 장작이 다 탈 때까지 계속해서 노래를 불렀다. 하이너는 깃발을 들고 마을을 돌며 아이들을 집까지 데려다줬다.

로테의 침실은 하이너와 하디의 방 바로 위였다. 밤마다 형제들은 로테의 괴성을 들으며 뜬눈으로 밤을 지새웠다. 잠을 자기가 거의 불가능했기 때문에 별다른 도리가 없었다.

어느 날 밤 소음을 참을 수 없었던 하이너는 자정에 일어나 아코디언을 꺼내 연주하기 시작했다. 하이너가 태양특공대에서 즐겨 부르는 노래를 부르자 잠시 후 하디도 일어나 같이 불렀다. 형제는 로테가 비명을 지르며 울부짖는 몇 시간 동안 계속해서 노래했다.

새벽 세 시가 되자 로테가 잠잠해졌다. 에버하르트가 내려와 하이너에게 옷을 입으라고 했다. 에버하르트와 하이너는 함께 위층으로 올라갔다. 바닥에 꼼짝 않고 가만히 누워 있는 로테가 보였다. 에버하르트는 하이너에게 자기 옆에 무릎을 꿇으라고 말했다. 한 번도 아버지와 단둘이서 기도한 적이 없었던 하이너는 깜짝 놀랐다. 두 사람이 기도하는 동안 의식을 잃은 로테의 입에서 조롱하는 웃음소리가 터져 나왔다.

몇 주가 흘러 12월이 된 어느 날, 칼 카이딜링과 하이너는 로테를 지키고 있었다. 점심을 먹고도 여전히 배가 고팠던 칼은 하이너에게 자리를 지켜 달라고 부탁하고 먹을 것을 찾기 위해 아래층 부엌으로 내려갔다. 로테는 낮잠이 든 것 같았다.

칼이 사라지자 가만히 누워 있던 로테가 번개처럼 일

어나 계단을 뛰어 내려갔다. 집 밖으로 나간 로테는 눈밭 위를 질주했다. 로테가 걸친 것이라곤 가벼운 여름옷뿐이었다. 하이너는 칼을 찾아 부엌으로 뛰어갔고, 둘은 함께 로테를 뒤쫓았다. 로테는 큰 전나무에 둘러싸인 발트퀠라(샘물이 고여 생긴, 숲속의 작은 못)에 이를 때까지 800미터를 달렸다. 간신히 로테를 따라잡은 하이너와 칼이 가쁜 숨을 돌리며 헐떡이고 있을 때, 로테는 못 옆의 바위 위에 앉아 있었다. 칼과 하이너를 보는 순간 로테는 얼음처럼 차가운 물에 몸을 던졌다. 첨벙첨벙 물에 들어가 축 처진 로테를 끌고 나온 칼이 말했다. "여기서 로테를 지키고 있어. 집에 가서 도움을 구할게."

하이너는 눈 위에 의식을 잃고 젖은 몸으로 누워 있는 로테 옆에 앉았다. 도무지 어떻게 로테를 도와야 할지 알 수 없었다. 앞으로 어떤 일이 벌어질지 몰라 두렵기도 했다. 하이너는 눈이 빠지도록 칼을 기다렸다. 마침내 칼이 에버하르트와 함께 나타났다. 두 사람이 집까지 로테를 옮기자 에미와 모니는 로테를 침대에 눕혔다.

그날 이후로 로테의 발작은 차츰 나아졌고 횟수도 줄어들었다. 크리스마스가 지나자 증세가 훨씬 좋아졌다. 그렇다고 로테가 곧장 건강을 되찾은 것은 아니었다. 아직도 감정 기복이 심할 때가 종종 있었다. 그러나 싸움이 끝났다는 사실만은 분명했다.

이즈음 로테는 에버하르트에게 세례를 요청했다. 에버하르트는 그해 마지막 날에 세례를 주기로 약속했다. 하이너와 칼도 같은 날 세례를 받을 예정이었다. 자정이 되어 새해를 맞기 직전, 큰 무리의 사람들이 자네츠를 떠나 눈길을 걸어 발트퀠라로 향했다. 못가에 둘러선 사람들이 노래할 때 하이너가 먼저 물속으로 걸어 들어갔다. 아버지가 차가운 물속에 하이너를 눕히고 세례를 주었다. 그다음 세례를 받은 사람은 칼이었다. 마침내 로테의 차례가 다가왔다. 못가에 잠시 서 있던 로테가 분명한 목소리로 외쳤다. "예수님! 당신은 승리자이십니다!" 그러고서 로테는 물속으로 들어갔다.

8. 아버지와 아들

떠돌이로 살아가려면 너무 많이 배워서는 안 된다는 하이너의 생각은 좀처럼 흔들리지 않았다. 크리스텔이 지식인은 결코 노동자와 같이 될 수 없다고 경고하지 않았던가? 심지어 파파와 같이 선의를 가진 사람마저도.

법적으로 학업을 마칠 수 있는 최저 연령, 열다섯이 되던 해에 하이너는 더 이상 학교에 가지 않게 해 달라고 부모님께 간청했다. 예수님의 부르심을 받고 3년이나 더 기다려야 했던 하이너였다. 하지만 아버지는 하이너의 요청을 거절했다. 그렇다고 형편없는 성적을 개선하라고 압박하지도 않았다. 한스-헤르만과 하디는 경우가 달랐다. 에버하르트는 이들의 학업에 대해서 아주 엄격했다. 한스-헤르만은 집에서 열심히 대학 시험을 준비하고 있었고, 하디도 열여섯에 기숙 학교로 보내졌다. 하이너는 아버지의 관대함이 단순히 자신의 학업에 관한 것이 아니라 아들의 깊은 소명감을 인정해 주는 세심한 배려임을 알고 있었다.

손님들이 자네츠에 찾아오면 하디와 에미-마가렛은

늘 손님들 주변을 기웃거렸다. 자네츠를 방문한 작가와 개혁가, 자유 사상가들에게서 대담하고 새로운 사상을 전해 듣는 일은 늘 흥미진진했다. 그러나 하이너는 그런 사람들에게 별 관심이 없었다. 단지 싫어서가 아니라, 허름한 옷에 구멍 난 신발을 신고 떡진 머리로 찾아오는 노숙자들에게 더 정이 갔기 때문이다. 노숙자들은 다른 손님들보다 훨씬 인간적이었다. 하이너는 노숙자(에버하르트는 "길 위의 형제"라고 불렀다)를 만날 때마다 팔을 어깨에 두르며 물었다. "예수님을 아시나요?" 많은 이들이 눈물을 흘리며 하이너에게 자신의 과거를 털어놓곤 했다.

이따금 하이너는 로트콜이라고 불리는, 못생긴 젊은 여성과 산책을 했다. 로트콜은 장기 손님으로 공동체에 머물고 있었는데, 사교성이 거의 없는데다가 "붉은 배추"라는 뜻의 이름을 갖는 불행까지 겹친 여자였다. 하이너는 그녀가 얼마나 외로운지 눈치채고 몇 시간씩 말동무가 되어 주었다. 하이너는 마을을 배회하는 할머니 두 분에게도 다가갔다. 할머니들은 사람이 그리운 듯 종종 자네츠 울타리에 기댄 채 멍하니 서 계시곤 했다. 할머니들의 수다를 듣는 일은 눈물겹도록 지루한 일이었지만, 하이너는 원체 남의 이야기를 잘 들어 주었다. 할머니들은 공동체 사람을 만날 때마다, "아하, 그럼 하이너를 알겠네. 절대 잊지 못할 녀석이지"라고 말했다.

손님들에게 무와 홍당무를 터무니없이 높은 가격에 판 태양 특공대는 그 돈으로 동네 가난한 가족들에게 줄 식료품을 샀다. 주로 아무도 알지 못하게 창턱에 놓고 오는 식으로 전달했다. 마을에서 대원을 모집하기 위한 활동도 계속했다. 한번은 동네 아이들 전부를 자네츠 뒤 헛간에 초대해 모임을 가졌다. 입소문을 내서 아이들을 초대하고 들꽃과 붉은 깃발로 헛간을 장식했다. 모임 날 저녁, 헛간은 시끌벅적한 아이들로 가득했다. 하이너가 이야기하려 하자 뒤에 있던 한 무리의 이십대 청년들이 비웃으며 돌을 던졌다. 모임을 시작하려 했지만 하이너의 목소리는 번번이 소음에 잠겼다. 태양 특공대는 노래를 시작했고, 어린아이들의 손을 잡고 춤을 췄다. 그러나 뒤에서 조롱하는 소리는 오히려 더 커졌다.

참다못한 하이너는 청년들에게 소리쳤다. "모임에 있고 싶은 사람만 이 자리에 남으세요. 나머지는 가셔도 됩니다!" 비아냥거리던 사람들이 서서히 자리를 떴고 아이들도 하나둘 떠나기 시작했다. 결국 작은 여자아이 하나만 남았다. 그날 저녁 이후 이 여자아이는 태양 특공대의 열혈 멤버가 되었다.

그해 태양 특공대원은 유년기의 막바지를 보내고 있었다. 태양 특공대에 합류한 하디는 곧 하이너만큼 영향력을 발휘했다. 하이너는 자신이 긴장하고 있다는 사실에 스스로 놀랐다. 어떻게 형을 시기할 수 있단 말인가? 여태까지 태양 특공대가 추구했던 신념을 거스르는 마음가짐이었다. 반면 자신의 적극적인 태도 때문에 하이너가 상처받은 것을 깨달은 하디는 용서를 빌며 태양 특공대에서 빠지겠다고 말했다. (하이너는 이러한 결정 뒤에 아버지가 있었다는 사실을 까맣게 모르고 있었다. 에버하르트는 하디에게 "넌 태양 특공대의 다른 아이들보다 나이가 많잖니. 하나님이 동생에게 주신 것을 존중해야 한다"라고 말하며 태양 특공대에 관여하지 말 것을 요구했다.)

같은 시기에 하이너는 몸의 변화를 느꼈다. 낯설고 당혹스러운 욕구가 불쑥 찾아왔다. 아버지는 남자라면 그런 욕구를 제어하는 법을 배워야 한다고 하이너에게 가르쳤다. "시작부터 자제력을 키우는 게 중요하단다. 그래야 나중에 자신을 통제하기가 쉬워." 에버하르트는 열일곱 살 소년으로 자신의 욕정을 극복하기 위해 밤새워 기도해야만 했던 일화를 들려줬다.

하이너는 믿지 못하겠다는 듯이 아버지에게 말했다. "하지만 파파, 아빠 또래의 여자들은 뚱뚱하고 쭈글쭈글하잖아요. 전혀 요즘 여자애들처럼 매력적이지도 않은데……."

"너는 지금 사오십대가 된 모습을 보는 거지만, 나는 그 사람들이 열다섯 열여섯 살 때 만난 거잖니." 에버하르트가 웃음 지으며 말했다.

사춘기에 들어선 하이너는 더 이상 조피, 루이제와 순수한 우정을 유지할 수 없었다. 이를 눈치챈 아버지는 하이너에게 이유를 물었다.

"그냥 여자애들이 절 어떻게 생각할지 겁이 나요."

"괜찮다. 그래도 태양 특공대는 끝까지 지속해야지! 단지 수줍다고 그만두면 되겠니. 절대 그런 일이 생기지 않게 하렴."

순박하고 찬란했던 어린 시절의 행복은 사라졌다. 어느 날 하이너는 편지를 써 조피의 방문 아래로 밀어 넣었다.

"소중한 조피에게, 내가 아무리 역겨워도(그래서 항상 날 피해 다니는 거 다 알아!) 이 말만은 꼭 해야겠어. 난 최선을 다해서 진실하려고 할 뿐이야. 근데 이상하게 맘처럼 안 돼!"

하이너는 거대한 불 앞에 선 자신을 멍하니 상상했다. 불 속에 몸을 던져 추잡한 생각들을 다 태워 버리고 싶었다. 온몸의 힘을 주어 뛰어들려는 찰나 갑자기 눈앞에 벽이 생겼다. 앞이 캄캄했다. 불을 찾으려 했지만 사방이 어두워 길을 잃었다. 몸이 부서져라 벽에 부딪혀 보았다. 그러나 몸도 마음도 차갑고 무감각해질 뿐이었다. 자신처럼 불을 찾는 사람들과 마주치기도 했지만, 이미 돌덩이처럼 변해버린 하이너는 앞을 보지 못하고 그들과 부딪힐 뿐이었다. 그렇게 부딪힌 사람들은 상처 받고 길을 헤맸다.

한번은 조피에게 다음과 같은 편지를 쓰기도 했다. "난 하나님 없이 살아 왔어. 빛도 사랑도 기쁨도 없이. 우리는 태양 특공대가 아니라 어둠 특공대야! 싸움질 특공대고 저질 특공대라고!"

갑자기 희망이 솟아날 때도 있었다. "분명 달라질 거야! 예전으로 다시 돌아갈 수 있어!" 하이너는 기쁨에 날아갈 듯하다가도 갑자기 낙심하여 음울한 두려움에 사로잡히곤 했다.

하이너는 거만하다고 자신을 책망했다. 자기도 모르게 지은 죄 때문에 괴로워하기도 했다. 하이너는 자신이 청결을 유지하지 못해 다른 사람들에게 병균을 옮길까 걱정할 정도로 개인 위생에 대해서 민감해졌다. 어느 날 아침 하이너는 부모님 침실 밖에서 쥐덫을 다시 설치(하이너의 일과였다)하고 있었다. 아침 식사를 하던 에버하르트가 아들을 불렀다. "하이너야, 설탕 좀 가져올 수 있겠니?" 하이너는 몹시 당황했다. 방금 손으로 죽은 쥐를 잡지 않았던가! 한참 동안 손을 씻고 있는데 아버지가 다시 그를 불렀다. "하이너! 설탕은 어떻게 됐니?" 하이너는 쏜살같이 달려가 설탕을 챙겼다.

오전 늦게 하이너에게 자책감이 밀려왔다. 죽은 쥐에 병균이 묻어 있었으면 어쩌지? 어떻게 자신의 아버지를 전염병에 노출시킬 수 있단 말인가? 하이너는 사실을 고백하는 편지를 써서 아버지 베개 위에 놓았다. 봉투에는 "본인만 보세요"라고 쓰여 있었다.

다음 날 아버지는 아침 식사를 먹다 말고 아들을 불렀다. "커피 좀 젓게 죽은 쥐 좀 가져올 수 있겠니?" 껄껄 웃으시는 아버지를 보고 하이너는 마음이 풀렸다. "그런데 말이다. 네 편지를 본 사람은 다 자기에게 보낸 줄 알겠더라." 에버하르트가 덧붙였다.

자네츠 공동체에 거주자들이 너무 많이 늘어 곧 더 큰 집을 구해야 할 상황이 되었다. 하지만 마을에는 그만한 집이 없었다. 1927년 여름, 에버하르트와 에미는 자네츠에서 11킬로미터 정도 떨어진 슈파호프를 찾았다. 뢴 언덕 높은 곳에 자리 잡은 슈파호프는 거친 밭과 허름한 건물 몇 채로 이루어진, 다 쓰러져 가는 농장이었다.

농장주는 계약금으로 1만 마르크를 요구했다. 어디서 그 돈이 생길지 누구도 알지 못했다. 에버하르트는 태연했다. "우리는 언제나 믿음으로 결정했지, 재정을 살피고 결정하지 않았습니다." 이렇게 말하며 에버하르트는 계약서에 서명했다. 계약금을 지급해야 할 날짜가 거의 다 되어 갈 때쯤 뜻밖의 우편이 도착했다. 아놀드 가족과 친분이 있었던 쉰부르크-발덴부르크 왕자가 보낸 편지였다. 편지에는 1만 마르크를 무이자로 빌려주겠다는 제안이 담겨 있었다. 슈파호프는 이제 공동체의 소유였다. (10년 후, 나치는 왕자에게 접근해 공동체에 빌려준 돈을 회수할 것을 종용했다. 공동체를 자연스럽게 파산하게 만들어 자신들이 강제로 해체하는 수고를 덜기 위한 계략이었다. 이처럼 위태로운 순간에 왕자는 빌려준 돈을 기부로 전환하겠다는 의사를 밝혔고, 실제로 실행에 옮겼다.)

슈파호프로 이주하는 작업은 여섯 달 넘게 걸렸다. 우선 주거 공간을 보수하고 확장해야 했다. 울타리를 손보는 일과 마구간 청소, 수리도 필요했다. 학교도 세워야 했다. 한 가족이 살던 농장에 이제 쉰 명이 더불어 사는 공동체가 들어섰다. 그중 반은 아이들이었다.

건설 현장을 감독하는 게오르크는 한두 시간 짬이 생길 때마다 남자아이들에게 목공을 가르쳤다. 게오르크는 중세 시대를 동경하는 낭만주의자였다. 가끔 근처의 성모 마리아 성지로 홀쩍 순례를 떠났는데, 일하는 시간을 빼먹어 동료들의 원성을 사기도 했다. 게오르크는 농장 위에 있는 늙은 너도밤나무 그늘에 홀로 앉아 기타를 퉁기며 오래된 대중가요를 부르곤 했다.

게오르크는 매일 아침 여섯 시마다 하이너와 하디, 그리고 다른 남자아이들을 깨워 풀밭 800미터를 달리게 했다. 게오르크가 달릴 때면 목에 맨 큼지막한 상아빛 묵주가 딸깍거리며 들썩였다. 달리기를 마치고 아침 식사 전 옷을 갈아입을 때, 게오르크는 커다란 회색 묵주알이 잠시라도 목에서 떨어질까 봐 늘 조심스럽게 옷을 벗었다.

게오르크만큼 새벽 운동이 신나지 않았던 하이너는 종종 셰퍼드 볼프에게 도움을 청했다. 볼프는 주인을 지킬 때면 무섭도록 사나워지는 개였다. 하이너를 건드리는 사람은 심지어 놀이 중이라도 공격을 당했다. 잠자리에 들기 전 하이너가 침대 다리에 볼프를 묶으며 말했다. "목이 쉬도록 내 이름을 불러 보라지. 볼프가 지키는 한 게오르크는 절대 내 방에 못 들어올걸."

그해 크리스마스에 모니와 게오르크가 결혼했다. 새로운 사람들이 계속 찾아왔는데, 수염이 텁수룩한 대장장이 프리츠 클라이너도 그중 하나였다. 하이너는 날마다 방과 후에 프리츠와 일하게 되었다. 계단에 쓰이는 철제 부품을 만들던 프리츠는 풀무질을 해 줄 사람이 필요했다. 하이너는 평생 그렇게 힘들게 일한 적이 없었다. 프리츠는 일할 때 잠시도 한눈파는 걸 용납하지 않았다. 칭찬은 고사하고 게으르다고 핀잔을 주거나 실수를 지적하기 일쑤였다. 쇠가 충분히 달궈지지 않았다, 너무 달궈졌다, 계속 지적하는 바람에 정말 포기하고 싶은 마음을 꾹 참아야 했던 적이 한두 번이 아니었다. 하지만 일이 끝나면 프리츠는 다른 사람으로 변했다. 함께 저녁 산책을 하며 하이너에게 불행했던 자신의 어린 시절 이야기를 들려주거나, 자신이 어떻게 부당한 일을 겪고 나서 사람들이 형제로 살 수 있는 곳을 찾게 되었는지 얘기해 주었다. 그렇게 둘은 친구가 되었다.

슈파호프에서 맞은 첫 겨울은 혹독했다. 공동체 식구는 늘었지만, 수입은 늘지 않았다. 토양은 영양분 없는 점토질에 흙 반 돌 반이었다. 자네츠에서 11킬로미터 밖에 떨어져 있지 않았지만, 고도가 워낙 높아 날씨는 훨씬 가혹했다. 먹을 거라곤 감자밖에 없었고, 빵은 사치였다. 에미는 방문 예정인 손님들에게 빵을 원하면 손수 챙겨 와야 한다고 미리 주의를 주었다. 봄이 되면 오랫동안 저장된 감자는 누렇고 말랑말랑하게 변했고 들큼한 맛이 났다. 처음으로 돼지를 잡은 날, 축제의 영광은 너무나 짧았다. 하도 오랜만에 고기를 먹은 탓에 농장 사람들은 금세 탈이 나고 말았다.

1929년 가을이 찾아왔다. 2년이 지나도록 슈파호프의 상황은 나아지지 않았다. 이제 열여섯 살이 된 하이너의 상황은 더 안 좋았다. 실패감이 슬그머니 마음속에 자리 잡기 시작했다. 하이너는 혐오스러운 생각에 휘둘려 자신이 받은 소명을 저버렸다고 느꼈다. 악한 본성에 대한 깨달음이 무거운 멍에처럼 하이너를 짓눌렀다.

10월이 더디 가고 11월이 되었다. 죄의식을 털어 내려던 하이너의 노력은 매번 실패했다. 아침마다 책상 앞에 앉을 때 죄의식은 가지에 앉은 검은 새처럼 하이너를 내려보다가, 오후에 밭에서 괭이질할 때면 뱀같이 내려왔다.

12월이 되자 신문은 뒤셀도르프에서 벌어진 연쇄 살인 사건으로 떠들썩했다. 날마다 새로운 희생자가 보도됐다. 모두가 어린아이들이었다. 경찰은 단서를 잡지 못하고 있었다. 어느 날 저녁 에버하르트는 에미, 타타와 함께 책상에 앉아 살인 사건에 관해 얘기했다. 듣고 있던 하이너의 마음에 살인자에 대한 막연한 동정심이 일었다. "누군지는 모르겠지만 분명 나처럼 괴로운 시간을 보내고 있을 거야."

그날 저녁, 하이너는 밤 인사를 하러 타타의 방에 들렀다. 그때까지도 하이너의 머릿속엔 살인자에 관한 생각이 떠나질 않고 있었다. "타타, 그 살인자는 정말 힘겨운 삶을 살았을 거예요. 어린 시절에 온갖 학대를 당했겠죠. 그러지 않고서야 어떻게 그런 일을 저지를 수 있을까요."

"그 사람은 피도 눈물도 없는 놈이라고!" 하이너는 타타가 그토록 분노하며 날카롭게 얘기하는 모습을 한 번도 보지 못했다. "냉혈한이 아니고서 어떻게 아이들을 계속 죽일 수 있어? 그가 저지른 일을 생각해 봐! 완전히 하나님을 등진 사람이야."

타타의 말을 들은 하이너는 망치로 얻어맞은 느낌이었다. 한 마디 한 마디가 비수처럼 꽂혔다. 새삼 죄는 하나님에게서 영원히 멀어지는 것임을 깨달았다. 하이너가 두려워한 건 지옥이 아니라 어둠이었다. 어둠이 자신을 삼킬까 봐 무서웠다. 그러나 하이너는 자신이 어둠의 일부라는 사실도 알았다. 예수님을 배신한 유다가 된 기분이었다. 후에 하이너는 다음과 같이 말했다. "저와 같은 유년 시절을 보내고 나서 그 순수함을 영원히 잃었다고 생각하게 되는 건, 정말이지 뭐라고 표현하기 힘들 정도로 끔찍한 일입니다. 저는 '하루만이라도 순수함을 되찾게 된다면 영원히 감사하겠습니다'라고 기도했습니다."

이제 하이너의 가장 큰 어려움은 아버지를 피하는 일

이었다. 도무지 아버지를 똑바로 바라볼 수가 없었다. 자기 안의 죄가 너무 수치스러웠다.

한 해의 가장 중요한 날이자 어머니의 생일이기도 한 크리스마스가 다가오고 있었다. 때때로 하이너는 자신도 크리스마스의 기쁨을 누리게 되길 바랐다. "말도 안 돼." 내면의 목소리가 그에게 말했다. "네겐 그럴 만한 자격이 없어. 넌 어둠의 자식이야. 죄에 빠져 살고 있다고." 열일곱 번째 생일이 지나고 우울한 크리스마스 날이 되었다. 이제 막 약혼한 알프레드가 초대한 파티에 참석했지만 갑자기 몰려오는 괴로움을 견디지 못하고 뛰쳐나와야 했다. 헛간 뒤 비탈을 뛰어올라 땅바닥에 나뒹굴었다. 혼자만의 시간이 필요했다.

죄책감이 이렇게까지 고통스러울 수 있는지 미처 몰랐다. 하이너는 일어났다가 다시 쓰러졌다. 가슴이 터질 것만 같았다. "도와주세요! 제발!" 집에서 뛰어나온 알프레드가 하이너에게 뭐가 문제인지 물었다. 하이너는 자신이 크게 소리치고 있다는 사실도 잊은 채였다. 아버지에게 모든 걸 털어놓자. 하지만 아버지에게 발걸음을 옮기는 사이에도 두려운 생각이 하이너를 괴롭혔다. 아버지와의 관계가 끊어지면 어떡하지? 나같이 나쁜 죄인과 함께 살려고 하실까?

아버지는 어린아이들과 모임 중이었다. 하이너를 보자 에버하르트는 다정히 말했다. "태양 특공대 선배가 왔구나. 여기 앉아서 아이들에게 한마디 하렴." 하이너는 할 말이 없었다. 아버지를 보며 아버지와 친밀했던 어린 시절이 떠올랐다. 지금은 얼마나 멀어졌는가 생각하니 가슴이 미어졌다.

아이들이 떠나고 에버하르트는 하이너를 서재로 따로 불렀다. 작은 서재를 두르고 있는 책장에는 바닥부터 천장까지 책으로 가득했고, 담배 냄새가 배어 있었다. 한쪽 벽에는 가시관을 쓰고 있는 그리스도의 머리를 본뜬 석고상이 걸려 있었다. 하이너는 감정을 주체하지 못하고 울며 고백했다. 슈파호프에서 쫓겨날 거란 예상과 달리 아버지는 잠잠하셨다. 마침내 에버하르트가 입을 열었다. "하이너야, 그건 정말 나쁜 죄란다. 하지만 바로 이게 예수님이 돌아가신 이유란다. 우리를 죄에서 자유롭게 하기 위해서 말이다." 그렇게 말한 아버지는 아들과 함께 바닥에 무릎을 꿇고 기도했다. 하이너의 마음속에서 생전 처음으로 맛보는 기쁨의 파도가 밀려왔다.

이 일이 있고 난 뒤, 하이너의 열정은 그 어느 때보다 활활 타올랐다. 사두처럼 살고 싶었던, 오래전 꿈이 다시 그의 마음을 흥분시켰다. 하이너는 그러한 마음을 감추지 못하고 아버지에게 털어놓았다. 아버지의 답은 하이너의 귀를 의심케 했다. 이제 학교를 그만두어도 된다고 허락하신 것이다. "여름은 공동체에서 지내라. 밭에 일손이 필요하기도 하고, 아직도 넌 농사에 관해 배울 게 많아. 겨울이 되면 한가해질 테니 그때 떠나는 거로 하자."

9. 사춘기

　　에버하르트와 에미는 한 번도 자신들만의 공동체를 세우겠다고 마음먹은 적이 없었다. 새로운 종파를 만들 생각은 더더구나 없었다. 이미 자네츠로 이사 오기 전부터 비슷한 뜻을 품은 사람들을 찾고 있었다. 처음에는 기독교 부흥 운동 모임에 관심을 보이다가 전쟁이 끝난 후에는 칼 바르트, 폴 틸리히, 마르틴 부버, 특히 레온하르트 라가츠와 연관된 기독교 사회주의 운동 쪽과 관계를 맺었다. 프리드리히 지그문트-슐체가 이끄는 평화 운동과 '화해를 위한 연합 운동'(Fellowship of Reconciliation)과도 가깝게 지냈다. 수년 동안 퀘이커나 재세례파의 전통에 친근감을 느껴 오던 에버하르트와 에미는 1920년쯤 현존하는 후터라이트의 존재를 알게 됐다. 종교 개혁 시기에 발생한 이 급진적 공동체 운동의 후예들은 메노나이트나 아미쉬와 같은 역사적 뿌리를 지니고 있으며, 16세기 초부터 재산을 공유하는 삶을 이어오고 있었다. 에버하르트의 공동체처럼 후터라이트의 지향점 역시 초대 예루살렘 교회였다.

티롤 지방에서 시작된 후터라이트는 계속되는 박해와 전쟁을 피해 1800년대 말 미국 사우스다코타주에 정착했다. 후터라이트의 역사를 공부하고 그들과 서신을 교환하던 에버하르트는 좀 더 구체적인 관계를 맺길 희망하며 마침내 방문을 결심했다. 모금도 중요한 동기였다. 신앙을 지키기 위해 그토록 고통당한 사람들이라면 분명 슈파호프의 어려운 처지를 이해하고 도움을 베풀 거라고 확신했다. 1930년 5월, 후터라이트를 방문하고자 에버하르트는 브레머하펜에서 배에 올랐다. 그리고 계획과 달리 꼬박 1년을 북아메리카에 머물게 된다.

먼 길을 떠나기 전 에버하르트는 자신이 없는 동안 에미와 타타와 함께 슈파호프를 책임질 사람을 물색했다. 에미-마가렛과 1년 반 동안 약혼 중이었던 한스 줌퍼가 선택됐다.

젊은 회계사였던 한스가 처음 공동체를 찾은 것은 게오르크와 모니의 결혼식 즈음이었다. 다음 해에 한스는 공동체에 남기로 결정했다. 공동체에 합류하기를 요청하며 한스는 "무슨 일이 있어도 여러분과 함께하겠습니다"라고 말했다. 하이너는 그 말에 깊은 인상을 받았다.

한스는 유능하고 활동적이었다. 특히 자네츠의 청년회를 잘 이끌었다. 에미-마가렛은 그런 한스를 흠모했고 결국 1929년 8월 둘은 약혼을 발표했다. 이제 한스는 아놀드가의 일원이 되었고 에버하르트는 한스를 아들처럼 대했다.

에버하르트가 미국에 가 있는 동안 한스는 공동체 재정을 담당했다. 밤늦도록 장부를 정리하며 맡은 일에 최선을 다했다. 공동체는 지역 상인들에게 빚을 많이 진 상태였다. 한스는 아놀드 박사가 미국에서 큰 기부금을 받아 올 거라고 말하며 상인들을 안심시키느라 진땀을 뺐다.

한스는 스물세 살로 하이너보다 여섯 살이 많았다. 멋있고 자신감이 넘치며 듬직한 동료였다. 한스를 거의 영웅처럼 우러러본 하이너는 곧 그와 친한 친구가 되었다. 한스가 아버지에게 신뢰받는다는 사실을 알고 있었던 하이너가 한스를 신뢰하지 않을 이유가 없었다. 가끔 한스의 사무실을 찾아가 아버지가 계셨으면 나눴을 법한 얘기를 그와 나누기도 했다.

하이너에게 늘 의지할 사람이 필요했던 건 아니다. 단지 아주 작은 잘못이라도 솔직하게 털어놓을 사람이 필요했다. 따라서 자신과 가까운 한스에게 그러한 잘못들을 털어놓는 것은 하이너에게 자연스러운 일이었다. 한스도 마다하지 않고 잘 들어 줬다.

이렇듯 가까운 사이임에도 한스는 하이너의 이전 친구들과는 너무도 달랐다. 사실 하이너와도 별 공통점이 없었다. 어렸을 적부터 하이너는 육체 노동자나 장발의 무정부주의자를 좋아했던 반면, 한스는 신흥 국가주의 운동이 내세우는 군대식 질서정연함을 선호했다. 하이너는 구슬픈 민요를 좋아했고, 한스는 군대 행진곡을 좋아했다. 하이너는 자신을 내세우기를 주저했지만, 한스는 언제나 자신감이 넘쳤다.

한스가 양심에 민감한 하이너 때문에 화를 낸 적도 있었다. 복음서에서 어떻게 예수님이 "머리 둘 곳 없이" 사셨는지를 읽고, 개인 혹은 집단으로 아무것도 소유하지 말라고 했던 아시시의 성 프란치스코에게서 깊은 감명을 받은 하이너는 공동체가 건물이나 밭의 소유권을 포기해야 하지 않을까 하는 의문이 생겼다. 어느 날 아침 그런 질문을 들은 한스는 불같이 화를 내며 온갖 욕설을 내뱉었다.

에버하르트가 떠난 지 몇 달이 되면서 하이너는 아버지가 몹시 그리워졌다. 에미도 마찬가지였다. 특히 에버하르트의 편지가 도착하기 시작하면서부터 그리움은 더 깊어갔다. 에버하르트는 편지에서 지속해서 왼쪽 눈에 대해 언급했다. 수년 전 스키를 타다 다친 눈이 심하게 부어올라 어떤 날은 방을 나서기 힘들 정도로 고통스럽다는 내용이었다. 에버하르트의 모금 운동은 노력과 달리 아무 성과가 없었고, 돌아오는 날짜는 계속해서 뒤로 미뤄졌다.

설상가상으로 타타의 결핵이 도졌다. 예전과 비교할 수 없을 정도로 심각했다. 의사는 타타를 살리려면 깨끗한 산 공기를 마시게 해야 한다고 진단했다. "스위스에 사는 친구 없습니까? 거기라도 보내셔야 합니다!"

하이너는 하디의 자전거를 따라 슈파호프가 보이지 않을 때까지 힘차게 페달을 밟았다. 너도밤나무에 잎이 나기 시작하는 사월이었다. 하이너는 즐거운 비명을 지르며 첫 번째 언덕을 쏜살같이 내려왔다. 하디가 중간중간 발을 땅에 끌며 자전거를 멈춰 세웠다. "브레이크가 말을 안 들어." 하디가 뒤따라 선 하이너에게 말했다.

타타가 있는 스위스의 피다츠까지 가려면 800킬로미

터는 더 가야 했다. 기어도 없는 낡은 자전거로 가기에는 턱없이 먼 거리였다. "형이 내 거 타. 이게 더 좋아." 하이너가 말했지만 하디는 동생의 아량을 받아들이려 하지 않았다. 곧 심한 말다툼이 이어졌다. 결국 둘은 다음 마을에서 자전거 수리점을 찾아 브레이크를 고치기로 의견을 모았다. 20마르크만 가지고 여행을 떠나는 형제에게 쉽지 않은 결정이었다.

새로 브레이크를 단 형제는 며칠을 계속해서 보덴호(湖)와 스위스 국경이 있는 남쪽을 향해 달렸다. 다름슈타트에서 형제는 아놀드가의 오랜 친구인 외과 의사 파울 찬더 박사 집에서 하룻밤 머물렀다. 튀빙겐에선 자네츠에 찾아와 안면이 있었던 유대인 학자 마르틴 부버의 집에 들르기도 했다.

길에서 만난 농부들은 더할 나위 없이 친절했다. 아무 집에나 들어가 물을 구하면 아낙네가 물 대신 집에서 담근 술 한 잔을 가져오기 마련이었다. 술을 입에 대 본 적이 없는 형제가 다시 길을 나설 때면 둘은 비틀거리다 쓰러져 땅에 누운 채로 웃음을 터뜨리곤 했다.

스위스 국경을 지나자 길은 더 험해졌다. 피다츠 근처에는 3천 미터가 넘는 산들이 우뚝 버티고 있었다. 기진맥진한 하이너와 하디는 마을을 찾아 폰 홀란더 아가씨가 머무는 집이 어디인지 물었다.

조카들을 보자 타타는 기뻐서 어쩔 줄 몰라 하며 하이너와 하디에게 자신의 방을 보여 줬다. 서쪽을 향해 큰 창이 나 있었다. 타타는 몇 시간이고 창밖의 산을 감상한다고 말했다. 석양이 산 정상을 붉게 물들이고 있었다. "산들이 나를 하늘 높이 들어 올리는 것 같아." 타타가 말했다.

아마도 타타는 죽음을 예감하고 있었을 것이다. 심한 기침 후에 피 맛을 느낀 순간 두려움이 몰려왔던 때가 언제였던가? 그때가 언제였든 간에 타타는 자신의 치료를 위해 한 푼도 쓰게 하고 싶지 않아 누구에게도 그 사실을 알리지 않았다. 옆방에 있던 하이너가 가끔 타타의 기침 소리를 들었을 뿐. 분명 타타는 병의 조짐을 알았을 것이다. 8년 전 에미와 모니가 결핵에 걸린 올가를 마지막까지 돌볼 때 타타도 옆에서 돕지 않았던가.

사실 타타는 무모하리만치 자기를 돌보지 않았다. 어렸을 때부터 좋지 않았던 건강에도 타타는 아랑곳하지 않았다. 진눈깨비가 내리는 날에도 지붕도 없는 이륜마차를 타고 타타는 모금 여행을 떠났다. 뢴 지역의 긴 겨울에 체력이 바닥이 났는데도 게으름을 피우지 않고, 프란치스코 수도복 같은 갈색 망토를 걸치고서 한 번에 몇 주 동안 모금 활동을 하기도 했다. "5백 마르크 확보", "2천 마르크 송금"과 같은 전보가 날아올 때면 온 공동체가 일을 멈추고 함께 축하했다. 사람들이 가장 눈치채지 못했던 것은 타타가 모금 여행을 떠날 때마다 얼마나 마음을 다잡아야 했는가였다. 그녀와 같은 환경에서 자란 여인에게 구걸은 참기 힘든 고통이었다. 하지만 타타가 택한 일이었다. 가난과 수치, 과로와 영양 결핍, 추위로 얼룩진 삶을 누구의 강요도 받지 않고 선택했다. 타타는 "내 이웃보다 더 편하게 살기를 바라면서 어떻게 그들을 내 몸과 같이 사랑한다고 할 수 있겠어요?"라고 묻곤 했다.

그렇다고 타타가 인생의 행복을 가져다주는 것을 즐길 줄 몰랐던 건 아니다. 고급 포도주와 꽃, 생크림이 올려진 커피, 그리고 언제나 빼놓을 수 없는 그림. 특히 타타는 알브레히트 뒤러부터 새롭게 등장한 독일 표현주의 화가들의 그림까지 폭넓게 사랑했다. 그러나 하이너와 하디가 찾아온 이날 저녁에 타타는 아시시의 프란치스코와 가난한 형제들에 대해 얘기했다. 특히 타타는 가난을 아내로 맞이한 수도사의 전설을 좋아했다.

타타의 병에 관한 얘기는 누구도 입에 담지 않았다. 아침이 되어 기운이 생기면 타타는 두 조카를 데리고 알프스의 목초지를 걸으며 하얗고 노란 크로커스와 자주색 갯메꽃을 보여 주거나 집에서도 소리가 들린다는 뻐꾸기를 가리키기도 했다. 어느새 방학은 막바지에 이르렀고 형제는 다시 자전거를 타고 독일의 슈파호프로 돌아왔다.

형제가 집으로 돌아온 지 한 달쯤 지난 어느 날 전화기가 울렸다. 에미가 수화기를 들자 교환원이 메시지를 읽었다. "에버하르트의 배 곧 브레멘에 도착." 소식을 들은 에미가 너무나 기쁜 나머지 울음을 터뜨리는 바람에 다른 사람들은 내용을 파악하기까지 한참을 기다려야 했다.

에미는 한스와 함께 에버하르트를 마중 나갔다. 배가 도착하고 사람들이 갑판으로 나왔다. 하지만 무리 중에 에버하르트는 보이지 않았다. 사람들이 배에서 거의 빠져나오고 마지막 가족이 육지에 내릴 무렵 에미는 점점 초조해졌다. 에버하르트는 첫 번째로 배에서 내릴 사람인데. 에미는 방금 내린 사람을 붙잡고 아놀드 박사를 봤는지 물어보았다. "아, 박사님요. 저기 흡연실에 혼자 앉아 계세요."

에미와 한스가 배에 올랐다. 남편처럼 보이는 한 사람이 굴뚝 뒤에 서 있었다. 숨어 있는 걸까? 에미는 달려가 에버하르트를 껴안았다. 에버하르트도 다정하게 안았지만, 이상하리만치 조용했다.

"빈손으로 왔어." 에버하르트가 내뱉은 첫마디였다.

순간 얼어붙은 한스는 입술을 깨물었다.

그들은 호텔로 향했다. 훗날 에미는 하이너에게 그날 어떻게 아버지가 밤새도록 울었는지 말해 주었다. 1년 내내 모금을 위해 힘썼지만 공동체를 확장하는 데 꼭 필요한 자금을 확보하지 못했다. 그 사실 하나만으로도 에버하르트는 너무 괴로웠다. 전에는 필요할 때마다 기부금이 답지했다. 자네츠의 저택을 구입할 때, 출판사를 세우고 프로젝트를 진행할 때, 슈파호프를 매입하고 여행 경비를 마련할 때 돈은 언제나처럼 적시에 나타났다. 에버하르트는 매번 자신의 사역을 인정하는 하나님의 축복을 경험했다. 그런데 이번에는 외면당했다. 왜 그럴까?

하이너는 역에서 아버지를 맞았다. 마차가 슈파호프의 채권자들이 사는 마을을 구불구불 지나오는 동안 모두가 침묵을 지켰다. 사람들은 창문을 열고 지나가는 마차를 향해 즐거이 손을 흔들었다. 아놀드 박사가 미국에서 돌아왔다! 드디어 빌려준 돈을 돌려받겠군!

환영 만찬은 거북할 정도로 조용했다. 하이너는 그토록 말이 없는 아버지의 모습을 거의 보지 못했다. 그런데 식사가 끝날 무렵, 불현듯 아버지가 일어섰다. 인간의 무력함과 성령의 능력에 관해 열변을 토하는 에버하르트의 얼굴에 빛이 났다.

에버하르트는 돈을 가져오지 못했지만 새로운 생각들을 가져왔다. 후터라이트 브루더호프("형제들의 처소")에서의 경험에 영감을 얻은 에버하르트는 이제 수백 년 동안 이어진 재세례파의 전통을 본받아 슈파호프를 개조하기 시작했다.

에버하르트는 공동체를 시작할 때의 비전은 바뀌지 않을 것이라고 말하며 사람들을 안심시켰다. 그러나 공동체가 커 가면서 일종의 질서가 필요하다는 사실만큼은 누구도 부인할 수 없었다. 곧 슈파호프는 시험 삼아 새로운 일과를 시도했다. 가족들은 집에서 아침 식사를 했고, 점심과 저녁 식사 때만 공동 식당에 모였다. 예배나 사업과 관련한 모임은 주중 저녁 시간에 이뤄졌다. 회원이 되는 과정도 형식을 갖추게 되었다. 공동체에 합류하기 원하는 장기 손님은 먼저 수련 과정 혹은 분별의 시간을 거친다. 그 후 세례를 통해 평생 공동체의 삶에 헌신할 것을 약속한다.

지금까지 에버하르트는 공동체 일상의 모든 책임을 에미와 엘자와 나누었고, 필요할 때는 한스와 같은 다른 멤버도 거들었다. 그러나 이제는 사업 담당자, 작업반장, 농장 관리자, 출판 담당자와 같은 다양한 임무를 특정한 구성원들에게 맡겼다. 에버하르트는 자신이 목회와 실제적인 부분을 총괄적으로 책임지는 역할을 계속 맡아도 되는지 공동체에 물었다. 사람들은 만장일치로 동의했다. 책임을 수락하면서 에버하르트는 절대 자신의 역할을 공직이나 정치적인 지위로 생각해서는 안 된다고 경고했다.

집에 돌아온 지 며칠이 지난 어느 날, 에버하르트는 밭에서 일하는 하이너에게 찾아왔다. "하이너야, 물어볼 게 하나 있단다. 네 의견을 꼭 듣고 싶구나. 미래를 위해 중대한 결정을 내려야 하거든." 에버하르트는 잠시 침묵하더니 다시 얘기를 이어 갔다. "나를 도와서 공동체를 이끌어 갈 사람이 필요한데, 한스라면 어떻겠니?"

하이너의 머릿속에 지난 일들이 스쳐 갔다. 분명 한스는 추천받을 만한 사람이었다. 한스에겐 일을 해내는 추진력이 있었다. 가끔 위선적이거나 고압적일 때가 있었고 심지어 냉혹해 보일 때도 있었지만, 이제 와서 한스 뒤에서 그런 불평을 하는 건 옳지 않아 보였다. 하이너는 의구심을 억누르기로 마음먹었다.

"제 생각엔 적합한 사람인 것 같은데요." 하이너가 아버지에게 말했다. 두고두고 후회할 대답이었다.

10. 타타

1931년 7월, 한스와 에미-마가렛의 결혼식에 맞춰 타타가 스위스에서 돌아왔다. 치유는 일어나지 않았다.

타타는 슈파호프의 주요 건물들에서 떨어진 단칸방 오두막에 격리된 채 살았다. 두 팔은 믿기 어려울 만큼 가늘어졌고, 목이 머리의 무게를 감당할 수 있을까 싶을 정도로 야위어 보일 때도 있었다. 12월이 되자 타타는 걷지 못할 정도로 쇠약해졌다. 크리스마스 모임에 데려오기 위해 남자들은 타타를 해변 의자에 앉힌 채 공동 식당까지 옮겼다. 모임에 온 타타는 기력이 없음에도 밝고 활기찬 모습을 보였다. 아이들이 지나갈 때마다 반갑게 인사하고 투정 부리는 아이들에게는 미소를 보냈다. 하지만 모임이 끝나고 오두막으로 돌아갈 때면 타타의 얼굴은 금세 어두워졌다. "살아서 이 방을 다시 나가지 못할 거야." 문지방을 넘어설 때 타타가 말했다. 하이너는 망연자실했다. 타타가 없는 세상은 꿈에라도 생각하기 싫었다.

하이너가 종신 서약을 통해 평생 공동체에 몸담기로

한 것은 바로 이즈음이다. 열일곱에 용서를 경험한 이후 하이너는 언제나 공동체로의 부르심을 확신해 왔다. 복음을 전하기 위해 혼자 떠날 수는 없으며 함께 몸을 이룬 지체들이 파송해야 갈 수 있다는 것도 깨달았다. 예수님의 가르침이 실현 불가능한 이상이 아니라 일상에서 실천될 수 있는 것임을 보여 줄 곳이 없다면, 사람들에게 복음을 전하는 것이 무슨 소용이란 말인가?

하지만 서약을 앞둔 하이너는 두려움에 휩싸였다. 공동체의 어떤 이들은 하이너의 "지나치게 종교적인" 열정에 대해 이해하지 못했다. 자신을 조롱했던 말들이 떠오르자 앞날이 걱정되기 시작했다. 이런 하이너의 두려움을 타타는 충분히 이해했다. 하지만 따끔한 충고도 잊지 않았다. "예수님을 따르는 데 고난이 없을 수 없지. 나도 좋아하지 않는 사람들을 피하면서 편하게 살 수 있었어. 하지만 그건 진정한 그리스도의 길이 아니야."

다른 폰 홀란더 자매들처럼 타타도 쾌활하고 이야기하기를 좋아하는 성격이었다. 특히 타타가 즐겨 하는 얘기가 있었다. "한번은 주말에 부흥회에 참석했던 적이 있었어. 한밤중에 일어나 보니 낯선 남자가 침대 발치에 서 있는 거야. 깜짝 놀라서 뭐 하는 거냐고 물었더니 괴상한 목소리로 느릿느릿 이렇게 말하는 게 아니겠어. '나는 너를 예수께 데려가려고 왔다.' 그 소리를 듣자마자 '사람 살려!' 있는 힘껏 소리쳤지. 옆방에는 부흥사들로 가득했는데 코빼기도 내밀지 않더군. 다들 자기 방에서 '살려주세요!' 하고 나처럼 소리만 지르는 거야."

"그래서 어떻게 했어요?" 조카들이 보채며 물었다.

"그냥 일어나서 남자를 복도로 밀쳐 내고 문을 잠가 버렸지." 온 가족이 한바탕 웃음을 터뜨렸다.

하지만 더욱 악화된 병세는 타타의 웃음을 앗아 갔다. 타타는 자신의 병을 성경에 등장하는 여러 개의 머리를 한, 거대한 용의 이름을 따라 리워야단이라고 불렀다. "아, 정말 너무 아파! 리워야단이 내 속을 갉아먹고 있어." 타타는 격렬하게 흐느끼며 숨을 헐떡였다. 산소통도 의사도 없는, 가난한 삶의 마지막이었다. 의사가 있었다 한들 타타를 위해서 할 수 있는 일은 없었을 것이다. 모니가 진통제를 놓아 주었지만 효과는 몇 시간을 넘기지 못했다. 12월 31일 이후 타타는 아무것도 먹지 못했다.

그렇게 새해가 찾아왔다. 하이너는 될 수 있는 대로 타타의 오두막이나 그 근처에서 시간을 보냈다. 하이너에겐 타타와 함께하는 시간이 절대 지루하지 않았다. 하이너는 한스-헤르만을 도와 타타의 침대 옆 난로에 쓸 장작을 모았다. 마른 장작을 살 형편은 못 되어서 청년들이 구해 온 생나무를 때기 직전까지 말리는 게 고작이었다. 그런 정성을 비웃듯 난로에선 매번 연기가 심하게 피어났다. 타타는 숨이 찰 때까지 콜록대며 눈물을 흘렸다. 그러고서 힘없이 웃으며 "죽는 순간에도 난 웃을 거야"라고 말하곤 했다.

타타는 되레 병문안을 오는 사람들을 격려하려고 노력했다. 자신이 지나치게 관심 받는다고 생각되면 주의를 다른 데로 돌리려 했다. "괜히 내 걱정 마세요. 나 때문에 큰일을 그르치면 안 되지."

한번은 에버하르트가 그런 타타의 태도를 안타까워하며 말했다. "바로 그 '큰일' 때문에 처제가 얼마나 많은 희생을 치렀어. 추운 날씨에 모금을 다니느라 이렇게 병이 위태로워진 거잖아."

타타는 미소 지으며 말했다. "그랬을 수도 있겠죠. 그래도 하나님 나라에 보탬이 되었다면 그걸로 족해요. 그래봤자 벽돌 하나 얹은 정도일 텐데."

"하나여도 아주 요긴한 하나였을 거야!"

"맞아요. 정말 멋진 나날이었어요. 정말 놀라운……." 타타의 목소리가 점점 희미해졌다.

새해 둘째 주 목요일 저녁에 아놀드 가족은 타타의 오두막을 방문했다. 눈밭 위로 바람이 매섭게 불었다. 하이너는 오두막 위에 떠 있는 달과 별 하나를 보았다. 그 얘기를 전해들은 타타는 기뻐하며 희망의 징표라고 얘기했다. "문을 열어 줄 수 있겠니? 밖을 보고 싶어. 하늘을 보고 싶구나." 타타가 부탁했다.

하이너는 말도 안 되는 부탁이라고 생각했다. 문이 닫힌 채로도 난로는 방을 데우기에 역부족이었다. 하지만 타타는 집요했다. 타타의 얼굴은 창백하고 야위었지만 하늘을 뚫어지게 쳐다보는 두 눈은 반짝였다. 타타가 행복하게 소리쳤다. "저기 별들 좀 봐! 바로 내가 갈 곳이야. 가장 아름다운 곳이라고!" 타타는 한참 동안 문을 닫지 못하게 했다.

그날 저녁 이후 타타는 모든 것을 새로운 눈으로 바라보는 듯했다. "영원의 힘이 아주 가깝게 느껴져! 난 여전히 연약한 인간이야. 아무것도 바뀐 게 없지. 하지만 이 땅에서 벌어지는 일들에는 아무런 미련이 없어. 오히려 저세상의 일들이 더 실감 나게 다가와. 물론 아직 이 모든 것들이 친근하지만 마치 다른 별에서 보는 것 같은 느낌이야." 타타는 잠시 말을 멈추고 거친 숨을 몰아쉬었다. 때로는 문장이 끝날 때마다 혹은 단어 사이에도 숨을 돌리느라 말을 잇지 못했다. 가래 끓는 소리와 함께 상한 폐를 들썩이는 타타를 보며 하이너의 마음이 찢어지는 듯 고통스러웠다. "언젠가 거의 날아갈 뻔한 적도 있었단다. 갑자기 양손과 양팔이 높이 들리더니 마치 날개를 단 것처럼 날아올랐어. 하지만 그것도 잠시. 팔다리가 이전처럼 무거워지고 난 다시 침대로 돌아왔지. 그게 끝이었어. 그렇게 땅에 끌려 내려온 기분은 정말 처참했지. 몸이 내 영혼을 꽉 붙잡고 놓아주질 않네."

"가끔 하나님께 평안히 죽게 해 달라고 기도하고 싶어. 고통 없이 꿈꾸다가 하늘나라에서 일어나게 해 달라고 말이야. 하지만 그건 너무 무례한 요구일지 몰라. 어려움 속에서도 우리는 승리가 하나님의 것임을 꼭 기억해야 해. 인생은 고난과 투쟁의 연속이야. 죽음 앞에서 가장 치열해지지. 평소에 사람들은 그 사실을 잘 깨닫지 못해서 치열하게 싸우지 않아."

타타의 침대 옆 탁자 위엔 초들이 켜져 있고 두 장의 그림엽서가 있었다. 하나는 지역 풍경을, 다른 하나는 에버하르트가 미국에서 돌아올 때 탔던 배의 모습을 담은 엽서였다. 타타가 하이너에게 설명했다. "이게 우리가 사는 아름다운 뢴의 풍경이야. 내가 배를 타고 떠날 곳이지. 목적지는 저 너머 가장 아름다운 나라." 하이너는 헐떡거리는 타타가 숨을 돌리기를 기다렸다. 타타의 이마는 북 가죽처럼 팽팽했고 머리는 땀에 젖어 있었다. 한참 후 타타가 말했다. "긴 행렬이 보여. 빛으로 가득해! 사람들의 얼굴이 보이고 말소리도 들려. 나를 부르고 있어. '우리와 함께 가요!'" 타타는 행복한 숨을 내쉬었다.

다음 날 아침, 다시 문병 온 하이너에게 타타가 말했다. "예언자와 사도들, 순교자들과 함께 있고 싶지만, 우선은 어린아이들과 먼저 있어야 할 것 같아." 분명 다른 곳에 다녀와서 설명하는 듯한 말투였다. 하이너는 밀려오는 호기심에 불쑥 물었다. "타타, 뭘 본 거예요?"

타타는 아무 대답도 하지 않았다. 얄팍한 호기심에 상처받았다는 듯 하이너를 응시할 뿐이었다. 침묵이 흐르는 가운데 하이너는 주제넘은 질문 때문에 벌을 받는 느낌이 들었다. 몇 시간 후 타타는 다시 하이너를 바라보며 얘기했다. "너도 분명 힘든 시기를 거치겠지. 하지만 최후의 승리자는 하나님이시라는 사실을 절대 잊지 마라."

유난히 길게 느껴진 토요일이 저물어 갈 무렵, 타타가 속삭였다. "이제 다시 고통의 시간이 다가오네."

"이것만 지나면 가장 큰 기쁨이 기다리고 있을 거예요." 타타를 안심시키기 위한 말이었지만 하이너 자신을 위로하는 말이기도 했다.

"맞아." 타타가 희미하게 웃었다. "언제나 다시 봄을 맞게 해 달라고 기도했어. 제비들도 보고 싶고 따스한 오월의 태양도 느끼고 싶어. 하지만 내겐 벌써 봄이야. 너에겐 아직도 겨울이겠지만."

일요일이 되자 타타와의 소통이 차츰 어려워졌다. 온 가족이 타타의 침대맡에 모였다. 임종을 기다리는 시간이 몇 시간씩 지속됐다. 어느 순간 타타가 소리쳤다. "너무 아름다워. 너무나. 이제 저세상에 갈 수 있게 되었어!" 타타의 가슴이 희미하게 흔들렸다. 타타는 안간힘을 다해 몸을 일으키려 했다.

새벽이 오기 전에 타타의 기도가 시작됐다. 곧게 편 양팔을 내리지 않으려고 애쓰던 타타가 힘에 부치자 도움을 요청하는 신호를 보냈다. 아침 내내 사람들은 교대로 타타의 팔을 붙들었다. 타타는 빛나는 얼굴로 누군가가 와서 자신을 데려가길 기다리는 듯 창밖을 바라봤다.

그날 오후, 이웃 마을 노이호프에서는 방금 기차에서 내린 한 젊은 여성이 눈 덮인 플랫폼을 초조한 눈으로 둘러보고 있었다. 화장기 없는 얼굴에 짙은 갈색 머리를 땋아 내린 여인의 이름은 애나마리 베히터였다. 에미-마가렛의 옛 대학 룸메이트이자 가장 친한 친구였다. 이전에 공동체를 두 번 방문했다가 이제는 1년을 머물 예정으로 오는 참이었다. 슈파호프의 유치원을 맡아 달라는 에미-마가렛의 아버지의 부탁을 덥석 수락했지만 정작 왜 그랬는지 자신도 알지 못했다. 애나마리는 불안했다. 기독교도 하나님도 아무것도 믿지 않는 내가 종교 단체에 들어가다니. 훗날 애나마리는 이때를 다음과 같이 회상했다. "나는 그저 거짓 없는 삶을 살고 싶었을 뿐이야. 한 가지 세계관에 내 인생을 건다는 건 상상할 수 없는 일이었지. 의심할 수 없을 정도로 정말 진실한 게 있다면 또 몰라도."

애나마리의 눈에 자신을 마중 나온 두 사람이 들어왔다. 젊고 건장한 농부와 자신에게 손을 흔드는 금발의 작은 여인. 에미-마가렛의 오랜 스승인 트루디와 마차를 끌고 온 아르노였다. 두 사람 모두 표정이 어두웠다. 애나마리가 보기에 트루디는 좀 전까지 울었던 듯했다. 인사를 주고받자마자 트루디가 말했다. "네게 바로 말해 줘야 할 게 있어. 오늘 아침 11시에 엘자 폰 홀란더 자매가 돌아가셨어."

애나마리는 뭐라고 말해야 할지 몰랐다. 타타가 공동체에서 중요하고 사랑받는 인물이라는 얘기는 에미-마가렛에게 이미 들어 알던 바였다. 타타가 대학 기숙사에 방문해 에미-마가렛과 저녁 시간을 보낼 때 한 번 만난 적도 있었다. 애나마리의 기억에 타타는 표정이 풍부하고 조용하지만 따뜻한 사람이었다.

'시작부터 심상치 않네.' 아르노가 썰매 마차에 짐을 실을 때 애나마리의 머릿속이 복잡해졌다. 갑자기 슈파호프에 도착할 일이 걱정되기 시작했다. 타타의 죽음으로 슈파호프 사람들은 며칠 동안 눈물에 젖어 살겠지. 애나마리는 다부진 얼굴로 마차에 올라탔다. 아르노가 말을 묶어 두었던 줄을 풀고 마차를 몰기 시작했다.

11. 도착

1932년 1월 7일, 슈파호프.

눈이 없는 도로에 썰매 마차가 들어서자 말들이 거친 소리를 내며 멈춰 섰다. 찬 공기 탓에 흰 거품을 내는 말들 위로 김이 모락모락 피어올랐다. 애나마리는 주위를 둘러보았다. 마차가 선 지점은 두 개의 큰 농장 건물로 둘러싸인 마당이었다. 하나는 다 허물어져 가는 헛간이었고 다른 하나는 헨젤과 그레텔 동화에 나오는 것과 같이 가파른 지붕에 큼지막한 굴뚝이 솟아오른 집이었다. 저기는 빵 굽는 곳이었어. 애나마리가 기억을 더듬었다. 울타리 너머로는 아무것도 보이지 않았다. 안개가 우윳빛 바다처럼 건물 벽에 찰랑거렸다.

애나마리의 마음에 이곳에 온 것이 실수는 아닐까 하는 의심이 일었다. 종교적인 사람들이 죽음을 다루는 방식은 몸서리치도록 싫었다. 그들은 상투적인 몇 마디로 슬픔을 감추거나 억지웃음을 지으며 일부러 목소리를 낮추어 말했다.

이전에 와 봤음에도 슈파호프는 지난여름에 왔던 장소 같지 않고 낯설었다. 애나마리의 기억 속에 지난 유월 슈파호프에서 보낸 며칠은 이루 말할 수 없을 정도로 아름다웠다. 얼마나 감동적인 시간이었는가! 특히 에미-마가렛의 남동생 하이너와 긴 산책을 했던 오후는 잊을 수 없었다. 하이너는 애나마리에게 바깥바람을 쐬어 주라는 부탁을 받고 동행했다. 충분히 어색할 수 있는 상황이었음에도 왠지 모르게 편했다. 아직 스무 살이 채 안 된 하이너는 마르고 키가 큰 체형이었고, 밭을 일구고 건초를 만드느라 근육이 잡힌 팔에 주근깨가 나 있었다.

둘은 풀다 숲을 가로지르는, 로마 시대에 만들어진 길인 바인슈트라세를 따라 걸었다. 길을 걸으며 애나마리는 자신이 그 시간을 즐기고 있음을 깨달았다. 아마도 하이너의 유머 감각이 풍부했기 때문이었으리라. 하이너가 종종 주변 사람들을 웃게 만든다는 사실은 이미 알고 있었다. 말재주가 뛰어난 건 아니었지만, 아마도 그의 웃음이 전염성을 지녀서 그랬을 것이다. 두 볼에 눈물이 흐를 때까지 웃는 하이너의 함박웃음은 너무나 자연스러웠고, 웃을 때면 코 윗부분 전체가 주름졌다. 가끔 노래를 부르기도 했는데 주로 절이 많은 민요나 서정적인 노래를 얼굴 하나 붉히지 않고 끝까지 불렀다. 하이너의 목소리는 다듬어지지 않았지만 듣기 편하고 흥이 나는 목소리였다.

애나마리와 하이너가 산책을 마치고 돌아온 저녁, 에버하르트는 이미 모두 안마당에 모이라고 알린 터였다. 수십 명의 사람들이 아직 불이 붙지 않은 장작 주변에 어깨를 나란히 하고 원을 이루어 서 있었다. 칼이 불을 지피자 누군가가 노래를 부르기 시작했다. 곧 커다란 장작더미에 불이 타올랐다. 그사이 칼은 각 사람에게 장작을 하나씩 나눠주었다. 에버하르트가 입을 열었다. "우리는 하나님 나라를 위해 삶을 드리려고 이 공동체에 살고 있습니다. 오늘 밤 자신을 불태우는 이 장작처럼, 하나님 나라를 위해 새롭게 헌신하는 시간을 가지려 합니다. 헌신하기 원하는 분들은 한 분씩 장작을 불에 넣으십시오."

애나마리는 긴장했다. 인정하고 싶지 않았지만 마음속에 깊은 울림이 있었다. 장작을 모닥불에 얹고 싶은 마음, 하나 된 이 무리에 합류하고 싶은 마음이 간절했다. 하지만 앞일을 어떻게 알까? '기다리자.' 애나마리가 속으로 말했다. '지금 헌신하고 나중에 마음이 바뀌면 어쩌려고 그래? 이 느낌이 진정한 건지 어떻게 알 수 있어?' 결심이 서지 않은 애나마리는 에미-마가렛과 하이너, 하디와 다른 이들이 차례로 장작을 불에 올려놓는 모습을 지켜봤다. 장작이 더해질 때마다 불꽃이 피어올랐다. '그래, 지금이야!' 마음을 굳혔지만, 마지막 순간 애나마리는 불 앞으로 나아가는 대신 슬그머니 장작을 뒤에 내려놓았다. 장작은 그림자에 파묻혔고 애나마리는 아무도 눈치채지 않기만을 바랐다.

1월이 된 지금, 지난여름 장작을 불태웠던 모임은 이제 흐릿하고 몽롱한 기억일 뿐이다. 다시 슈파호프를 찾았다고 비슷한 경험을 또 한다는 보장은 없지.

이제 지나간 일을 생각할 겨를도 없었다. 애나마리의 짐을 든 아르노가 따라오라고 말할 때 환한 미소를 띤 한 사람이 얼어붙은 바퀴 자국을 가로질러 성큼성큼 걸어왔다. 에미-마가렛의 아버지였다. 애나마리에게 다가와 덥석 손을 잡은 에버하르트는 "잘 왔어요! 정말 환영합니다!"라고 인사를 건넸다. 어찌나 반갑게 맞이하던지 애나마리는 자신이 에버하르트의 딸이라도 된 듯한 기분이었다. 순간 애나마리의 걱정은 모두 사라지고 둘은 저녁 식사 자리로 함께 이동했다.

식당은 아늑하면서도 어딘지 어색했다. 밝은 오렌지색으로 칠해진 벽 때문에 등유 램프로 밝혀진 한 무더기의 빛은 더욱 귤색으로 보였고, 붉은색 무늬의 녹색 장판으로 덧씌운 식탁은 은은하게 빛났다. 애나마리가 보기에 예순 명쯤 되는 사람들이 긴 의자에 앉아 식사가 시작되길 기다리고 있었다. 애나마리는 사람들의 얼굴에 슬픈 기색은 없는지 살폈다. 피곤해 보이는 사람들은 많았지만 누구도 의기소침하지 않았다. 오히려 축제 분위기처럼 느껴졌다.

식사가 시작됐다. 감자와 겨울 시금치 요리가 부엌에서 전달됐다. 애나마리 옆자리에 앉은 사람들은 질그릇에 음식을 가득 담았다. 거의 모든 사람이 식사를 마치고 숟가락을 내려놓았을 즈음 에버하르트가 자리에서 일어났다. 에버하르트는 타타의 임종에 대해 나누고 싶다고 말했다. 에버하르트에 따르면, 죽음이 다가올수록 타타의 눈은 볼 수 있는 한계를 넘어섰다. 타타가 "저세상"이라고 부른 것은 꿈이나 환상이 아닌 그녀의 눈앞에 펼쳐진 실체였다. "이 세상만큼 저곳도 너무 생생해요." 타타가 말했다. "저곳에 가면 편지를 보내겠다고 말할 뻔했어요. 물론 불가능한 일이겠지만." 자신에게 주어진 시간이 얼마 남지 않음을 깨달은 타타가 탄성을 질렀다. "모든 문이 활짝 열려 있어요. 단지 가는 길이 험할 뿐이에요."

에버하르트의 얘기가 계속될수록 열중해서 듣던 애나마리의 마음에 간절함이 깃들었다. 이곳엔 애나마리가 이전에 생각해 본 적 없는, 저세상의 실체가 존재했다. '알 수 없는 그 세계가 오늘 아침, 바로 여기, 이 사람들의 일상 가운데 찾아왔구나!' 새로운 무언가가 그녀를 사로잡았다. 애나마리는 뒤통수를 맞은 듯 충격을 받았다. '실재하는 거였어!' 애나마리가 속으로 말했다. '저세상은 그저 책 속에만 존재하는 게 아니었어.'

등유 램프가 타닥거리며 하나둘 꺼지기 시작했다. 누구도 꺼진 램프를 다시 켜지 않았다. 하루에 쓸 수 있는 연료가 엄격히 정해져 있기 때문이다. 그러나 애나마리에게 식당은 여전히 빛으로 가득해 보였다. '이게 바로 내가 원하는 삶이야.' 애나마리는 직감했다. '이곳에 내 자신을 바치자. 영원히.'

애나마리는 언제나 경계의 눈초리로 경건을 바라봤다. 그녀에게 "구원"이나 "은혜", "믿음"과 같은 고상한 단어들은 중산층 사람들의 가식적인 문화가 만들어 낸 부산물일 뿐이었다. 이러한 것들을 믿는다고 주장하는 사람들조차, 그들이 인식하든 인식하지 못하든 간에, 일상에서 믿음을 증명해 줄 만한 것이 아무것도 없었다. 하지만 이제 에미-마가렛의 공동체에서 애나마리의 이러한 회의는 유리처럼 산산이 깨졌다. "이곳에는 다른 곳에서 느껴 보지 못한 무언가가 있어요." 집에 보내는 편지에 애나마리가 적었다. "너무나 진실해서 이곳에 머물고 싶은 마음이 들어요." 방문한 지 몇 주 지나 애나마리는 공동체 일원이 되고 싶다고 선언했다.

애나마리는 빠른 속도로 '새집'에 적응했다. 일은 힘들고 음식은 검소했지만 아이들과 함께 보내는 시간은 언제나 즐거웠다. 애나마리는 아이들 속에서 물 만난 고기처럼 활기찼다. 에미-마가렛의 아버지는 계속해서 애나마리에게 읽을 책과 생각할 거리를 제공했다. 전에 없이 애나마리의 내면은 많은 질문과 생각들로 넘쳐났다.

주말이면 슈파호프의 젊은 남녀들은 일손을 놓고 도보 여행을 즐겼다. 어느 여름 일요일, 열두 명의 청년이 잰걸음으로 걷고 있었다. 이제 막 걷기 시작했는데 한 사람이 발이 아프다고 불평하기 시작했다. 방문객 에른스트였다. 도시에서 자란 신학생 에른스트는 자신이 여자들에게 인기가 있다는 착각에 빠진 청년이었는데, 최근에는 애나마리에게 눈독을 들이고 있었다. 길에 주저앉아 조심스럽게 양말을 벗은 에른스트는 물집을 발견하고 근처 시냇가에 발을 담갔다. 애나마리는 역겨워 고개를 돌렸다.

청년들이 에른스트를 설득해 하이킹을 재개했지만 2킬로미터를 채 못 가 에른스트는 쉬어 가자며 일행을 붙들었다. 청년들이 목적지인, 지역 청년 운동에서 운영하는 체조장에 도착했을 때는 이미 해가 저문 지 오래였다. 마지막 길에 접어들자 에른스트는 몇 백 발걸음마다 멈춰 서야 했다.

여자들이 학교에 숙소를 마련하는 동안 남자들은 근처 헛간 건초더미에 잠자리를 잡았다. 벌써 취침 시간이었다. 소중한 저녁 시간이 날아갔다. 자정쯤 되어 모니카가 오빠 하이너를 깨웠다. "애나마리랑 같이 할 얘기가 있어." 하이너가 여동생을 따라 밖으로 나가자 애나마리가 기다리고 있었다. "정말 말도 안 돼." 화가 머리끝까지 치민 애나마리가 간신히 목소리를 낮추며 말했다. "에른스트하고 이런 식으로 하이킹을 계속 갈 순 없어. 그렇게 물러 터진 남자는 처음 본다고! 진짜 기가 막혀서."

"물집 때문에 자꾸 멈추는 걸 어떡해?" 하이너가 말했다.

"모니카랑 나에게 좋은 생각이 있어. 지금 에른스트가 잠들었잖아. 에른스트만 빼고 다른 사람들을 깨워서 이곳을 떠나자. 에른스트가 아침에 깨어나면 집까지 돌아가는 건 문제없을 거야."

"뭐? 말도 안 돼." 하이너가 펄쩍 뛰었다. 하지만 애나마리와 모니카는 물러서지 않았다. 결국 하이너는 여자들의 의견을 받아들였다. 곧 하이너는 다른 젊은이들을 깨웠고 새벽 한 시에 에른스트를 남겨 둔 채 모두 다시 길을 나섰다.

동이 트기 전 시끌벅적한 무리는 산 정상에 모닥불을 피우고 신나게 춤을 추었다. 청년들은 이른 오후에 슈파호프로 돌아왔다.

"에른스트는 어딨니?" 에버하르트가 물었다.

하이너가 설명하려고 하자 아버지가 말을 끊었다. "에른스트는 우리 손님이다! 도대체 에른스트에게 무슨 짓을 한 거니? 오늘 밤 전체 공동체 앞에서 해명해라."

오후 내내 하이너는 에른스트가 나타나길 고대했다. 하지만 에른스트는 돌아오지 않았다. 침울하게 저녁을 먹은 하이너는 조마조마한 마음으로 저녁 모임에 들어갔다. 모임이 시작되고 하이너가 일어서서 해명을 시작했다. 한밤중에 애나마리와 모니카와 나눴던 대화를 언급하자 에버하르트가 격분했다. "그래서 두 여자의 명령을 받았다는 거냐?" 하이너는 얼굴을 들지 못하고 말없이 서 있었다. "공동체에 온 손님에게 무슨 짓을 한 거냐?" 에버하르트가 다시 물었다.

다음 날 에른스트가 나타났다. 절뚝거리며 쉴 새 없이 발을 살피는 에른스트에게 하이너는 뉘우치는 마음으로 엊그제 일을 사과했다. 애나마리는 못마땅한 웃음을 지으며 에른스트를 맞았다.

1932년 여름, 하이너는 농장에서 일하는 사람들을 지도하는 일을 맡았는데 대부분 공동체를 찾아온 손님이었다. 각양각색의 사람 중 몇은 급진적이었다. 어느 날 아침, 새로운 방문객이 농장 일에 합류했다. 국수주의 성향의 목사였다. 나치 제복을 입은 그는 사람들에게 "히틀러 만세!"라고 인사했다.

하이너는 평범하게 "좋은 아침입니다" 하고 인사를 받았지만, 열렬한 마르크스주의자인 어떤 이는 "모스크바 만세!"로 화답했다. 두 사람은 서로 무섭게 노려봤다.

'이런 사람들하고 어떻게 한 주 내내 감자밭에서 같이 일할 수 있을까?' 하이너는 걱정스러웠다. 도시에선 공산주의자와 나치 무장 단체 간에 벌어진 시가전 때문에 벌써 수십 명이 죽었다는 소식이 들려왔다. 두 방문객은 기름과 물처럼 도저히 섞일 수 없어 보였다. 하지만 처음 며칠 동안 툭하면 부딪히던 두 사람은 차츰 적대감을 누그러뜨리더니 한 주가 끝나 갈 때쯤에는 담배를 나눠 피는 사이가 되었다.

하이너는 놀랐다. 요즘 같은 시기에 이렇게 친구가 되는 일은 드물었기 때문이다. 바이마르 공화국*의 끝자락에 들어서자 독일의 다른 지역은 무서울 정도로 양극화되었다. 6백만 명이 넘는 사람들이 실직했고, 유명한 은행 여러 곳이 도산해서 수천 명의 예금이 날아갔다. 정치적 영역의 양극단은 폭넓은 지지를 얻고 있었고 특히 히틀러를 숭배하는 나치당이 서서히 세력을 모으고 있었다.

그해 가을 하이너가 가게 될 농업 학교가 자리 잡은 풀다는 겉보기엔 이런 정치적 동향에 별로 영향을 받지 않은 듯했다. 그러나 학기가 시작될 무렵 분위기가 달라졌다. 하이너가 토론 중에 도스토옙스키의 글을 인용하자 선생님의 태도가 돌연 적대적으로 변했다. "네가 도스토옙스키에 대해서 뭘 알아? 아버지는 네가 그런 책을 보는 걸 알고 계

★   1919년에 성립한 독일 공화국으로, 온건파인 사회 민주당, 중앙당, 민주당이 연합 내각을 결성하고 바이마르 헌법을 제정하였으며, 1929년 말에 시작된 세계 공황으로 경제적 타격을 받은 후 1933년 나치 정권의 수립으로 소멸했다.

시니?"

선생님은 비밀리에 활동하는 나치 활동가였다. 수개월이 지나 그는 자랑스럽게 이 사실을 드러냈다. 하지만 당시엔 누구도 이러한 사실을 알지 못했기에 하이너는 선생님의 적대감을 이해할 수 없었다. "도스토옙스키의 소설은 집에서 봤는데요." 하이너가 기어드는 목소리로 답했다.

"좋아. 아놀드 군, 그렇다면 내일 우리에게 자네가 그렇게 존경하는 러시아 작가에 대해 강의해 보게." 선생님이 제안했다.

하이너는 당황스러웠다. 반 친구들은 대부분 농촌에서 자란 거친 아이들이었다. 도스토옙스키라는 이름은 한 번도 들어 보지 못했을 텐데. 자신을 웃음거리로 만들려는 선생님의 속셈이 빤히 보였다. 어쨌거나 하이너는 제안을 받아들여 다음 날 강단에 올라섰다.

하이너는 도스토옙스키의 삶을 간단하게 정리하며 발표를 시작했다. 낄낄대는 반 친구들에게 차르를 몰아내려고 좌익 운동에 가담했다가 동지들과 사형 선고를 받은 소설가를 소개했다. "도스토옙스키는 눈이 가려진 채 말뚝에 묶여 있었고 사형을 집행하는 분대가 총을 겨누고 있었습니다. 그런데 갑자기 말을 타고 온 전령이 극적으로 사면을 알려 왔습니다. 죽음의 문턱 앞까지 다녀온 이 경험이 도스토옙스키를 완전히 바꾸어 놓았습니다. 도스토옙스키는 따돌림당하는 사람들, 지체 부자유자나 범죄자들과 같은 최하층민 속에 종종 하나님의 불꽃이 가장 아름답게 빛난다는 사실을 깨달았습니다. 그의 소설은 가장 타락한 사람 속에도 선함이 존재함을 보여 줍니다."

범죄자, 지체 장애인, 하층 계급 사람들은 바로 나치가 권력을 장악했을 때 제거하겠다고 공언한 사람들이다. 나치의 눈에 이런 사람들을 얘기하는 책은 젊은이들이 봐서는 안 될 불온 문서였다.

어느새 낄낄대는 소리는 사라지고 반 친구들은 하이너의 발표를 경청하고 있었다. 눈에 띄게 화가 난 선생님은 제자리로 돌아가 앉는 하이너에게 한마디 쏘아붙였다. "아놀드 군, 자네에겐 농부가 아니라 예술가가 더 어울릴 뻔했어."

1933년 1월 30일, 수업을 다 마친 하이너는 기숙사에 가서 간단하게 저녁을 때우고 공부를 하려던 참이었다. 하이너는 저녁을 먹으며 습관처럼 라디오를 켰다. 다섯 시쯤 방송이 끊기더니 긴급 발표가 흘러나왔다. "폰 힌덴부르크 대통령은 독일의 신임 수상으로 아돌프 히틀러를 지명했습니다."

하이너는 씹던 것을 멈췄다. 경악스러운 사건이 아닐 수 없었다. 한 달 전만 해도 히틀러는 대통령 선거에서 패했고, 힌덴부르크 대통령은 내각에서 나치 일당을 몰아냈다. 나치 돌격대 조직도 불법화하지 않았던가? 그런데 이제 자신의 정적에게 정권을 넘겨주다니 도무지 이해할 수 없는 일이었다. 하이너는 당장 아버지에게 전화를 걸어야겠다고 생각했다. 라디오가 없는 슈파호프에 이 소식이 닿으려면 몇 시간이 더 걸릴지 모를 일이었다.

하이너가 아버지에게 소식을 알리자 긴 침묵이 흘렀다. 마침내 에버하르트가 무겁게 입을 열었다. "히틀러가 수상이라고? 대통령은 자신이 어떤 악마를 불러오는지 짐작도 못할 거다."

12. 나치

1933년 1월 30일, 풀다.

히틀러가 취임하던 날 밤, 고요하던 풀다에 흥분의 물결이 일기 시작했다. 창문 밖으로 군중을 지켜보던 하이너는 밖에 나가 직접 분위기를 살피기로 마음먹었다. 하이너는 도시 한가운데로 향했다. 목적지는 대성당 앞 넓게 펼쳐진 광장이었다. 천주교는 수백 년 동안 그래 왔듯 풀다의 상징이었다. 다른 지역이 개신교로 바뀌던 종교 개혁 시기에조차 풀다의 천주교는 굳건했고, 그 후 외부의 이교 세력으로부터 언제나 자신을 지켜 왔다. 나치도 그중 하나였다. 히틀러가 처음으로 권력을 향한 의지를 드러냈을 때 풀다 시민들은 그를 선동가, 세탁부의 아들이라고 부르며 경멸했다. 공적인 장소에서 나치 제복을 입는 일도 금지됐다.

하지만 오늘 밤은 갈색과 검은색 제복을 입은 준(準)군사단이 횃불을 들고 노래를 부르며 적군의 영토에 들어서는 개선 부대처럼 의기양양하게 행진하고 있다. 풀다 밖에서 들어온 히틀러의 돌격대와 친위대였다. 보니파티우스

광장에 무대와 음향 시설이 급조됐다. "회개하시오!" 하이너가 광장에 다가설 때 연단에 선 남자가 소리쳤다. 남자의 목소리가 주교 궁과 대성당 사이를 메아리쳤다. "아직 히틀러가 자비를 베풀 때 회개하고 국가 사회당에 가입하시오! 우리를 반대했습니까? 지금이 바로 자비의 시간입니다! 심판의 날이 가까우니 조심하시오!" 열을 맞춰 늘어선 나치 당원들이 '아멘' 하고 외치듯 열광적으로 화답하며 만(卍)자 무늬가 새겨진 깃발을 흔들었다.

회심자가 늘어났다. 사람들이 집회가 열리는 시청 건물로 줄지어 들어갔다. 하이너도 호기심 반 거부감 반으로 무리를 따라갔다. 연단 아래에 검은 옷을 입은 세 줄의 사람들이 옆으로 늘어서 있었다. 모두 해골부대 문양을 옷에 달고 있었다. 그들 뒤에서 연사는 광장의 동료처럼 부흥회 식으로 집회를 이끌었다. "회개하십시오! 히틀러 앞에 무릎을 꿇으십시오! 이제 천년 왕국이 시작됩니다!"

제복을 입은 사람들을 제외하곤 강당에 모인 이들 중에 나치 당원은 거의 없었다. 하지만 모두 히틀러의 정책을 오랫동안 묵인해 왔음이 틀림없었다. 연사가 사회 민주주의와 베르사유의 굴욕, 유대인의 해악을 비난하자 군중은 흥분하며 함성을 질렀다. 발을 구르고 손뼉을 치며 노래를 부르고 눈물을 흘렸다. 연사가 대중을 광란의 도가니로 몰아넣자 일단의 사람들이 노래를 시작했다. 빛바랜 독일 제국의 영광을 기리는 오래된 국가였다. "독일, 세상에서 가장 위대한 독일이여!" 사람들은 흐느끼며 무언가에 홀린 듯 일제히 일어섰다.

앉아 있는 사람은 하이너뿐이었다. 격동적으로 혼연일체가 된 군중을 보고 공포감이 밀려왔지만 한편으론 가슴이 뭉클했다. "여기 뭔가를 위해 죽기를 각오한 사람들이 있구나." 하이너는 생각했다. "어쩌면 이 사람들이 나보다 더 자신을 희생할 준비가 되어 있을지 몰라. 아, 이게 사랑을 위한 희생이었다면! 초대 그리스도인들은 사랑을 위해 순교했건만 이 무리는 증오를 위해 목숨을 바치려 하는구나."

"일어나! 일어나라고!" 국가가 연주될 때 누군가 뒤에서 화난 소리로 낮게 말했다. 하이너는 꿈쩍도 안 했다. 이런 광기에 동조하려고 여기에 온 게 아니었다. 처음에는 웅성대던 주변 사람들이 이내 작은 소동을 일으켰다. 하이너는 군중을 밀치며 자신을 향해 다가오는 한 무리의 불량배를 발견했다. 매질을 당하거나 더 안 좋은 일이 생길지도 모른다는 생각에 하이너는 강단 뒤로 빠져나와 어둠 속으로 도망쳤다.

주말에 하이너로부터 이 일에 관해 들은 에버하르트는 아연실색했다. "네 목숨을 잃을 뻔했어! 나치 집회에는 얼씬도 하지 마라. 앞으로 절대 그런 모임에 참석해선 안 돼." 두 사람은 나란히 서서 거실 창문 밖에 펼쳐진 뢴 언덕을 바라봤다. 에버하르트는 언제나 낭만주의자의 열정으로 독일의 전원 풍경을 사랑했다. 하지만 오늘은 풍경을 바라보는 그의 얼굴에 괴로움이 묻어났다.

하이너는 아버지의 괴로움을 이해했다. 모두가 독일을 휩쓰는 변화의 물결을 감지하고 있었다. 하지만 그 물결이 어디까지 미칠지, 얼마나 처참함을 몰고 올지 가늠할 수 있는 사람은 아무도 없었다. 이 나라는 자유의 땅이 아닌가. 자연 숭배자, 성질 급한 좌파, 시온주의자, 니체주의자, 떠돌이의 나라다. 세계 어디에도 자유분방한 베를린과 비교할 만한 도시는 없다. 심지어 이곳 헤센주의 시골 마을들에도 포용 정신이 넘치지 않는가. 자네츠를 사이에 두고 몇 킬로미터 안 되는 거리에 두 개의 회당이 서 있었다. 슈파호프 근처에는 시온주의 농장 게링호프 공동체가 있었는데 팔레스타인에 정착하길 원하는 젊은 유대인을 훈련시키는 곳이었다(슈파호프와 게링호프 간에 교류도 있었다). 이렇게 태평스런 세계가 신임 수상의 말 한마디에 사라지지는 않을 거라고 하이너는 생각했다.

하지만 수상에 오른 지 두 달 만에 히틀러는 국회 의사당을 불태웠고, 좌파 정당들을 해산했으며, 유대인 상품 불매 운동을 부추겼고, 시민의 자유를 침해하는 법을 제정했으며, 나치의 명령을 순순히 따를 사람들로 지방 공무원을 물갈이했다. 자네츠에서 1.5킬로미터 떨어진 슈테프리츠라는 곳에서는 히틀러 돌격대와 관련된 현지인들이 유대인을 공격하는 사건이 벌어졌다. 이들은 아무 이유 없이 유대인의 바지를 벗기고 폭행을 한 뒤 도랑에 밀어 넣었다. 결국 그 유대인은 가해자의 조롱을 받으며 벌거벗은 채로 마을을 지나 집까지 걸어가야 했다.

하이너는 자신의 조국이 악령에 사로잡힌 것은 아닌가 생각했다. 훗날 그는 이렇게 썼다. "마치 공격을 치밀하게 준비하며 기회를 노리고 있던 악마의 부대처럼, 그들은 물꼬가 트이자 모든 것을 점령하기 시작했다."

그해 여름, 집시들이 사라졌다. 하이너의 기억에 집시들은 언제나 헤롤츠 숲에 진을 치고 밝은색으로 칠한 서너 대의 마차에서 살았다. 집시촌은 어린아이와 개로 붐볐다. 주전자를 고치고 가위 날을 가는 등 소소한 수선 거리가 있는 한 집시들은 계속 머물렀다. 어렸을 적 하이너와 하디는 집시촌을 즐겨 찾았다. 모닥불 주위에 남자들과 앉아 고슴도치를 구워 먹으며 이야기를 듣거나 바이올린을 켜는 현란한 손놀림을 지켜봤다. 집에 올 때면 종종 집시 아이 하나를 데려와 따뜻한 물에 목욕을 시키고 새 옷을 입혀 주기도 했다.

이제 마차는 길에서 사라지고 집시촌은 비었다. 사라진 건 집시만이 아니었다. 하이너가 친구 삼곤 했던 방랑객들도 사라졌다. 1차 세계대전이 끝나고 지금까지 대로변에 나와 사는 부랑인들만 수천 명이었다. 그런데 이제는 집시들과 함께 그들도 자취를 감췄다.

정부 당국이 부랑자와 집시를 정확히 어떻게 처리했는지 알거나 신경 쓰는 독일인은 거의 없었다. 대부분 히틀러를 전폭적으로 지지했고 반대하는 자들은 누구나 의심의 눈초리로 바라봤다. 슈파호프도 의혹의 대상이었다. 머지않아 이웃들은 슈파호프 사람들이 "히틀러 만세"라고 인사하지 않고, 국경일에 만자기도 달지 않는다고 수군대기 시작했다. 멀리 떨어진 곳조차 된 지방의 "공산주의 소굴"에 관한 소문이 파다했다. 아마도 수년 전 에버하르트가 노동자 시위에 가담했던 일과 급진주의 세력과 맺은 교분이 빌미가 되었을 것이다.

4월에 지방 경찰관들이 "국가에 위험이 되는 물건"을 수색한다고 슈파호프에 들이닥치더니 5월에는 새벽 다섯 시에 사람들이 총성에 깨어나는 일이 벌어졌다. 돌격대가 총을 쏘며 공동체를 향해 행진하고 있었는데 나중에 밝혀졌지만 공포탄이었다.

하루는 에버하르트가 하이너를 따로 불러 정부 관계자로부터 조용히 건네 들은 몇 가지 걱정스러운 일들에 관해 얘기했다. 히틀러가 "불순분자"를 제거하기 위해 은밀한 작전을 실행하고 있다는 것이었다. 하이너도 어느 정도 알고 있던 이야기였다. 이미 여러 건의 암살 사건이 연달아 벌어졌다. 하지만 이어진 아버지의 말을 듣고 하이너는 얼굴이 하얗게 질렸다. 1년 안에 50개의 강제 수용소가 새로 지어질 계획이라는 얘기였다. "신문에서 내가 자살했다는 기사를 보더라도 절대 믿지 말아라." 에버하르트가 경고했다.

"누구한테서 이런 얘기를 들으셨어요?" 하이너는 궁금했다.

"네가 체포된다면 조금 알수록 실토할 것도 적어질 게다." 에버하르트는 큰 위험을 무릅쓰고 정보를 전달한 사람이 그저 옛 친구들이라고만 말했다.

처음부터 에버하르트는 슈파호프 일원들에게 자신을 포함한 그 누구도 나치 정권에서 살아남을 거라고 생각해선 안 된다고 주의를 주었다. "히틀러가 독일에 다시 교수대를 세웠습니다. 이곳이나 베를린 아니면 어떤 곳에서든 교수대에 달려 죽을 준비가 되어 있는지 자문해 보아야 합니다. 이 해가 가기 전이라도 그런 일이 일어날 수 있습니다."

에버하르트는 강제로 쫓겨나기 전까지 공동체는 독일에 머물러야 한다고 생각했다. "우리는 도망칠 수 없습니다. 이 자리를 지켜야 합니다. 정의와 사랑, 평화가 무엇인지 우리의 삶으로 보여 줘야 합니다. 역사책에 새겨진 영원한 가치를 증언해야 합니다."

그해 7월, 공동체는 에버하르트의 쉰 번째 생일을 기념했다. 저녁 식사가 끝나고 에버하르트가 자리에서 일어나 연설을 시작했다. "오늘 저는 제가 참으로 부족하며, 제 본성이 하나님께 받은 사명을 감당하기에 얼마나 부적합한지 뼈저리게 인식하고 있습니다. 하나님께서 저를 부르셨건만, 저는 오히려 그분에게 방해가 되어 왔고 그 결과 하나님이 이루시길 바라셨을 수많은 일이 무산되었습니다. 에미와 제가 함께 살아온 세월을 돌이켜 볼 때, 우리가 여전히 이 공동체의 일원으로 남아 있는 것은 기적입니다. 이는 오직 하나님의 무한하신 능력과 용서로만 가능한 일입니다."

"제가 꼭 전하고 싶은 또 다른 주제는 인간의 무력함입니다. 어떠한 일이 맡겨졌을지라도 사람은 무력합니다. 오직 하나님만이 능하십니다. 심지어 지금 맡은 일을 감당하기에도 우리는 그저 무력할 뿐입니다. 우리는 공동체에 단 하나의 벽돌도 끼워 넣을 수 없습니다. 공동체가 세워져도 지킬 능력이 우리에겐 전혀 없습니다. 우리의 힘만으로는 하나님 나라를 위해 헌신할 수 없습니다."

"그러나 저는 바로 이러한 이유로 하나님께서 우리를

부르셨다고 믿습니다. 우리는 우리의 무력함을 잘 압니다. 우리의 모든 능력이 어떻게 벗겨질 수 있는지, 그리고 어떻게 우리의 능력이 제거되고 해체되고 허물어지고 버려져야 하는지 설명하기란 쉽지 않습니다. 저의 소원은 제 능력이 남김없이 허물어지는 경험을 하는 것입니다. 이는 쉽게 일어나거나 단번의 영웅적 결단으로 이루어지는 일이 아닙니다. 하나님이 우리 안에서 그 일을 하셔야만 합니다. 만일 우리 자신의 능력이 조금이라도 고개를 든다면 그와 동시에 성령과 하나님의 권위는 그만큼 물러날 것입니다."

후에 하이너의 머릿속에 떠오른 일이지만, 그날 아버지의 연설을 듣는 에미-마가렛의 얼굴에는 실망의 빛이 역력했다. 이 기회에 파파가 당신이 시작한 운동의 성공을 내세우기를 기대했던 모양이다. 곧 무산될 듯 보였던 자네츠의 시도는 이제 150명의 멤버를 가진 국제적인 공동체를 이루었다. 스칸디나비아 반도와 스위스, 심지어 터키에서도 사람들이 찾아왔다. 여전히 재정은 위태롭고 식량도 부족했지만, 진보적인 기숙 학교와 출판사를 운영하고 있었으며 진취적인 농장 운영을 위한 기반도 잡아 가는 중이었다. 분명 에버하르트에겐 자랑거리가 많았다. 하지만 연설에서 고작 자신의 실수와 실패를 곱씹으며 인간 능력의 해체를 운운하다니. 겸손도 좋지만 왜 아버지는 자신이 카리스마를 소유한 성공적인 지도자인 것을 인정하시지 않을까?

건초를 만드는 시기가 찾아왔다. 새벽부터 땅거미가

질 때까지 남자들은 건초를 베고 널어놓느라 허리가 휘어지도록 일했다. 며칠 동안은 여자들도 합세했다. 건초를 잘 말려서 헛간에 저장할 수 있도록 나무갈퀴로 엎는 작업을 도왔다. 종달새가 지저귀고 들장미가 피어 있는 들판은 아름다웠다. 하이너는 큰 낫을 휘두르고, 쇠스랑으로 건초더미를 마차에 실으면서 그레테를 생각했다.

올봄, 대학에서 철학을 공부하다 그만둔 그레테는 가족과 친구들의 만류를 뿌리치고 슈파호프와 운명을 같이하기 위해 찾아왔다. 그레테도 하이너처럼 중세 신비주의자들에게 관심이 많았다. 두 사람은 시간 가는 줄 모르고 헨리수소, 토마스 아 켐피스, 무엇보다 마이스터 에크하르트의 글에 관해 얘기했다.

하루는 하이너가 서재에 홀로 계신 아버지를 찾아가 그레테에게 느끼는 특별한 감정에 대해 털어놓았다. 에버하르트는 교제를 허락하면서 주의도 잊지 않았다. "그레테에게 사랑에 관해 얘기하지 마라. 껴안거나 입맞춤해서도 안 된다. 결혼을 생각하기에 넌 아직 어려."

하이너는 약속했다. 하지만 여전히 그레테와의 미래를 확신했다. 일요일이 되면 하이너는 아침 일찍 그레테와 바인슈트라세 길을 걸어 내려가 농장에서 멀리 떨어진 곳에서 책을 읽고 대화를 나누며 시간을 보내곤 했다. 하이너는 몇 주 동안 행복했다. 하지만 평소에 얌전하던 그레테가 적극성을 띠더니 뻔뻔해지기 시작했다. 어느 날 하이너가 농장 일을 마치고 늦은 점심을 먹으려 식탁에 앉는데, 그레테가 애교를 부리며 자신이 사용한 접시와 숟가락을 하이너

앞에 놓는 것이 아닌가*. 하이너는 당황하며 그레테를 쳐다봤지만, 그레테는 자신의 부적절한 행동을 전혀 의식하지 못하는 눈치였다.

점심을 먹고 하이너는 그레테를 따로 만나 관계를 끝내자고 말했다. "미안하지만 그레테, 이해해 줘. 우린 이제 끝났어." 그레테가 팔을 뻗어 안으려 하자 하이너는 그레테를 밀쳐 내고 방을 떠났다. 둘은 몇 달 동안 한마디도 하지 않았다.

"더 이상 국가 사회주의에 반하는 가치를 말과 글로 선전하는 공동체가 독일에 존재해선 안 됩니다. 브루더호프는 처음부터 사유 재산을 부정하고, 인종 차별에 관한 법과 집총을 거부했습니다." 국가 사회당 소속 지방 치안판사는 1936년 슈파호프의 해체를 주장하며 독일 비밀경찰에게 보고서를 올렸다. 행정관에게 슈파호프 사람들은 비밀리에 활동하는 공산주의자일 뿐 아니라 유대인의 후원자이며 평화주의자로서 추방받아 마땅한 자들이었다. 강제 수용소는 바로 이런 사람들을 위한 곳이었다.

1933년, 이미 나치 정부의 관료들도 슈파호프에 관해 비슷한 결론을 내렸다. 머지않아 이들이 "이상주의적인 공산주의자들"의 소굴에 주목할 것은 불 보듯 뻔한 일이었다.

1933년 10월, 히틀러는 국제 연맹의 탈퇴를 결정했고,

★   서구 문화에서 이런 행동은 성적으로 진도가 나갔음을 암시할 수 있다.

4주 후인 11월 12일에 국민 투표를 시행하겠다고 발표했다. 모든 유권자는 정치적이라기보다는 종교적인, 다음과 같은 질문에 답해야 했다. "독일 남성 또는 여성으로서 당신은 정부의 정책을 찬성합니까? 그리고 정부의 정책을 자신의 신념이나 뜻처럼 받들겠다고 맹세할 준비가 되었습니까?"

공식적으로 투표는 비밀 투표가 원칙이었다. 하지만 슈파호프가 감시당할 것을 염려한 에버하르트는 국민 투표 두 주 전에 지방 단체장을 찾아가 공동체 사람들이 투표를 거부하거나 반대표를 던지면 무슨 일이 생기냐고 물었다. 나치 관료는 인상을 찌푸렸다. "아놀드 박사, 그게 무슨 뜻인지 알지 않소? 강.제.수.용.소."

정부 청사를 떠나는 에버하르트의 마음은 한없이 무거웠다. 집으로 돌아오던 에버하르트는 택시 기사에게 도중에 내려 달라고 했다. 에버하르트는 숲길을 지나 언덕을 내려오는 마지막 몇 백 미터를 종종 걸어 다녔다. 하지만 그날은 비가 오고 있었고 발길을 재촉하던 에버하르트는 그만 풀 덮인 비탈에서 미끄러지고 말았다. 방풍 램프를 들고 마중 나간 알프레드는 다리가 부러져 신음하는 에버하르트를 발견하고 부랴부랴 공동체로 달려가 모니를 찾았다. 에버하르트를 본 모니의 얼굴이 창백해졌다. 뼛조각이 살을 뚫고 나올 정도로 골절이 심했기 때문이다.

알프레드와 모니가 에버하르트를 집으로 옮겼다. 하이너가 아버지를 보았을 때 에버하르트는 반사 상태였다. 피범벅이 된 다리는 뒤틀려 있었다. 하지만 에버하르트는 부러진 다리보다 미래가 더 두려웠다. 슈파호프와 자신이 돌보고 있는 영혼들에게 무슨 일이 벌어질까? 특히 위탁 아동들이 걱정됐다. 그날 밤 회원 모임을 소집한 에버하르트는 침상에 누운 채 모임을 진행했다. 극도의 통증(밤이 늦어 의사를 부르지 못했다)에도 불구하고 에버하르트의 메시지는 흔들림이 없었다. "우리는 고난, 아니 심지어 죽음까지 견뎌 낼 준비를 해야 합니다." 에버하르트는 시간을 버는 방안을 제시했다. 투표를 거부해서 나치를 자극하는 대신 속임수로 투표를 하자는 것이 그의 제안이었다. 각자 한쪽에 풀칠이 되어 있는 종이에 단어를 조심스럽게 선정해, 정부의 권위를 존중하지만 오직 하나님께 충성을 바친다는 내용의 선언문을 작성한다. 그리고 투표소에서 선언문을 투표 용지에 붙여 투표함에 넣는다.

에버하르트의 제안대로 슈파호프는 투표에 참석했다. 투표 당일, 만 19세인 하이너는 투표권이 없어서 공동체에 머물렀다. 그러나 긴장하기는 마찬가지였다. 열성적인 선관위 관계자가 투표함을 가지고 아버지의 병석을 찾아오자 긴장감은 고조됐다.

그날 저녁, 마을 근처에서 개표가 진행될 때 에버하르트가 공동체 식구들을 불러 모았다.

"그리스도와 하나가 되어 꿋꿋이 버티기로 다짐한 개인은 위대합니다. 그러나 일상에서 하나님 나라를 온 세상에 드러내며 굳세게 서 있는 교회는 더 위대합니다."

"복음을 위해 감옥에 갇히거나 순교당하는 개인은 위대합니다. 그러나 힘겹게 일궈 온 터전을 버리고 미지의 땅으로 가야 하는 교회는 더 위대합니다. 백척간두에 서서 교회는 완전한 일치와 평화, 정의, 그리고 예수 그리스도와 하나 되어 하나님 나라를 경험하는 형제애를 새롭게 발견합니다."

"가장 위대한 일은 이런 상황에서 예수 그리스도의 정신으로 원수를 사랑하고, 교회 지체들을 절망과 파멸로 몰아넣는 자들을 용서하는 것입니다. 무릎을 꿇고 찬송을 부르며 손을 모으고 십자가에 관해 아무리 많은 얘기를 한다 해도 십자가를 짊어지신 예수님의 길을 마지막까지, 목숨이 끊길 때까지 따라갈 준비가 되어 있지 않다면 아무 소용없습니다. 이것만이 진정한 제자도입니다. 다른 것은 다 기만이요 위선입니다."

"따라서 함께 기뻐합시다. 최종적으로 우리가 이런 일을 치르게 될지는 알 수 없지만, 최근에 벌어진 사건들은 그런 일이 눈앞의 현실이 될 수 있음을 경고합니다. 이것은 이루 말할 수 없이 행복한 상황입니다. 예수님께서 '사람들이 너희를 모욕하고 저주하고 거짓으로 비난하면 기뻐하라!'고 말씀하시지 않았습니까."

에버하르트는 지연 전략이 먹혀서 숨 돌릴 틈이 생기길 기대했다. 사흘 동안은 아무 일도 없었다. 넷째 날 아침은 흐리고 잿빛이었다. 하이너는 여덟 시쯤 밭일에 쓸 수레에 말을 매기 위해 마구간에 갔다. 첫 번째 말에 마구를 채우고 두 번째 말을 끌고 오던 중 알프레드가 헐레벌떡 뛰어왔다. "두 명의 친위 대원이 왔어. 네 아버지를 잡으러 가는 길인 것 같아." 안개 사이로 본관을 향하는 검은 제복 차림의 두 사람이 하이너의 눈에 들어왔다. 재빨리 말을 매어 두고 친위 대원을 추적했다. 곧 농장은 총을 멘 사람들에게 포위됐다. 안개 속에서 무장 대원들의 수는 계속 불어났다. 마치 땅에서 솟아나기라도 한 듯. 한 초등학생은 훗날 "개미 떼"처럼 몰려왔다고 말했다. 친위 대원과 비밀경찰, 지역 경찰이었다.

하이너는 아버지의 서재를 향해 질주했다. "멈춰!" 사방에서 소리쳤다. 장교 한 사람이 권총을 흔들며 안마당 구석에 몰려 있는 남자들 무리에 합류하라고 명령했다. 무리 중엔 알프레드와 아르노, 프리델 존트하이머도 있었다. 프리델은 지역 유대인 변호사의 아들로 지적 장애가 있었는데, 에버하르트가 선의로 공동체에 데리고 있던 청년이었다. "모두 벽에 기대 서!" 두 명의 감시병이 하이너를 붙잡아 헛간 벽으로 밀어붙였다. 온갖 생각이 스쳐 갔다. 친위대가 어떻게 비밀리에 사람들을 처형하는지 아버지께서 얘기해 주시지 않았던가?

프리델이 대열에 합류하지 않으려 버티는 것을 눈치챈 하이너가 프리델에게 순순히 따르라고 속삭였다. "싫어!" 프리델은 완강했다. "작업반장이 땔감 구해 오라고 했어. 땔감 구해야 돼." 하이너가 한참을 간청한 끝에 프리델은 대열에 합류했다. 장교는 영원처럼 느껴질 만큼 긴 시간 동안 포로들을 진땀 빼게 세워 놓더니 부하 다섯 명을 호출했다. 부하들은 한 사람 한 사람 호주머니를 샅샅이 뒤져 가며 무기를 찾았다. 소득이 없자 포로들에게 악담을 퍼부었다. "좋아, 두고 보자고. 더 안 좋은 일을 당하게 해 줄 테니까."

하이너와 다른 사람들은 목공소에 떠밀려 들어갔다. 권총을 빼든 두 사람이 문 밖에 서서 한 사람씩 창문을 지켰다. "무기를 어디에 묻은 거지?" 경찰의 신문이 계속됐다. "바른대로 자백하면 형을 감해 준다."

"우리는 그리스도인입니다. 무기를 소지하지 않아요." 하이너가 말하자 친위 대원들이 웃음을 터뜨렸다.

오랜 시간이 흘렀다. 새벽에 들이닥친 경찰들은 해가 중천에 떠 있을 때까지 진을 치고 있었다. "하루가 저물 쯤에는 무슨 일이 벌어져 있을까?" 하이너는 걱정스러웠다. "강제 수용소로 끌려가거나 아니면 총살당할까?" 하이너는 무엇보다 아버지와 다른 사람들의 상황을 알 수 없어 괴로웠다. 유치원이나 세탁소에는 많은 여자들이 일하고 있었다. 건물 안에서 무력감과 외로움에 떨고 있겠지. 돌연 비밀경찰 장교가 목공소에 들어왔다. 포로에게 인사를 건넨 장교는 건물을 수색했다. 하이너가 그에게 다가가 아버지에게 가도 되겠냐고 묻자 장교가 이름을 물었다. "아놀드입니다." 장교의 얼굴에 기분 나쁜 미소가 번졌다. "드디어 찾았군." 장교는 두 명의 부하에게 하이너를 본관으로 이송하라고 명령했다. 앞뒤로 경찰에 둘러싸인 채 하이너는 본관으로 향했다.

식당에서는 비밀경찰들이 성인을 하나씩 심문하고 있었다. 경찰들이 조서를 작성하며 타자기를 두드릴 때마다 타닥거리는 소리가 하이너의 귀를 때렸다. 식탁에는 책과 서류가 아무렇게나 쌓여 있었다. 무기 은닉처를 찾는 데 실패한 비밀경찰들은 눈에 불을 켜고 다른 증거들을 압수했다. 빨간 표지의 책("분명 공산주의 서적일 거야")과 해외에서 온 편지가 좋은 표적이었다. 압수물에 과도한 정치적 내용이 없기를 하이너는 바랐다. 독일을 적대시하는 "혐오 선전"은 반역죄로 처벌받을 수 있었다. 한 식탁에서는 두 장교가 개인 서신을 들춰 보며 시시덕거리고 있었다. 누군가 타타의 오래된 미술 작품집을 가져왔다. "포르노군." 고전 조각상 그림이 담긴 작품집을 획획 넘겨 보던 장교가 쓴웃음을 지었다.

경찰은 하이너를 조피와 루이제, 그리고 또 다른 젊은 여성 리젤 베그너가 감시받으며 서 있는 구석으로 끌고 갔다. 한 장교가 오래전 조피가 바느질한 빨간 기를 처들었다. "이거 당신이 만들었어?" 그렇게 윽박지르고는 태양 특공대에 관해 질문하기 시작했고 다른 장교는 타자기로 내용을 빠짐없이 옮겨 적었다. "너희 공산주의자지, 그렇지?" 조피가 부인했다. "그러면 이 붉은 기는 뭐야?" 장교의 눈은 경멸로 가득 차 있었다. "붉은색이 뭘 의미하는지 모른다는 변명 따윈 하지 마!"

리젤의 눈에 붉은색 바탕 위에 만자 문양이 새겨진, 장교의 완장이 들어왔다. "저것도 빨간색인데……." 리젤이 쭈뼛쭈뼛 손가락으로 가리켰다. 장교는 아무 대답 없이 급하게 심문을 종료했다.

한편 에버하르트가 누워 있는 방에서도 심문이 한창 진행 중이었다. 하이너의 귀에 큰 소리로 추궁하는 소리와 차분하고 명료하게 답하는 아버지의 음성이 들렸다.

심문을 이끄는 사람은 휘테로트 경위였다. 휘테로트는

무엇보다 에버하르트의 "반국가 선전죄"를 입증하는 데 주력했다. 노동절이 되면 언제나 지방 수도에서 공산주의자와 사회주의자가 노동자의 권리를 위해 시위를 벌였고, 에버하르트도 으레 붉은 셔츠와 깃발을 들고 참석했다. 어떤 당에도 소속되지 않았지만 에버하르트에겐 늘 연설의 기회가 주어졌다. 휘테로트 경위가 친위대원 하나를 가리키며 말했다. "여기 이 친구가 당신이 내란 선동하는 걸 봤다고 맹세하는데……."

"거짓말이오!" 깁스한 다리를 움직이지 않고 일어설 수 있을 만큼 일어선 에버하르트가 호령했다. "내 면전에서 다시 한 번 말해 보시오! 난 그런 일을 한 적이 없소!" 에버하르트가 쏘아보자 친위 대원은 반박하지 못하고 움츠러들었다. 휘테로트 경위도 말문이 막힌 채 수첩을 덮었다.

다른 쪽에서는 비밀경찰 대장이 아놀드가의 거실을 수색하고 있었다. 가구에 새겨진 문양을 본 대장이 당혹스러운 표정으로 물었다. "이 집에 폰 홀란더 가문 사람이 있나?"

놀란 에미가 고개를 들었다. "네. 바로 접니다. 제 아버지는 할레 대학 법학 교수였던 요한 하인리히 폰 홀란더이고요."

"제가 아버님의 관을 무덤까지 운구했습니다." 돌연 수심에 잠겨 있던 대장의 말투가 바뀌었다. "교수님의 제자였습니다." 대장은 구두 뒷굽을 맞부딪치고 방을 떠났다.

오후 다섯 시, 땅거미가 지기 시작할 때 침입자들이 떠났다. 잡혀간 사람은 아무도 없었다. 에미가 안도의 한숨을 쉬었다. 오랜 기간 닳고 닳도록 사용해서 여기저기 긁히고 흠이 생겼지만 가보로 받은 가구가 우리를 살렸구나! 친위대원들은 네 줄로 행진했고, 휘테로트 경위는 큰 차를 타고 떠났다. 경위는 책과 원고, 회의록과 회계 장부를 여러 상자에 가득 실어 가져갔다. 얼마나 많은 사람이 잡혀갈까 구경 나온 이웃 사람들은 실망한 얼굴로 조용히 사라졌다.

밤이 되어 공동체 가족들이 아놀드가의 거실에 모였다. 침상에 앉은 에버하르트는 창백했다. 슈파호프 공동체는 너무나 어리고 미숙한데! 자신과 에미를 제외한 거의 모든 회원은 이십대에 불과했다. 에버하르트는 공동체 식구들이 안정을 되찾고 힘과 용기를 얻기를 기도했다. 이 시간 비밀경찰들은 압수물을 샅샅이 뒤져 보고 있을 테다. 경찰들이 들이닥쳤을 때 모니는 가까스로 정치적으로 문제가 될 수 있는 문서들을 난로에 넣어 소각했다. 그러나 머지않아 저들은 원하는 증거를 얻을 것이다. 에버하르트는 언제나 국가를 존중했지만 나치주의를 반대함에는 숨김이 없었다.

그날 이후로 에버하르트는 종종 죽음에 관해 얘기했다. "모든 게 제대로 정리될 때까지 죽을 순 없어." 에버하르트가 하이너와 다른 사람들에게 말했다. 에버하르트가 죽으면 누가 이 운동을 이끌지 모두가 난감해했다. "서둘러야 해. 살날이 얼마 남지 않았어."

위태로웠던 그해 말, 하이너와 애나마리는 처음 만난 것처럼 서로를 다시 알아 가게 되었다. 자연스럽게 둘은 함께 있는 시간을 즐겼고, 말은 안 했지만 어렴풋이 우정이 깊어 가는 것을 느끼고 있었다.

그레테와의 일 때문에 하이너는 조심스러웠다. 그레테는 아직도 하이너와 지난 일을 얘기하고 싶어 했지만 그때마다 하이너는 거절했다. 그레테는 마지막으로 한 번 더 시도해 보기로 했다. 하이너가 애나마리를 바라보는 눈이 심상치 않았기 때문이다. 어느 날 밤늦게 자신의 방에 들어간 하이너는 침대에 앉아 있는 그레테를 발견하고 소스라치게 놀랐다. 슈파호프 공동체에서는 결혼하지 않은 여자가 남자 방에 들어가는 것이 금기 사항임을 그레테가 모를 리 없었다.

"그레테, 제발 나가 줘! 이러면 안 되는 거 알잖아." 하이너가 빌다시피 말했다.

그레테는 하이너의 말에는 아랑곳하지 않고 제발 다시 사귀자고 애원하기 시작했다. 바로 그때 문이 열리고 목발을 짚은 에버하르트가 들어왔다. "벌써 열한 시가 다 됐다." 아버지의 목소리는 차분했다. "얘기는 이쯤 해서 끝내고 모두 잠자리에 들거라."

"네, 아버지." 기다렸다는 듯이 답했지만 하이너의 대답은 어색했다. 그레테는 꼼짝도 하지 않았다. 반 시간 후 에버하르트가 조심스러운 발걸음으로 다시 찾아왔다. "하이너, 이제 그만하라고 얘기하지 않았니? 모두 돌아가서 자라." 문이 다시 닫히고 하이너는 그레테에게 자신이 낼 수 있는 가장 엄한 억양으로 명령했다. "당장 내 방을 떠나 줘. 부탁이야!" 그레테는 한 걸음도 움직이지 않았다.

자정이 될 때까지도 방을 떠나지 않은 그레테는 이제 극도로 흥분해서 울기 시작했다. 열두 시 반이 되자 경비를 서던 게오르크가 손전등을 들고 찾아왔다. 에버하르트가 보낸 것이었다. 게오르크는 하이너에겐 눈길도 주지 않고 방에 계속 머물렀다. "그레테, 네 방까지 데려다 주는 걸 허락할 때까지 난 이 방을 떠나지 않을 거야." 마침내 그레테가 고집을 꺾었다. 문밖으로 그레테를 이끌던 게오르크가 어깨 너머로 하이너를 불렀다. "하이너, 부엌에 가 있어."

하이너는 순순히 게오르크의 말에 따랐다. 부엌에는 하이너가 전혀 기대하지 않던 것이 기다리고 있었다. 계란 프라이 한 접시와 따끈한 커피. 역시 아버지의 부탁이었다. 곧 게오르크가 돌아왔다. "다 먹고 아버지 서재로 가 보렴. 널 기다리고 계셔."

하이너는 거의 한 시가 다 되어서 아버지를 찾았다. 어둠 속에서 간이침대에 누워 계신 아버지의 모습을 겨우 알아보았다. 몸을 일으켜 앉은 에버하르트가 엄한 눈으로 하이너를 쳐다봤다. 그러나 책망의 말은 없었다. "하이너야, 네가 스스로 싸워야 할 일이었다. 내가 개입해서 도울 수 있는 일이 아니었어. 하지만 너를 위해 계속 기도하고 있었단다."

13. 질룸

1934년 4월, 리히텐슈타인★.

창문으로 쏟아지는 아침 햇살이 무색하게 하이너는 침대 속에서 덜덜 떨고 있었다. 고도가 높은 이곳은 사월에도 쌀쌀했다. 한쪽 구석엔 땔감이 쌓여 있지만 난로는 꺼져 있었다. 금같이 귀한 장작을 아무 때나 사용할 수는 없었다. 산 저편 먼 곳에서 베어진 나무를 통째로 사 와서 장작을 팰 수 있도록 절단한 후 도끼질을 한 다음 손수레에 실어 집으로 가져오는 수고를 해야 땔감이 생긴다. 180센티미터가 훌쩍 넘는 전신을 덮기에 담요는 턱없이 짧았고, 외풍에 담요 끝자락이 나풀거렸다. 하지만 불평할 수는 없는 일이었다. 처음부터 막사는 소 치는 사람들이 계곡에서 소를 몰고 올라오는 여름 동안 사용하기 위해 지어진 것이기 때문이다.

소 떼가 오려면 몇 달은 더 지나야 했다. 벽에는 아직도

★ 스위스와 오스트리아의 국경에 있는 입헌 공국. 주민은 독일계로 가톨릭 교도가 많다.

눈이 얼어붙어 있었다. 하이너는 열이 좀처럼 내리지 않아, 슈파호프를 떠나 며칠 전 이곳에 도착한 이후 내내 앓아누웠다. 비록 병석에서 수일을 보냈지만 하이너는 이곳의 아름다움을 만끽하고 있었다. 새벽녘 산 정상에 핀 아침놀과 해 질 녘의 저녁놀은 눈 덮인 봉우리를 붉게 물들였다. 하이너는 성 아우구스티누스나 마이스터 에크하르트의 글을 읽거나, 그냥 누워서 이곳에 오기까지 급작스럽게 일어났던 일들을 돌아보며 시간을 보냈다.

하이너의 막사 아래에는 여름 호텔로 쓰이는 아담한 별장이 자리 잡고 있었다. 슈파호프 공동체가 아이들을 독일에서 급히 피신시키기 위해 빌린 별장이었다. 1933년 마지막 날, 정부가 슈파호프의 학교에 폐교 명령을 내리면서 문제가 시작됐다. 앞서 학교를 찾은 장학사는 아이들의 교육 상태를 보고 깜짝 놀랐다. 기초 학습이 모자라서가 아니라 애국심을 진작하는 행진곡과 정치 이념에 관한 지식이 터무니없이 모자랐기 때문이었다. 나치 당원 교장이 부임하기로 했지만 수업은 이루어지지 않았다. 크리스마스 휴가가 끝날 무렵 학생들이 모두 해외로 빠져나갔던 것이다.

학생들은 리히텐슈타인 공국의 마을 질룸에 다시 모였다. 애나마리가 교사로 동행했고 다른 어른들도 서서히 국경을 넘었다. 하이너 역시 남자아이들의 체육과 공예를 가르치는 선생님으로 파견됐다. 근래에는 에버하르트도 이들을 보기 위해 독일에서 찾아왔다.

하이너는 질룸에 발을 내딛는 순간부터 아팠다. 병문안을 오는 사람이 거의 없었기에 하이너는 누군가 문을 두

드리는 소리가 그렇게 반가울 수 없었다. 아버지였다. 다리를 절며 막사로 들어오시는 아버지를 보며 하이너의 머릿속에 산비탈을 힘겹게 오르셨을 아버지의 모습이 그려졌다. 원체 가파른 길인 데다가 지난해 급격히 늙으신 아버지였다. 나치 친위대가 들이닥친 후 아버지는 쉴 새 없이 일하셨다. 정부 관료를 찾아가고, 청원서를 산더미처럼 보내고, 아이들을 피난시킬 계획을 세우고, 불안해하는 슈파호프 공동체 채권자들을 안심시켜야 했다. 슈파호프를 파산시키기 위한 나치의 계략은 성공 직전이었다. 나치는 농장과 학교에 들어오는 온갖 종류의 보조금을 끊었고, 후원 활동을 막았으며, 책이나 다른 상품의 판매를 금지했다.

이렇게 힘든 상황에서 파파는 몸을 혹사했다. 반년 전에 부러진 다리는 아직도 완치가 안 됐다. 골절 때문에 만성적으로 통증에 시달리면서도 파파는 의사에게 보행용 석고 붕대를 해 달라고 요구했고 계속해서 걸어 다녔다.

"덜덜 떨고 있구나." 에버하르트가 말했다. "여긴 왜 이리 춥냐." 깁스한 다리를 끌며 장작더미에 다가간 에버하르트는 몸을 구부려 손도끼를 집고는 불쏘시개를 만들기 위해 장작을 쪼갰다. 하이너가 지켜보는 가운데 에버하르트는 엉성하게 쭈그리고 앉아 불을 피웠다. 막사에 온기가 돌기 시작했다.

한동안 부자는 일상적인 일에 관해 얘기했다. 지팡이 손잡이에 턱을 올려놓고 하이너를 뚫어지게 바라보던 에버하르트가 잠시 침묵하더니 불쑥 하이너에게 물었다. "하이너야, 그래서 결혼하고 싶은 사람은 찾았느냐?"

"네, 아버지. 애나마리요." 에버하르트의 얼굴에 돌연 반가운 기색이 돌았다. "애나마리라고? 애나마리라면 나와 네 엄마는 적극 찬성이다." 에버하르트가 활짝 웃으며 말했다. "하지만 하이너야, 서두르지 않겠다고 약속해라. 애나마리에게 시간을 줘. 확신은 하룻밤에 생기는 게 아니다. 스물두 살이 될 때까지 결혼 얘기는 꺼내지 말아라." 아들의 눈을 똑바로 바라보며 아버지가 당부했다.

하이너도 수긍했다. 하지만 마음 한구석에 의구심이 피어올랐다. "여덟 달이라, 기다리기엔 너무 긴 시간인 것 같은데……." 그러나 하이너는 곧 그런 생각을 떨쳐 냈다. 아버지와 아들은 말없이 앉아 탁탁 소리를 내며 타는 소나무 장작을 바라보며 행복한 시간을 보냈다. 한참을 지나 지팡이를 의지해 일어선 에버하르트가 막사를 떠났다.

에버하르트는 얼마 지나지 않아 독일로 돌아갔다. 독감에서 회복된 하이너는 새 임무를 시작했다. 하이너에겐 가르치는 일 말고도 오후에 아이들을 감독하는 일이 추가됐다. 오월이 되자 눈 녹은 알프스의 초지마다 꽃이 피기 시작했다. 헤더와 제비꽃, 작은 난초와 수없이 많은 크로커스가 만발했다. 하이너와 애나마리에게 쉴 틈이 생기면(두 사람이 아이들을 감독하는 일에서 동시에 빠져야 했기에 이런 일은 흔치 않았지만) 둘은 주변에 있는 산에 올랐다. 근처의 헬라방 봉우리 정상에서 떠오르는 달을 보거나 산 아래 협곡을 세차게 흐르는 자미나강의 끝없는 연주를 감상했다.

사귀는 남녀가 어떡해서든 만나려고 하는 건 당연지사지만, 하이너와 애나마리에겐 질룸을 벗어나고 싶어 했던 또 다른 이유가 있었다. 질룸의 의기소침한 분위기가 갑갑했던 것이다. 이러한 분위기는 전직 목사였던 중년의 한네스 볼러의 책임이 컸다. 에버하르트는 질룸을 떠나면서 한네스에게 전체 책임을 맡겼다. 처음에는 열성적으로 지도력을 발휘하던 한네스는 이내 과민한 도덕주의에 빠지기 시작했다. 한네스는 주로 젊은 사람들로 이뤄진 질룸의 구성원들을 지나친 경계심을 갖고 감시했다. 젊은이들이 나들이 갈 때도 자신이 인솔했고, "기독교적이지 않은" 노래 목록을 만들어 금지하기도 했다. 심지어 밖에 보내는 편지까지 검열했다.

처음에 사람들은 한네스의 고지식함에 약간 짜증을 내는 정도였다. 하지만 곧 한네스의 잔소리 때문에 공동체 분위기가 숨 막힐 듯 가라앉더니 이내 모두 패배주의에 빠졌다. 설상가상 독일에서 날아오는 소식들은 더 나은 세상을 꿈꾸는 이들의 용기를 비웃기만 하는 듯했다. 장검의 밤*으로 불리는 최근의 사건에서 수백 명의 반히틀러 인사가 암살됐다. "유럽이 지옥이 돼 가는 마당에 성격차 때문에 생기는 문제를 신경 쓸 필요가 있을까? 그냥 적당히 무시하고 살자." 질룸에 있던 일부 사람들은 자포자기했다.

모두가 이렇게 느꼈던 건 아니다. 그중 하나였던 애나마리는 성직자 같은 사람에게 알랑거리려고 가족을 떠나

★ 1934년 6월 30일부터 7월 2일에 걸쳐 아돌프 히틀러가 돌격대 및 국방군 내 반대 세력을 숙청한 사건. 이로 인해 히틀러가 절대 권력을 얻게 되어 2차 세계대전의 단초가 되었다.

여기까지 온 게 아니라며 발끈했다. 애나마리를 비롯하여 다른 사람들은 재미 삼아 한네스를 놀렸다. 한네스가 나들이에 나타날 때면 일부러 금지곡을 불렀고, 일요일에 낮고 지루한 목소리로 설교를 할 때면 종이를 구겨 만든 공을 서로에게 던져 댔다. 한네스가 저녁 일찍 외출 금지라도 내리면 젊은이들은 자정이 넘도록 장난을 치고 노래를 부르며, 풀밭에 있는 큼지막한 여물통 안을 걸어 다녔다.

하이너도 동참했지만 한편으론 마음이 불편했다. 한네스가 아무리 잘못했다 하더라도 파파의 대리인이었다. 한네스를 지지해야 하지 않을까? 한네스가 옳을지 누가 알겠는가? 그가 입버릇처럼 말하는 덕목(절제, 존중, 맡은 일에 최선을 다하는 태도와 엄숙한 기독교적 삶)에 대해 누가 트집 잡을 수 있겠는가?

하이너는 갈등했다. 마음으로는 한네스가 경건한 척하고 참견하기 좋아하는 사람일 뿐이라고 한네스를 깎아내렸지만, 머리로는 그렇게 곧아 보이는 사람이 틀릴 리 없다고 한네스를 변호하고 있었다. 점점 무엇이 진실인지 헷갈렸다. 하이너는 그저 갈등에서 벗어나기만을 바랐다. 우울해진 하이너는 자기 안에 갇힌 채 과거의 향수에 젖어 살았다. 그때는 언제나 세상에 나가 가난한 사람들에게 희망을 전해 줄 수 있다고 생각했는데! 지금은 주제넘은 일로 여겨졌다. 아마도 그런 날은 절대 오지 않을 거야. 하이너는 이곳 질룸에서 자기 분수를 깨달았다. 나는 실패자야.

하이너는 오랜 꿈을 내려놓고 애나마리와 정착하는 게 최선일지 모르겠다고 생각했다. 뭔가 배신한다는 느낌도 들었다. 하지만 하이너는 그런 느낌을 뿌리쳤다. 미치광이로 변해 가는 세상에서 조용히 의로운 삶을 사는 것으로 충분하지 않을까? 하이너의 머릿속에 그럴듯한 계획이 떠올랐다. "애나마리에게 당장 청혼해야겠어. 스물두 살이 될 때까지 기다릴 필요가 뭐가 담." 며칠 후 하이너는 한네스를 찾아가 애나마리에 대한 감정을 얘기했다. 결혼식을 빨리 올리고 싶다는 희망사항도 잊지 않았다. 그러나 아버지와의 약속에 관해서는 한마디도 꺼내지 않았다.

그러고 나서 작은 사건이 발생했다. 어느 일요일 밤, 질룸 공동체의 모든 식구가 모인 자리에 한네스가 화가 난 경직된 얼굴로 나타났다. 뒤를 이어 애나마리와 애나마리의 친구 마리아나 짐머만이 겸연쩍은 표정으로 들어왔다. 한네스는 말도 안 되는 사건이 벌어졌다며 말문을 열었다. 애나마리와 마리아나가 아이들을 데리고 수도 파두츠에 도보여행을 하러 갔다가 수영을 했는데, 문제는 그곳이 왕자의 정원에 있는 분수대였던 것이다. 한네스는 정치적 망명을 온 입장에서 그런 일을 저지르는 건 무책임의 극치라고 생각했다. 사회적으로 물의를 빚게 되면 어떻게 감당하겠는가! 리히텐슈타인 정부가 어떤 반응을 보일지 누가 알겠는가? 한네스는 이미 에버하르트에게 전화를 걸어 에미와 함께 와 줄 것을 부탁했다고 말했다. 에버하르트와 에미는 며칠 후 도착 예정이었다.

드디어 에버하르트가 도착했다. 하지만 결과는 한네스가 의도한 것과 달랐다. 수일 후 에버하르트는 한네스를 책임자 자리에서 물러나게 했다. 모두가 안도의 한숨을 내쉬었다. 하지만 리히텐슈타인 정부와 마찰을 빚는 일이 없도록 에버하르트는 애나마리와 마리아나가 다시 국경을 넘어 슈파호프로 돌아가기를 제안했다.

애나마리가 떠난 후 하이너는 세상이 무너진 듯 비참하기만 했다. 하이너는 자책했다. 어떻게 어릴 적 순수했던 신앙에서 이처럼 멀리 벗어났단 말인가? 회심 때 타오르던 불은 왜 꺼져 버렸을까? 하이너의 병적인 자기반성은 한 번에 며칠씩 이어졌다. "난 뭐 하나 제대로 하는 게 없어. 누가 날 믿고 어떤 일을 맡길 수나 있을까. 정말 어떻게 살아갈지 모르겠어." 하이너는 자신을 미워하기 시작했다.

질룸에 머무르던 에버하르트는 침울하게 지내는 하이너가 맘에 거슬렸다. 아들은 자학이 무슨 칭찬할 일이라도 되는 양 생각하는 듯했다. 어쩌면 나쁜 생각을 몰아내려고 애쓰거나 패기를 증명해 보이려고 하는 것인지도 몰랐다. 하지만 에버하르트는 자기 아들이 이런 식으로 허송세월하도록 내버려 둘 수 없었다. "상처에 고름이 있다면 짜내야 낫는 법!" 어느 저녁 모임에서 에버하르트는 하이너에게 무슨 생각을 하고 지내는지 나눠 보라고 재촉했다.

하이너는 일어나서 오랫동안 준비했던 얘기를 시작했다. "이곳에서 일어난 일들에 대해서 저도 책임이 있습니다. 워낙 많은 잘못을 했기 때문에 제가 아이들을 가르치는 건 도리가 아닌 것 같습니다. 학교 일을 그만둘 것을 요청합니다."

에버하르트가 벌떡 일어섰다. "하이너, 넌 자기애에 빠져 있어. 끊임없이 자기 잘못을 말한다고 하나님이 상이라도 주신다고 생각하는 거냐? 누구나 넘어지기 마련이다. 하지만 훌훌 털고 일어나서 자기 할 일을 해야지. 그렇게 겸손한 척하는 건 진실하지 못해. 젊은이답지 않은 행동이야. 이게 다 네가 우울감에 젖어 사니까 생기는 일 아니냐."

하이너는 깜짝 놀랐다. 그러나 아버지의 질책은 거기서 끝나지 않았다. "넌 완전히 길을 잃었어. 왜? 네 머릿속에는 결혼 생각밖에 없으니까. 하이너, 지난번 내가 여기 왔을 때 스물두 살이 되기 전에는 약혼하지 않겠다고 약속하지 않았느냐? 그런데 이제 와서 그 약속을 뒤집으려 하다니. 아니, 넌 이미 약속을 어겼어. 한네스가 말하더구나. 네가 자기한테 찾아와서 빨리 결혼하고 싶다고 했다고!"

"하지만 파파, 전 그저 한네스에게 희망 사항을……." 하이너가 기어들어 가는 목소리로 반박했다.

"넌 한네스를 호도한 거야! 너는 이 아버지가 네게 신신당부한 것을 잊었어. 애나마리에게 시간을 주라고 하지 않았느냐. 넌 내 신뢰를 헌신짝처럼 내팽개쳤어. 그리고 또 한 가지. 왜 한네스가 폭군처럼 행동할 때 문제를 제기하지 않았지? 대답해 봐라."

"제가 소심했어요."

"말도 안 되는 소리 그만해. 그건 소심한 게 아니야. 다른 사람들이 너를 어떻게 볼까 걱정하는 거지. 불편한 상황을 안 만들려고 하니까 생기는 일이야. 넌 언제나 온화하고 거룩해 보이는 삶을 원했어. 하이너, 그게 바로 너의 비겁함이다."

하이너는 절망감에 싸여 아버지를 멍하니 바라봤다.

아버지가 호통치실 때도 있다는 사실은 알았지만 이렇게까지 하신 적은 처음이었다. 모임에 참석한 다른 사람들의 얼굴은 흐릿했고 오직 아버지의 얼굴만이 또렷했다.

"하이너, 초심으로 돌아가라. 다시 어린아이가 된 것처럼 말이다. 이게 열두 살 적 꿈에 부풀었던 네가 바라던 모습이냐? 아늑한 결혼 생활이나 계획하면서 소시민적으로 살지 말고 중요한 문제를 먼저 생각해! 불의가 하늘에 사무치는 이 세상은 어떻게 될까? 나치 독일과 소비에트 러시아의 미래에 대해 생각해 봤니? 이런 상황에서 우리의 책임은 무엇이겠니? 네겐 건강한 몸과 영혼이 있어. 재능도 있고 능력도 있어. 사용해라! 넌 우울함에 젖어서 산송장처럼 살고 있어."

"성공이 뭐가 그렇게 중요하니? 하나님 앞에 훈장이라도 달고 가려고? 넌 네가 충분히 잘하고 있지 못하다고 생각하지. 그리고 죄책감의 원인을 찾으려고 너 자신을 분석해. 하나님에게 동정심을 유발하려면 더 겸손해야 한다고 생각하는 모양인데, 그건 자기중심적인 생각이야! 창조주를 네 짐꾼처럼 대하는 거라고!"

잠시 침묵이 흘렀다. 째깍거리는 시계 소리와 에버하르트의 가쁜 숨소리만 들릴 뿐. 뭔가를 기다리는 듯했던 에버하르트가 다시 입을 열었다. "하이너야, 네가 얼마나 빗나갔는지 깨닫길 바란다. 오늘 네가 한 말은 어둠에서 나온 말이다."

모임이 끝났다. 하이너는 망연자실했다. 절뚝거리며 자신을 향해 걸어오는 아버지의 모습이 반투명 유리창을 통해 보는 것처럼 흐리멍덩했다. "하이너, 어떻게 이럴 수 있냐?" 노기가 사라진 아버지의 얼굴엔 당혹감이 배어 있었다. "왜 이렇게 일이 잘못되도록 방관만 했어? 네 유년 시절과, 태양 특공대를 잊었니? 우리와 함께 그 놀라운 일을 경험했던 하이너가 이런 모습밖에 보여 주지 못해? 왜 이곳에서 일어나는 일들에 관해 아무 얘기도 하지 않았지?" 하이너는 아무 말 없이 비참히 서 있었다. 아버지는 재차 답을 요구했다. "하이너, 왜 이러는 거지?"

"그게 바로 저예요."

"뭐라고?" 에버하르트의 목소리가 다시 커졌다. 사라진 아버지의 노기가 순식간 돌아왔다. "네가 지금 무슨 말을 하는지 알고나 있니? 넌 지금 하나님을 비난하는 거야! 네 엄마와 나를 탓하는 거라고!" 아버지의 비통한 표정이 하이너의 뇌리 속에 영원히 새겨졌다.

침묵 속에서 하이너의 몸이 떨려 왔다. 슬픔에 잠긴 나지막한 음성으로 에버하르트가 말했다. "넌 내가 제일 기대했던 아들이다. 그런데 나에게 그런 말을 하다니." 하이너는 입이 열 개라도 할 말이 없었다. 둘은 캄캄한 밖으로 나갔다. 목발을 짚은 아버지와 아들은 막사 옆으로 난 오솔길을 따라 걸었다. 산봉우리 위에는 별이 총총한 하늘이 광활하게 펼쳐져 있었다. 1천 미터 계곡 아래에 라인강 줄기가 희미하게 보였다. 강기슭을 따라 자리 잡은 마을들이 점점이 빛났다. 마치 다른 세상에서 흘러나온 빛처럼 느껴졌. 불현듯 에버하르트가 물었다. "저 아래 사는 사람들을 생각해 본 적이 있니? 사랑과 고통과 죄로 얼룩진 삶을 말이다.

저 사람들이 마땅히 발견해야 할 인생의 의미는 무엇일까? 이 땅에 하나님의 통치가 시작돼서 저 계곡 아래 집들이 빛으로 가득 찰 날은 어떤 모습일까? 이런 질문들로 고민하며 씨름한 적이 있니? 아니면 애나마리와 누릴 행복만 생각했던 거냐?"

"아니요." 한 번도 그런 생각을 해 본 적이 없었던 하이너가 대답했다.

"그렇다면 너의 기독교는 어디에 있는 거니?" 아버지가 날카롭게 물었다.

아버지와 아들은 산 아래를 응시하며 나란히 서 있었다. 찬바람에 하이너의 목덜미가 서늘했다. 서서히 아버지의 마음이 이해되기 시작됐다. 아버지는 인생의 실패나 고통, 심지어 악함보다 훨씬 더 안 좋은 그 무엇에서 나를 건져 내시려는 것이다. 내가 어렸을 때 했던 약속을 저버리는 죄에서 돌아서도록 돕고 계신 것이다. 모험하는 삶이 아닌 경건한 척 안주하는 삶을 선택하지 않도록, 소명을 부인하지 않도록, 믿음을 버리지 않도록.

이 사실을 깨닫자 마음속에 고마움이 차올랐다. 하이너는 강렬한 아버지의 사랑에 몸 둘 바를 몰랐다.

둘은 걸어서 공동체로 돌아왔다. 각자의 침실로 돌아가기 전 에버하르트가 말했다. "오늘 밤을 절대 잊지 말거라."

14. 애나마리

1934년 12월 21일, 취리히.

반년이 지났다. 하이너는 취리히에서 쉬트리크호프 농업 학교 첫 학기를 거의 마쳐 가는 중이었다. 슈파호프에서 몇 달을 지냈던 애나마리는 다시 질룸으로 돌아왔다. 하이너는 공동체로 돌아갈 때마다 주말을 이용해 종종 애나마리와 긴 산책을 했다. 함께 있는 게 좋았지만 서로의 감정을 나누는 일은 거의 없었다. 그저 친구로 지냈을 뿐.

크리스마스가 코앞으로 다가왔다. 아직 학교에 남아 있던 하이너는 이틀 뒤면 스물두 살 생일을 맞을 참이었다. 학생들에게 편지가 배달되는 정오에 하이너도 아버지에게서 한 통의 편지를 받았다. 봉투가 두툼한 걸 보니 긴 편지임이 틀림없었다. 떨리는 손으로 봉투를 뜯은 하이너는 잔뜩 부푼 기대감으로 내용을 훑어보았다.

아버지의 편지는 이렇게 시작했다. "사랑하는 하이너야, 먼저 네게 꼭 해야 할 말이 있다. 더는 네 성품이 유약하다고 불평하지 말아라. 그냥 대수롭지 않게 여기고 넘어가

렴. 과거의 일은 모두 용서받았다……. 네가 애나마리에게 청혼하겠다고 결정한다면 나와 네 엄마는 너희 앞날을 축복하마. 애나마리와 손을 맞잡고 오로지 그리스도의 교회라는 반석 위에 네 가정을 꾸린다면, 이 아버지는 더 이상 바랄 게 없다. 그래야 어떠한 세파에도 네 가문이 대대손손 흔들리지 않을 테니 말이다."

하이너는 뛸 듯이 기뻤다. 당장이라도 아버지에게 답장을 쓰고 싶었지만 몇 분 남짓한 휴식 시간은 벌써 다 지나갔다. 쉬트리크호프 농업 학교에는 자유 시간이 없었다. 빡빡한 시간표와 군대식 규율만 보면 전문 대학이라기보다는 사관 학교에 가까웠다.

이렇게 엄격한 삶에 적응하는 일은 처음부터 쉽지 않았다. 여행 가방을 끌며 기숙사에 들어간 첫날, 하이너는 기숙사가 방 대신 철제 침대가 줄줄이 놓인 커다란 강당 하나로 이루어졌다는 사실을 깨달았다. 대부분 농사꾼 아버지를 둔 스위스 친구들은 하이너의 불편한 기색을 눈치채고 생존법을 가르쳐 주겠다며 다가왔다. 신입생은 우선 침대 정리부터 배워야 했다. 친구들에 따르면, 아침마다 침대를 하나씩 검사하는 사감은 이불이 제대로 개어 있지 않거나 베개에 주름이라도 잡혀 있으면 침구를 모조리 바닥에 내팽개쳤다. 게다가 일요일에 외양간 청소를 하는 벌까지 내린다고 했다.

다음 날 아침까지 친구들의 경고는 하이너의 귓가를 맴돌았다. 정성껏 침구를 정리하고 친구들을 따라 식당으로 이동하면서 하이너는 많은 동급생을 만날 수 있다는 생각에 큰 기대를 걸고 있었다. 나와 비슷한 관심을 공유하는 친구들이 있다면 다시 태양 특공대를 만들 수 있겠지. 아침을 배식받고 자리에 앉은 하이너는 식탁에 앉은 친구들에게 자신을 소개했다. 하지만 하이너가 기대했던 대화는 없었다. "누가 떠들어? 시끄러운 독일 놈이 또 나타난 건가?" 식당 저편에서 사관의 목소리가 쩌렁쩌렁 울렸다. "히틀러처럼 말이 많군. 입에 재갈을 물려야겠어." 하이너는 고개를 들었다. 다른 친구들은 모두 말없이 죽을 먹고 있었다. 쉬트리크호프의 다른 많은 것들처럼, 식사 시간에 대화는 금지 사항이었다.

시간이 지나면서 하이너는 여러 금지 규정들에 익숙해졌지만 사생활이 부족한 것에는 좀처럼 적응이 어려웠다. 단 몇 분이라도 혼자 있고 싶었지만 그럴 틈이 없었다. 먹고 자고 옷 입고 공부하고 일하는 행동 모두 집단으로 이뤄졌다. 학생들은 다정했지만 교양이 없었고, 하이너가 보기엔 애국심이 지나쳤다. "스위스 사람들은 스위스 산을 정말 자랑스러워해. 마치 자신들이 산을 만들기라도 한 것처럼 말이야." 하이너는 종종 농담처럼 말했다.

실습 시간을 포함해서 수업은 아침 다섯 시 반에 시작했다. 곧이어 아침 식사를 끝내고 정렬해서 점호하는 데 모두 침묵 속에서 행해졌다. 이후로 점심시간 한 시간을 빼고 저녁 일곱 시까지 계속 수업이 진행됐다. 저녁을 먹고는 아홉 시 반에 불이 꺼질 때까지 의무적으로 야간 자율 학습을 해야 했다. 일요일과 3주간의 방학을 제외하곤 매일 비슷한 일정이었다.

하이너는 교실에서 보내는 시간이 못 견디도록 힘들었다. 농업 관련 수업은 그런대로 들을 만했다. 하지만 자연과학, 경제학, 문학, 경영학 개론과 회계학 개론은 정말 곤욕스러웠다. 하이너는 애나마리에게 "눈물 나도록 지루한" 수업에 관해 불평했다. 하지만 아버지에겐 그런 불평이 절대 통할 리 없었다. 다른 부분은 급진적일지 몰라도 교육에 대해서만큼은 강한 의지와 자기 절제력을 기르는 보수적 방식을 적극적으로 옹호하셨기 때문이다.

12월 23일, 하이너는 아버지의 편지를 주머니에 넣은 채 취리히를 떠나는 아침 기차에 몸을 실었다. 기차가 리히텐슈타인을 향해 산간을 비집고 동쪽으로 구불구불 달릴 때 하이너는 기대감에 들떠 앞으로 일어날 일에 대해 생각했다. 어쩌면 오늘 밤일 수도 있어. 오늘따라 기차가 너무 느리게 느껴졌다. 기차에서 내리면 버스로 갈아타고 그다음엔 또 한참 동안 산을 타야 했다. 집으로 가는 길이 이렇게 멀게 느껴진 적이 없었다. 드디어 마지막 언덕에 올라 질룸에 도착했다. 막사 문을 열고 들어섰을 땐 이미 거의 모든 사람이 잠자리에 든 시간이었다. 다행히 애나마리는 아직 자지 않고 에미-마가렛과 함께 학교 아이들에게 줄 크리스마스 선물을 포장하고 있었다. 하이너를 보자 애나마리는 짧게 인사를 건넨 후 밤늦게까지 바쁠 거라고 얘기했다. 하이너는 뭔가 아쉬운 인사라고 생각했다. 애써 애나마리의 말을 무시하고 문 주위를 어슬렁거리며 말을 붙여 보려 했지만 애나마리의 대답은 계속 퉁명스러웠다. 하이너는 어깨를 축 늘어뜨린 채 침실로 돌아갔다.

크리스마스이브가 되었다. 하이너가 자기 방에서 옷을 갈아입었을 즈음 애나마리는 벌써 일어나 골방에서 선물 포장을 마무리하고 있었다. 애나마리는 에미-마가렛과 수다를 떨며 온종일 골방에 머물렀다. 하이너는 뻔질나게 드나들며 도와주려 했지만 애나마리는 그때마다 손사래를 치며 하이너를 돌려보냈다. "우린 괜찮아. 거의 끝났어." 하이너는 점점 낙담했다. 조금 있으면 크리스마스인데, 이 난리 통에 언제 애나마리랑 단둘이 얘기하지?

저녁이 되자 아이들이 선물을 뜯어 보는 파티가 시작됐다. 크리스마스트리에 촛불이 켜지고 캐럴이 시작됐다. 인형과 책, 손도끼와 썰매 등 선물이 개봉될 때마다 흥분한 아이들이 우르르 모여들어 탄성을 질렀다. 방은 시끌벅적하고 후덥지근했다. 애나마리의 피곤한 기색을 눈치챈 하이너가 밖에 나가서 바람 좀 쐬자고 제안하자 애나마리는 흔쾌히 수락했다. 둘은 조용히 방을 빠져나갔다.

저녁 전에 애나마리는 자신의 방에서 깜짝 선물을 발견했다. 흰 초 두 개가 옷 서랍장 위에 켜져 있었고 카드와 초콜릿이 침대 가에 놓여 있었다. "방에 있던 선물 정말 고마워!" 애나마리가 하이너에게 말했다. 하이너는 듣는 둥 마는 둥이었다. 애나마리는 개의치 않고 계속 얘기했다. "뭐, 고맙다는 말이 필요 없을 수도 있겠지만, 깜짝 선물 받고 정말 행복했다는 말은 꼭 하고 싶어." 하이너는 어딘가에 정신이 팔린 듯 여전히 무반응이었다. '오늘 밤따라 하이너가 좀 이상하네.' 애나마리는 속으로 생각했다.

언덕을 오른 지 몇 분 지나자 집들이 시야에서 사라졌다. 하이너는 방향을 틀어 산 아래로 내려가는 구불구불한 오솔길로 들어섰다. 눈이 무릎 위까지 쌓여 있어 걷기가 불편했다. 하이너는 그제야 애나마리가 옆에 있다는 사실을 깨닫기라도 한 듯 갑자기 학교 친구 얘기를 시작했다. 애나마리가 지난주 질룸에서 있었던 일을 얘기할 때 하이너는 다시 귓전으로 듣는 듯했다. "하이너, 나 가 봐야 해. 아이들 재울 시간이거든."

"이제 막 걷기 시작했는데……." 하이너가 너무 아쉬워하자 애나마리가 재빨리 답했다. "아직 몇 분 더 같이 있을 수 있어." 길이 좁아졌다. 한쪽은 높다란 암벽이었고 다른 쪽은 낭떠러지였다. 부츠에 눈 밟히는 소리만 들릴 뿐 사방이 고요했다. 둘은 말없이 걸었다. 저 아래 별처럼 빛나는 불빛 사이로 강이 구불구불 흘렀다. "꼭 크리스마스 같아." 애나마리가 생각했다.

둘은 전나무로 둘러싸인 작은 계곡에 도착했다. 애나마리는 한동안 하이너가 무슨 얘기를 꺼내고 싶어 한다는 느낌을 지울 수 없었지만 기다렸다. 무슨 이야기인지 빨리 듣고 싶은 마음과 함께 불안한 마음이 깃들었다. "무슨 얘기든 일단 들어 보자." 하이너가 할 말을 잊은 사람처럼 서 있을 때 애나마리는 바위 하나를 골라 그 위에 앉았다. 마침내 하이너가 입을 열었다.

"네게 할 중요한 얘기가 있어." 하이너는 애나마리가 슈파호프를 처음으로 방문했던 여름, 함께 걸었던 일을 떠올렸다. "그날부터 우리는 조금씩 서로에게 끌렸어. 기쁜 일이든 슬픈 일이든 우리를 더 가깝게 했지……." 애나마리는 하이너의 목소리를 들을 수 없었다. 마음속에 폭풍이 들이닥쳐 다른 소리를 모두 잠재웠기 때문이다. 결단의 순간이 다가왔다. 왠지 미루고 싶었지만 그럴 수 없었다. 지난해에 겪었던 모든 일들, 심지어 헤어져 있던 힘든 시간까지도 서로를 가깝게 했기에 더는 미룰 이유가 없었다.

애나마리는 방금 자신이 인생에서 중요한 결정을 내렸음을 깨달았다. 하이너의 목소리가 다시 들려왔다. "우리가 남은 생애 동안 하나가 돼서, 우리의 유익이 아니라 온 세상을 섬기기 위해 함께 한길을 걷는 것, 이게 나의 간절한 소망이야."

"너도 같은 생각인지 묻고 싶어. 지금 답하지 않아도 돼."

애나마리는 미동도 없이 앉아 있었다. 잠시 후 하이너가 아버지의 편지를 읽어 주고 싶다고 말했다. 애나마리는 말없이 고개를 끄덕였다. 주머니에서 붉은 초와 흰 초를 하나씩 꺼낸 하이너는 떨리는 손으로 불을 붙였다. 바람 때문에 성냥 몇 개를 쓰고 나서야 겨우 불을 밝힌 하이너가 아버지의 편지를 읽었다.

다시 침묵이 찾아왔다. 나무 사이로 부는 바람에 촛불이 흔들렸다. 애나마리는 말하고 싶었지만 입을 떼기가 힘들었다. 마침내 입을 열었지만 애나마리의 목소리는 알아듣기 힘들 정도로 작았다. "나도 모든 게 우리를 여기로 이끌었다고 믿어."

둘은 기도했다. 하이너가 아버지의 편지를 한 번 더 읽고 싶다고 말했다. 촛불이 바람에 꺼져 하이너는 다시 불을 밝혀야 했다. "이건 우리에게 중요한 상징이야. 붉은 초는 사랑을, 흰 초는 순결을 뜻해."

두 사람은 막사에 돌아와 각자의 방으로 돌아갔다. 애나마리의 가슴은 기쁨으로 벅차올랐다. 곧 하디가 방문 앞에서 애나마리를 불렀다. 한스가 활짝 웃으며 애나마리에게 악수를 건넬 때 에미-마가렛이 애나마리의 옷에 크리스마스 장미를 달아 줬다. "하이너가 약혼했다고 말해 줬어! 자, 이제 축하를 해야지!"

15. 작별

1935년 1월 3일, 쉬트리크호프.

새 학기 첫날 하이너는 오후 수업을 건너뛰었다. 애나마리를 생각하며 혼자 시간을 보내고 싶었다. 열흘 전 취리히를 떠난 이후 많은 일이 벌어졌다. 크리스마스, 약혼, 그리고 어제 애나마리와 함께 보낸 하루. 둘은 최근에 약혼한 조피, 크리티안과 함께 발렌제 호숫가를 행복하게 거닐었다. 오후에 들어서자 하늘이 잿빛으로 변했다. 차가운 잔물결이 물가에 찰싹거리는 검은 호수는 어딘지 우울해 보였다. 작별할 시간이 다가왔다. '지루한 학교생활이 다시 시작되는구나.' 하이너는 침울했다. '애나마리와 산책하는 대신 쉬트리크호프라니.'

하지만 하이너는 가만히 앉아 몽상에 잠길 수 없었다. 하이너는 아버지께서 귀가 닳도록 말씀하신, 농업 학교에 자신을 보내신 이유를 떠올렸다. 그것은 단순히 개인의 미래를 준비하기 위한 선택이 아니었다. 하나님 나라를 세우기 위한 결정이었다. 종종 하이너는 아버지가 품고 계신 비전에 관해 곰곰이 생각했다. "지난 수십 년간 있었던 다양한 운동의 물줄기는 언젠가 대중을 일깨우는, 커다란 혁명의 강을 이루어 사회 정의와 하나님 나라의 일치로 우리를 이끌 것이다. 작은 우리 공동체도 거스를 수 없는 이러한 흐름에 맞춰 스스로 준비되어야 해. 희생할 각오를 해야 한다. 서로를 친밀하게 알 수 있는, 작은 공동체에 안주해서는 안 돼. 성령님의 강력한 불이 임했을 때 우리를 아낌없이 태울 수 있도록 마음의 준비를 단단히 해야 해."

파파는 영적인 공허감에 허덕이는 수천 명의 사람이 초대 교회 그리스도인들처럼 공동체로 살게 될 날을 늘 마음속에 품고 있었다. 질룸과 슈파호프도 같은 맥락의 시도였다. 이러한 미래의 공동체를 위해 가능한 한 모든 분야에 유능한 일꾼이 필요했다. 먹을 것이 부족할 정도로 재정적으로 어려운 상황 속에서도 하이너가 쉬트리크호프에서 유학을 하고, 하디가 튀빙겐에서 교사가 되는 과정을 밟고, 한스-헤르만이 의대를 준비하는 이유였다. 하이너는 마음을 다잡고 책을 찾기 위해 일어섰다. 내겐 할 일이 있어.

톱니바퀴처럼 돌아가던 쉬트리크호프의 생활도 두 달이 지나갔다. 애나마리의 편지는 단조로움을 깨는 거의 유일한 즐거움이었다. 애나마리는 그새 열두 통이 넘는 편지를 보내 왔고 하이너도 시간이 나는 대로 답장을 썼다. 편지를 쓸 수 있는 짬을 내기도 힘들었지만, 장소를 찾기는 더욱 어려웠다. 다른 학생들이 어깨너머로 편지를 훔쳐보며 가차 없이 놀려 대는 기숙사에서는 불가능했다. 최근에는 소등 후에 학교 보일러실로 슬며시 내려가 새벽까지 방해

받지 않고 편지를 쓰기도 했다.

   3월 중순쯤 아버지가 취리히에 도착했다. 절뚝거리며 기차에서 내리신 아버지의 다리엔 아직도 붕대가 감겨 있었다. 얼마나 학수고대하던 아버지의 방문인가. 약혼 후 처음으로 아버지와 만나 대화할 기회였고, 할 얘기도 산더미 같았다. 아버지와 아들은 양팔을 벌려 서로를 꼭 끌어안았다. 하지만 에버하르트에겐 시간이 별로 없었다. 슈파호프에서 두 사람이 아버지와 함께 중요한 모임에 참석하기 위해 동행했다. 매일같이 나치가 압박의 수위를 높이는 상황에서 스위스에서 기금을 조성하고 오랜 친구들(종교 사회주의의 대부인 레온하르트 라가츠도 그중 하나였다)에게 원조를 요청하려면 한시가 급했다.

   저녁이 되도록 하이너는 초조한 마음으로 아버지와 다른 두 사람이 예약된 숙소로 돌아오길 기다렸다. 아홉 시가 되어서야 셋이 모습을 드러냈다. 모두 초췌한 얼굴이었다. 기대했던 스위스 친구들은 냉정하다 못해 적대적이었다. 여섯 시간에 걸친 회동은 아무런 성과 없이 끝났다.

   하지만 저녁 식탁에서 에버하르트는 걱정이 없어 보였다. 애나마리 얘기를 꺼내며 하이너를 놀리기도 했고, 후식으로 케이크를 주문하기도 했다. 에버하르트는 하이너에게 다음 방학 때 애나마리를 데리고 튀링겐에 가서 애나마리의 어머니를 방문할 것을 권했다.

   식사가 끝날 무렵 아버지의 얼굴에 웃음기가 사라졌다. 아버지의 말에 따르면, 히틀러는 곧 징병제를 다시 도입할 태세였다.

하이너도 이미 몇 개월 전부터 소식을 들어 알던 터였다. 오랜 가문의 친구이자 독실한 가톨릭 신자이고 공직에 한자리를 차지하고 있는 폰 가게른 남작을 포함해 많은 지인들이 아버지에게 정치 소식을 알려 왔다. 에미도 새로운 소식을 듣기 위해 폰 가게른 남작의 부인과 만나 차를 마시곤 했다. 남작 부인은 징병제를 시작하는 법령이 머지않아 공포될 것이라고 말했다. 징병을 거부하면 예외 없이 반역죄로 처벌하고 사형이나 종신형에 처한다는 것이 그 내용이었다. 사형을 선고받으면 대개 즉결 처형이었다.

얘기를 들으며 하이너는 아버지의 어깨를 짓누르는 중압감을 깨달았다. 폰 가게른 남작의 말이 사실이라면 슈파호프의 모든 청년은 심각한 위험에 처해 있는 것이다. 무슨 일이 있어도 "살인하지 말라", "원수를 사랑하라"는 명령을 충실히 따르려는 청년들이 어떤 형태로든 군대나 군 관련 기관에서 복무할 리 만무했다.

이미 오래전부터 비폭력을 고수해 온 공동체의 입장은 뜻을 같이하는 다른 단체들도 이해할 수 없을 만큼 강경했다. '목회자 비상 연맹'(Pastors' Emergency League)과 같은 저항적 기독교인들조차 군 복무를 하나님이 주신 의무라고 생각했다. 나치에 용감히 맞선 (훗날 강제 수용소에서 살아남아 명성을 얻게 되는) 마르틴 니묄러 목사★도 마찬가지였

★ 독일의 루터파 신학자. 나치의 종교 정책에 반대하고 고백 교회에 참여하여 저항 운동을 지도하다가 1937년 체포되었다. 전후에는 반전, 평화 운동의 지도자로 활약했다.

다. 브루더호프 멤버들이 집에 찾아가 연대를 호소했을 때, 니묄러는 악수마저 거부하며 단언했다. "난 지난 전쟁에서 유보트 선장으로 국가를 섬겼던 일을 자랑스럽게 생각하는 사람이야. 히틀러가 부르면 언제든 다시 잠수함을 탈 거라고." 나치의 정책을 못마땅하게 여기던 니묄러도 병역은 기독교인의 의무라고 여겼다. 하지만 하이너와 입대 연령대에 있는 다른 공동체 친구들은 예수님이 비폭력을 가르치셨다는 확신을 공유했다. 지난해 하디가 런던에서 사귄 디트리히 본회퍼★도 당시에는 같은 신념을 지니고 있었다. 하이너와 친구들은 결단코 히틀러 혹은 다른 어떤 이들을 위해서 살인하지 않겠다고 다짐했다.

아쉽게도 식사 시간은 너무 짧았다. 하이너는 아버지와 단둘이 있을 수 있도록 다른 두 사람이 자리를 뜨길 바랐다. 그러나 에버하르트에겐 시간이 별로 없었다. 동행한 두 사람과 쪽지와 서신을 정리하는 작업이 아직 남아 있었다. 작업은 새벽 1시까지 끝나지 않았다. 에버하르트는 자러 가기 전 하이너에게 제대로 대화할 시간을 갖지 못해 미안하다고 말했다. "내일 아침 제일 먼저 이곳에 오거라. 그때 얘기를 좀 하자꾸나." 작별 인사를 한 하이너는 걸어서 쉬트리크호프로 돌아갔다.

다음 날 아침 일찍 일어난 하이너는 잔뜩 기대에 부풀어 아버지가 계신 숙소로 향했다. 하지만 하이너가 도착했

★ 독일의 신학자. 2차 세계대전 중 히틀러 암살 계획을 세우는 등 나치에 저항하다 처형되었다.

을 때 방은 이미 비어 있었다. 나중에 안 사실이지만, 아버지는 급한 일이 생겨 예정보다 일찍 기차를 타고 떠났던 것이다. "왜 내게는 아버지와 함께 있는 시간이 허락되지 않는 거지?" 하이너는 서러웠다. "꼭 눈앞에서 이렇게 기회를 놓치다니."

나흘 후인 1935년 3월 16일에 운명적인 소식을 들을 때까지 하이너는 비탄에 잠겨 있었다. 히틀러가 징병제를 실시한다는 소식이었다. 독일의 발표에 유럽과 미국은 경악했고 곧 외교적 논쟁이 격하게 벌어졌다. 어쨌든 베르사유 조약**은 독일의 재무장을 명확히 금하고 있었다. 그러나 하이너에게 징병제의 실시는 논쟁거리가 아닌 잔인한 현실이었다. 일단 새로운 법이 시행되면 하이너는 체포될 위험을 무릅쓰지 않고 슈파호프나 독일의 다른 지역을 방문할 길이 막히게 된다. 브루더호프의 임시 거처인 리히텐슈타인까지 히틀러의 영향력 아래 놓인 지금, 하이너는 나라를 잃고 떠돌아다녀야 하는 신세가 될 게 불 보듯 뻔했다. 독일 나치들이 모여 있는 산악 휴양지인 가플라이는 질룸에서 1.6킬로미터밖에 떨어져 있지 않았다. 소문에 의하면 나치는 밤에 유대인을 잡아 절벽으로 끌고 가는데, 그렇게 끌려간 유대인은 쥐도 새도 모르게 사라졌다. 낮에도 독일 나치들은, 리히텐슈타인 내에서 자생하여 세력을 늘리

** 1919년 1차 세계대전의 전후 처리를 위해 베르사유 궁전에 모여 연합국과 독일이 맺은 평화 조약. 전쟁 책임이 독일에 있음을 규정하고 독일 영토의 축소, 군비 제한, 배상 의무, 해외 식민지 포기 등의 조항과 함께 국제 연맹의 설립안이 포함되었다.

고 있는 나치당과 연계하느라 바쁜 일정을 보냈다. 리히텐슈타인 나치당이 처음 내건 공약은 "이방인" 정착지의 제거였는데, 거기에는 소수의 현지 유대인들과, 질룸에 있는 평화주의 망명자들도 포함됐다.

그러나 여름이 시작될 무렵 질룸의 가장 큰 위협은 나치가 아니라 공동체 내부 문제였다. 에버하르트와 에미가 슈파호프에서 찾아온 6월, 드디어 문제가 곪아 터졌다.

질룸의 상황을 확인한 에버하르트는 어처구니가 없었다. 작년과 꼭같이 공동체가 허물어지고 있었다. 이번에는 지나친 경건이 아닌 지나친 효율이 문제였고, 한네스를 대신해 총책임을 맡은 한스가 문제였다. 그러나 기본적인 사안은 같았다.

연이어 벌어진 모임에서 에버하르트는 한스와 그의 조력자들을 꾸짖었다. "여러분들은 공무원처럼 행세했습니다! 우리가 위에서 군림하는 관료제를 만들려고 공동체로 사는 겁니까?" 에버하르트는 1년 동안 모든 공식 직함을 없애자고 제안했다. "참된 지도력의 개념이 오염됐습니다. 우리에겐 고정 관직이 아니라 사랑에서 흘러나오는 섬김만 있을 뿐입니다. 저나 다른 누구에게도 직함은 필요 없습니다. 지금까지 여러분은 저를 공동체의 장로로 생각했습니다. 하지만 장로라는 이름이 직함으로 생각된다면, 저는 내려놓겠습니다. 여러분이 장로를 사회적 계급으로 본다면 저는 사탄의 일로 생각하고 그 이름을 버리겠습니다."

에버하르트의 질책을 들으며 사람들은 공동체가 얼마나 진정성을 잃었는지 깨닫고 부끄럽게 느끼기 시작했다.

많은 이들이 눈물을 흘렸지만 한스만은 요지부동이었다. 에버하르트는 사위에게 자신이 저지른 일을 인정하라고 호소했지만 한스는 어떤 잘못도 인정하길 거부했다.

그 후 또 다른 모임에서 한스의 완고함에 속이 뒤집힌 에버하르트가 급기야 격분을 참지 못하고 말했다. "한스, 내가 이 사태를 어떻게 생각하는지 알고 싶나? 자네의 얼음장 같은 마음이 이 공동체를 파괴하고 있어. 자네는 지금 공동체의 사랑을 원수로 갚고 있다고. 장인 장모인 우리의 사랑도 자네의 마음을 바꾸기엔 부족해 보이는군. 지금 자네는 이곳에서 왕처럼 다스리고 있어! 그리고 또 한 가지. 내가 보기에 자네는 다른 여자들에게 동경 받기를 즐기고 있어!"

에버하르트의 말에 에미-마가렛이 항의하다 실신했다. 하지만 모임은 계속됐다. 몇 시간이 지나서야 한스의 완고함이 누그러졌다. 한스는 자신의 잘못을 깨달았고, 동료들에게 상처를 주어 미안하다고 말했다. 에버하르트는 기다렸다는 듯이 한스를 끌어안고 더는 이 문제를 거론하지 말자며 모임을 마쳤다.

이 일이 있고 난 뒤 얼마 안 돼, 하이너는 질룸에 가 부모님과 함께 주말을 보냈다. 하이너는 최근 아버지가 한스를 질책했던 일에 관해 자세히 알지 못했다. 그렇다고 이미 두 사람이 화해한 마당에 더 물을 수도 없었다. 그러나 지난해 껄끄러워진 한스와의 관계를 생각하면 왠지 불안했다. 하이너에게 자신의 약점을 걱정하는 기질이 있다는 점을 잘 아는 한스는 종종 하이너를 지나치게 "감정적"이라고 조롱했다. 아버지와 단둘이 있던 하이너가 불쑥 입을 열었다. "제게 감정 따위는 없었으면 좋겠어요. 한스처럼 말이에요."

에버하르트가 몸서리치며 말했다. "그런 말 다시는 입에 올리지 마라! 공동체에 그런 사람은 한 사람이면 충분해. 하나님이 네게 여린 마음을 주신 걸 감사해. 중요한 건 마음을 올바른 일에 쓰는 거야."

9월이 되자 나치는 리히텐슈타인에서 외국인들을 모조리 몰아내는 일에 열을 올렸다. 집마다 돌아다니며 서명을 받는 나치에게 상당수가 호응했다.

일주일 동안 방학을 맞은 하이너는 질룸에 갔다. 긴급한 사태에 대처하기 위해 다시 찾아오는 부모님을 맞이하기 위해서였다. 상황은 어려웠지만, 부모님을 다시 뵙는다고 생각하니 마음이 가벼워졌다.

에버하르트는 리히텐슈타인에 도착하자마자 먼저 수상을 방문했다. 가톨릭 신부인 후프 박사는 의심의 눈초리로 나치 활동을 바라보는 인물이었다. 동정적인 태도로 에버하르트의 말을 경청한 후프 박사는 할 수 있는 일을 해 보겠다고 약속하며 말했다. "하지만 저들이 받은 서명이 일정 수가 넘어가면 제 손발도 묶입니다. 박사님을 구할 수가 없어요. 직접 대중 앞에 나서셔야 할 것 같습니다." 수상은 에버하르트가 일요일 미사 후 질룸 근처 마을에서 연설할 수 있도록 자리를 마련해 줬다.

몹시 싸늘했던 10월 어느 날, 하이너와 다른 형제들은 아버지를 연설회에 모시고 가기 위해 산에서 내려왔다. 홀로 가파른 길을 내려올 수 없을 정도로 에버하르트의 다리는 온전치 못했다. 지난해만 해도 에버하르트는 나치 관료들을 만나 브루더호프의 입장을 설명하느라 풀다, 카셀, 베를린으로 동분서주했다. 기차와 택시를 갈아타며 힘든 여정을 소화하느라 에버하르트의 다리는 회복될 겨를이 없었다. 이제는 너무 뒤틀려서 언제든 다시 골절될 수 있다고 의사들이 경고했다.

에버하르트는 두 아들이 운전하는 두 바퀴 수레에 앉아 하산했다. 트리젠베르크로 내려가는 길이 가파른 탓에 두 젊은이는 속도가 붙지 않게 하려 안간힘을 썼다. 아버지는 수레가 덜컹거릴 때마다 움찔했다. 미사가 끝났을 때 수레는 마을 입구를 지나고 있었다. 구경거리를 놓치고 싶지 않은 마음에 모든 신자가 집으로 향하는 대신 교회 밖 작은 광장에 모여들었다. 절뚝거리며 작은 연단에 올라선 에버하르트는 두 지팡이에 기대 수백 명의 청중을 훑어봤다. 마을 사람들은 곱지 않은 시선으로 낯선 연사를 쳐다봤다.

"존경하는 시민 여러분, 사랑하는 형제자매 여러분!" 에버하르트의 연설이 시작됐지만 곧 야유와 휘파람 소리에 묻혔다. 심지어 돌까지 날아왔다. 다행히 돌에 맞지 않은 에버하르트는 다시 입을 열었다. "존경하는 리히텐슈타인 시민 여러분, 형제자매 여러분……." 다시 아우성이 시작됐고 돌이 날아왔다. 하이너는 아버지에게 야유를 보내는 사람들이 마을 사람이 아니라는 사실을 알아챌 수 있었다. 마을 사람들은 조용히 무표정한 얼굴로 서 있었다. 소란의 진원

지는 군중 뒤편, 젊은 나치 동조자들이 모인 곳이었다. 에버하르트가 말하려고 할 때마다 이들은 야유하며 고함을 질러 댔다.

하이너는 화가 치밀어 오르면서도 아버지의 안전이 걱정되어 연단에서 눈을 뗄 수 없었다. 처음에는 평온을 유지하던 에버하르트도 참을 만큼 참았다는 듯 똑바로 서서 군중 뒤편을 바라봤다. "왜 거기에 숨어 있습니까?" 에버하르트의 목소리가 어찌나 쩌렁쩌렁 울렸던지 멍하니 바라보던 사람도 정신이 바짝 들 정도였다. "왜 겁쟁이처럼 그곳에 숨어서 그럽니까? 저를 반대한다면 적어도 이 앞에 나와 당당하게 제 얼굴을 보고 얘기하십시오."

폭도들은 계속 비웃으며 조롱했고 한동안 무슨 일이 벌어질지 아무도 몰랐다. 그러던 중 에버하르트의 꼿꼿함에 깊은 인상을 받은 마을 어른들이 뒤를 돌아보며 젊은이들을 꾸짖기 시작했다. 젊은이들 중에 자신의 아들이 섞여 있는 사람도 마찬가지였다. "조용히 해! 꺼지라고! 우린 아놀드 박사가 하는 말을 듣고 싶으니까."

소란을 피우던 젊은이들은 못마땅한 표정으로 떠났고 남은 군중들은 더 집중해서 에버하르트에게 시선을 고정했다. 에버하르트는 연설을 재개했다. 연설이 끝날 때쯤, 트리젠베르크 사람들은 에버하르트의 편에 서 있었다. 며칠 후 벌어진 지방 투표에서 공동체를 축출하려던 나치의 시도는 실패로 돌아갔다.

금요일이 되었다. 하이너는 어느새 한 주가 지나갔는

지 아쉽기만 했다. 내일이면 부모님은 독일로 돌아가신다. 그날 오후 하이너는 어떤 불길한 예감에 사로잡혔다. 별일도 아닌 일로 떠오른 예감이었지만 좀처럼 떨쳐 낼 수 없었다. 식당에서 학교 아이들이 공연하는 연극을 관람하던 중 하이너는 아버지 쪽을 흘깃 쳐다봤다. 언제나 아이들의 공연을 즐기는 아버지였지만 이날은 의자에 구부정히 앉아 눈을 감고 있었다. 초췌한 아버지의 얼굴. 무슨 걱정이라도 있으신 걸까. 순간 어떤 생각이 하이너의 머리를 스쳤다. '혹시 우리를 다시 못 볼지 모른다고 생각하시는 건 아닐까?' 다음 날 국경을 통과하는 일부터 위험천만한 일이었다. 지난 2년 동안 비밀경찰은 정치인들을 체포하는 장소로 검문소를 이용해 왔다. 최근 몇 달 동안 실종된 가톨릭 사제와 목사, 종교 단체 회원의 숫자가 부쩍 늘었다.

저녁에 아버지를 다시 만난 하이너는 자신의 걱정이 기우였음을 깨달았다. 고별사를 전하는 아버지의 목소리는 확신에 차 있었다. 에버하르트는 여러 장면을 선명히 묘사하며 요한 계시록의 메시지를 생동감 있게 전했다. 깊은 구렁에서 나온 짐승의 환상도 그중 하나였다. 바다에서 기어 나와 인간에게 파멸을 불러오는 괴물. 이 땅의 모든 민족에게 숭배를 강요하고, 이를 거부하는 소수의 사람은 옥에 가두거나 처형한다. 살인을 조장하고, 강제 수용소를 세우며, 일종의 참배를 요구하는 히틀러의 제국과 이 괴물의 유사성을 굳이 언급할 필요가 없었다. "온 세상이 포악한 국가 앞에 엎드리며 울부짖습니다. '누가 이 짐승과 같으랴? 누가 이 짐승과 맞서 싸울 수 있으랴?' 짐승은 큰소리치며 하나님을 모독하는 말을 지껄일 입을 받았습니다. 부자나 가난한 자, 자유인이나 노동자 계급 모두 팔이나 이마에 강제로 우상의 표를 받게 하였습니다. 이 표를 받지 않는 자는 사지도 팔지도 못합니다. 살아갈 수가 없는 것입니다. 오늘날 짐승의 표는 무엇입니까? 인간의 능력을 숭배하는 것입니다. 국가의 권력, 사람을 감옥에 가두고 전쟁을 일으키는 국가의 힘을 떠받드는 것입니다."

"바로 이러한 상황에서 우리는 예수님을 흔들림 없이 붙잡고 신뢰해야 합니다. 결국에는 어린양께서 승리하십니다. 그분은 만왕의 왕이시며 만주의 주이시기 때문입니다. 우리가 목숨을 잃을지라도 최후의 승리자는 하나님이십니다."

다음 날 아침, 하이너는 막사 베란다에서 아버지와 유쾌한 대화를 나누며 어머니를 기다렸다. 나란히 선 부자는 난간에 기대어 넓게 펼쳐진 계곡을 바라봤다. 반짝거리는 최고봉부터 조각보처럼 오목조목 이어진, 라인강 주변의 작은 밭들까지 모두 그림 같은 풍경이었다. 청명한 가을 대기 속에 모든 것이 세세히 도드라졌다. 에버하르트는 갑자기 하이너의 어깨를 껴안더니 연신 볼에 입을 맞췄다. 에미가 집에서 나오자 부자는 작별 인사를 마쳤다.

16. 네 시

1935년 11월, 취리히.

어머니의 편지에는 파파가 다리뼈를 재고정하는 수술을 받았다고 쓰여 있었다. 하이너도 이미 몇 주 전부터 수술이 예정되었다는 사실을 알고 있었다. 수술을 집도한 의사도 아는 사람이었다. 4년 전 타타를 만나러 하디와 함께 자전거를 타고 피다츠로 갈 때 하룻밤 신세를 진 파울 찬더였다.

2년 동안 깁스를 풀지 못한 아버지는 왼쪽 다리를 다시 자유롭게 쓸 날만을 손꼽아 기다렸다. 에버하르트는 이따금 "여간 불편해서 못 살겠다"라고 말하며 한숨을 내쉬었다. 하이너는 아버지가 수술 후 다름슈타트에 있는 병원에서 3주 동안 회복 기간을 갖게 된 게 오히려 다행이라고 여겼다. 나치 관료를 찾아다니고 채권자들을 설득하느라 진땀 뺄 일 없이 한숨 돌릴 기회가 아버지에게 생겼으니.

하지만 편지를 계속 읽으면서 하이너는 뼈를 좀 깎으려던 간단한 수술이 예상만큼 쉽지 않았음을 알게 됐다. 의

사는 수술용 끌을 열 개나 부러뜨렸는데, 아버지가 다리를 제대로 돌보지 않고 과다하게 사용해 뼈가 너무 딱딱해진 탓이었다. 예닐곱 번이면 끝날 망치질이 2백 번을 훌쩍 넘겨서야 끝났다. 에버하르트는 수술 내내 깨어 있었다(수술은 부분 마취로 진행됐다). 수술 시간이 예상보다 길어지면서 수술이 끝나기 30분 전에 이미 마취가 풀리기 시작했다. 수술 후 에버하르트는 에미에게 말했다. "어찌나 난도질하던지 마치 내 몸을 톱으로 썰어서 조각조각 자르는 듯했소." 어머니에 따르면, 아버지는 너무 창백했고 극도로 고통스러워했지만, 찬더 박사는 자연스러운 수술 후유증일 뿐이라며 괘념치 않았다.

어머니의 편지가 온 지 얼마 안 돼 뜻밖에도 하디가 찾아왔다. 같은 취리히에서 학교를 다녔지만(하디는 "히틀러 만세"라고 경례하기를 거부하다가 튀빙겐에서 쫓겨났다) 하디가 쉬트리크호프까지 찾아온 경우는 매우 드물었다. 지난해 함부르크에서 온 신학생 에디트 뵈커와 결혼한 하디는 형수와 함께 질룸과 취리히를 오가며 생활했다. 하이너가 형이 갑자기 찾아온 이유를 궁금해하던 차에 하디가 급히 입을 열었다. "전보를 받았어. 찬더 박사가 파파의 다리를 무릎 아래로 절단해야 한대."

하디는 수술이 15분 정도면 끝나고 전혀 위험하지 않다는 찬더 박사의 말도 덧붙였다. 심지어 찬더 박사는 의족을 하고 다니는 게 훨씬 편할 거라는 말까지 했다.

그날 저녁 하이너는 하디의 집으로 갔다. 동생 한스-헤르만도 그곳에 와 있었다. 셋은 심각한 상황에 관해 논의했고 가급적 빨리 아버지 곁을 지키러 가기로 뜻을 모았다. 물론 징병제 때문에 위험이 따르는 일이었다. 하지만 지금처럼 위험을 무릅써야 할 때가 또 있을까. 하디는 질룸에 전화를 걸었다. 한스와 에미-마가렛은 택시를 타고 바로 다름슈타트로 갈 예정이었다. 하디는 한스에게 자기들이 택시에 동승할 수 있겠냐고 물었다. "아버님은 너희들이 취리히에 머물러 있어야 한다고 말씀하셨어." 한스가 대답했다. "어떤 일이 있어도 독일에 들어오는 위험을 감수하지 말라고." 형제들은 실망했지만 순순히 한스의 말을 따랐다. 하이너는 아버지가 위급한 상황에 처한 줄은 꿈에도 생각지 못했다.

한스가 알고 있었던 것을 하이너도 알았다면 아마 하이너는 다른 행동을 취했을 것이다. 아버지는 자신에게 시간이 얼마 남지 않았음을 예감하고 있었다. 지난주 한스는 에버하르트에게서 유언과도 같은 장문의 편지를 받았다. 다름슈타트 병상에 누워 한스와 에미-마가렛에게 쓴 편지에서 아버지는 혼신의 힘을 다해 공동체의 비전을 설명하고 있었다. 그리고 자신이 "더는 우리와 함께하지 않을 때" 어떻게 그 비전을 이어 가야 할지에 관한 지침도 남겼다. 누가 봐도 죽음을 준비하는 사람의 글이었다.

서신을 받은 한스가 에미-마가렛에게 한마디 했다. "파파가 작별 편지를 썼어." 그러나 한스는 정기적으로 전화를 걸어 아버지의 소식을 묻는 하디와 하이너, 한스-헤르만에게 아무것도 말해 주지 않았다. 심지어 병원에 있던 장모와 모니가 에버하르트가 위중하다는 사실을 알려 온 일까지 숨겼다.

수술은 11월 22일 금요일 오후로 잡혀 있었다. 취리히에 있던 하이너와 하디, 한스-헤르만은 평소처럼 수업을 들었다. 크게 걱정할 필요가 없는 수술이라고 들었고 결과도 좋을 거라 확신했던 터라, 세 형제는 굳이 응급 상황에 대비해 서로에게 연락할 계획을 세우지 않았다. 하이너는 두 시부터 네 시까지 임학 수업에 참석했다. 수업이 거의 끝나 갈 즈음 살짝 잠이 든 하이너는 꿈을 꿨다. 뭔가 꼭 해야 할 말이 있는 듯 아버지가 다가오고 있었다. 순간 하이너는 잠에서 깼다. 네 시 정각을 알리는 종이 울렸다. 이후 하이너는 바로 그 시간에 아버지께서 돌아가셨다는 얘기를 전해 들었다.

아버지가 가까이 계시다는 느낌에 압도된 채 하이너는 일어나 다른 학생들과 함께 줄지어 교실을 빠져나왔다. 바로 그때 교직원이 허둥지둥 달려와 하이너에게 전보를 전해 줬다. "수술 종료. 생명이 위급함. 기도 요망."

하이너는 눈을 의심했다. 그럴 리 없어. 황급히 기도를 마친 하이너는 건물 밖으로 뛰어나가 거리를 내달렸다. 형과 동생을 찾아야 해. 한스-헤르만의 학교는 멀지 않은 곳에 있었다. 현관 돌계단을 단숨에 오른 하이너는 숨이 찬지도 모르고 한스-헤르만에게 달려가 바로 전보를 넘겨줬다.

두 형제는 하디가 있는 대학으로 달려갔다. 미친 듯이 건물을 헤집고 다닌 형제는 강의실 문을 죄다 열어젖히며 소리쳤다. "하디나 에디트 아놀드를 본 사람 없습니까?" 마침내 두 형제는 도서관 뒤편에서 공부에 열중하고 있는 부부를 발견했다. 하이너는 하디와 에디트에게 전보를 던지다시피 건넸다.

"질룸에 연락해 보자." 셋은 같은 생각이었다. 그리고 하디와 에디트의 집으로 향했다. 누구도 아버지가 돌아가셨으리라는 생각은 하지 못했다. 하디가 전화를 걸었고 알프레드가 받았다. 형제들이 묻는 말에 알프레드는 그저 "당장 집으로 와. 돈 걱정은 하지 말고 택시를 타"라고 말할 뿐 더는 아무런 얘기도 하지 않으려 했다.

리히텐슈타인으로 가는 길 내내 하이너는 두려움을 떨쳐 내려 애썼다. 하이너는 성인이 되어 파파와 어깨를 맞대고 함께 일할 날을 언제나 꿈꿔 왔다. 큰 뜻을 위해 함께 싸우는 동료로 아버지를 지원하길 바랐다. 하지만 현실은 그렇지 못했다. 지난 두 해 동안 하이너는 아버지를 좀처럼 만나지 못했다. 아버지가 가장 어려움을 겪던 순간에도 기도조차 하지 못했다.

택시가 질룸에 도착했다. 형제가 택시에서 내렸다. 눈 덮인 길에 애나마리와 알프레드가 마중 나와 있었다. 한동안 어색한 침묵이 흘렀다.

알프레드가 입을 열었다. "전할 말이 있어. 너희 아버지는 더 이상 살아 계시지 않아." 그게 전부였다. 머릿속이 하얘진 하이너는 말을 잃었다. 하디도 잠잠했다. 그러나 한스-헤르만은 온몸을 떨며 알프레드에게 절규했다. "거짓말이야! 그럴 리 없어! 모두 거짓말이라고!"

17. 마지막 편지

그다음 주 월요일, 하이너의 아버지는 슈파호프 위쪽, 풍우에 시달린 처량한 언덕에 묻혔다. 그날의 기억이 너무 음울한 나머지 가족 중 누구도 수십 년간 그날을 언급하지 않았다. 하이너, 하디, 한스-헤르만 모두 아버지의 마지막 가시는 길을 지키지 못했다. 세 형제는 독일 국경을 넘지 말라는 아버지의 명령을 끝까지 따랐다. 정치 상황도 녹록지 않아 어찌할 도리가 없기도 했다. 그들은 남몰래 끝 모를 슬픔을 삼켜야 했다. 담담히 남편의 죽음을 받아들이면서도 약해질 대로 약해져 있었던 에미는 세 아들 없이 칠흑 같은 어둠의 시간을 견뎌야 했다.

질룸에서는 장례식이 열리는 시간에 맞춰 추모식이 진행됐다. 하디의 제안이었다. 여섯 명의 청년이 관 대신 통나무를 날랐고 나머지는 그 뒤를 따랐다. 행렬은 조용히 산을 올랐다. 눈 밟는 소리만 들릴 뿐 사방이 고요했다.

리히텐슈타인에 머물던 하이너와 형제들은 아버지가 돌아가시기 전 한스와 에미-마가렛에게 남긴 편지를 전해

받았다. 하이너는 편지가 닳도록 읽고 또 읽었다. 아버지의 유언이 여러 날 동안 하이너의 머리에서 떠나질 않았다. "하나님 나라를 위해서는 모든 사람이 필요하네!", "중요한 건 하나님의 위대하심을 믿는 거야!"

에버하르트는 편지에서 자신을 대신해 공동체를 이끌 사람을 특정하지 않았다. 그러나 한스에 대한 신뢰를 보이며 단기간에 걸쳐 시행할 수 있는 몇 가지 제안과 함께 걱정되는 부분도 적어 놓았다. "당분간은 게오르크와 하디, 하이너, 한스-헤르만과 같이 깨어 있는 형제들과 긴밀하게 동역하면서 공동체의 영적인 삶에 부족함이 없도록 신경 쓰게. 에미와 에미-마가렛과 한마음을 품고서 성령과 믿음의 길에서 절대 떠나지 말기를 부탁하네."

지근거리에서 에버하르트를 보필했던 한스가 아버지의 빈자리를 채우는 건 자연스러운 일이었다. "우린 전적으로 매형을 지지합니다. 온 힘을 다해 하나님 나라를 섬깁시다." 하이너는 한스에게 편지를 썼다. 하디와 한스-헤르만, 그리고 어머니도 같은 마음이었다.

그해 12월 하이너는 몇 주 전 꾸었던 꿈에서 좀처럼 헤어나지 못하고 있었다. 꿈에서 하이너는 폭풍이 할퀴고 간 황량한 사막을 보았다. 지평선 끝에서 어떤 이가 외롭게 다가왔다. 두 지팡이에 의지한 채 사내는 천천히 사나운 바람을 거스르고 있었다. 둘 사이의 거리가 차츰 가까워졌다. 순간 하이너는 그가 누군지 알아챘다. 아버지였다. 깊은 절망감에 사로잡힌 아버지의 얼굴. 저편에 철저히 버려진 한 사람이 쓸쓸하게 서 있었다.

꿈을 꾸었을 당시 아버지는 아직 살아 계셨다. 서재에서 담배를 피우며 글을 쓰고, 슈파호프를 돌보고 계셨다. 그러나 지금은 곁에 없다.

"파파는 비탄에 잠긴 채 돌아가셨단다." 장례를 마치고 며칠 후 질룸에 도착한 어머니가 하이너에게 말했다. "날이 갈수록 기울어 가는 슈파호프를 보면서 견딜 수 없이 고통스러워하셨어."

박해 때문에 어쩔 수 없이 국경을 사이에 두고 공동체를 분리 운영하게 되면서 모든 문제가 불거졌다. 학생들과 입대할 나이에 해당하는 청년들이 먼저 질룸으로 피신했고 그들의 가족들도 뒤이어 국경을 넘었다. 따라서 슈파호프에는 징병 대상에서 제외된 외국 국적자들만 남게 됐다. 고된 농장 일을 꾸려 갈 남자들이 턱없이 모자랐고, 경험이 부족한 사람들이 책임을 맡고는 감당 못하는 일이 벌어졌다. 그 어느 때보다 음식과 땔감이 부족했고 더는 자금을 빌릴 곳도 없었다. 주변의 괴롭힘도 지속됐다. 이웃 마을을 지나가는 일 자체가 고역이었다. 지나치는 사람마다 "히틀러 만세!"라고 인사했고 반응이 없으면 욕을 퍼부으며 위협을 가했다. 나치 친위대가 언제 또 공동체에 들이닥칠지도 모를 일이었다.

이러한 곤경 속에서 공동체는 차츰 힘을 잃어 갔다. 절망에서 비롯된 무관심이 농장 전체에 퍼졌고 주문처럼 공동체를 잠식했다. 몇몇 사람이 기운을 내려 했지만 대부분 체념과 비관의 늪에서 허우적댔다.

에미는 아들들에게 이러한 공동체 상황이 에버하르트의 가슴을 찢어 놓았다고 말했다. 병원에 머무는 내내 에버하르트는 어떻게 하면 공동체를 수렁에서 건져 낼 수 있을까 고민했다. 하지만 어떠한 시도도 소용이 없었다. 제일 비참했던 것은 따로 있었다. 수술에 앞서 마취를 받을 때까지, 에버하르트는 생의 마지막 순간을 철저히 버려진 채 고독함 속에 보냈다. 수술 후 에버하르트는 영영 깨어나지 못했다.

아들들에게 남편의 마지막 순간을 얘기하면서도 에미는 침착했다. 강인한 정신력일 수도, 아니면 상실의 무게를 아직 실감하지 못하는 것일 수도 있었다. 하지만 하이너는 어머니의 얘기를 전해 듣는 순간부터 아버지의 슬픔을 느낄 수 있었다. 타타가 죽었을 때와는 결이 다른 느낌이었다. 물론 타타의 죽음을 생각할 때마다 깊은 슬픔에 잠겼지만, 그래도 곧 마음을 새롭게 다잡고 삶에 집중할 수 있었다. 그러나 아버지의 죽음은 달랐다. 사막을 헤매던 외로운 사내의 모습을 떠올리며 하이너는 심하게 자책했다. 왜 꿈을 이해하지 못했을까? 아버지를 진정 사랑했다면 다름슈타트로 당장 달려갔어야 하지 않았을까? 아버지가 갑작스럽게 돌아가셨다는 사실도 하이너의 마음을 아프게 했다. 용감하고 대범한 아버지였기에 나치에게 암살당하거나 강제수용소에서 생을 마감하실 것이라 생각했던 하이너의 예상과는 너무나도 다른 죽음이었다. 순교자와 같은 죽음이었다면 차라리 받아들이기 쉬웠을 텐데.

에미는 아들들에게 에버하르트가 죽기 이틀 전(국경일

인 회개의 날이었다) 자신에게 이렇게 물었다고 말했다. "혹시 신문에서 괴벨스 박사★가 회개했다는 기사를 봤소?"

"에보." 에미는 다른 환자들이 들었을까 염려하며 주위를 살폈다. 환자 중 한 명은 경찰이었다. 에미는 남편이 위험한 발언을 하지 않도록 막으려 했지만 에버하르트는 막무가내였다. "괴벨스는 자기가 내뱉은 헛소리를 책임져야 할 거요."

"누구나 다 마찬가지예요." 에미는 에버하르트 쪽으로 돌아누워 관심을 기울이는 경찰을 의식해서 말했다.

"에미!" 에버하르트가 언성을 높였다. "입은 삐뚤어졌어도 말은 바로 하라고 그랬소! 괴벨스가 자기 말에 대해서 공개적으로 사과를 하겠냔 말이오? 하나님은 분명 책임을 물으실 거요."

에미의 얼굴이 붉으락푸르락 달아올랐다. 이 양반이 또 무슨 말을 할까 안절부절못하는데 듣고 있던 경찰이 미소 지으며 말했다. "걱정하지 마세요. 우리는 박사님께 많은 걸 배웁니다. 그분은 정말 훌륭한 분이세요."

장례식이 끝나고 일주일이 지났다. 하이너는 결석 허가 기간이 다 되어 취리히에 있는 학교로 돌아갔다. 쉬트리크호프에서 슬픔에 잠겨 지내던 하이너는 애나마리에게 편

★ 독일의 정치인. 나치 정권하에서 선전장관으로 보도 통제, 문화 통제, 조직적인 유대인 박해를 실행했다. 2차 세계대전이 끝나기 직전 자살했다.

지를 보냈다. "사랑하는 애나마리, 당신처럼 나도 무기력하고 지쳤어. 이런 경험을, 이렇게 잔인한 현실을 혼자의 힘으로 극복할 수 있는 사람이 있을까. 모질게 마음먹는다면 가능하겠지. 아주 위험한 일이긴 해도. 하지만 다른 길이 있어. 그리스도를 바라보고, 앞날을 향해 나아가는 길 말이야. 지금 내게는 양극단만 존재하는 듯해. 고통과 절망의 시간, 아니면 하나님의 미래와 그분의 나라를 신뢰하는 믿음의 시간. 물론 아직도 아버지께서 그렇게 돌아가셔야만 했다는 사실을 받아들이기가 너무 힘들어. 게다가 우리는 아무것도 모르고 있었으니. 아, 내가 그토록 사랑했던 아버지. 아니, 그분은 내게 최상의 아버지, 그 이상의 존재였어. 이곳 쉬트리크호프에서 그런 사실을 더 확연히 깨닫고 있어. 사람들은 선의로 위로의 말을 전하지만 아버지의 죽음이 내게 어떤 의미인지 제대로 이해하는 사람은 아무도 없어."

아들들을 찾아 취리히에 온 어머니에게서 들은 얘기에 따르면, 질룸의 상황도 암울하긴 마찬가지였다. 에버하르트가 죽은 지 한 달이 지나기도 전에 한스는 이미 크고 작은 일에 있어서 에버하르트의 유지를 정면으로 거스르고 있었다. 애통해하는 장모를 돌보기는커녕 냉대하고 무시하기 일쑤였다. 그것도 모자라 에버하르트의 마지막 편지에서 몇 문장을 억지로 끌어 붙여 자신이 후계자임을 주장하며 이의를 제기하는 사람들을 윽박질렀다.

몇 개월 전 에버하르트는 한스에게 "왕처럼 군림하는" 성향을 지적하며 주의를 주었고 한스는 유념하겠다고 약속했다. 그런데 지금은 그 일을 완전히 잊은 듯, 에버하르트가 쓰지도 않았던 '후계자'라는 말까지 써 가며 자신을 내세우고 있었다. 어느 날 밤 한스는 슈파호프에서 횃불을 켜 놓고 자신을 공동체의 리더로 공포하는 취임식을 강행했다.

애나마리가 하이너에게 보낸 편지에 따르면 한스의 거만함은 좀 더 난폭한 행태로 드러났다. 1월에 젊은 친구 하나가 공동체의 비밀을 부주의하게 이웃 마을 사람에게 발설한 일이 있었다. 한스는 젊은이에게 호통치며 어찌나 세게 뺨을 때렸던지 옆방 사람들이 그 소리를 들을 수 있을 정도였다. 청년은 감히 방어할 생각도 하지 못하고 맞을 때마다 "네!" 하고 대답했다.

에미는 한스에게 우려를 표명했지만 소용없었다. 하디와 하이너, 한스-헤르만은 직접 한스와 담판 짓기로 했다. 셋 모두 다른 대안은 없다고 느꼈다. 한스는 아버지의 마지막 편지를 아전인수로 해석하며 자신이 리더라고 주장하면서도, 에미와 다른 멤버와 긴밀히 협력해야 한다는 에버하르트의 당부는 말할 것도 없이 리더십은 목회에 한정된 리더십이라는 편지의 내용마저 대놓고 무시했다. 질룸에 있는 에미-마가렛에게 전화를 건 세 형제는 한스와 에미-마가렛이 공동체를 운영하는 방식에 이의를 제기했다. "너넨 지금 엄마를 애 취급하고 있는 거야." 화가 난 에미-마가렛은 세 형제가 "마마의 약점"을 두둔하고 있다고 비난했다. 그 후 다시 통화를 시도했지만 서로 감정만 상할 뿐이었고 한스는 아예 전화 받기를 거부했다. 한스는 질룸에 있는 사람들에게 에미와 협력하거나 에버하르트의 유지를 받들 생각이 없음을 분명히 밝혔다. "더는 죽은 사람이 공동체를 좌지우지하면 안 됩니다." 한스는 딱 잘라 말했다.

취리히와 질룸 사이에 한 번의 통화가 더 있었지만 고성만 오가다 끝났다. 한스는 질룸에 있는 멤버들에게 상황을 알리면서 세 형제가 공동체에 분란을 일으켰으니 반드시 질책해야 한다고 말했다. 에미-마가렛도 비록 자신의 형제들과 어머니가 잘못했음을 인정하는 일이 고통스럽지만 그래도 한스의 의견에 동의한다고 거들었다. 둘 다 취리히에 있는 무리가 어떤 문제를 제기했는지는 일절 얘기하지 않았고, 누구도 묻는 사람이 없었다.

에버하르트를 대신해 모니와 함께 슈파호프를 돌보고 있던 게오르크도 독일에서 호출됐다. 한스의 문제 해결 방식이 마음에 들지 않았던 게오르크가 물었다. "적어도 취리히에 있는 사람들 얘기를 들어 봐야 하지 않을까?"

한스는 버럭 화를 냈다. "그건 내 등에 칼을 꽂는 거야!" 게오르크는 자신의 의견을 거둬들였고 모두 에미와 세 형제가 당장 비판을 멈춰야 한다는 데 동의했다. 애나마리와 알프레드, 아르노가 공동체의 결정을 전달하러 취리히로 파견됐다. 하이너와 다른 사람들 모두가 납득할 수 없는 결정이었다. 애나마리가 하이너를 고집불통이라고 부르자 둘은 갑자기 고함을 지르며 말다툼을 시작했다. "네가 우리 아버지를 존중하지 않는다면 우리 사이는 끝이야." 약혼반지를 잡아 빼 애나마리의 발 앞에 내던진 하이너는 뒤돌아서 방을 나갔다.

취리히에 있던 아놀드 일행 넷은 급히 질룸으로 이동했다. 에미는 한스와 개인적으로 만나길 요청했지만, 한스는 에미는 물론 다른 처남들과도 만나기를 거부했고 대신 다음과 같은 최후통첩을 보냈다. 두말없이 내 리더십을 인정하지 않는다면 너희들은 반역자다! 하이너와 하디는 어찌할 바를 모르고 사람들을 찾아다니며 자신들의 입장을 들어 달라고 호소했다.

한스와의 대치는 하이너와 다른 형제들이 한 발 물러설 때까지 닷새나 이어졌다. 아버지가 돌아가신 충격에서 아직 벗어나지 못한 형제들은 외로운 싸움을 지속할 의욕을 잃었다. 게다가 하이너는 지난번 통화에서 섣불리 내뱉은 말을 기억했다. 나 때문에 공동체가 갈라진다면 어쩌지? 하이너는 주장을 굽히기로 마음먹었다. 결국 세 형제는 자신들이 한 말을 철회하며 사과했다.

하지만 한스는 용서할 마음이 없었다. 한스는 "공동체의 이름으로" 하디와 한스-헤르만에게 학교를 그만둘 것을 명령했고 하이너에게 징계를 내려 취리히로 돌려보냈다. 이후 한스는 틈만 나면 세 형제가 욱하는 성격이 있다고 떠벌리며 아놀드가 형제들을 조심해야 한다는 말을 퍼뜨렸다. "녀석들은 불안정하고 반항적이야. 특히 하이너를 경계해." 선의로 제기했던 우려는 공동체의 실권을 장악하려는 노골적인 시도로 둔갑했다. 세 형제는 꿈에도 생각지 않았던 일이었다. 이제 아놀드가 형제들에겐 반역자라는 딱지가 붙었다.

하이너와 하디는 순복했다. 달리 어찌할 방도가 없었다. 막내 한스-헤르만은 처참히 무너졌고, 갓 미망인이 된 에미의 슬픔은 더 깊어졌다. 에미는 언제나 공동체를 자신의 가족처럼 돌봤고 사람들은 그런 에미를 모두의 어머니로 존중했다. 그러나 이 사건 이후 많은 이들이 더는 이전처럼 에미를 정중하고 따뜻하게 대하지 않았다.

18. 피난길 결혼

　기말고사가 일주일 남았는데도 좀처럼 진도를 따라잡지 못한 하이너는 먹먹한 마음으로 공부를 시작했다. 비록 구체적이진 않았지만, 아시시의 성 프란치스코나 라코프처럼 순회 전도자가 되겠다는 하이너의 어릴 적 꿈을 에버하르트는 언제나 격려해 줬다. 그러나 이제 아버지는 떠났고 하이너의 꿈도 아버지와 함께 사라진 듯했다.

　취리히로 돌아오기 전 하이너는 애나마리와 화해했다. 눈물을 흘리며 사과를 주고받자 두 사람 사이의 마음속 앙금이 눈 녹듯 사라졌다. 이후 애나마리가 하이너에게 편지를 보냈다. "사랑하는 하이너, 우리가 다시 한마음이 되어 말할 수 없이 기뻐. 모든 게 새롭게 보여. 약혼반지는 다시 손가락에 꼈지? 하이너, 더는 과거를 생각하지 말자. 나도 뒤돌아보지 않을래……. 내 마음엔 아주 작은 가시도 남아 있지 않아." 애나마리는 4월 말에 결혼식을 올리자고 제안했다.

　하이너는 꼭 그때까지 기다릴 필요가 없었다. 3월 중순에 보는 시험이 끝나면 질룸으로 되돌아갈 계획이었다. 하지만 그새 히틀러는 징병을 위해 해외에 거주하는 모든 독일인에게 등록을 명령하는 법령을 공표했다. 리히텐슈타인 공국 정부는 거의 즉각적으로 독일인 병역 거부자를 더는 숨겨 줄 수 없으며, 위반자를 체포하여 독일로 인도할 것이라고 질룸에 알려 왔다. 나라 전체를 통틀어 일곱 명의 무장 군인만 존재하는 작은 공국이 거대한 이웃 국가에 저항하기에는 한계가 있었다. "장군 네 명과 이등병 세 명으로 이뤄진, 위대한 리히텐슈타인 군대여!" 하이너는 우스갯소리로 말하곤 했다.

질룸 공동체는 재빨리 대응했다. 일단의 사람들이 적당한 피난처를 찾기 위해 잉글랜드와 스코틀랜드에 급파됐다. (1934년 공동체는 처음으로 영국인을 구성원으로 받아들였으며, 영국 전역의 평화주의자 그룹에서 공동체에 대한 관심이 증가하고 있었다.) 곧 그들은 사이런세스터 근처 코즈월드에 위치한 수십만 평 넓이의 농장, 에쉬턴 필즈를 발견했다.

그동안 하이너는 학교를 졸업하고 질룸으로 돌아왔다. 공국을 떠나야 하는 날짜가 두 주 앞으로 다가왔다. 애나마리와 하이너는 그 전에 서둘러 식을 올리기로 합의하고 날짜를 3월 24일 화요일로 잡았다.

애나마리의 어머니 헤드비히 베히터도 결혼식에 참석했다. 누구도 예상치 못한 일이었다. 진보적인 교육에 평생을 헌신한, 품위 있는 미망인인 베히터 부인은 카일하우 기숙 학교의 운영자였다. 명문 학교로 소문난 카일하우는 한 세기 전, 베히터가의 친척인 프리드리히 프뢰벨(유치원의 창

시자)에 의해 설립되었다. 지난 세 명의 이사장은 모두 베히터 가문이었다. 애나마리도 카일하우 학교의 운영을 이어 가리라는 기대를 받고 있었다. 하지만 그러한 기대는 (가족들의 표현을 따르자면) 처참하게 무너졌다. 머리가 이상해진 딸이 듣도 보도 못한 공동체에 들어간 탓이었다.

언제나 가깝게 여기던 딸과 관계가 틀어지자 베히터 부인은 한없이 괴로웠다. 마지막으로 집을 찾았을 때 애나마리는 엄마와의 관계가 너무 불편했던 나머지 도망치듯, 조용히 개인 소지품을 챙겨 몰래 기차역으로 빠져나갔다. 베히터 부인이 딸의 약혼자를 인정한 건 아주 최근의 일이었다. 약혼 직후 하이너가 축복을 빌어 달라며 보낸 편지에는 답장을 주지 않았지만, 부인은 애나마리와 화해하고 딸의 결정을 받아들였다. 비록 자신이 막내딸을 위해 준비했을 결혼식과는 너무나 딴판이었음에도 베히터 부인은 잘 감내했다. 형식을 문제 삼아 말다툼할 시간도 없었다. 상황이 상황인지라 이것저것 챙길 여건도 아니어서 하이너의 형제들도 없이 식을 올렸다. 화창한 봄날, 라인강이 내려다보이는 고지에서 시작된 결혼 행렬이 질룸의 들판을 구불구불 지나갔다. 게오르크 바르트가 주례를 섰다. 식을 마치고 둘은 곧장 취리히로 떠났다. 그곳에서 프랑스를 거쳐 잉글랜드의 새로운 공동체 농장으로 이동할 계획이었다.

하지만 둘은 취리히에서부터 난관에 부딪쳤다. 프랑스로 가는 하이너의 비자가 거부당한 것이다. 유효 기간이 얼마 안 남은 하이너의 여권을 확인한 프랑스 영사는 유효 기간을 연장하지 않는 한 아무것도 못해 준다며 요지부동이었다. 하이너는 여권 연장을 위해 독일 영사관에 갈 엄두가 나지 않았다. 공무원들이 하이너가 병역 등록을 하지 않은 것을 알아챌 것이고 그 뒤는 불 보듯 뻔했다. 이전에도 영사관에서 비밀경찰들에게 체포된 사람들이 본국으로 송환돼 강제 수용소로 보내진 일이 있었다.

둘은 영사관 밖 카페에서 자신들에게 어떤 선택지가 있을지 논의했다. 불법적으로 프랑스 국경을 넘어야 하나? 프랑스에는 어렵지 않게 들어갈 수 있어도 잉글랜드로 건너가는 배를 타는 칼레나 디에프★에서 잡힐 게 분명했다. 그렇게 된다면 독일로 추방되는 일을 면하긴 어려웠다. 둘은 머리를 맞대고 몇 시간 동안 고민했다. 갑자기 일어나 테이블 위에 있던 여권을 움켜쥔 애나마리는 걱정과 자랑스러움이 섞인 하이너의 시선을 뒤로하고 당당히 영사관으로 걸어들어갔다. 10분 후, 애나마리는 환하게 웃는 얼굴로 여권을 손에 흔들며 나타났다.

"어떻게 연장했어?" 감격에 찬 하이너가 물었다. "간단해." 애나마리가 대답했다. 애나마리는 곧장 여권 담당자에게 가 여권을 내밀었다. 담당자가 여권을 몰수할 수도 있다는 사실을 잘 알았던 애나마리는 얼른 요점부터 말했다. "저희 이제 막 결혼해서 신혼여행 중이예요. 여기 결혼 증명서도 있습니다. 영국에 있는 친구들을 좀 방문하고 싶은데 제 남편 여권 좀 연장해 주실 수 있을까요?" 처음에는 하

★ 칼레와 디에프는 도버 해협에 면한 항구 도시로, 유럽 대륙과 영국을 이어 주는 역할을 한다.

이너가 병역부에 등록되지 않은 것을 확인하고 거부하던 담당자가 이내 망설이기 시작했다. 그의 눈앞에 있는 똑 부러진 젊은 숙녀는 정말이지 사랑스런 독일 아가씨였다. "이거 원래는 안 되는 건데……." 여권을 획획 훑어보며 중얼거리던 담당자는 마침내 "뭐 신혼여행이니까……"라고 말하며 웃는 얼굴로 여권에 도장을 찍었다.

취리히에서 파리행 기차에 몸을 실은 두 사람은 해 질 녘이 돼서야 프랑스의 수도에 이르렀다. 다음 날 무사히 영국 해협을 건넌 하이너와 애나마리는 애쉬턴 필즈 농장으로 직행했다. 그들을 맞이한 사람은 알프레드였다. 하이너와 같이 입영 대상인 다른 공동체 청년들처럼, 알프레드도 대륙을 탈출해 지금은 새로운 영국 정착지를 세우는 일을 돕고 있었다.

애쉬턴 필즈 농장은 한편으론 퇴락한 중세 저택 같아 보였고, 다른 한편으론 개간지의 농가처럼 보이기도 했다. 차를 타고 오면서 하이너와 애나마리는 생울타리가 끝없이 이어진 밭들을 지나쳤다. 그리고 마침내 진흙투성이의 농장에 도착했다. 양계장과 오리 사육장, 가축 사육장와 양돈장으로 이뤄진 복합 농장이었다. 낡은 농기계로 흩뿌린, 지푸라기 섞인 거름더미가 너저분히 널려 있었다. 농장 중앙에는 허름한 건물들이 모여 있었다. 돌로 지어진 건물엔 하나같이 경사가 급한 잿빛 슬레이트 지붕이 얹혀 있었다. 드디어 알프레드가 두 사람이 머물 오두막집을 보여 줬다. 하이너의 눈에 깨진 창문과 떨어진 문짝, 그리고 각 방에 있는 벽난로가 들어왔다. 애나마리의 눈에 먼저 띈 것은 수선화와 달맞이꽃으로 화사하게 우거진 정원이었다.

하이너는 단번에 농장이 마음에 들었다. 쉬트리크호프에서 배운 기술을 바로 활용할 수 있었기 때문이다. 외양간은 천장에서 떨어지는 돌 부스러기로부터 소를 보호하기 위해 한스-헤르만과 함께 방수포를 쳐야 할 정도로 낡아빠졌지만 그럭저럭 괜찮았다. 여섯 주 동안 하이너는 시동도 제대로 안 걸리는 고물 경운기로 밭을 가느라 하루에 열네 시간씩 일했다.

5월이 되어서야 하이너와 애나마리는 한 주 동안 정식으로 신혼여행을 떠났다. 목적지는 마인헤드 근처의 해변이었다. 깎아지는 듯한 해안 절벽과 하얀 벽돌의 초가집들로 이뤄진 한적한 마을들. 둘은 산책을 하며 시간 가는 줄 모르고 에버하르트와 타타 이야기를 했다. 애나마리는 하이너에게 타타가 죽던 날 자신이 슈파호프에 도착했던 일을 상기시켰고, 하이너는 애나마리에게 아버지에 관한 꿈 얘기를 다시 들려줬다.

"파파가 돌아가시고 몇 주 후였어. 저 멀리 서 있는 하얀 탑을 봤지. 탑에는 파파와 타타가 나란히 앉아 있었어. 타타가 어떤 책을 파파에게 보여 주고 있었는데 둘 다 책에 완전히 빠져들었지. 책장은 인쇄된 종이가 아니라 살아 움직이는 그림이었어. 나도 좀 보려 했지만 조금밖에 볼 수 없었지. 야자수가 자라는 남쪽 지방이라는 것만 알 수 있었어. 두 사람은 예수님의 생애를 보고 있는 듯했어. 그분이 이 땅에서 어떻게 사셨는지를. 파파는 하나님께서 어떻게 역사의 흐름을 이끄셨는지 생생한 이야기를 목격하며 입을 다물지 못하셨어. '세상에, 이게 다 이렇게 연결됐다니! 이처럼 놀라울 수가!' 파파는 감탄을 연발했지."

하이너는 사랑이 가득 찬 눈으로 애나마리를 바라봤다. 나치의 손아귀에서 벗어난 두 사람 앞에 일평생 함께할 인생이 펼쳐져 있었다. 그 무엇도 두 사람 사이를 갈라놓을 수 없었다. 오월, 아름다운 새 땅에서 모든 것이 다시 희망으로 피어올랐다.

19. 에미 마리아

1938년 7월, 잉글랜드.

하이너는 버밍엄에서 기차를 타고 집으로 돌아오고 있었다. 지난 넉 주 동안 하이너는 공동체에서 새로 시작한 복지관에서 일하느라 아침부터 밤까지 눈코 뜰 새 없이 바빴다. 하지만 이젠 농장 생각뿐이었다. 차창 밖으로 가파른 지붕의 석조 외양간이 빠르게 지나갔다. 외양간 주변엔 쪽모이한 듯 목초지들이 둘려 있었다. 애쉬턴 필즈와 닮은꼴이었다. 하이너는 자신이 없는 사이 농장에 무슨 일이 있었을지 궁금했다.

허름했던 농장은 2년 만에 혁신 농업의 모델로 탈바꿈했다. 가족이 운영하던 농장은 이제 2백 명의 터전이 되었다. 외지인들이라면 질색을 하는 이웃들도 돈 한 푼 없는 독일인들이 대단한 일을 해냈다며 인정해 줬다.

하지만 하이너는 농장 때문에 돌아오는 게 아니었다. 하이너는 셔츠 주머니를 더듬거려 편지를 꺼냈다. 일주일 전, 7월 17일에 애나마리가 쓴 편지였다. "사랑하는 하이너에게, 버밍엄 일은 잘돼 가? 당신이 집에 올 날을 내가 얼마나 애타게 기다리는지 당신은 모를 거야. 난 돌아다니는 게 좀 불편하긴 해도 잘 지내. 오늘 간호 조산사가 와서 검진을 했어. 아마도 작은 아기가 태어날 거래. 그러면 좀 어때. 더 귀여울 뿐이지! 얼마나 발길질을 씩씩하게 해 대는지. 당신 생각을 하면 위안이 돼."

지난달 내내 하이너는 매일 아침 안절부절한 마음으로 일어났다. 예정일이 8월이었음에도 혹시 출산일을 놓치면 어쩌나 걱정스러웠기 때문이다. 복지관에 전화를 놓아 달라는 부탁까지 했다. 관리자들이 검소한 삶을 추구하는 평화주의자들인 것을 고려하면 어려운 부탁이었다. 이제 전화는 설치됐지만 감감무소식이었다. 하이너는 휴가를 내 차라리 집에서 아기를 기다리자고 마음먹었다.

하이너는 애쉬턴 필즈에서 8킬로미터 떨어진 마을, 캠블에서 내렸다. 역에는 이륜마차가 하이너를 기다리고 있었다. 농장에 들어선 하이너는 흥분을 감추지 못했다. 자그마치 세 채의 건물이 올라가고 있지 않은가.

지난 2년간 헤아릴 수 없이 많은 일이 일어났다. 올봄 질룸 공동체는 문을 닫았다. 마지막으로 남아 있던 멤버들은 독일군이 오스트리아로 진군하던 날, 산을 타고 리히텐슈타인을 빠져나왔다.

슈파호프는 이미 지난봄, 1937년 4월에 폐쇄됐다. 공동체를 급습한 수십 명의 비밀경찰과 나치 친위 대원은 사람들을 잡아두고 건물을 통제했다. 비밀경찰 지휘관은 큰 소리로 공문서를 읽었다. "국가 사회주의 정부에 위협을 가

하는 슈파호프는 오늘부로 해체된다." 토지와 건물, 문서, 귀중품 등 공동체의 모든 자산이 몰수됐다.

한편 슈파호프에 머물던 사람들은 가까스로 목숨을 건졌다. 답방 차원으로 북아메리카에서 유럽을 찾은 두 명의 손님(1930년 에버하르트가 사귄 후터라이트 목회자)이 때마침 비밀경찰이 들이닥친 현장에 있었던 것이다. 북미인들의 존재에 불안을 느낀 비밀경찰은 공동체 사람들을 체포(또는 총살)하는 대신 48시간 안에 국외로 떠날 것을 명령했다. (이틀 뒤 사람들은 무장병의 감시 아래 국경으로 이송됐다.) 세 명의 슈파호프 책임자는 체포되어 수감됐지만 10주 후 기적적으로 석방됐다.

얼마 지나지 않아 한스는 게오르크와 하디를 목회팀의 일원으로 세우려는 공동체의 계획을 은밀히 방해하다가 지도자의 자리에서 내려오게 됐다. (그때까지 한스는 누구와도 의논하지 않고 단독으로 일을 처리했다.) 추궁을 당한 한스는 궁색한 변명을 늘어놓았지만 그마저도 거짓임이 드러났다. 말을 돌려 가며 핑계를 대고 상황을 모면하려 할수록 한스의 위선과 횡포만 더 드러날 뿐이었다. 다행히 공동체는 한스를 책임자의 자리에서 물러나도록 결정했다.

한스의 일을 서신으로 전해 들은 두 후터라이트 목회자는 공동체의 결정을 적극 지지했다. "한스는 지도자에 어울리지 않는, 어리석은 사람입니다. 깊이 뉘우치지 않으면 다시 공동체로 받아들이지 마십시오." 오랜 연륜을 쌓은 두 목회자는 "권한을 심하게 남용한" 한스가 다시 지도자로 섬기는 일은 없어야 한다는 사견까지 덧붙였다.

이제 애쉬턴 필즈에는 꽃이 만발했다. 젊은층을 위주로 수많은 사람들이 농장을 찾았다. 유럽에 다시 전운이 감돌자 1차 세계대전 참전 용사들은 그 어느 때보다 더 절박하게 평화를 부르짖었고, 수천 수만의 사람들이 왕성한 활동을 벌이는 평화 운동에 가입했다. 단순한 참여에 만족하지 못한, 좀 더 급진적인 사람들은 전혀 새로운 형태의 삶을 찾았고, 잉글랜드 전역에는 새로운 협동조합과 공동체가 우후죽순 세워졌다.

애쉬턴 필즈에는 공동체의 삶을 심각하게 고민하는 사람들 말고도, 관광객들을 태운 버스가 주말마다 도착했다. 학생들, 노동자 교육 협회(Workers' Education Association), 평화 서약 연합(Peace Pledge Union), 화해 협회(Fellowship of Reconciliation) 회원들이 몰려왔는데, 어떤 때는 그 수가 한번에 수백 명에 이르기도 했다. 공산주의자, 사회주의자, 불가지론자, 무신론자, 그리고 그 밖에 "개독교"의 공허한 약속에 신물 난 사람들도 찾아왔다. 이들의 열띤 토론을 들으며 하이너는 자네츠에서 보낸 유년 시절을 떠올렸다.

아버지가 했던 것처럼 이제는 하이너가 손님을 맞아야 했다. 몇 주 전 공동체는 하이너에게 하디와 게오르크 그리고 다른 몇 사람과 함께 목회자로 일해 달라고 요청했다. 이 문제를 논의하는 모임에서 조피는 하이너에게 어렸을 때부터 사람들을 돌보는 은사가 있었음을 떠올리며 "전 늘 하이너가 목사가 되어야 한다고 생각했어요"라고 말했다. 하이너의 어머니 에미는 이 제안을 별로 내키지 않아 했다. 지도자가 짊어져야 할 짐을 누구보다 잘 알았던 에미는 좀 더 나이가 많은 사람을 선택해 달라고 공동체에 간청했다. 그도 그럴 것이 당시 하이너의 나이는 고작 스물여섯에 지나지 않았다. 그러나 결국 에미는 하나로 모여진 사람들의 의견을 받아들였고 하이너는 목회자로 임명됐다.

한 번도 책임자를 꿈꾸지 않았던 하이너는 마음이 무거웠다. 하디에게 쓴 편지에서 하이너는 다음과 같이 토로했다. "종종 나의 실체를 깨달을 때마다 겁이 나. 교회에서 나 같은 사람에게 하나님의 말씀을 섬기는 일을 맡기다니. 어떻게 이런 식으로 예수님을 섬길 수 있는 은혜가 주어졌는지 가끔씩 이해가 안 돼. 그분은 내게 위로와 희망을 주고 나를 격려해 주시지. 이 믿음을 붙잡고 가려고 해. 모든 게 은혜일 뿐이야."

에미는 가족이 다시 모이게 되어 더없이 행복했다. 새 생명을 맞으러 하이너가 버밍엄에서 돌아온 것도 기뻤다. 가족이 다 모였으니 이제는 아기를 기다릴 일만 남았다.

그런데 아기는 별로 서두르지 않는 모양새였다. 7월이 더디 가고 8월이 시작됐다. 후덥지근한 저녁, 부부는 늦게까지 자지 않고 추측을 이어 갔다. 어디서 태어날까? 애나마리는 당연히 집이라고 답했다. 아들일까 딸일까? "전에는 긴가민가했는데 지금은 딸인 거 같애." 애나마리가 조심스럽게 말했다. 7월 말 독일에서 베히터 부인이 합류했다. 애나마리의 산후조리를 돕기 위해서였다.

8월 14일 밤, 애나마리는 하이너에게 장엄하게 하늘을 가로지르는 두 개의 별똥별을 보았다고 말했다. "아기의 영혼이 수호천사와 함께 내려오는 것 같았어." 애나마리가 잠자리에 들기 전 속삭였다. 동이 트기 몇 시간 전, 애나마리가 하이너를 깨웠다. "진통이 시작됐어. 간격이 짧지는 않지만 시계처럼 일정해." 하이너는 급하게 바지를 주워 입고 어머니와 모니에게 달려갔다.

날이 밝자 이들은 영국 법에 따라 공중보건 간호사를 불렀다. 간호사는 도착하자마자 상황을 주도했다. 첫 번째 명령은 남자 출입 금지였다. 하이너는 곧장 집에서 쫓겨났다. 이런 식으로 첫아기를 맞을 거란 생각은 못했는데……. 하이너는 의기소침했다. 건물 밖으로 나간 하이너는 애나마리가 있는 이층 창문 아래에 놓인 벤치에 걸터앉았다. 벤치에는 이미 베히터 부인이 앉아 있었다. 나란히 앉은 두 사람은 점점 커지는 애나마리의 신음 소리를 들으며 마음을 졸였다. 베히터 부인은 손을 쥐어짜듯 꼭 붙잡았다. 하이너는 왠지 모를 죄책감에 사로잡혀 평생 애나마리를 더 깊이 사랑하겠다고 조용히 다짐했다. 순간 하이너의 마음에 애나마리가 훌륭한 엄마가 될 것이라는 확신이 밀물처럼 몰려왔다.

영원처럼 느껴지던 아침이 지나갔다. 하이너는 더는 참지 못하고 벤치에서 벌떡 일어나 이층으로 달려갔다. 몇 분 동안 방 안에 있게 허락해 준 간호사가 이내 하이너를 밖으로 내보냈지만 하이너는 계속 찾아왔다. 저녁까지 둘의 싸움은 조용히 반복됐다. 출산이 순조롭지 않자 간호사는 사이런세스터에 있는 윈터 박사를 호출했다. 윈터 박사는 하이너에게 겸자를 써서 분만을 도와야 한다고 말했다. 밤

9시 40분, 드디어 애나마리의 산고가 끝났다.

아기가 태어났을 때 하이너는 애나마리 곁에 있었다. 여자아이였다. 둘은 아기에게 에미 마리아라는 이름을 지어 주었다. 하이너는 입을 다물지 못하고, 믿기지 않는다는 표정으로 마냥 기뻐했다. 아빠가 되다니!

아기는 간신히 2킬로그램을 넘길 정도로 작았지만 태어난 순간부터 세상에 대한 호기심으로 가득 차 있었다. 아기는 크고 까만 두 눈을 쉴 새 없이 움직였다. 애나마리는 혀를 내밀었다 들이기를 반복하는 아기를 보며 웃음을 참지 못했다.

애나마리의 어머니가 아기 옆에서 자면서 애나마리를 돌봤기 때문에 하이너는 두 주 동안 독방 신세를 져야 했다. 장모님이 떠나고 다시 애나마리와 한 방을 쓰게 된 하이너는 아내와 단둘이 얘기할 수 있다는 게 너무 행복했다. 하이너는 아기를 안고 애나마리와 함께 앉아 있을 수 있는 저녁이 기다려졌다. 애나마리가 스르르 잠이 들면 하이너는 깨어서 에미 마리아가 너무 덥거나 춥지 않게 돌봐 주었다. 기쁨이 날마다 새로운 얼굴로 찾아왔다. 어느 일요일 오후, 애나마리는 하이너와 함께 가져온 물망초 몇 다발을 엮어 연푸른색 화관을 만들었다. "너의 첫 번째 화관이야!" 애나마리가 아기에게 자랑스럽게 말했다.

5주간의 출산 휴가가 끝났다. 9월 중순 공동체는 하이너에게 버밍엄으로 돌아가 뜻을 같이하는 사람들과 교분을 쌓고, 잉글랜드에 공동체를 세우기 위해 필요한 자금을 모금할 것을 요청했다.

하이너는 자기 일에 흠뻑 빠져들었다. 사람들도 하이너에게 호의적이었다. 그들은 남을 의식하지 않는 진솔한 태도, 독일어 억양이 강하게 섞인 서투른 영어, 무엇보다 자신들의 얘기에 귀 기울여 주는 하이너의 모습을 좋아했다. 하이너는 연설회와 교회 친목회, 가든파티에 참석하느라 눈코 뜰 새 없이 바빴다. 퀘이커 교인에서부터 사회 복지사, 채식주의자, 톨스토이주의자, 간디 추종자, 평화 서약 연합 회원에 이르기까지 하이너는 새로운 부류의 사람들을 만날 때마다 흥분을 감추지 못했다. 특히 평화 서약 연합은 수십만의 회원을 자랑하는 단체로, 회원 모두 전쟁을 반대하기로 서약한 사람들이었다.

이따금 교양 있는 중산층의 이상주의가 견디기 힘들어지면 하이너는 평범한 사람들과의 만남이 그리웠다. 그럴 때마다 하이너는 노동자들로 붐비는, 근처 맥줏집을 찾았다. 단골들은 대개 사회주의자들이었는데, 하이너의 주머니 사정을 알아채고 맥줏값을 내 주기도 했다.

어떤 날은 어린 시절을 떠오르게 하는 집회에 참석하기도 했다. 바로 아버지와 함께 갔던 구세군 전도 집회였다. '요새'라 불리는 버밍엄 구세군 교회는 관악대로 유명했다. 하이너는 교회를 운영하는 구세군 사관부터 노숙자, 전과자, 알코올 중독자 등 집회에 참석한 사람들과 금방 친해졌다. 특히 구세군 노래를 즐겼는데, 사회주의 색깔이 가미된 찬송가 가사를 모조리 외울 정도였다. 트롬본 소리가 웅장하게 퍼지고 튜바의 저음이 낮게 깔리면 예배 분위기가 고조되고 하이너도 목청 높여 찬송가를 불렀다. "나는 율법 아래 있지 않고 은혜 아래 있네!" "모두가 구원되리!"

하이너는 가능하면 두 주 또는 한 주에 한 번씩 애나마리와 에미 마리아를 보러 애쉬턴 필즈로 내려갔다. 에미는 아범과 딸이 닮았다고 주장했다. "들창코가 네가 아기였을 때랑 똑같구나." 애나마리도 웃으며 맞장구쳤지만, 왠지 걱정스러운 눈으로 에미 마리아를 쳐다보곤 했다. 우리 아기가 좀 더 튼튼해졌으면! 하이너도 태어난 지 이틀 된 아기를 검사하는 모니의 표정을 본 이후로 걱정되기는 마찬가지였다. 에미 마리아를 본 의사는 나중에 수술이 필요하다고 하면서도 크게 걱정할 건 없다고 말했다. 첫 여섯 주 동안 아기는 건강하게 자라는 듯했다.

그러던 중 10월 초, 열이 오른 에미 마리아가 젖을 빨지 않는 일이 있었다. 애나마리는 하이너에게 당장 집으로 돌아오라고 간청했다. 딸을 본 하이너는 어리둥절했다. 아기는 팔로 상체를 들어올리기도 하는 등 어느 때보다 생기가 넘쳐 보였다. 하지만 의심의 여지 없이 체중이 줄어들고 있었다.

에미 마리아가 보챌 때마다 하이너는 침대로 데려와 자기 옆에 뉘고 달래 주었다. 그러면 아기는 대체로 울음을 멈추었다. "이렇게 애정에 반응하는 것 좀 봐! 섬세한 영혼을 가진 게 분명해." 하이너가 탄성을 질렀다. 종종 하이너는 아기 침대 옆에 앉아 에미 마리아의 얼굴을 보며 말을 건넸다.

하이너가 집에 없을 때면 애나마리는 아기에게 노래를 들려주거나, 하이너가 버밍엄에서 사 온 음악상자를 틀어 주었다. 아기는 소리를 듣자마자 울음을 그치곤 했다.

십일월, 에미 마리아의 기관지염이 폐렴으로 악화됐다. 아기는 우유를 토했고 더는 웃지도 까르르거리지도 않았다. 모니가 사이런세스터에 있는 윈터 박사를 호출했다. 아기를 진찰한 의사가 심각한 표정으로 말했다. "병원에 입원시켜서 상태를 더 살펴봐야 할 것 같습니다."

수간호사의 말을 들은 하이너는 불편한 병원 의자에 털썩 주저앉았다. 믿기지 않았다. "댁의 아기는 오늘을 넘기기 힘들 겁니다. 아시다시피 우리도 손쓸 수 있는 게 없습니다." 수간호사는 지극히 사무적인 말투로 한마디 덧붙였다. "아기 엄마는 오실 필요가 없어요. 상황이 종료되면 알려 드리겠습니다."

하이너는 극도로 불안한 마음을 추스르려 애썼다. '저 사람은 수간호사일 뿐이야. 의사가 더 잘 알겠지.' 마음을 다독인 하이너는 큰 소리로 딸을 볼 수 있냐고 물었다.

"아놀드 씨, 괴롭기만 하실 텐데……. 정 그렇다면 저를 따라오세요."

아기 침대로 다가갈 때 하이너의 눈에 가장 먼저 띈 것은 머리맡에 걸려 있는, 반짝이는 링거병이었다. 심하게 울던 에미 마리아는 아빠를 알아보고 차츰 울음을 멈췄다. 아기는 아빠의 눈에서 시선을 떼지 않았다. 백랍같이 반투명해진 아기의 피부 속으로 거미줄처럼 얽힌 파란 실핏줄이 보였다. 너무나 야윈 아기를 보니 정말로 죽을지 모른다는 두려움이 엄습했다. 하이너는 눈물을 훔치며 대기실에서 쉬고 있는 애나마리를 부르러 갔다. 에미 마리아의 반짝이는 큰 눈이 멀어지는 아빠를 애원하듯 따라갔다. 하이너는 널따란 하얀 시트 위에 덩그러니 놓여 있는 자그마한 아기가 그렇게 외로워 보일 수 없었다.

그날 오후, 윈터 박사는 하이너와 애나마리가 가장 두려워하던 것을 사실로 확인해 줬다. 염증이 너무 퍼져 더는 병원에서 할 수 있는 게 없다고. 하이너는 그렇다면 에미 마리아를 집에 데려가겠다고 말했다. 의사는 하루만 더 있어 보자고 했다. 하지만 다음 날 의사는 순순히 아기의 퇴원을 허락했고, 하이너는 택시를 불렀다. 두 명의 간호사가 아기를 담요에 싸서 택시까지 안고 와 애나마리의 무릎 위에 놓았다. "이렇게 따뜻하고 생기 있는데!" 애나마리의 말을 들은 간호사들은 불편한 기색이 역력했다. 그중 한 명이 하이너에게 속삭였다. "아기가 집까지 살아 돌아간다면 다행입니다."

택시가 애쉬턴 필즈에 도착하자 모니가 아기를 받아 하이너와 애나마리의 방으로 옮겼다. 에미와 나머지 가족들 그리고 다른 공동체 사람들이 그 뒤를 따랐다. 작은 방은 곧 사람들로 가득 찼다. 함께 모인 사람들은 촛불을 켜고 성탄 찬송을 불렀다. 하이너는 기도를 드렸다. 사람들이 하나씩 작별 인사를 건네며 자러 가기까지 노래는 밤늦도록 이어졌다. 하이너와 애나마리는 뜬눈으로 밤을 새우며 아기 곁을 지켰다.

이후로 나흘 동안 세 사람은 한 번도 서로의 곁을 떠나지 않았다. 한 사람이 깜빡 잠이 들 때면 다른 사람은 깨어 에미 마리아를 돌봤다. 에미와 모니가 정기적으로 들렀고 하디와 한스-헤르만은 밤을 함께 지새웠다. 다른 공동체 사람들도 음식과 야생화로 만든 꽃다발을 들고 찾아오거나 집안일을 돕겠다며 팔을 걷어붙였다. 학교 아이들은 자기들이 그린 그림을 가져왔다. 질룸에서부터 애나마리와 절친했던 마리아나 짐머만은 뭐라도 도우려고 복도 한쪽에 밤새도록 서 있었다. 연민과 배려의 분위기가 아기를 둘러쌌다. 아기에게서도 동정과 사랑의 기운이 뿜어져 나와 전체 공동체를 하나로 묶어 주는 것 같았다.

시간이 지나면서 에미 마리아는 점점 약해졌고 엄마 아빠가 어루만져도 전혀 반응하지 않을 때도 있었다. 그저 눈을 반쯤 뜨고 가쁜 숨을 내쉴 뿐. 그러다가도 애나마리가 액즙 주입기로 먹을 것을 입술에 떨어뜨려 주면 금세 기운을 차리고 혀로 핥으며 맛있게 받아먹었다.

때때로 아기는 자다가 웃기도 했다. (이제는 다만 친구로) 방문한 윈터 박사는 아기가 아직 살아 있는 것을 보고 놀라워했다. "분명 살려는 의지가 강한 아이일 겁니다."

상황은 점점 악화됐다. 아기의 얼굴은 반쪽이 되었고, 살아 있는 표시는 눈에서만 찾을 수 있었다. "몸이 약해질수록 눈은 더 강렬히 영혼을 드러내는구나." 애나마리가 속으로 생각했다. 뱉어 내지 못한 가래가 숨통에 고여 아기가 힘겹게 숨 쉴 때마다 그르렁거렸다. 모니가 박하향이 섞인 증기로 아기의 호흡을 도우려 했지만 아무리 향을 진하게 해도 상황은 달라지지 않았다.

그날 저녁, 아기가 의식을 잃었다. 그 후 열여덟 시간 동안 아기는 가슴만 들썩일 뿐이었다. 하이너는 입술을 물로 적셔 주며 아기 옆을 한시도 떠나지 않았다. 하이너가 잡은 아기의 손이 점점 식어 갔다. 애나마리는 아기를 들어 한참동안 품에 안았다.

11월 21일 저녁 8시, 에미 마리아가 갑자기 의식에서 깨어나 눈을 크게 떴다. 훗날 그 자리에 있던 모든 사람이 이 순간이 얼마나 특별했는지 두고두고 얘기했다. 아기는 자신을 안고 있는 엄마를 똑바로 바라보다가 아빠에게로 시선을 돌리기를 반복했다. 한없이 밝고 맑은 아기의 눈에는 고통도 슬픔도 없었다. 엄마는 에미 마리아의 두 눈이 또 다른 세계의 기쁨을 전하는 듯 천상의 빛을 발한다고 생각했다. 그때 아기가 두 팔을 위로 뻗으며 고개를 들려 했다. 그리고 두 눈에서 빛이 사라졌다. 일이 분 뒤 아기의 숨이 멈추자 에미가 손을 뻗어 눈을 감겼다.

하이너는 (프리츠가 만든) 느릅나무 관을 들고 장례 행렬을 이끌었다. 하이너 옆에는 애나마리가 있었다. 쓰나미처럼 슬픔이 밀려왔다. 관 안에는 그들의 첫아이가 누워 있었다. 삶을 그토록 사랑한 아기를 위해 부모는 간절히 기도했다. 하나님이 아기를 데려가실 수도 있다는 사실을 애써 외면하며 살려 달라고 애원했건만, 하나님은 기어이 어린 생명을 거둬 가셨다.

장례식이 끝나고 하이너와 애나마리는 바닷가 오두막으로 한 주간 떠났다. 수평선과 보랏빛 헤더 사이에 자리 잡은, 한적하고 조용한 곳이었다. 애나마리는 심신이 지쳤는데도 잠을 이루지 못했다. 아내를 위로하려 했지만 하이너의 마음도 갈기갈기 찢겨 있었다. 왜 하나님은 우리의 기도를 듣지 않고 아기를 데려가셨을까?

하지만 고통 속에서 두 사람은 어느 때보다 더 가까워졌다. 마치 딸의 마지막 시선에 담겨 있던 빛이 둘을 용접이라도 한 듯. 끝없이 펼쳐진 바다를 보며 두 사람은 영원을 떠올렸다. 딸의 눈에서 우리가 본 것은 영원이 아니었던가?

둘은 걷거나 앉아서 혹은 얘기하며, 또는 울며, 시간을 보내는 가운데 딸과 함께한 마지막 순간들이 믿음을 새롭게 하라는 하나님의 부르심임을 깨달았다. 하이너는 일기에 다음과 같이 적었다. "사랑하는 딸아, 네가 우리 곁을 떠났을 때 아빠가 했던 맹세를 예수님께 전해 주렴. 다시는 어둠을, 다시는 죽음을 섬기지 않으리. 천상의 빛으로 가득했던 맑은 눈으로 우리를 가만히 바라보던 너. 우리에게 무엇을 말하려 했니? 그때 너는 이미 이 세상의 아이가 아니라 천국의 아이였구나."

20. 헬리오퍼

12월, 애나마리와 함께 공동체에 돌아온 지 3주가 지나 하이너는 신장염에 걸렸다. 벌써 지난 3년간 세 번째 겪는 일이었다. 급기야 크리스마스날, 이제는 익숙해진 발열 증상과 요통으로 하이너는 며칠간 몸져누웠다. 하릴없이 천장만 바라보며 시간을 보내야 했던 하이너는 이런저런 생각으로 복잡했다. 우선 첫아이 에미 마리아를 떠나보낸 게 그토록 가슴 아플 수 없었다. 그러나 하이너는 자신의 아픔에 머무를 수 없었다. 히틀러 정권에서 신음하는 수백만의 사람들이 있다는 사실을 잘 알고 있었기 때문이다. 한스-헤르만에게 보낸 편지에서 하이너는 다음과 같이 썼다. "난민들과 박해받는 유대인들을 생각하면 너무 끔찍해서 좀처럼 잠이 오지 않아……. 어떤 경우에도 그들이 처한 잔인한 현실에 우리가 무감각해지거나 몰인정해지지 않기를. 우리가 아는 건 이들이 실제로 겪는 일 중 극히 일부에 지나지 않을 거야. 우리가 할 수 있는 일도 거의 없고. 아, 이 모든 일이 어찌 될까?"

이따금 하이너는 유혹에 휩싸여 긴장했다. 아버지와 단 한 마디만이라도 할 수 있다면, 딱 한 번만이라도 아버지의 서재 문을 두드릴 수 있다면. 아버지는 책상에서 쳐다보며 큰 소리로 "들어오렴!" 하시겠지. 푸른 연기가 가득한 서재에 앉아 모든 것을 다 털어놓을 텐데. 그러면 아버지는 말씀하시겠지? 뭐라고 하실까? 하이너는 알 수 없었다.

이제 아버지의 서재에 가장 가까이 다가갈 방법은 독서였다. 하이너는 아버지가 소중히 여겼던 요한 크리스토프 블룸하르트의 전기를 읽기 시작했다. 유년 시절 내내 하이너는 아버지로부터 블룸하르트에 관한 얘기를 들으며 자랐다. 이후 다른 사람들을 통해 블룸하르트가 칼 바르트나 디트리히 본회퍼에게 영향을 미쳤다는 사실도 알게 됐다. 하지만 하이너는 한 번도 그의 전기를 읽어 보지 못했다.

전기 작가 프리드리히 췬델은 이름 없고 고지식한 젊은 루터교 목사의 어린 시절을 지루하게 풀어 가며 글을 시작한다. 독일 남부의 한 마을에서 선교사의 딸로 자란 부인과 행복하게 살던 시골 목사의 삶은 1842년 송두리째 뒤바뀐다. 4년 전 뫼트링겐 마을로 이사 온 후 블룸하르트는 계속해서 고틀리빈 디투스라는 교구 주민에게서 뭔가 이상하고 건강하지 못한 낌새를 느꼈다. 그러던 중 최근 들어 이 젊은 여성에 관한 불쾌한 소문이 돌고 있음을 알게 되었다. 사람들은 그녀의 집에서 해괴한 일들이 벌어진다고 속삭였다. 낯선 소리와 빛, 유령, 초자연적 현상. 처음에 블룸하르트는 애써 소문을 외면했다. 현실적이어서 자극적인 이야기를 싫어했던 블룸하르트는 단지 교인의 수가 줄어드는 데만 신경을 쓰고 있었다. 블룸하르트에겐 고틀리빈을 찾아볼 마음은커녕 소문의 진위를 알아볼 생각도 없었다. "이런 일은 의사에게 맡겨야 합니다"라고 말하며 블룸하르트는 거리를 두었다.

얼마 지나지 않아 블룸하르트가 지나치게 몸을 사린다고 꾸짖은 사람은 다름 아닌 동네 의사였다. "저 여자가 저처럼 고통받도록 내버려진 걸 보고 사람들은 이 마을에 목사가 없다고 생각할 거요." 소문은 일파만파로 퍼져 호기심을 좇는 사람들이 고틀리빈의 집 반대편 여인숙으로 몰려들었다. 블룸하르트는 마침내 젊은 여인을 방문하기 시작했고 곧 여인이 악령에 사로잡혔다고 결론 내렸다. 어떻게 여인을 도와야 할지 몰라 난감해하던 블룸하르트는 어느 날 수시로 발작을 일으키다가 의식을 잃고 누워 있는 고틀리빈을 보며 충동적으로 소리쳤다. "주 예수여, 도와주소서. 지금까지 저희는 마귀가 하는 짓을 충분히 보았습니다. 이제는 하나님께서 어떤 일을 하실 수 있는지 보여 주소서!" 블룸하르트의 이 외침은 기도 운동의 시작을 알리는 신호탄이 되었다. 이후 2년 동안 기도의 바람은 마을 전체를 휩쓸었고 다른 지역에까지 큰 반향을 불러일으켰다.

영적인 전투는 몇 달간 계속됐다. 고틀리빈은 하나님을 모독하는 말들을 쏟아 내거나 괴이한 발작을 일으켰고, 난폭하게 행동하거나 자살을 시도하기도 했다. 1842년 12월, 사태는 드디어 절정에 이르렀다. 젊은 여인이 기괴한 목소리로 "예수님은 승리자이시다!"라고 울부짖자 상황은 급변했고 여인은 치유됐다.

며칠 사이 뫼트링겐에 변화가 일어났다. 술주정뱅이가 술을 끊고 (다시는 입에 대지 않았으며) 사기꾼이 피해자에게 돈을 되돌려줬다. 냉랭한 부부 사이도 새로워졌다. 심지어 바람피운 사람이 상대방의 배우자에게 용서를 구하기도 했으며 살인 사건까지 해결됐다. 근처 마을에선 불구자와 간질환자, 정신병자들이 회복됐다는 소식이 들려왔다. 기적을 일으킨 장본인으로 떠받들어진 블룸하르트도 여느 사람들처럼 경외심에 가득 차 있었다. 블룸하르트는 이러한 변화가 자신과는 아무런 상관이 없다고 선을 그으며 사람들에게 너무 가벼운 말거리로 만들지 말라고 엄히 충고했다. 그럼에도 불구하고 경이로운 이 사건은 널리 회자됐고 곧 '뫼트링겐의 부흥'으로 불리기 시작했다.

전기의 반밖에 읽지 않았는데도 하이너는 다른 어떤 책을 읽었을 때보다 가슴이 뭉클했다. 어떤 면에서 아버지의 이야기를 읽는 느낌마저 들었다. 블룸하르트의 이야기도 흥분됐지만, 하이너는 위대한 역사의 물줄기가 어떻게 자신의 인생에까지 와 닿았는지 어렴풋이 깨닫고 더 전율했다. 뫼트링겐에서 벌어진 많은 일이 자네츠에서도 똑같이 일어났다. 이런 일이 다시 일어나지 않을 것이라고 어느 누가 말할 수 있겠는가?

인생에서 세 번째로 하이너는 어떤 힘에 압도당하는 느낌을 받았다. 설명할 수 없는 힘이었지만 가공이 아닌 실재였고, 신경이나 감정에 의해 촉발되는 반응보다 훨씬 깊고 진실한 느낌이었다. 마치 영혼에 새벽빛이 비춰 오는 듯했다. 그 빛 가운데 하이너는 골고다에서 죽은 한 사람의 사랑을 볼 수 있었다. 헤아릴 수 없는 아픔과 외로움도 느껴졌다. 하이너는 울었다.

하이너는 그 후 몇 주 동안 아버지와 연관된 또 다른 이야기에 사로잡혔다. 러시아의 작가 막심 고리키의 작품으로 어릴 적 자네츠 시절부터 기억하고 있던 이야기였다. 1938년 12월, 마침 하디가 공동체의 정기 간행물인 「쟁기」(The Plough)에 같은 이야기를 민담 형식으로 실었던 터였다. 막심 고리키의 이야기는 라코프와 사두 선다 싱의 이야기처럼 오랜 세월 동안 하이너의 마음을 사로잡았지만, 이제는 하이너에게 모종의 예언처럼 다가왔다.

이야기는 다음과 같이 시작한다. 아주 오래전 광활하고 어두운 숲속에서 길을 잃은 사람들이 있었다. 숲에는 얽히고설킨 가지 사이로 햇빛이 통과하지 못할 정도로 나무가 빽빽이 들어서 있었고, 들짐승이 어슬렁거리며 사람들을 잡아먹었다. 특히 무리와 떨어져 방황하는 사람이나 집에서 멀리 나온 이들이 주된 표적이었다. 모든 이들이 죽음을 두려워하며 살아가고 있었다. 시간이 흐르자 숲의 어둠은 사람들의 마음속까지 침투해 삶의 의욕을 앗아 갔다. 곧 더는 사랑할 수 없게 된 사람들은 서로를 증오하고 살인하기에 이르렀다. 그런데도 그들이 무리 지어 살 수밖에 없었던 것은 어느 누구도 혼자 살아남을 수 없었기 때문이다. 세월이 흘러 사람들은 숲 밖으로 빠져나갈 희망을 완전히 잃었다. 때때로 햇살 가득했던 유년기의 행복을 기억하는 늙은이들의 눈에 희미한 빛이 돌기도 했지만, 젊은이들은 허무맹랑한 소리라며 조롱했다. 한 번도 보지 못한 빛을 믿을 수 없었던 것이다.

이들 중 헬리오퍼라는 젊은이가 있었다. 헬리오퍼는 사람들의 비참한 삶을 슬퍼하며 어떻게 하면 이들을 수렁에서 건져 낼 수 있을까 고민했다. 어느 날 헬리오퍼는 태양을 찾기 위해 홀로 길을 나섰다. 길 없는 숲을 헤매며 가시나무에 찢기고 짐승에게 공격을 당하고 절망과 싸워야 했다. 종종 한 걸음도 가지 못하겠다며 낙담한 헬리오퍼에게 지쳐 쓰러져 영원히 잊히면 어쩌나 하는 두려움이 엄습했다.

그러던 어느 날 헬리오퍼는 깜빡이는 낯선 빛을 보았다. 헬리오퍼는 빛이 있는 쪽을 향해 속도를 내서 달리기 시작했다. 빛은 점점 더 밝아졌다. 급히 나무 사이를 헤쳐 나온 헬리오퍼 앞에는 총천연색으로 가득한 신비의 나라가 펼쳐져 있었다. 헬리오퍼는 눈을 들어 생전 처음으로 태양을 바라봤다. 그리고 빛에 압도돼 의식을 잃고 쓰러졌다. 의식을 되찾았을 때 헬리오퍼는 푸른 초원에 있었고 한 번도 본 적 없는 부류의 사람들이 그를 쳐다보고 있었다. 그들은 힘이 셌지만 친절했고 함께 살 뿐 아니라 진정으로 서로를 사랑했다. 그들과 함께 지내며 헬리오퍼의 마음은 빛과 기쁨으로 차올랐다.

그러나 헬리오퍼는 마냥 행복할 수만은 없었다. 어두운 숲에 있는 사람들을 생각할 때마다 괴로웠다. 마침내 헬리오퍼는 숲으로 돌아갔다. "형제자매여! 제가 여러분을 빛으로 이끌겠습니다." 사람들은 중얼거리며 얼굴을 찡그렸고, 젊은이들은 못 믿겠다는 듯 웃어넘겼다. 하지만 헬리오퍼가 빛에 관해 애기할수록 사람들은 더욱 궁금해했고 태양을 보고자 하는 강한 열망을 품기 시작했다. 결국 그들은 헬리오퍼를 따르기로 마음을 모았다.

숲을 지나는 여정은 길고도 험난했고 인내와 이타심을 요구했다. 사람들은 투덜대기 시작했고 그중 몇은 "헬리오퍼가 우리를 잘못 이끌었어. 죽여 버리자"라고 말했다.

사람들의 불평을 알고 있었던 헬리오퍼는 그들 앞에 빛과 사랑이 가득한 태양의 나라가 기다리고 있음을 상기시켰다. 그러자 사람들이 거칠게 반응했다. "사기꾼! 빛이 어딨어? 태양이 어디 있냐고? 우린 집으로 다시 돌아갈 거야. 숲보다 더 음침하게, 짐승보다 더 잔인하게 살 거야. 적어도 숲을 다스리며 살 수는 있잖아!" 헬리오퍼는 계속 가자고 애원했지만 사람들은 들으려 하지 않았고, 손사래를 치며 절망감에 소리쳤다. "빛은 없어! 태양은 없다고!"

사람들이 헬리오퍼를 공격하려고 다가오자 헬리오퍼가 소리쳤다. "저를 따르십시오!" 헬리오퍼는 손톱으로 가슴을 찢어 심장을 꺼냈다. 사랑으로 타오르는 심장은 어두운 숲을 밝혔다. 헬리오퍼는 두 손으로 움켜쥔 심장을 머리 위로 쳐들고 전진했다. 그리고 깜짝 놀란 사람들을 숲 밖으로 인도했다.

태양의 나라에 들어선 사람들은 빛 속에서 춤을 추며 서로를 돌봤다. 하지만 쇠진한 헬리오퍼는 숲가에 다다라 쓰러져 땅바닥에 드러누웠다. 죽어 가면서도 헬리오퍼는 찬란한 빛을 내뿜으며 진동하는 자신의 심장을 계속 움켜쥐고 있었다.

하이너는 헬리오퍼의 강렬한 이미지를 도무지 마음속에서 지울 수 없었다. 어두운 밤 침대에 누워 하이너는 곰곰이 생각했다. 예수님의 희생을 비유한 이야기였다. 나의 삶에 어떤 메시지를 던지는 걸까?

21. 프리마베라

1940년 10월, 애쉬턴 필즈 농장.

하이너는 폭격기가 다가오는 소리를 들었다. 공습이 3개월이나 이어져 이제는 누구나 불길한 저음을 구분할 수 있을 정도였다. 최근에는 폭격기가 어둠을 틈타 이삼 일에 한 번씩 찾아왔다. 대개는 런던이 있는 동쪽으로 방향을 틀었다. 그해가 다 가기 전 무려 2만 3천 명의 런던 시민이 폭격에 목숨을 잃었다. 종종 폭격기는 중부 지방의 공업 지대를 노리고 북쪽으로 날아가기도 했다. 애쉬턴 필즈는 지평선을 밝히는 화염으로부터 멀리 떨어져 있었지만 결코 안전지대는 아니었다. 인근에 다섯 개가 넘는 영국 공군 부대가 자리 잡고 있었기 때문이다.

지붕 위로 피웅 하는 소리가 길게 이어지더니 근처 밭에 섬광을 일으키며 폭탄이 떨어졌다. 소이탄이었다. 다행히 아무도 다치지 않았지만 하이너는 간담이 서늘했다. 얼마 전 이웃 마을 사람 하나가 소이탄 때문에 죽는 일이 있었다.

아이들은 공습을 무서워했지만 하이너와 어른들에겐 더 두려운 것이 있었다. 바로 독일군의 침공이었다. 지난달 독일군은 차례로 다른 나라들을 점령했다. 프랑스, 룩셈부르크, 벨기에, 덴마크, 노르웨이, 그리고 네덜란드. 아마도 다음은 영국일 것이다. 지나가는 폭격기와 저 멀리 폭탄 터지는 소리를 들으며 뜬눈으로 밤을 지새우던 하이너는 끊임없이 앞날을 걱정했다. 영국 해협을 건넌 독일군이 위트셔로 진격해 애쉬턴 필즈에 닿으면, 자신과 애나마리 그리고 공동체의 모든 독일인은 체포돼 강제 징용소로 보내지거나 반역죄로 처형되겠지. 그러면 한 살밖에 안 된 로즈비트, 우리에게 다시 행복을 안겨 준 아이는 고아가 될 테고……

전혀 근거 없는 상상은 아니었다. 전쟁이 끝나고 연합군은 히틀러의 영국 점령 계획이 담긴 문서를 입수했다. 그에 따르면 히틀러의 친위 대원은 침공 작전을 마치고 영국을 샅샅이 뒤져 나치 정권에 반대하는 사람들을 잡아들일 목적으로 여섯 개의 특수 부대를 창설했다. 물론 독일인 망명자들도 그 대상이었다.

이런 악몽을 몰아내는 것은 단 하나, 바쁜 일상이었다. 농장을 찾는 손님들은 끊이지 않았고, 매달 수십 명이 공동체에 머물고 싶다는 의사를 밝혔다. 공동체는 오스트리아에서 스무 명의 유대인 난민을 받아들이기도 했는데, 그중에는 킨더트랜스포트(Kindertransport)라는 아동 구조 단체에 의해 구출된 세 명의 아이도 있었다. 공동체는 재정을 도와줄 후원자가 절실했다. 시온주의 단체에서 서른 명의 청년들이 팔레스타인에 키부츠를 세우러 떠나기 전 1년 동안 농업 훈련을 받을 계획으로 찾아오기도 했다. 이렇게 찾아온 사람들 때문에 숙소를 더 지어야 했고, 배급량도 빠듯해졌다. 하이너는 쉴 새 없이 초보 농사꾼들을 가르치느라 바빴다. 공동체에 새로 오는 사람들은 왠지 다 도시 출신이거나 대학생인 듯했다.

모든 방문자가 고된 생활을 즐기지는 않았다. 농사나 건축에 기술이 없는 손님은 주로 춥고 좁은 주방에서 끊임없이 밀려오는 파스닙과 순무, 당근을 씻는 일에 배정됐다. 한번은 모임에서 하디가 집에 돌아가는 손님에게 방문이 어땠는지 물어봤다. 질문을 받은 여자가 답했다. "한마디만 하겠습니다. 당근!"

공동체를 위협하는 더 큰 요인이 있었다. 봄부터 공동체에 강제 수용이라는 어두운 그림자가 드리워졌다. 적국의 국적을 가진 사람들에겐 체포되어 수용소로 보내질 위험이 늘 따라다녔다. 벌써 몇 달 전부터 영국에 있던 독일인은 대부분 포로 수용소에 억류된 상황이었다. 하이너와 애나마리, 공동체의 다른 독일인 멤버들이 포로 수용소 신세를 면할 수 있었던 이유는 단지 여권에 "나치 박해로 인한 난민"이라고 찍혀 있었기 때문이었다. 하지만 그들은 여전히 저녁 9시 30분 이후 통행금지 대상이었으며, 포로 수용소 면제라는 예외 조항은 언제든 사라질 수 있었다.

지난 5월 젊은 영국 여인 프레다 브릿워터가 당한 일은 공동체 사람들의 일거수일투족이 어떻게 감시당하는지 여실히 보여 줬다. 브루더호프의 독일인 멤버와 결혼한 지

8일째 되는 날 체포된 프레다는 적국인과 결혼했다는 이유로 맨섬에 억류됐다.

여름을 지나면서 폭격이 잦아지자 의심과 두려움의 시선으로 이방인을 바라보는 사람들이 늘어났고, 몇몇 이웃들은 아예 적대적으로 변했다. 지역 신문들은 잇따라 "독일인 평화 공동체"를 비난하는 투서를 실었다. 황당무계한 소문이 바람을 타고 번졌다. "애쉬턴 필즈에 있는 독일놈들이 공군 부대를 염탐한다는구먼. 낙하산 부대가 착지할 수 있도록 주변 밭을 산다던데. 침입자들을 도우려는 게 분명해!"

소문은 영국 정가에까지 나돌았다. 상원에서는 애쉬턴 필즈에 감시병을 상주시키는 방안을 논의했고, 하원에서는 알렌 그레이엄 장군이 발언대에 서서 왜 "독일인 평화 공동체" 사람들이 아직까지 포로 수용소에 보내지지 않았는지 이유를 따져 물었다. 그레이엄 장군의 질문을 촉발한 것은 다름 아닌 지역에 돌고 있던 몇몇 소문이었다. 지역 사람들은 공동체 아이들이 나무 위에 지은 집을 보고서 "저놈들이 이제는 관측탑을 짓는군"이라고 수군거렸다.

그런데 그레이엄 장군의 말을 반박하며 장군을 어리둥절하게 만든 이가 있었다. 바로 미국 출신의 애스터 자작부인이었다. 애스터는 10년 전 여성 최초로 국회의원 자리에 오른 기념비적인 인물이었다. "브루더호프가 1차 세계대전 후 오로지 기독교적 목적으로 세워진 공동체라는 것은 모두 아는 사실 아닙니까? 따라서 공동체 구성원은 이 나라의 큰 자산이지 결코 골칫거리가 될 수 없습니다." 자신의 주장을 밀어붙일 위치가 아니었던 그레이엄 장군은 더는 논쟁하지 못했다. (동료 의원들은 애스터 부인이 브루더호프가 나치 독일에서 쫓겨났다는 얘기를 듣고 브루더호프 공동체를 동정해 왔다는 사실을 모르고 있었다. 애스터 부인이 브루더호프의 신념을 옹호했던 것은 회의 직전까지만 해도 지극히 개인적 차원이었다.)

애쉬턴 필즈를 둘러싼 이웃 중 공동체를 변호해 줄 만한 사람을 찾는 일이 점점 어려워졌다. 어느 날 밤, 술 취한 지방 의용군이 공동체에 나타나 농장 창고와 주택을 수색하더니 과일나무에 총을 겨누고 손을 들지 않으면 쏴 버리겠다고 윽박지른 일이 벌어졌다. 지역 신문들은 공동체에서 파는 우유와 달걀의 불매 운동을 독려하는 광고를 실었고 즉시로 구매자들이 자취를 감췄다. 한번은 누군가 근처 맥줏집에서 두 불한당이 공동체 농장 건물에 불을 지르자고 모의하는 내용을 우연히 듣기도 했다. (다행히 그들의 계획은 무산됐다.) "이제 영국을 떠나야 하나?" 하이너와 다른 사람들의 고민이 시작됐다.

6월이 되자 공동체는 캐나다로 이주할 수 있도록 허가해 달라는 편지를 영국 상원에 보냈다. 이후 몇 달간 자메이카, 뉴질랜드, 호주, 남아프리카 등 다른 나라로 피난 갈 수 있는 가능성을 타진해 보기도 했다. 팔월에 공동체는 미국에서 브루더호프를 받아 줄 수 있는지 알아보기 위해 두 명의 대표를 뉴욕으로 파견했다. 엘리너 루스벨트 영부인까지 나서서 도와주려 했지만 아무 성과도 없었다. 그사이 가능성을 타진했던 나라들이 하나둘 이민 요청을 거절했다. 전쟁이 최고조에 이른 지금, 어떤 나라도 다국적 평화주의자 집단과 상종하려 하지 않았다.

    가을에 들어서자 마침내 공동체를 받아 주겠다는 나라가 나타났다. 파라과이였다. 워낙 잘 알려지지 않은 나라라 남아메리카 어디에 붙어 있는지 찾아보기 위해 많은 사람이 지도를 펼쳐야 했다. 파라과이는 단순히 이주를 허락했을 뿐 아니라 전례 없이 세 가지를 약속했다. 종교의 자유, 교육의 자유, 군 복무의 면제가 그것이었다.

    영국 내무성에서 필요한 출국 허가서를 내주었다. 온 나라가 포위돼 자신보다 10배나 더 큰 공군에 맞서 필사적으로 싸우는 상황이었음을 고려하면 참으로 놀라운 관용이었다. 이듬해까지 영국 정부는 애쉬턴 필즈의 350명에게 출국을 허용했다. 그중에는 의사가 세 명 있었으며 나머지는 주로 건장한 청년들이었다.

    11월 10일 밤, 독일 공군이 북쪽으로 95킬로미터 떨어진 코번트리를 완파했다. 폭격으로 인한 섬광이 밤새 번쩍였다. 사흘 후 아직도 코번트리에 화염이 타오르고 있을 때 애나마리가 출산했다. 남자아이였다. 하이너와 애나마리는 블룸하르트 목사를 기리기 위해 아기에게 요한 크리스토프라는 이름을 지어 주었다. 아이는 이후 크리스토프로 불렸다. 아기가 태어나고 며칠 동안 폭격이 이어졌다. 병원 벽이 흔들릴 정도로 피폭지가 가까웠다.

    애나마리가 크리스토프를 집으로 데려왔을 때 애쉬턴 필즈는 난장판이었다. 사람들은 커다란 포장 상자에 이불이며 주방 기구, 책, 인쇄기, 농기구에 이르기까지 닥치는 대로 채워 넣고 있었다. 비좁은 사무실에서는 여러 사람이 서류를 작성하느라 정신이 없었다. 열흘 뒤면 첫 번째 그룹이 남아메리카로 떠날 예정이었다. 배에 오르는 사람은 에미, 하디와 에디트, 한스-헤르만과 그의 부인 게어트루드, 알프레드, 프리츠와 그의 가족 등 모두 80명이었다.

피난 가는 공동체에 남은 자금은 거의 없었다. 새로운 터전이 될 나라에 대한 지식도 없었고 도착해서 머무를 숙소도 마련하지 못했다. 게다가 대서양을 건너는 일은 위험천만한 모험이었다. 브루더호프 사람들을 태우고 갈 '블루스타 라인'이라는 배는 독일 해군이 호시탐탐 노리던 선박이었고, 독일 잠수함 유보트에 공격당한 영국인 사망자 수는 점점 늘고 있었다. 작별의 순간은 엄숙했지만 눈물을 보인 사람은 없었다. 배에 오른 에미가 말했다. "지금까지 믿음으로 살아왔는데, 이제 와서 하나님께서 보호하실 거라고 믿지 않을 이유가 뭐가 있겠니?"

그 후 몇 주 동안 다른 그룹들도 남아메리카로 떠났다. 2월이 되자 60명가량의 사람만 남았다. 모든 게 뒤죽박죽이었다. 뒷정리는 하이너의 몫이었다. 영국의 공동체를 질서 있게 폐쇄하는 일이 맡겨졌지만 하이너는 곧 그 일이 불가능에 가깝다는 사실을 깨달았다. 많은 사람이 떠나 엉망진창인데도, 날마다 새로운 사람들이 공동체로 찾아왔고 합류를 간곡히 요청한 사람도 여럿이었다. 학교와 공동 주방, 사무실은 사람이 모자라 운영이 어려울 지경이었다.

농장도 상황은 다르지 않아 하이너는 골머리를 앓고 있었다. 남아메리카로 가는 비용을 마련하기 위해 애쉬턴 필즈는 이미 매각된 상태였다. 문제는 농장을 완전히 인도할 때까지 농장 일이 뒤쳐지는 일이 없어야 하며, 그럴 경우 만만치 않은 배상금을 물어야 한다는 계약서의 조항이었다. 밭은 밭갈이는커녕 파종도 안 된 상태였다. 그렇다고 하이너가 농장 일을 도맡을 수도 없었다. 런던에 가서 내무성, 블루 스타 라인 직원들, 변호사들을 만나는 것만 해도 시간이 모자랐다. 새로 온 사람들에게 기대를 걸 수 있는 상황도 아니었다.

이제 막 마차를 몰기 시작한 그윈 에반스는 마차에 엉거주춤 선 채 애원하듯 두 팔을 벌려 고삐를 잡았다. 누가 봐도 농부나 마부는 아니었다. 그윈이 교양 있는 말투로 점잖게 타이르면 말은 비록 멈추지는 않을지언정 세월아 네월아 느긋하게 움직였다. 그윈은 케임브리지에서 수학한 목사였다. 변호사인 가이 존슨은 신발 수선을 배웠고, 공인회계사인 찰스 헤드랜드는 돼지를 쳤다. 세탁장 빨래통에서 빨래를 휘젓는 루스 카셀과 마가렛 스턴은 의과 대학을 갓 졸업한 젊은 아가씨들이었다.

훗날 많은 이들이 애쉬턴 필즈에서 보낸 시간을 황금기로 기억했다. 열정은 활활 타올랐고, 비전은 명확했고, 배짱은 두둑했다. 이들은 새로운 세상을 일으키기 위해 어정쩡하게 타협하며 살아야 하는 옛 세상을 과감하게 버렸다. 공동체 사람들은 "우리는 시온을 세우고 있어"라고 입버릇처럼 말했다. 가족과 친구들을 떠나 남아메리카의 밀림으로 들어간다는 생각에 도리어 그들은 모험심에 고취됐다.

긴박한 상황에서 흔히 일어나는 긴장을 해소하는 데

유머만큼 요긴한 것도 없었다. 어느 날 아침 사무실에서 커피를 마시고 있던 하이너는 천장 널빤지 사이로 물이 새는 것을 보았다. 위층에서 물청소하는 손님에게 하이너가 소리쳤다. "제 커피에 물이 떨어집니다."

그러자 손님이 맞받아쳤다. "입 닥쳐! 물이 들어갈 수 있는 커피가 있다는 것만으로도 다행인 줄 알라고!" 하이너는 며칠 동안 이 일로 손님을 놀려 댔고, 손님은 공동체에 계속 머물렀다.

하이너는 열정만으로 계약서에 명기된 6만 평의 밭을 갈고 감자를 심을 수 없다는 점을 잘 알고 있었다. 그래서 어느 날 숙련된 농부가 방문했다는 소식에 귀가 번쩍 뜨일 수밖에 없었다. 자니 로빈슨은 2월 중순 반짝거리는 새 오토바이를 몰고 나타났다. 뒷좌석의 아내는 자니의 어깨를 꽉 붙잡고 있었다. 둘 다 사회주의자였고 지독한 불가지론자였다. 손님 중에 사회주의자와 불가지론자는 흔했지만 자니는 왠지 특별했다. 우선 자니는 처음부터 개종할 생각이 전혀 없다고 못박았다. 동시에 브루더호프에서 남은 생을 보내고 싶다고 확언했다. 성격이 불같은 자니는 한다면 하는 사람이었고 곧 현금과 재산 모두를 공동체에 내놓았다.

한두 주가 지나 하이너는 자니에게 다가가 농장과 관련되어 필요한 일들을 세세히 설명했다. 자니는 눈살을 찌푸렸지만 하이너가 임금을 지급하겠다고 약속하자 순순히 농장 일을 맡는 데 동의했다.

약속된 임금은 한 번도 지급되지 못했다. 남아메리카

로 가는 뱃삯을 마련하기 위해 마지막 한 푼까지 써야 했기 때문이다. 자니는 최근 방문한 사무직 출신 손님과 농장 일을 계속할 수밖에 없었다. 기적적으로 두 사람은 파종 준비를 마쳤다.

문제는 그다음이었다. 파종할 씨를 살 돈이 없었던 것이다. 하이너와 그의 오른팔 역할을 했던 스탠리 플랫처가 문제를 논의하러 자니를 찾아왔다. 자니는 황당한 얼굴로 말했다. "아니, 내가 가진 돈은 이미 다 줬는데." 사실이었다. 심지어 자신이 아껴 모으던 축음기 음반까지도 모조리 내놓은 터였다. 하이너는 씩 웃으며 스탠리를 쳐다봤다.

스탠리는 방금 좋은 생각이 떠오른 것처럼 꾸미기 위해 어색하게 손으로 이마를 치며 외쳤다. "어, 그렇지, 하이너. 자니한텐 아직도 멋있는 오토바이가 있잖아."

자니가 어쩔 줄 몰라 하는 사이 짧은 침묵이 흘렀다. 간신히 마음을 가다듬은 자니가 말했다. "꼭 그래야만 한다면 어쩔 수 없지." 다음 날 자니는 오토바이를 팔아 씨를 샀다. 4월 말, 마지막 그룹이 파라과이로 떠날 때쯤 들판은 초록빛 새싹으로 일렁였다.

애쉬턴 필즈를 정리하는 소란 속에서 하이너는 매형인 한스를 크게 의존했고, 둘 사이는 다시 훈훈해졌다. 지난 3년 동안 한스는 변한 듯 보였다. 에버하르트가 죽고 난 이후 자신의 행동이 잘못됐음을 시인하며 에미와 전체 공동체에 사과했고, 지난날 거만했던 일들을 일일이 청산하기도 했다. 진심으로 반성하며 자신을 낮추는 한스의 모습을 보고 공동체는 한스를 정식으로 받아들였고, 과거의 잘못은 모두 용서돼고 잊혀졌다고 선포했다. 에미와 하이너의 적극적인 추천을 받아 한스는 재정 담당자로 세워졌다. 하디와 게오르크, 하이너 등 다른 지도자들과 함께 긴밀히 협력해야 하는 자리였다.

전시 위장용 페인트로 칠해진 '아빌라 스타'호의 첫인상은 음울했다. 가족들을 도와 가파른 통로 계단을 오르던 하이너는 불현듯 앞날이 캄캄했다. 대서양 전투가 한창인 지금 아무리 폭격과 침공이 두려워도 영국에 머무는 것이 남아메리카로 항해하는 것보다 안전했다. 요 며칠 새 신문에서는 독일 잠수함의 "이리떼 전술"과 신형 자기 기뢰에 관한 기사가 다시 등장했다. 하이너는 다섯 달 된 크리스토프를 내려다봤다. 아기는 두려움이 뭔지 모른 채 커다란 버들가지 광주리에 곤히 잠들어 있었다.

배는 4주 동안 적군을 따돌리기 위해 기존 항로를 버리고 대서양을 갈지자로 항해했다. 지금까지 늘 가난하게 살았고 한때 전시 배급을 받기도 한 하이너에게 선내식은 믿을 수 없을 만큼 풍성했다. 일상의 느긋함도 낯설었다. 사람들의 지루함을 달래 주기 위해 스페인어 강의와 덱 테니스, 체스 경기가 열렸고 작은 합창단까지 꾸려졌다.

저녁이 되면 하이너는 개척자의 운명을 짊어진 일행을 격려하기 위해 별이 보이는 갑판에서 모임을 하곤 했다. 종종 자신이 감명 깊게 읽었던 블룸하르트 전기를 소리 내어 읽어 주거나, 파라과이에서 만나게 될 동료들에 관해 얘기해 주기도 했다. 일행 중 다수가 작년 11월 첫 번째 그룹이 애쉬턴 필즈를 떠난 후에 합류한 젊은 영국인들이었다. 하이너가 에디트와 하디, 모니, 게오르크, 알프래드, 조피, 그리고 어머니 에미에 관한 정겨운 이야기를 들려주자 갑판은 웃음바다로 변했다. 법무사로 교육을 받다 최근 공동체에 합류한, 스물두 살 청년 피터 카바나와 같은 사람들은 하이너가 들려주는 일화에 깊은 안도감을 느꼈다. 피터는 아직 만나지 못한 형제자매들이 하루라도 빨리 보고 싶어졌다.

하지만 무엇으로도 피습에 대한 끊임없는 공포를 완전히 지울 수는 없었다. 선원들은 매일 한 시간씩 함포 사격을 훈련했고, 승객들은 어뢰 공격에 대비해 구명선에 오르는 연습을 반복했다. 심지어 옷을 입은 채 잠자리에 들라는 지시까지 받았다. 밤에는 등화관제가 철저히 시행됐고, 독일 잠수함에 발각될까 봐 갑판에서 담배 피우는 일도 금지됐다. 어느 저녁 흡연실에서 피셔 선장이 허심탄회하게 말했다. "항해를 시작할 때 공동체 아이들을 보고 솔직히 내 마음이 무너졌소. 언제 닥칠지 모를 위험을 생각하면서 내가 과연 이렇게 막중한 책임을 감당할 수 있을까 괴로웠다오." (공교롭게도 블루 스타 라인의 배 네 척 모두 브루더호프 사람들을 남아메리카로 무사히 실어 나른 후 어뢰 공격을 받아 침몰했다. 그중에는 피셔 선장의 배도 있었다.)

5월 중순에 들어서야 하이너는 처음으로 육지를 보았다. 브라질의 해변이었다. 애나마리와 함께 갑판에 서서 동이 트길 기다리고 있던 하이너의 눈에 대륙은 약속과 축복의 땅으로 보였다. 그날 아침 내내 둘은 난간에 기대어 서 있었다. 배가 임시로 정박하기 위해 리우데자네이루항에 들어갈 때 돌고래들이 배를 따라 헤엄쳤고 삭구에는 크고 화려한 나비 떼가 몰려들었다. 비행기들이 장난감 같은 소리를 내며 만을 가로질러 배 쪽으로 날아왔다. 산자락에는 해변을 따라 흰 집들과 반구형 지붕들이 늘어져 도시를 이루고 있었으며, 여기저기 고층 빌딩이 솟아 있었다.

밤이 되자 도시는 더 환상적으로 변했다. 1년 반 동안 영국에서, 그리고 배를 타고 오는 내내 철저하게 등화관제를 지켜 오던 사람들은 쏟아지는 빛을 보고 희망에 부풀었다. 여기에선 폭격기나 잠수함을 걱정할 필요가 없었다. 도시 전체가 바닷물 위에 비치었고, 보름달 아래 코르코바도산 정상에는 그 유명한 대형 그리스도상이 빛나고 있었다. "꼭 동화처럼 아름다워!" 에미-마가렛이 탄성을 질렀다.

"새로운 땅! 새로운 삶! 모든 게 새로워!" 자니 로빈슨은 개척자가 된 기분을 이렇게 표현했고 하이너도 공감했다. 하지만 다음 기항지인 부에노스아이레스에 도착했을 때 들뜬 하이너의 마음은 금세 실망으로 변했다. 하선 금지령이 내려져 아무도 해변에 내릴 수 없었던 것이다. 그나마 위로가 되었던 것은 하디에게서 온 편지였다. 첫 번째 그룹과 함께 먼저 떠났던 하디는 1월부터 남아메리카에 머물고 있었다. 편지에는 여러 주 동안 지난한 토의를 거쳐 마침내 적당한 토지를 선정하고 구입한 과정이 실려 있었다. 열악한 환경(늪과 밀림으로 둘러싸인 외딴곳)이었지만 모두 긍정적인 태도로 일궈 나갈 각오가 되어 있었다. 안타깝게도 가슴 아픈 소식도 있었다. 이질이 돌아 아이들 대부분이 앓아누웠고, 벌써 두 명의 아기가 목숨을 잃었다는 것이었다.

하이너는 새삼스레 에미 마리아에 관한 기억이 떠올라 편지를 덮었다. 이렇듯 새로운 모험은 죽음으로 시작되는 건가? 아이를 잃고 괴로워할 부모와 로즈비트, 크리스토프를 떠올리자 하이너는 위축됐다. 고작 밀림에서 아이들이 죽는 것을 보려고 나치를 피해 위험한 대서양을 건너온 건가?

혼란스런 마음에 하이너는 자니를 찾았다. 항해 기간 동안 둘은 갑판에서 몇 시간씩 얘기를 나누며 가까운 친구가 되었다. 자니는 주로 농업이나 톨스토이, 사회주의에 대해 얘기했고 하이너는 아버지와 관련된 추억담을 늘어놓았다. 그때마다 자니는 "꼭 한 번 볼 수 있었으면 좋았을 텐데!"라고 말하며 아쉬워하곤 했다. 하이너가 자니를 따로 불러 조심스럽게 두 아기의 죽음을 알려 줬다.

"정말 유감이네"라고 답한 자니는 속으로 하이너가 지나치게 슬퍼한다고 생각했다. 몇 사람의 희생도 받아들이지 못할 정도로 공동체 사람들은 이렇게 여리단 말인가? 이제 막 개척을 시작한 마당에 이런 죽음이 결코 마지막은 아닐 텐데. 이런 생각에 자니는 어색할 정도로 유쾌하게 말했다. "자네도 알겠지만 다른 기후에서 이런 일들은 흔히 있을 법한 일이야. 고난을 감내해야지. 힘내라고!"

자니를 가만히 쳐다보던 하이너는 갑자기 등을 돌려 자리를 떴다.

그후로 며칠 동안 하이너는 자니를 회피했다. 몇 주 동안 가까이 지내던 하이너가 자신을 외면하자 기분이 상한 자니는 며칠 전 일을 곰곰이 되새겨볼 수밖에 없었다. 결국 자니는 하이너의 감정 뒤에 무엇이 있었는지 깨달았고 둘은 서로를 깊이 이해하게 됐다. 훗날 자니는 어딘가에 다음과 같은 글을 남겼다. "공동체의 사랑은 신비롭다. 산더미 같은 인간의 고통을 접하다 보면, 특히 나 같은 사회주의자는 마음이 무뎌지는 경향이 있다. 개별적인 사람들의 고통을 느끼지 않으려고. 그래야 용기를 잃지 않고 큰 문제를 해결할 수 있으니까. 그런데 하이너는 정반대다. 절대 매몰차게 마음먹지 못한다. 그런 사랑은 슬픔에 찬 개인의 마음을 바로 꿰뚫는다. 참으로 순수한 희생이다."

배는 사흘 동안 파라과이를 향해 상류로 거슬러 올라갔다. 사람들로 빽빽이 들어선 배에서 하이너는 처음으로 파라과이 사람들과 마주쳤다. 삼등칸에 탄 하이너는 양파와 오렌지, 모기와 담배 피우는 사람들에 둘러싸인 채 이리 치이고 저리 치였다. 흡연에는 남녀 구분이 없었고 갈색으로 변한 침을 뱉어 내는 그들의 기술은 놀라운 동시에 보기 거북했다. (파라과이에 관한 어떤 책도 하이너에게 이 국민적 취미에 대해 가르쳐 주지 않았다.) 환기가 되지 않아 공기는 답답했고 그나마 있는 창은 수면과 가까워 배가 움직일 때면 닫아야 했다. 사람들은 고장 난 화장실을 계속 이용했고 배설물은 그대로 탁한 강물로 흘러나갔다. 오수가 배출되는 곳에서 2미터밖에 안 되는 지점에 작은 해치가 있었는데, 바로 선내 식당 주인이 음식 재료를 강물에 씻을 때 사용하는 문이었다.

하이너는 지나가는 풍경을 유심히 관찰했다. 아르헨티나의 광활한 초원이 물결치듯 출렁이며 폭이 1,5킬로미터나 되는 강을 따라 이어졌다. 들판에는 풀을 뜯는 소 떼가 있었고, 소를 치는 가우초*들이 구두 뒤축에 박차를 걸고 우쭐대듯 성큼성큼 걷고 있었다. 배가 파라과이에 가까워지자 강변의 초목이 야자수와 기다란 대나무로 바뀌더니 이내 밀림으로 변했다.

불결하고 습한 파라과이의 수도 아순시온에서 기다리던 하디와 에디트 그리고 에미는 하이너 일행을 반갑게 맞아 주었다. 통관 절차를 끝낸 그들은 함께 배를 타고 이틀을 더 상류로 올라갔다. 그사이에 하이너는 한스를 공동체의 목회자로 다시 세워야 하지 않겠냐고 하디를 설득했다. "정말로 용서받았다면 전적으로 신임해야 하지 않을까? 다른 멤버들에게 물어보는 건 어때?" 하디는 한스가 이미 용서받고 신임을 받은 것과 지도자로 세우는 건 별개의 문제라며 완강히 반대했다. 하이너는 더 논쟁하지 않았다.

무리는 푸에르토 로자리오항에 상륙했다. 명색이 항구지만 누군가 울퉁불퉁한 널빤지를 강둑에 고정해 만든 계단만 있을 뿐 실상은 평범한 강기슭과 별 차이가 없었다. 몇 톤이나 되는 짐을 내릴 일이 막막했다. 더군다나 비까지 억수같이 쏟아지고 있었다. 하지만 목적지에 다다른 이상 짐을 안 내릴 수도 없는 일이었다.

밧줄을 첫 번째 상자에 묶은 남자들이 무거운 상자를

★ 남아메리카의 목축 지대인 팜파스의 주민이나 목동.

들어 올리느라 안간힘을 썼다. 파라과이인 선장의 "툼바! 툼바! 툼바! 툼바!" 하는 소리에 맞춰 남자들이 밧줄을 끌어당겼다. 선장은 대개 원주민이나 하는 일을 유럽인들이 자처해 고생하는 모습을 흥겹게 바라보며 서 있었다.

남자들은 몇 시간 동안 '툼바' 소리에 맞춰 땀을 흘렸다. 팔을 걷어붙이고 도와주던 파라과이인 몇 사람이 둑 위로 상자가 올라올 때마다 고음으로 소리를 질렀다. 자니가 그 소리를 따라하기 시작하자 곧 다른 남자들도 합류했다. 고성은 무리의 사기를 북돋웠다. 비에 흠뻑 젖고 진흙투성이가 됐지만 일하는 사람 모두 웃음을 잃지 않았다. 몇 시간이 지나 짐을 비운 배는 다시 상류로 거슬러 올라갔다.

짐을 올리는 동안 작은 마차 행렬이 근처에 멈춰서더니 마부들이 내렸다. 맨발에 깡마른 사람들이 독일어로 말을 걸어 왔다(몇 년 전 파라과이에 도착한 메노나이트 난민들이었다). 모두 비에 젖은, 너덜너덜한 옷을 입고 떨고 있었다. 새로 온 이민자들의 짐을 옮겨 주고 작은 돈벌이라도 하기 위해 몰려온 듯했다.

에스탄시아 프리마베라, "봄의 대지"라 불리는 새 정착지는 오랫동안 방치된 방목지로 2천 5백만 평의 습지와 초지, 원시림으로 둘러싸여 있었다. 밀림에는 오래전 예수회 선교사들이 심었으리라 짐작되는 오렌지 나무들이 자라고 있긴 했지만, 대부분 사람의 손길이 닿지 않은 채 고함원숭이, 맥, 퓨마, 타조, 앵무새, 그리고 보아뱀만이 살고 있었다. 이제 마을을 하나 이룰 만한 숫자의 유럽인들이 옷가지만 달랑 들고 원시림을 주거지로 만들기 위해 찾아왔다.

하이너와 애나마리 일행이 도착한 5월 말, 프리츠가 이끄는 건축팀은 첫 번째 집을 마무리했다. 어찌나 급하게 지었던지 사람들은 "뚝딱 오두막"이라고 불렀다. 나무줄기를 잘라 기둥으로 세우고 진흙과 웃자란 풀로 초가지붕을 만들어 올린 이 기초적인 막사는 폭이 좁고 길이가 길었다. 물론 벽은 없었다.

사생활은 불가능했다. 각 가족은 줄에 아무것이나 걸어 놓아 칸막이를 대신했고 여행 가방으로 가구를 대체했다. 그리고 공간이 있는 곳이면 어디든 바닥에 침구를 다닥다닥 붙여 놓는 식으로 자기 집을 만들었다. 하루를 마감하는 저녁 시간은 일정한 순서로 돌아갔다. 남자와 사내아이들이 밖에서 기다리는 동안 여자와 어린아이들이 먼저 옷을 갈아입었다. 촛불이 꺼지면 그제야 남자들이 잠자리에 들 준비를 했다.

그 정도는 작은 불편에 지나지 않았다. 더 큰 문제는 첫 번째로 도착한 그룹을 강타한 질병이었다. 파라과이에 제일 먼저 온 그룹은 프리마베라로 곧장 이동하지 않고 그란차코의 임시 야영지에서 석 달을 보냈다. 그란차코는 파라과이에서 "녹색 지옥"으로 불리는 악명 높은 지역이었다. 거기에서 모든 아이가 눈병에 걸렸는데 고름 때문에 눈이 심하게 부어올라 눈꺼풀이 뒤집힐 정도였고, 눈 주위에는 늘 파리가 모여들었다(몇 주 동안 사람들은 실명을 일으키는 트라코마일까 노심초사했지만 다행히 결막염으로 판명 났다). 모기와 개미, 날벌레에 물린 상처에 염증이 생겨 고생한 사람들도 수두룩했다. 주로 다리에 상처가 많았는데, 건장한 남자도 아파서 절뚝거릴 정도였다. 모니가 붕대를 감아 준 상처가 한때 100개에 이른 적도 있었고, 눈을 치료받은 사람이 150명에 달하기도 했다. 전갈과 기생충, 살갗 밑을 뚫고 들어가는 구더기도 흔했다.

음식은 얌, 굴라시(고기 소스인데 실제로는 고기 한 점 찾기 힘들었고 묽기만 했다), 고구마처럼 생긴 만디오까가 주재료였다. 체중이 준 이들이 많았지만 배를 곯는 사람은 없었다.

위생도 문제였다. 물은 1.5킬로미터가 넘게 떨어진 우물까지 마차를 타고 가서 드럼통에 실어 와야 했고, 씻을 물은 언제나 부족했다. 운 좋게도 멀지 않은 곳에 강바닥이 있었는데 비가 내리면 물이 차올라, 적어도 긴 일과를 마치고 땀과 말라붙은 흙, 모래를 씻어 낼 수 있었다.

열악한 삶이었지만 사람들은 푸릇푸릇한 새 땅에 매혹되어 아랑곳하지 않았다. 에디트는 "마치 포도주를 마신 듯한 특이한 현상"이라고 표현했다. 이곳에는 미지근한 게 없었다. 낮은 찌는 듯이 무더웠고 밤은 몹시 추웠다. 열대 식물의 생기와 화려함 때문에 프리마베라는 천국처럼 보였다. 하이너는 경외심에 가득 찬 눈으로 새로운 정착지를 바라봤다. 특히 동틀 녘 일하러 나갈 때면 더 경이로웠다. 거대한 태양이 지평선을 붉게 물들이며 떠오를 때 초원을 덮은 낮은 안개는 바다처럼 일렁였고, 새와 개구리, 곤충들은 요란한 합창으로 새벽을 깨웠다.

지금까지 이뤄 낸 일을 떠올리며 하이너도 어느새 노래를 따라하고 있었다. 한 떼의 소를 이끌고 벌써 10만 평의 땅을 갈아엎었다. 일단의 멤버들은 아순시온에서 사들인, 오래되었지만 아직도 쓸 만한 증기 기관을 이용해 제재소를 짓고 있었다. 프리츠는 네 번째 숙소의 건축을 감독하는 중이었고 곧 조산소로 이용될 세 칸짜리 오두막과 빵을 구울 건물도 완성될 예정이었다. 한두 해만 더 있으면 프리마베라는 제대로 갖춰진 교회 공동체로 변모할 것이다. 아니, 그 이상의 의미를 지닌 곳이 될 것이다. 아무리 외진 곳에 있더라도 인류에게 형제애와 사랑을 비추는 등대가 될지니.

프리마베라에 도착한 지 2주 만에 하이너와 애나마리의 아기가 병들었다. 처음에는 풍진으로 고생하더니 이내 백일해에 기관지염까지 겹쳤다. 몇 시간씩 이어진 기침 때문에 산소가 부족해진 크리스토프는 얼굴색이 파랗게 변하기까지 했다. 애나마리는 다급히 도움을 구했지만 밀림에서 아기를 치료할 방법은 거의 없었다. 프리마베라의 다른 가족들처럼 하이너와 애나마리에게도 고난의 시간이 시작됐다.

22. 참회

1941년 여름, 프리마베라.

6월 말, 세 번째 아기가 폐렴으로 목숨을 잃었다. 프리츠의 18개월 된 딸 크리스틴이었다. 하이너가 장례 예배를 진행했다. 프리츠가 밀림 가장자리에 자리 잡은 묘지로 작고 하얀 관을 들고 오는 모습을 보며 하이너는 몸서리쳤다. 이 땅에서 얼마나 더 어린 생명이 희생되어야 하는가?

돌이켜 보면, 크리스틴의 죽음은 가장 암울한 시기의 서막에 불과했다. 그 일로 공동체는 새로운 국면으로 접어들었다. 물론 지난해도 쉽지는 않았지만 미래를 향한 비전이 있었기에 사람들은 고생을 쉽게 잊을 수 있었다. 유럽을 떠나 하나님 나라의 전초 기지를 세우자! 우리는 전쟁의 혼란에서 구원받은, 남은 자들이다. 새 땅에서 그 어느 때보다 번성하리! 하지만 이들이 바라던 미래는 가까이서 보니 더 이상 장밋빛이 아니었다.

개척자의 열정이 단번에 사라진 것은 아니었다. 아직도 여러 곳에서 열정을 느낄 수 있었다. 트루디는 허름한 오두막에서 임시로 만든 칠판으로 학생들을 가르쳤고, 측량사인 아돌프와 윌프레드는 뱀이 우글대는 늪지대를 몇 킬로미터씩 헤집고 다녔다. 프리츠는 건축팀을 독려하여 빠른 속도로 건물을 올렸고, 에미와 모니는 쉴 새 없이 아픈 사람들을 방문하며 제대로 보살핌을 받고 있는지, 먹을 것은 부족하지 않은지 살폈다. 우유를 생산할 수 있는 젖소를 충분히 확보하기 위해 낙농장에서 애쓰는 젊은이들도 몸을 사리지 않고 일했다(우유는 아이들에게만 조금씩 나눠 줄 수 있을 정도로 귀했다). 프리마베라를 매입할 때 2천 마리의 소도 딸려 왔지만 모두 길들지 않은 채였다. 밧줄로 잡아서 젖 짜는 곳까지 끌고 와서 기둥에 묶어 놓고 고생해서 젖을 짜 봐야 우유 한 병 나올까 말까였다.

몇 주가 지나자 사람들은 의욕을 잃기 시작했다. 가장 혹독했던 것은 물론 죽음이었다. 그러나 배고픔도 고통스럽기는 마찬가지였다. 가끔 등장하는 오렌지를 제외하면 아침은 주로 만디오까나 밀죽(길거리에 포스터를 붙일 때 쓰는, 신맛 나는 밀풀과 똑같았다)이었다. 점심과 저녁도 역시 만디오까로 대충 때웠고, 고기는 구경하기조차 힘들었다.

식량을 늘리려는 농작물 생산팀의 시도는 모두 실패로 돌아갔다. 초기에 시도했던 프로젝트 중 하나는 바나나 묘목 1천 그루 심기였는데, 여러 날이 걸리는 고된 일이었다. 불행히도 초기에 잘 자라는 듯했던 나무들이 한 번 된서리를 맞더니 모두 말라 죽었다. 울타리를 제대로 설치하지 못해 수십 마리의 소를 잃거나 도둑맞는 일도 있었다.

파라과이는 예상보다 추웠다. 특히 벽 없는 숙소에 세

찬 바람이 몰아칠 때면 더욱 그랬다. 사람들이 별 고민 없이 겨울 이불을 영국에 놔두고 온 탓에 이불이 늘 부족했다. 설상가상으로, 가지고 있던 이불마저 이슬에 축축해지거나 밤새 들이친 비에 홀딱 젖기 일쑤였다.

에미를 비롯한 몇 명은 이런 상황에서도 웃음을 잃지 않았다. 에미는 수첩에 "어느 날 밤에는 바람이 어찌나 세차게 불던지 모두 날아가는 줄 알았다!"고 적었다. "런던에서는 공습이 있을 때마다 지하철역에서 수천 명이 다닥다닥 붙어 잤지만, 적어도 여기에선 맘 놓고 잘 수 있지 않은가." 하지만 모두가 이렇게 긍정적이지는 않았다.

그새 수십 명(주로 어린이들)이 계속 질병으로 고생했다. 기생충, 염증, 이질부터 황달, 말라리아, 백일해, 기관지 폐렴에 이르기까지 원인도 다양했다. 몇몇 엄마들이 감정을 주체하지 못할 만큼 힘들어하는 것도 당연했다.

어려운 시간을 보내며 서로가 가까워질 수도 있었다. 적어도 지난날 공동체는 그렇게 고난의 시간을 견뎌 냈다. 하지만 지금은 정반대의 상황이 벌어지고 있었다. 처음에 어깨를 맞대고 협력하던 분위기는 급속히 사라졌다. 일자리에서 불거진 갈등은 다툼으로 번졌고, 의견 차이로 인해 분열의 골이 깊어 갔다.

애쉬턴 필즈에서 합류한 많은 사람이 절망감과 은밀히 싸우고 있었다. 영국에 있을 때는 그래도 왜 공동체로 살고자 하는지 목표가 뚜렷했다. 잠시나마 맛본 하나님 나라의 비전이 그들의 인생을 바꾸어 놓았다. 다른 영국인들이 전쟁의 신 앞에 굴복할 때 평화를 지키는 삶을 위해 모든 걸 포기할 수 있었던 이유다. 심지어 배우자와 아이들을 남겨 두고 파라과이로 건너온 사람들도 있었다.

이제 그런 열정이 흔들리기 시작했다. 젊은 의사 루스는 혼잣말로 탄식했다. "이건 내가 생각했던 삶이 아니야."

에미와 오래된 다른 멤버들은 마음을 다부지게 먹었다. "우리는 함께 이 어려움을 극복해야 해요." 자신이 불러 모은 여자들 앞에서 에미가 말했다. "이미 많은 장애물을 지나왔어요. 어쩌면 더 어려운 일을 만날 수도 있죠. 하지만 함께 부딪힙시다. 하나님께서 그분의 뜻을 이루고 우리를 지켜 주신다는 것을 믿읍시다."

에미의 말을 듣고 낙심한 사람들이 위로를 받았지만, 문제는 그처럼 서로를 격려하는 사람이 거의 없었다는 점이다. 7월 어느 저녁, 전에는 주로 내면을 돌아보고 함께 기도하는 자리였던 멤버 모임에서 사람들이 서로에게 삿대질하며 심하게 언쟁을 벌이는 일이 생겼다. 모임에 참석하지 않은 손님과 수련자들이 간간이 흘러나오는 성난 고함에 불안감을 느낄 정도였다. 그렇다고 낮의 일이 줄어든 것도 아니어서 일과는 여전히 빠듯했다. 조만간 뭔 일이 터질 듯한 긴장이 감돌았다.

첫 번째 피해자는 하디였다. 아순시온에 출장을 갔다 돌아온 하디를 향해 사람들은 비난을 퍼부었다. 돈을 너무 낭비했다는 게 그 이유였다. 몇 번의 모임에 걸쳐 사람들은 하디에게 잘못을 추궁하며 수치심을 안겨 줬다. 심지어 하디가 하지도 않은 일까지 거론하며 손가락질했다. 결국 하디는 프리마베라를 이끄는 자리에서 내려오게 되었다. 형이 종종 자기 생각을 지나치게 고압적으로 밀어붙였다는 점은 하이너도 인정할 수 있었다. 실제로 형에게 그 문제를 지적하기도 했다. 하지만 사람들이 증오에 차 퍼붓는 비난 중에 어떤 것은 순전히 해묵은 앙심에서 비롯된 것임을 보면서 하이너는 온몸이 떨렸다. 이렇게 불신이 팽배한데 얼마나 공동체가 지속될 수 있을까?

지난 6개월 동안 두 명의 다른 지도자도 비슷한 식으로 물러났다(공동체는 이미 영국을 떠나기 전 게오르크에게 목회직을 내려놓으라고 요구했다). 이제 책임자의 자리에는 하이너만 남았다. 전혀 예상치도 또 바라지도 않았던 역할에 하이너는 어깨가 무거웠다. 3백 명이 넘는 사람들의 생존과 행복이 하이너의 손에 달려 있었다. 스물여덟 살밖에 안 된 하이너는 자신에게 너무 과분한 자리라고 느꼈다. 걱정할 일도 태산 같은데 엎친 데 덮친 격으로 신장병까지 도져 하이너는 병상에 드러눕고 말았다.

염증도 좀처럼 가라앉질 않았다. 8월 중순, 의대를 갓 졸업해 공동체의 의료진을 책임지고 있던 영국인 의사 시릴 데이비스는 만성 통증과 만성 피로를 해결하기 위해 몇 가지 약을 처방했다. 그중에는 당시 의료용으로 흔하게 사용되던 브롬화칼륨이 들어간 진정제도 있었다. 특히 많은 양을 다량으로 복용하면 유독하다고 알려진 약이었다.

하이너는 자신이 아픈 것보다 눈앞에서 공동체가 무너지는 모습을 보는 것이 더 힘들었다. 어쩌다가 프리마베라가 이런 혼돈에 빠졌을까? 파파와 마마, 타타는 형제애와 정의라는 비전을 실현하기 위해 자네즈를 시작했다. 2차 세계대전으로 전 세계 수백만의 사람들이 희생되고 있는 이때 무엇보다 우리에게 더 절실한 비전이다. 그런데 우리는 여기서 옥신각신 싸우고 있다니. 이러려고 어린것들과 함께 잠수함이 우글대는 대서양을 위험을 무릅쓰고 건너온 건가? 아버지가 그토록 고통받은 대가가 고작 이것이란 말인가?

　하이너는 밤낮 아버지가 그리웠다. 아버지가 돌아가시고 나서 얼마나 많은 일이 그릇됐는가! 어디를 가든 하이너의 머릿속에는 아버지의 마지막 편지뿐이었다. 공동체가 제자리로 돌아올 수만 있다면! 도대체 무엇을 할 수 있을까? 아버지께 공동체가 초심을 잃지 않도록 도우라는 부탁을 받은 이들, 한스와 게오르크, 하디, 한스-헤르만과 나, 그리고 어머니와 에미-마가렛 모두 실패했다. 주위를 둘러보고 나 자신을 돌아보면 괴로움과 고통, 실수뿐이다. 가끔 너무 절망한 나머지 더는 살고 싶지 않을 때도 있었다. "아버지가 떠난 이후로 모든 게 끔찍해."

　여름이 끝나 갈 무렵, 가족과 머무를 수 없을 정도로 병이 악화된 하이너는 특별히 마련된 오두막으로 거처를 옮겨 혼자 지냈다. 임신 6개월째인 애나마리는 로즈비트와 공동체 숙소에 남았다. 9개월 된 크리스토프는 그때까지도 백일해와 기관지염을 앓고 있어서 간호사인 필리스 라비츠에게 맡겨졌다.

　네 평 남짓한, 간소한 오두막은 판자벽이라 외풍이 심했다. 창 세 개에는 방충망과 밤에 사용하는 가림막이 있었다(창유리는 없었다). 그래도 공동체 숙소에 비하면 대궐이었다.

하이너의 병세는 더 나빠졌고 몸도 많이 쇠약해졌다. 9월 중순 하이너에게 안구 뒤 시신경을 누르는 유두 부종이 생겼다. 지금도 그렇듯 당시에도 유두 부종은 심각한 증세였다. 주로 말기 환자나 뇌종양 환자 또는 유독 물질(예를 들어, 브롬화물과 같은 물질)을 다량으로 복용한 사람에게서 나타나는 증상이었다. 시릴은 경각심을 갖고 증세를 지켜보며 진찰 일지에 기록을 남겼다. 하지만 어떤 진단을 내려야 할지는 잘 몰랐던 듯하다. 문제의 브롬화물이 들어간 약을 계속해서, 그것도 고용량으로 처방했기 때문이다.

9월 29일, 하이너에게 응급 상황이 발생했다. 장기가 하나씩 기능을 멈추기 시작하더니 산소가 부족해 호흡이 어려울 지경에 이르렀다. 오후에 오두막을 찾은 시릴의 얼굴에 당황한 기색이 역력했다. "시간이 얼마 남지 않았습니다." 시릴이 말했다.

죽음에 가깝다는 얘기를 듣자 모든 게 달리 보였다. 온 정신을 쏟아 중대한 순간을 맞을 준비를 해야 했다. 이 땅에서의 시간이 거의 끝나 간다. 마지막 순간까지 내가 맡은 임무를 완수해야 해. 망설일 시간이 없다. 지금부터 일분일초가 귀중하니까. 삶의 전반을 돌아보고 진정 중요한 것에 초점을 맞춰야지. 무엇보다 지금까지 내가 짊어져 온 책임을 마지막으로 한 번 더 제대로 이행해야 해.

공동체가 처음의 열정과 생기를 되찾는 게 무엇보다

시급했다. 하나님께서 분명 이에 대한 책임을 물으실 거야. 물론 아버지도. 그런데 어떻게 하면 프리마베라 사람들을 제자리로 돌려놓을 수 있을까? 어떤 면에서 하이너는 이미 답을 알고 있었다. 자신을 포함해 모두에게 시급한 것은 개인적인 쇄신이었다. 첫사랑의 기쁨을 되찾아야 한다. 그게 우리를 구원할 유일한 길이야. 하지만 어떻게 그런 부흥이 찾아오지?

하이너는 공동체에 모임을 요청했다. 들것에 실려 오두막 밖으로 나온 하이너가 입을 열었다. "형제자매 여러분, 제가 이런 말씀을 드릴 자격이 있는 사람은 아닙니다. 하지만 워낙 위중한 상황이라 여러분께 간곡히 부탁합니다. 회개하십시오. 공동체가 이렇게까지 잘못된 책임은 우리 각자에게 있습니다. 제게도 책임이 있습니다. 하지만 다 함께 우리가 저지른 죄악에서 돌이킵시다. 과거를 진정으로 반성해야 미래를 용기 있게 맞이할 수 있습니다."

점점 숨이 차올랐지만 하이너는 안간힘을 다해 말을 이어 갔다. "우리에게 주어진 약속이 있습니다. '보아라, 내가 모든 것을 새롭게 한다!' 모든 게 새로워질 수 있습니다! 맨 처음 우리를 이곳으로 이끈 하나님의 부르심으로 돌아갑시다. 마음을 고쳐먹고 서로 사랑합시다. 모든 게 새롭게 될 것입니다!"

모임을 마치고 돌아가는 사람들의 마음에 기쁨이 차올랐다. 많은 이들이 부둥켜안고 용서를 구했다. "이게 복음이야! 지금 우리에게 필요한 복음!" "그동안 제가 너무 냉담하고 차가웠습니다. 용서해 주세요." "전 너무 제 일만 신경 쓰고 살았어요."

많은 사람들이 눈물을 흘렸다. 모임 내내 엉엉 소리 내며 울던 칼은 감정이 격해져 잠시 의식을 잃었다. 암울하기만 했던 지난 몇 달 동안 사람들이 잃었던 희망은 더 밝은 빛으로 찾아왔다. 마침내 공동체는 제자리로 돌아왔다.

그 주 내내 공동체의 분위기는 이전과 판이하게 달랐다. 사람들이 해묵은 갈등을 풀고 화해했다. 다수의 사람이 하이너에게 찾아가 죄를 고백했고 그 뒤로도 고백의 행렬은 이어졌다. 가면을 벗은 사람들의 얼굴엔 화색이 돌았고 눈에는 빛이 났다. 더는 잿빛 얼굴을 찾아볼 수 없었다.

이런 분위기에서 하이너는 시급히 지도자 문제를 해결하길 바랐다. 프리마베라 공동체에 필요한 것은 겸손한 인물이었다. 지도자의 위치를 계급이 아닌 섬김의 자리로 보는 사람이 절실했다. 종종 꺼내 보던 아버지의 마지막 편지를 다시 읽고 나서 하이너는 지금이 바로 한스와 게오르크, 하디를 지도자로 다시 세워야 할 때라고 확신했다. 세 사람 모두 이전에 지도자로 공동체를 섬겼던 경험이 있었다. 무엇보다 중요한 건 이들을 세웠던 사람이 다름 아닌 아버지라는 점이었다. 드디어 아버지의 마지막 소원을 이루어 드릴 기회가 찾아온 것이다.

6년 전 한스는 아버지의 기대를 저버렸다. 그러나 이제는 달라진 듯 보였다. 물론 모진 마음씨가 드러났던 것도 사실이다. 그러나 지난 몇 해 동안 한스는 전에 없이 겸손했다. 복음서에도 "일흔 번씩 일곱 번"이라도 용서해야 한다고 말하지 않았던가? 하이너는 속으로 말했다. '아버지 사후에 참 많은 일이 일어났어. 지금이 새롭게 출발할 수 있는 절호의 기회야. 새하얀 도화지처럼 말이야. 한스와 하디, 게오르크와 내가 함께 팀을 이뤄 협력할 거야.'

하이너는 속으로 결정을 내렸지만 다른 사람에게 말하기가 망설여졌다. 많은 사람이 한스를 지도자로 인정하길 주저할지도 모른다는 걱정이 앞섰다. 지난날의 상처가 아직 아물지 않았을 수도 있었다.

한편 하이너의 몸 상태는 날마다 악화됐다. 10월 3일, 하이너의 호흡이 불규칙해지고 거칠어졌다. 하이너는 산소가 부족해 가쁜 숨을 내쉬며 경련을 일으켰다. 시릴이 찾아와 기초적인 검진을 마치고 결과를 말했다. "체인-스토크스 호흡*입니다." 죽음의 관문을 통과하는 싸움이 시작됐다.

"시간이 얼마나 남았나요?" 하이너는 알고 싶었다. 몸은 죽어 갔지만 의식은 여전히 또렷했다.

"길어야 48시간이에요." 시릴이 답했다.

애나마리는 하이너의 손을 잡은 채 곁에 앉아 있었다. 하이너는 사랑이 가득 찬 눈으로 애나마리를 바라봤다. 아내는 너무 지쳐 보였다. 입은 굳게 닫혀 있었고 눈은 초점을 잃었다. 출산을 석 달 앞둔 아내. 남편 걱정만으로도 힘들 텐데 애나마리는 크리스토프까지 돌봐야 했다. 수개월째 아기는 고열과 기관지염으로 고생하고 있었다.

★ 존 체인과 윌리엄 스토크스가 처음 기록한, 호흡과 무호흡이 주기적으로 반복되는 호흡 이상의 한 형태.

창밖에서 한 무리의 사람들이 노래를 불렀다. 알프레드와 조피 칼과 자니, 루스, 필리스와 다른 많은 이들의 얼굴이 보였다. 무리 중엔 아이들도 있었다. 하이너가 노래를 부르는 사람들에게 얘기하고 싶다고 말하자 애나마리는 무리를 창가로 불러 모았다.

"공동체에 한 가지 묻고 싶은 게 있습니다." 하이너가 입을 열었다. 잠시 생각을 정리하기 위해 뜸을 들인 하이너는 곧장 본론으로 들어갔다. "지금이 한스와 게오르크, 하디를 다시 지도자로 세워야 할 때가 아닌가요? 모두 실패했습니다. 하지만 누구에게나 용서가 필요합니다. 우리가 이들에게 다시 한 번 전적인 신뢰를 줄 수 있을까요?"

무리 중에 조심스럽게 찬성하는 소리가 퍼져 가자 몇 사람이 서둘러 세 명을 데리러 갔다. 곧 도착한 세 사람은 오두막으로 들어갔다. 그사이 누군가 제재소로 뛰어가 증기 엔진 경적을 울렸다. 모임을 알리는 신호였다. 몇 분 만에 전체 공동체가 모였다. 어른들은 오두막 앞에 반원을 그리며 섰고 아이들은 방충망에 얼굴을 바짝 붙였다. 사람들을 둘러본 하이너는 앞서 자신이 제안한 내용을 반복했다.

그러고 나서 사람들에게 물었다. "모두 제 질문을 들으셨습니다. 반대하시는 분 계십니까?" 침묵이 흘렀다. "그러면 모두 찬성하시는 겁니까?"

"네." 모두가 한목소리로 대답했다.

하이너가 침대에 누운 채 말을 이어 갔다. 앉지도 못할 정도로 기진맥진했지만, 하이너는 문장 사이마다 쉬어 가며 신중하게 이야기했다. "우리 중 누구도 다른 사람 위에 군림해선 안 됩니다. 오히려 사랑으로 서로를 섬겨야 합니다. 대중이 소위 위대한 지도자를 따르듯 인간을 좇을 때 안 좋은 결과를 맺는다는 것을 우리는 모두 경험했습니다"(청중은 하이너가 사용한, '위대한 지도자'가 히틀러가 자신을 지칭한 말임을 잘 알고 있었다). "이런 태도를 버려야 합니다. 어떤 이에게 책임을 맡길 때 그 사람을 위대한 지도자로 바라보지 맙시다. 그보다 그 사람 안에 있는 하나님의 불꽃에 집중합시다. 모든 게 서로 용서하는 일에 달려 있습니다."

하이너의 호흡이 가빠지면서 가슴이 들썩였다. 목소리가 높아졌다가도 갑자기 내려가길 반복하며 불규칙하게 변했지만, 밖에 있는 사람들은 알아들을 수 있었다. 수년 뒤에도 사람들은 하이너의 말을 기억했다.

"하나님 나라를 위해 산다는 건 정말 위대한 일입니다! 절대 뒷걸음치지 마세요. 하나님 나라를 위해 사세요. 하나님 나라를 찾으세요. 그 나라는 너무나 강렬해서 여러분을 압도할 것입니다. 인생의 모든 고민과 세상의 온갖 문제가 해결될 것입니다. 모든 것이 새로워지고, 사람들은 그리스도 안에서 서로를 사랑할 것입니다. 분열과 죄, 고통, 어둠, 죽음은 모두 사라지고 오직 사랑만이 다스릴 것입니다."

말을 마친 하이너는 한스와 하디, 게오르크에게 손짓했다. 세 사람이 침대 옆에 무릎을 꿇자 하이너는 예수님이 베드로에게 물으셨던 것처럼 세 번 질문했다. "그리스도를 사랑하십니까?"

"네." 세 사람이 답했다.

"그렇다면 양 떼를 돌보십시오."

하이너는 차례로 머리에 손을 얹고 지도자의 책임을 위임하는 기도를 올리며, 힘과 불쌍히 여기는 마음 그리고 겸손함을 주시길 하나님께 구했다.

하이너와 애나마리, 1962년 뉴욕 리프턴에서.

베를린의 빌머스도르프에 있던 아놀드가의 저택.
아래층 베란다 왼쪽부터 하이너, 한스 헤르만, 그리고 하디.

1915년 아놀드 가족. 왼쪽부터 에미, 에미-마가렛(4세), 하이너(1세), 에버하르트, 하디(3세). 당시에는 사진 촬영과 같이 특별한 경우 남자아이에게 드레스를 입히기도 했다.

원숭이 인형을 가지고 노는 하이너(5세). 1919년 가족이 베를린을 떠나 외딴 마을이었던 자네츠로 이주하기 직전에 찍은 사진.

궁핍했지만 행복했던 아놀드가의 아이들. 자네츠로 이주한 후의 사진(1921년경). 왼쪽부터 한스 헤르만, 하이너, 모니카, 하디 그리고 에미-마가렛.

엘자 폰 홀란더 또는 "타타."
하이너가 부모 다음으로 가깝게 여기던 어른이었다.

태양특공대 창립 멤버(1928년). 왼쪽부터 루이제 콜프, 하이너 아놀드, 조피 슈빙.

에미-마가렛과 그녀의 약혼남 한스 줌퍼(1929년).

애나마리(1925년). 에미-마가렛의 대학 친구였던 그녀는
1932년 1월 엘자 폰 홀란더가 죽던 날 슈파호프에 도착했다.

슈파호프 무덤 입구(1938년경). 1935년 11월 에버하르트가 이곳에 묻혔다.
아들 중 누구도 장례식에 참석하지 못했다. 양심적 병역 거부자로
망명 중이었기에 독일로 다시 돌아가는 건 너무 위험했다.

1935년 다리에 깁스한 에버하르트 아놀드.
2년 전 입은 골절상이 회복되지 않은 상태에서도 에버하르트는
나치의 위협으로부터 공동체를 지키기 위해 쉴 새 없이 일했다.

위에서 본 질룸의 풍경. 멀리 리히텐슈타인과
스위스 사이의 라인강 협곡이 보인다.

질룸에서 춤추는 젊은이들.

하이너의 쉬트리크호프 농업 학교 동창(1934년). 하이너는 뒷줄 중앙.

1934년 질룸에서
소를 다루는 하이너.

1936년 3월 24일 질룸에서 결혼식을 올린 하이너와 애나마리.

하디와 그의 아내 에디트 뵈커.
두 사람은 튀빙겐 대학 재학 중에 만났다.

불가지론자이자 사회주의자였던
자니 로빈슨과 곧 팔리게 될 오토바이.

1940년 파라과이로 향하기 위해 애쉬턴필즈를 떠나는 첫 번째 그룹.
독일 잠수함 유보트의 공격을 피하려고 가까운 가족에게도 언제 출발하는지 알리지 못했다.

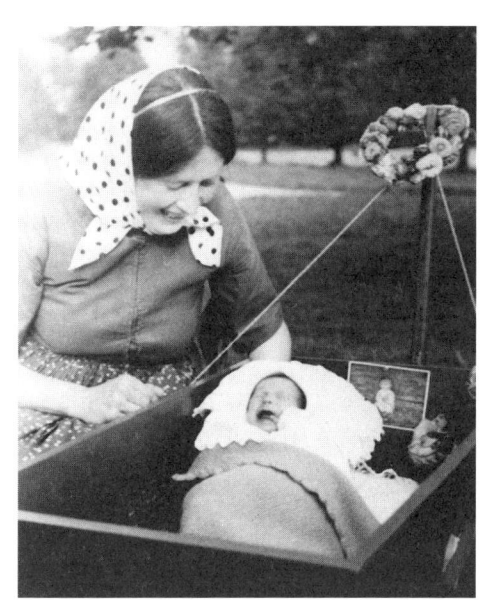

애나마리와
에미 마리아(1938년).
첫 딸을 위해
하이너가 손수
나무 수레를 만들었다.

자랑스런 아빠와 둘째 딸 로즈비트(1939년).

파라과이 새 정착지에 도착한 마지막 그룹이 환영받고 있다.
왼쪽에는 급조된 숙소가 있고 가운데 카메라를 보고 있는 두 사람은
(왼쪽부터) 알프레드 그나이팅, 프리츠 클라이너이다.

1942년 오랜 투병 뒤에 다시 결합한 하이너와 애나마리의 가족.

1945년 찍힌 가족사진에서 하이너의 빈자리가 선명하다. 당시 하이너는 2년째 가족과 떨어진 채 산타 이사벨 나환자촌에서 일하고 있었다.

애완동물과
즐겁게 지내는
요한 크리스토프.

마리아나의 무덤 곁에 선 하이너(1961년).

하이너가 처음으로 미국에 다녀온 뒤 형 하디와 함께. 1953년 파라과이.

모금 여행을 떠난 윌 마천트와 하이너.
필라델피아 근처 팬들힐에서(1951년).

톰과 플로리 포츠 부부.

코이노니아 농장을 방문 중인 하이너와 윌. 클래런스 조던이
조지아주에 세운 코이노니아는 백인과 흑인이 함께 일하는 협동조합이다.

1956년 우드크레스트 여름 축제. 하이너와 애나마리는 격식에 얽매이지 않는 새 공동체의 분위기가 점점 마음에 들었다.
1. 애나마리 2. 요르크 바르트(게오르크와 모니의 아들) 3. 하이너
4. 아놀드 메이슨 5. 로즈비트 6. 더피 블랙.

애나마리의 열렬한 지지를 받아 일단의 우드크레스트 여성들과 남자들의 수염에 항의하는 시위를 이끄는 시빌 센더(1962년경).

캠핑 여행에서
딸들과 함께.
(왼쪽부터) 마리아, 모니카
그리고 엘자(1959년).

하이너 가족의 거실. 일요일 오후에는 어머니(에미 아놀드)를 모시고 가족과 함께하는 시간을 가졌다(1960년).

프리마베라로 향하는 하이너와 더그 무디. 파라과이 아순시온에서(1961년).

자네츠 앞에서 다시 만난 하이너와 게오르크 바르트(1961년).

1965년 3월 앨라바마주 셀마에 있는 남부기독교지도회의(SCLC) 사무실 입구에서. 하이너는 지미 리 잭슨이 살해된 후 미국의 성직자들이 셀마에 모여 행진하자는 마틴 루서 킹 주니어의 호소에 응답하기 위해 이곳에 왔다.

1965년 하이너의 가족. (왼쪽부터 서 있는 사람) 하이너, 애나마리, 로즈비트, 요한 크리스토프, 에디트, 리사, 마리아와 그녀의 약혼자 데이비드 맨들. (왼쪽부터 앉은 사람) 엘자, 에미, 그리고 모니카.

1957년 하이너와 한스 줌퍼.

에미 아놀드와 드와이트 블라우(1973년).

한스 줌퍼가 비행기 사고로 사망했다는 소식을 들은 직후
아버지 하이너를 어디론가 모시고 가는 요한 크리스토프(1973년 3월).

1975년 하이너.

손자 네이선 맨들에게 농담을 건네는 하이너(1968년).

서재에서 필자 피터(당시 2세)에게 웃는 얼굴을 그려 주고 있는 하이너(1978년).

23. 악몽

1941년 10월.

하이너는 호흡이 조금 편해지고 규칙적으로 바뀐 것을 느꼈다. 통증도 약간 가라앉았다. 다시 살게 된 건가? 하이너를 진찰한 시릴은 즉각적인 위협이 사라졌다고 말했다. 시릴의 진단은 옳은 듯했다. 그 후 두 주 동안 끊임없이 방문객이 하이너를 찾았고, 사람들은 거의 매일 자발적으로 오두막 밖에 모였다. 하이너는 종종 찾아온 사람들을 격려했다. "느슨해지면 안 됩니다! 계속 정진합시다. 모든 것을 새롭게 하시겠다는 하나님의 약속이 우리 가운데 실현될 때까지 멈추지 맙시다!"

갑작스럽게 바뀐 건 하이너의 병세만이 아니었다. 한스의 태도도 돌변했다. 안수 기도를 받기 위해 무릎 꿇는 순간까지 한스는 진실하고 가까운 친구처럼 행동했다. 일주일에 며칠씩 자원해서 밤새 하이너를 돌보기도 했다. 그런데 별안간 한스가 냉랭해졌다. 처음에 하이너는 그렇게 믿고 싶지 않았다. 매형의 우정이 모두 연극이었단 말인가?

'그게 사실이라면, 매형을 신임한 건 내 생애 가장 큰 실수가 될 텐데.'

하이너는 수십 년이 지나고 나서야 게오르크를 통해 한스가 에버하르트 사후 스스로 쟁취한 자리를 잃고 난 뒤 얼마나 분해 하며 이를 갈았는지 알게 됐다. 다름 아닌 하이너의 도움으로 공동체의 신뢰를 회복한 한스는 이제 자신의 지지 기반을 구축하는 작업에 들어갔다. 대개 아첨으로 환심을 사는 손쉬운 방법을 썼다. "우리에겐 자네처럼 유능한 사람이 필요해." 한스가 건축팀을 이끄는 사람을 추켜세웠다. 프리마베라 합창단을 지휘하는 여자에겐 다음처럼 속삭였다. "당신의 음악적 재능은 정말이지 공동체의 큰 자산입니다!"

하이너는 이런 일들을 새까맣게 모르고 있었다. 이따금 한스가 오두막 문을 지키고 서 있다가 방문을 마치고 나오는 사람을 붙잡고 은근히 자신을 험담한다는 사실도 몰랐다. "너무 감정적이라고 생각하지 않아? 하이너의 감성병이 다시 도지는 거 같아." 어떤 이에게는 심지어 "이런 사기 행각을 막아야 해!"라고 말하기까지 했다.

귀가 얇은 게오르크도 한스의 속삭임에 넘어가 그와 한패가 되었다. "맞아. 내 생각엔 이건 지나치게 종교적인 히스테리야. 오두막 밖에서 모이는 감정적인 모임들도 그렇고. 다시 정신을 차리고 좀 객관적으로 봐야 할 때라고." 곧 두 사람은 공동체가 새롭게 택한 방향을 되돌리기 위해 은밀히 모의하기 시작했다.

10월 말에 들어서자 모두를 깜짝 놀라게 할 사건이 벌어졌다. 하이너가 환영을 보기 시작한 것이다. 하루는 뱀들이 하이너의 사지를 감쌌다. 어느 날은 바늘에 찔린 듯이 목에 구멍이 뚫려 있는가 하면, 온몸에 날카로운 유리 파편이 박혀 있기도 했다. 하늘에서 내려온 악한 짐승이 오두막에 들어와 어둠 속에서 하이너를 죽이려는 듯 따라다닌 적도 있었다. 하이너는 환각증이 찾아올 때마다 소리치며 도움을 구했지만 간호사들은 믿지 않는다는 표정을 지으며 동정 어린 눈으로 쳐다만 볼 뿐이었다.

하이너는 가끔 시릴이 처방해 주는 약 때문에 환각증이 생긴 것은 아닌지 의심했다. 그래서 브롬화물이 들어간 약을 거부해 보기도 했지만, 그때마다 장정 두 명이 하이너를 제압해 억지로 약을 목구멍에 부었다. 어떤 때는 자책감에 휩싸여 괴로워하기도 했다. 어쩌면 약과는 아무 상관이 없을지도 몰라. 내가 미쳐 가고 있는 걸지도. 죄책감이 하이너를 놓아 주지 않았다. 무거운 죄 때문에 벌을 받는 건 아닐까? 잘 때조차 하이너는 끔찍한 악몽에 시달렸다.

이 일에 관해 아는 사람은 하이너의 가족과 시릴, 한스 외에 거의 없었다. 하지만 하이너가 이상하게 행동한다는 소문이 돌기 시작한 걸 보면 누군가가 말을 퍼뜨렸음이 분명했다. 한스는 전직 목사에서 마부로 변신한 그윈에게 살며시 다가가 하이너가 밤에 보이는 비정상적인 행동과 낮에 외치는 회개의 메시지가 도무지 앞뒤가 맞지 않는다고 귀띔했다. 소문을 들은 많은 이들이 혼란스러워했다. 심지어 하이너와 가까운 친구들도 오두막을 회피하기 시작했다.

    10월 초에 찾아온 밝은 희망은 이제 사라졌다. 11월 말이 되자 사람들은 그때의 일을 완전히 잊은 듯했다. 많은 이들, 특히 자니와 루스, 그윈과 같이 영국에서 합류한 멤버들이 갈피를 못 잡고 있었다. 영국에서 하이너는 좋은 말벗이었다. 그리고 이곳 프리마베라에서도 그는 여러 가지 의견이 상충하는 혼란 중에 일치를 호소하는 유일한 사람이었다. 그런데 한스와 게오르크는 어떤 이유로 공동체가 오두막에 모여 경험한 일을 쌀쌀맞게 평가 절하하는 걸까? 왜 한스와 게오르크 그리고 그들과 가까운 자들은 칼과 다른 사람들이 모임에서 너무 감정적으로 반응했다고 공공연히 놀려 대는 걸까? 한스가 더는 오두막에서 모임을 하지 않을 것이며 하이너에게 방문하는 일도 금지한다고 광고한 이유는 무엇일까? 애나마리의 요청이었다는 한스의 답변에도 많은 이들은 납득하기 어려워했다(사실 애나마리는 그런 요청을 하지 않았다).

    12월이 되자 하이너가 죽을 고비를 넘겼다는 사실이 분명해졌다. 하지만 하이너는 여전히 뼈만 앙상했고 좀처럼 병석을 박차고 나오지 못했다. 하이너의 형편을 우연히 전해 들은 미국 손님은 하이너가 수도로 날아가 치료를 받을 수 있도록 손써 주었다. 아순시온에 도착한 하이너는 내과 전문의 후안 뵈트너가 운영하는 개인 병원을 찾고 나서야 비로소 회복되기 시작했다.

    뵈트너 박사는 하이너를 입원시키자마자 브롬화물 복용을 멈추라고 지시했다. 하이너의 환각증은 즉시 사라졌고 다시는 돌아오지 않았다. 하이너의 정신 상태가 놀랄 만큼 나아지는 것을 목격한 시릴은 피할 수 없는 결론에 도달했다. 시릴은 하이너가 브롬화물 중독에 걸렸었다고 판단하고 진료 노트에 다음과 같이 적었다. "아마도 브롬화물이 들어간 약을 과하게 처방했던 탓일지도 모르겠다."

시릴이 이 기록을 남긴 건 12월 20일이었다. 과다 복용에 따른 증상을 처음으로 기록했던 날은 9월 15일. 3개월 동안 시릴은 브롬화물의 투여를 멈추지 않았다. 시릴은 자신의 처방에 따른 부작용을 그 어느 때보다 분명히 인식했음에도 남몰래 진료 기록만 남긴 채 아무런 조처도 취하지 않았다. 하이너와 애나마리에게 그 사실을 알리지도 않았고 공동체에 대략적인 설명도 하지 않았다. 사람들은 모두 하이너에게 정신병 기질이 있거나 (하이너 자신이 궁금해했듯) 영적인 암흑기를 거친다고 생각할 수밖에 없었다.

몇 주 동안 뵈트너 박사의 돌봄을 받은 하이너는 집에 돌아와 안정을 취했다. 신장 기능이 회복되고 체중도 조금 늘자 몇 주 후에는 다시 걸을 수 있게 되었다. 1942년 1월, 집으로 돌아온 지 한 달이 지나 하이너와 애나마리가 기다리던 아기가 태어났다. 하이너는 딸아이에게 아내의 이름을 따라 애나마리라는 이름을 지어 주었고 줄여서 아넬리라고 불렀다.

4월, 다시 방문한 하이너에게 뵈트너 박사가 말했다. "거의 다 나았습니다. 하지만 계속 조심하세요. 음식 섭취도 잘 하고 숙면을 취해야 합니다. 아직 너무 저체중이에요. 일은 해도 되지만 반나절은 쉬세요."

하이너는 너무 기쁜 나머지 같은 말을 되풀이하는 줄도 모르고 연신 의사에게 고맙다고 말했다. 몇 달 동안 의사의 지침에 따라 한적한 곳에서 충분히 요양한 하이너는 다시 일터로 돌아갈 날을 학수고대했다. 하이너는 자신을 기다리는 일이 많다는 것을 알았다. 바쁜 일과를 보내는 공동체 사람들은 행복해 보이지 않았다. (파라과이에 도착하고 나서 보낸 첫 몇 개월처럼) 모든 게 뒤죽박죽이거나 궁핍해서 그런 게 아니었다. 사람들은 기후와 열악한 환경에 적응하고 있었고 일상도 어느 정도 안정되었다. 하지만 많은 이들이 내적으로 답답하고 지쳐 보였다. 무감각해진 걸까? 영적인 돌봄을 받지 못해 그런 걸까? 하이너가 병상에 누워 있는 동안 세 명의 아이가 더 죽었다. 그런데도 공동체는 따로 시간을 내어 아이들의 죽음을 슬퍼할 기회를 갖지 않았다. 지난 10월에 그토록 가까워졌던 사람들에게 도대체 무슨 일이 생긴 걸까?

하이너가 아순시온에서 돌아왔을 때 프리마베라 공동체는 하이너의 귀환을 축하했다. "기적이야!" 많은 사람이 이구동성으로 말했다. "하이너가 죽음의 문턱에서 살아 돌아왔어!" 사람들은 진심으로 기뻐했지만 모두가 같은 반응을 보인 것은 아니었다.

공교롭게도 한스는 프리마베라에 없었다. 에미-마가렛이 결핵 전문의의 진찰을 받을 수 있도록 아순시온으로 함께 출타 중이었다. 주치의로 동행한 시릴과 줌퍼 부부는 며칠 동안 파라과이의 수도에서 하이너와 같은 호텔에 묵었다. 하지만 그렇게 살가운 시간은 아니었다. 하이너의 회복 소식을 들은 한스의 반응은 냉담했다. 하이너가 프리마베라로 돌아가게 되자 그들은 안도하는 눈치였다.

하이너가 돌아온 지 두 주 후 줌퍼 부부와 시릴도 프리마베라로 돌아왔다. 한스는 즉시 모임을 소집했다. 모임을 시작한 한스는 하이너의 건강 상태에 관한 얘기를 제일 먼저 꺼냈다. 아순시온에 있을 때 시릴과 자신이 뵈트너 박사와 하이너의 상태를 논했으며, 박사는 하이너가 어떤 식으로라도 목회 일을 하게 돼서는 안 된다고 말했다는 게 그 내용이었다.

아무것도 모르고 모임에 참석한 하이너는 망연자실했다. 아순시온에서 떠날 때 한스와 시릴 중 어느 누구도 뵈트너 박사를 만나 자신의 문제를 상의할 계획이라고 말하지 않았다. 물론 자신에게 허락을 요청한 적도 없었다. 도대체 이 자들은 무슨 의도로 이런 일을 벌이는 걸까? 왜 한스는 두 주 전 뵈트너 박사가 자신의 면전에서 한 얘기와 완전히 다른 얘기를 하는 걸까?

모임에 참석한 대부분의 사람들도 당황스럽기는 마찬가지였다. 아순시온에 있는 의사가 무슨 권한으로 공동체에서 누가 목회를 하고 못하고를 결정한단 말인가? 우리가 신뢰하는 사람은 하이너다. 건강하든 그렇지 못하든 하이너는 믿을 만한 사람이다. 그러나 납득하기 힘든 결정을 듣고도 한스에게 의문을 제기하는 사람은 아무도 없었다. 하이너는 사람들이 매형을 두려워한다는 것을 느낄 수 있었다.

처음으로 의문을 제기한 사람은 프리츠였다. 프리마베라 책임자 모임에서였다. 두 달 전 5월, 프리츠와 그의 아내 마르타는 또 다른 딸을 잃었다. 1년도 못 되어 두 번째 아이를 떠나보낸 것이다. 슬픔은 프리츠의 마음을 부드럽게 만들었다. 여전히 공동체에서 제일 열정적으로 일하는 사람으로 인정받았지만, 이제 프리츠의 관심사는 프리마베라의 영적 상태였다. 심지어 동시다발적으로 벌어지는 건축 프로젝트보다 더 중요하다고 생각했다. 하이너와 하디 그리고 그들의 아내들과 마찬가지로 프리츠는 공동체가 동정심과 사랑을 잃고 점점 차가워지는 건 아닌지 걱정스러웠다. 세 부부가 가까워지게 된 건 당연한 일이었다.

프리츠가 요직을 맡은 동료들에게 단도직입적으로 말했다. "프리마베라는 근본적으로 바뀌어야 합니다. 우리는 너무 냉담한 관리처럼 변했습니다. 권력을 추구하느라 에버하르트가 시작했던 정신을 잃었어요. 독재주의가 돼 버렸다고요. 지난 몇 번의 모임에서 드러난 조직폭력배 같은 모습은 형제애와는 정반대되는 겁니다! 우리 각자가 먼저 잘못을 시인하고 돌이켜야 해요. 자신을 낮춰야 합니다. 우리가 처음 이곳에 왔을 때 가졌던 기쁨과 사랑을 되찾아야 합니다. 우리는……."

게오르크가 프리츠의 말을 끊었다. "회개 얘기는 이제 질리도록 들었습니다! 당신이 뭐라고 공동체를 조직폭력배라고 말합니까? 어떻게 감히 독재주의라는 말을 입에 올려요!" 프리츠는 처참히 짓밟힌 표정이었다. 모임은 혼돈 속으로 빠져들었다. 그러나 모두가 자리를 뜰 때쯤 하디와 하이너 그리고 한두 명의 사람이 프리츠의 말에 동조한다는 사실이 분명해졌다.

게오르크는 의기양양하여 그 자리에 없었던 한스에게 이 일을 보고했다. "드디어 놈들이 덫에 걸렸어." 같은 날 게오르크와 한스는 긴급 모임을 소집했다. 프리마베라의 모든 이들이 참석 대상이었지만 나중에 합류한 영국인 멤버들은 제외됐다. 그들에겐 모임 동안 아이들을 돌보는 일이 맡겨졌다. "당신들이 합류하기 전에 있었던 일을 논의하려고 합니다." 한스가 영국인 멤버들에게 설명했다.

모임이 시작되자 게오르크가 입을 열었다. 게오르크는 그날 아침 지도자 모임에서 있었던 언쟁의 원인을 나름대로 설명했다. "하이너와 프리츠, 하디는 한참 동안 잘못된 방향을 고집하고 있습니다. '부흥'을 얘기하면서 모두가 자신들을 따르기를 기대하고 있죠. 이런 게 개인적인 주장을 앞세워 패거리를 만드는 행위 아닙니까? 이 자들이 어떻게 분열을 일으키는지 보십시오!"

사방에서 게오르크의 말에 찬성하는 소리가 낮게 들려왔다.

게오르크가 말을 이어 갔다. "게다가 오늘 아침 프리츠가 공동체를 어떻게 비방한 줄 아십니까? 깡패들이 이끄는 독재 정권이라고 하더군요." 도처에서 격분한 고함이 터져 나왔다. 프리츠와 하디, 하이너는 입장을 설명하려 했지만 성난 군중의 함성에 묻혀 버렸다. 이들은 바로 모임에서 내쫓겼다.

이후 몇 주 동안 세 사람을 지지했던 사람들은 조직적

으로 무력화되었다. 프리츠와 하디, 하이너의 아내와 에미를 비롯해 세 사람을 동정한다고 의심되는 몇몇 사람이 심문을 받고 입막음당했다. 프리츠와 하이너, 하디를 본보기 삼아 징계하기로 한 한스와 게오르크는 세 사람을 공동체의 가장자리로 추방해 따로 격리하자고 제안했다. 두 사람은 에버하르트가 북아메리카의 후터라이트 공동체를 방문한 후 들여온 16세기 아나뱁티스트 전통에 근거해 징계를 내린다고 설명했다.

프리마베라 공동체의 멤버들 대다수가 제안에 찬성했다. 어떤 이는 소신껏 또 어떤 이는 두려움 때문에 어쩔 수 없이 내린 결정이었다. 누가 세 사람과 같은 "패거리"로 엮이고 싶겠는가? (나중에 합류한 영국인 멤버들은 사후에 공지만 받았을 뿐, 이 일에 관해 아무런 발언권도 갖지 못했다.)

원칙적으론 프리츠와 하이너, 하디가 일정 기간 홀로 자기 성찰의 시간을 가진 후 돌아와 공동체와 화해하는 게 징계의 취지였다. 그러나 실상은 그렇지 않았다. 한스와 게오르크는 이 시간을 최대한 가혹하게 만들려 했다. 세 사람은 각각 프리마베라에서 떨어진 밀림 속 작은 오두막에 배치됐다. 아내와 아이들과 격리되어 누구와도 말하는 것이 금지된 채 온종일 밭에서 일해야 했다. 징계는 한스와 게오르크가 세 사람의 태도가 바뀌었다는 확신이 들 때까지 무기한이었다.

몇 주 동안 세 사람은 외로움에 시달렸다. 지난해 죽다 살아나 아직도 수척한 하이너는 배고픔과도 싸워야 했다. 도저히 참지 못할 만큼 힘든 싸움이었다. 시릴이 하이너의 신장을 위해 단백질을 제외한 식단을 처방한 것도 한몫 했다. 당시엔 통용되던 요법이었지만 프리마베라의 현실에 는 전혀 맞지 않은 처방이었다. 만디오까와 굴라시에서 고 기를 빼면 무엇이 남는가? 게다가 잘 먹고 체중을 늘리라는 뵈트너 박사의 지시와도 부합하지 않는 요법이었다.

어쩌면 시릴 나름대로 생각이 있었을지도 몰랐다. 하 지만 하이너는 시릴로부터 어떤 설명도 듣지 못했다. 어쨌 든 하이너의 일과를 감독하는 사람은 한스와 게오르크였 다. 하이너는 오두막 밖 지정된 곳에서 음식이 담긴 접시를 받았다. 새 모이통 모양의, 작은 받침대 위에 놓인 접시에는 대개 삶은 호박이나 만디오까 한 주걱이 전부였다.

곧 하이너는 굶주렸다. 저녁마다 철 지난 야생 오렌지 를 찾아 밀림을 헤맸다. 심지어 음식물 쓰레기통을 뒤진 적 도 있었다. 이 사실을 알게 된 한스는 하이너를 매정하게 꾸 짖었다. "아니, 어떻게 시릴의 지시를 어길 수 있지?"

하지만 하이너는 도저히 배고픔을 참을 수 없었다. 너 무 굶주린 나머지 공동체 주방까지 찾아가는 위험을 감수 할 지경에 이르렀다. 낮잠 시간이라 아무도 없을 거라 생각 하여 주방에 들어간 하이너의 눈에 남은 음식이 담긴 그릇 이 들어왔다. 하이너는 재빨리 음식을 입에 조금 넣고 나머 지는 주머니에 욱여넣었다.

갑자기 게오르크가 문 앞에 나타났다. "도둑놈!" 게오 르크가 소리쳤다. "감히 음식을 훔치다니!" 하이너를 호되 게 야단친 게오르크는 당장 오두막으로 돌아가라고 명령했 다. 다음 며칠 동안 게오르크는 하이너가 음식을 훔쳤다는 얘기를 하고 돌아다녔다.

하이너의 식이요법에 그렇게 신경을 쓰던 한스와 게오르크는 정작 일을 시킬 때는 그의 건강 상태를 전혀 고려하지 않았다. 땡볕에서 몇 시간씩 말뚝을 세울 구멍을 파게 하거나 만디오카 밭에서 괭이질하게 하는 등 가장 힘든 일만 골라 시켰다.

하이너를 너무 모질게 대하는 거 아니냐며 항의한 사람들도 있었다. 언젠가 하이너의 음식을 준비하던 조리사가 괴로운 마음에 에미-마가렛을 찾아갔다. 그녀는 하이너의 음식을 결정하는 사람은 의사가 아니라 한스라는 사실을 잘 알고 있었다. "정말 사람이 이렇게 먹고 살 수 있어요?" 에미-마가렛은 깜짝 놀라는 표정을 지으며 사정을 알아보겠다고 했지만 아무런 조치도 취하지 않았다. 며칠 후 재차 같은 질문을 던진 조리사는 분위기를 눈치채고 더는 묻지 않았다.

에미-마가렛이 그녀의 어머니 그리고 형제들에게 더 동정적일 거라 생각하는 사람들도 있었지만 하이너는 아니었다. 이모나 아버지처럼 결핵으로 고생한 에미-마가렛은 애쉬턴 필즈에서 한때 중태에 빠지기도 했다. 파라과이에 와서도 병세는 악화하여 최근까지 7년째 남편과 아이들과 격리되어 생활하는 중이었다. 대부분 혼자 시간을 보내며 종종 동화 같은 환상에 빠지기도 하는 에미-마가렛은 공동체 돌아가는 일에는 어느 정도 초연한 듯 보였다.

그러나 하이너는 에미-마가렛이 따로 지내면서도 관심 있는 일에 깊숙이 관여하고 있다는 사실을 알았다. 에미-마가렛은 여자 작업팀을 구성하는 일과 유치원 운영을 감독했다. 언제나 남편을 통해 공동체의 근황을 듣고 있었고 공동체 모임에도 참석했기 때문에 한스가 무슨 일을 벌이는지 잘 알고 있었다. 에미-마가렛은 시릴에게 최근 "신경병" 치료를 받고 있다고 하면서도, 어머니인 에미를 자기 방으로 불러 왜 프리즈를 옹호해 "사위의 등에 칼을 꽂느냐"고 따질 만큼 기운이 전혀 없진 않았다. (한편 한스는 처남들에게 아내의 목숨이 위태로우며 이게 다 처남들의 탓이라고 말한 적도 있었다.) 한마디로 에미-마가렛은 남편의 그늘 속에 사로잡혀 살고 있었다.

한스와 게오르크는 며칠에 한 번씩 들러 하이너를 점검했다. 하이너가 사람과 접촉하는 유일한 시간이었지만 인간적인 대화는 없었다. 대신 한스는 하이너가 아파 누웠을 때를 집요하게 거론하며 과거를 캐물었다. "네가 우리에게 영적 갱신을 설교할 때 자신이 얼마나 위선자인지 깨닫지 못했어? 환영을 볼 때 도대체 무슨 일이 있었던 거야? 정신병? 설마 아직도 그런 거야?"

하이너는 자신을 의심하기 시작했다. '내가 진짜 옳았다고 어떻게 확신할 수 있나?' 하이너는 흔들렸다. '어쩌면 나만 빼고 다른 사람들이 다 옳은 걸지도 몰라.' 어느 날 하이너는 한스에게 겸손해지고 싶다고 말했다. 이후 혼란스럽다 못해 절박해진 하이너는 자신이 평생 저질렀던 죄를 한스에게 모조리 고백했다.

한스는 하이너의 고백을 하나도 빼놓지 않고 귀담아들었다. 그러나 죄를 용서하는 사제의 태도가 아니었다. 도리어 하이너의 약점을 들먹이며 교묘하게 하이너를 굴복시켰다. (전에도 하이너는 슈파호프에서 한스에게 자신의 잘못을 고백했던 적이 있었다.) 한스의 방문이 거듭됐지만 하이너는 좀처럼 가족의 품으로 돌아갈 수 있다는 희망을 찾지 못했다. 어느 정도 시간이 흐르자 하이너는 아무리 자신을 낮춰도 한스를 흡족하게 할 수 없음을 깨달았다. 한스가 바라는 건 지금까지 하이너가 살아온 삶을 깡그리 부인하는 것이었다. 태양 특공대와 선교의 꿈 그리고 아버지와의 관계까지도.

하이너는 도저히 그럴 수 없었다. 깊은 절망 속에서 가끔 모든 게 의심스러웠다. 나의 회심은 진짜였나? 점점 미쳐 가는 느낌이었다. 20년이 지난 후에도 그때 밤낮으로 괴로워하며 머리를 찧었던 나무를 찾아낼 수 있을 정도로 이 시간은 하이너에게 깊은 상처를 남겼다. 그래도 하이너는 한스에게 굴복하지 않으려 버텼다.

11월 중순이 되어서야 한스와 게오르크는 하이너를 가족에게 돌려보냈다. 화해나 용서는 없었다. 단지 한스와 게오르크의 눈에 하이너의 영혼이 한심하고 가련해 보였기 때문이다. 둘은 공동체에 하이너가 돌아오지만 가석방처럼 보호 관찰의 시간을 갖는다고 알렸다.

하이너가 돌아온 공동체는 전과 같지 않았다. 하이너가 없는 사이 "종교적인 흥분"을 일으키는 말은 결례가 되었다. 블룸하르트의 글을 읽으면 사람들은 눈살을 찡그렸고 자네츠나 슈파호프 얘기도 빈축을 샀다. 여자들은 공식적으로 의사 결정 과정에서 제외되었다. 아마도 에미의 입을 막기 위한 조처였을 것이다. 믿기 힘들게도 에버하르트마저 청산 대상이었다. 한스는 자신의 일기에 에버하르트를 조롱조로 "대부"라고 적었다.

공동체의 변화는 모든 곳에서 감지됐다. 심지어 옥외 화장실에서까지. 반년 전 하디는 아버지의 내밀한 생각을 담은 시집을 프리츠에게 인쇄해 달라고 부탁했다. 두 사람이 가족과 떨어져 지낼 때까지 시집은 책으로 묶이지 못한 채 낱장으로 남아 있었다. 이제 하이너는 그 낱장들이 화장실 휴지로 사용되고 있는 것을 목격했다.

억장이 무너졌지만 공개적으로는 아무 말도 꺼낼 수 없었다. 하이너는 싸움에 지쳤다. 아이들을 키우는 아버지로서 다시 가족과 격리될 생각을 하니 도무지 용기가 나지 않았다. 한동안 양심에 재갈을 물리자. 하디와 프리츠, 어머니, 그리고 애나마리에게도 아무 말 하지 말자. 하이너는 생각 속에서라도 한스를 거스르지 말자고 다짐했다.

24. 프리마베라의 아이들

건축팀은 천을 걸어 놓아 만든 막사의 임시벽 대신 제대로 된 벽을 올리고 있었다. 프리마베라에서 몇 킬로미터 떨어진 곳에 두 번째 정착지도 건설 중이었다. 선반 공장은 새벽부터 해 질 녘까지 바쁘게 돌아갔다. 공장에서 만들어 낸 그릇과 접시, 촛대 같은 상품들이 아순시온에서 명성을 얻기 시작했다. 한편 농장에서는 12만 평이 넘는 땅을 경작하고 있었다. 밭에는 만디오까와 호박 그리고 몇 가지 채소와 사료용 옥수수, 수수, 감귤류의 과일이 자라고 있었다. 이외에도 가난한 원주민들을 위해 병원을 짓는 작업도 한창이었다.

프리마베라의 구성원들은 구슬땀을 흘리며 영웅처럼 일했다. 그들이 이제껏 이룬 성과는 재능과 인내의 합작품이었다. 사람들은 적은 자원으로도 생활을 꾸려 나가며 어려움을 묵묵히 버텨 냈다. 결혼, 아기의 탄생, 졸업과 같이 축하할 일이 생기면 창의적인 방법으로 축제를 벌이기도 했다. 모두가 더불어 사는 삶에 계속 헌신하도록 서로를 격려했고 관용을 베풀며 자기희생을 아끼지 않았다. 특히 엄마들의 희생과 헌신이 두드러졌다. 이들의 자녀 중 많은 이들은 훗날 어른이 되어 프리마베라 시절을 인생의 "가장 아름다웠던 시절"로 꼽았다.

비록 동지애는 있었지만 프리마베라의 삶은 이전에 많은 사람이 경험했던 형제애의 삶과는 거리가 멀었다. 한스의 철권통치는 점점 더 악랄해졌다. 표면적으로는 모두가 평등해 보였다. 적어도 남자들 사이에서는 그랬다. 여자들이 배제된 의사 결정에서 남자들은 아주 작은 실생활까지 세세하게 논의했다. 겉으로는 민주주의처럼 보였지만 단지 형식에 불과했다.

한스는 자신과 다른 의견을 다루는 데 아주 탁월했다. 먼저 다른 사람들의 관점을 길고 지루하게 요약한 후, 그것의 약점을 나열하며 왜 비현실적인지 설명한다. 이렇게 청중을 난관에 부딪힌 것처럼 느끼게 만든 후 자신의 제안을 꺼내놓고 사람들을 구슬려 모두가 동의하게 만드는 식이었다. 물론 세부 사항은 자유에 맡겼지만 결국 게임의 규칙을 정하는 사람은 한스였다.

사람들을 조종하는 것도 귀찮다는 듯 한스가 아예 대놓고 잔인하게 행동할 때도 있었다. 언젠가 한스는 정서적인 문제로 어려움을 겪고 있는 젊은 엄마 노라를 "신실하지 못하다"는 이유로 일시적으로 공동체에서 추방하는 벌을 내렸다. 노라가 상담을 받거나 격려를 받았었더라면 하고 동정하는 사람들도 있었지만, 한스는 그럴 마음이 전혀 없었다. 늘 그렇듯 게오르크의 지지를 받아 자신의 뜻을 밀어

붙였다.

    노라를 잘 알고 지내던 하이너는 혼자 격리됐던 시간을 떠올리며 몸서리쳤다. '노라는 잘못이 없어. 단지 힘든 시기를 보내고 있을 뿐인데.' 하이너가 속으로 말했다. '밀림 속 오두막에 여자 혼자 있게 하다니 정말로 잔혹해!' 공동체로 돌아온 후 처음으로 하이너는 한스의 결정에 반감을 품었다. 하지만 자신이 받았던 징계의 기억이 되살아나는 바람에 비슷한 느낌을 받았을 법한 사람들에게 감히 다가설 수 없었다. 고작 옛 스승이자 오랜 친구인 트루디에게 넌지시 생각을 비쳤을 뿐. 한스와 게오르크에게 문제를 제기해 봤자 아무 소용이 없다는 것도 잘 알고 있었다. 둘은 하이너가 뭔가 물어보는 것조차 경계하며, 비판하는 나쁜 습관이 재발하지 않도록 조심하라고 말했다. 마차가 노라의 아이들을 싣고 가던 날(새로운 정착지에 사는 한 부부가 노라의 아이들을 맡아 돌보기로 했다), 흐느끼던 노라는 마차를 뒤쫓아 뛰어가며 아이들의 이름을 애처롭게 불렀다. 아무것도 할 수 없어 괴로웠던 하이너는 숲속으로 들어가 울었다.

    하이너는 일에 몰두함으로써 마음의 평정을 찾으려 했다. 아침에는 마구간 일을 하거나 마차를 몰며 심부름을 다녔고, 오후에는 방과 후 학생들을 돌봤다. 1학년부터 7학년까지 다양한 연령대의, 스무 명이 족히 넘는 아이들을 보살피는 일은 어떤 어른에게도 만만치 않은 일이었다. 지난 3년 동안 학교는 정상적으로 운영되지 못했다. 우선 영국에서 파라과이로 옮겨오느라 바빴고, 공동체에 한바탕 병이 돌아 아이들이 학교에 나오지 못할 때도 잦았다. 급조된 건물에서 사적인 공간이 부족한 채로 자라나 가정 교육도 쉽지 않았다. 프리마베라의 열악한 환경을 고려하면 몇몇 선생님들이 간간이 가르치기를 포기하고 아이들을 방치하는 것도 그리 놀랄 만한 일은 아니었다. 하지만 수년 동안 간헐적으로 아이들을 돌보면서 하이너는 제법 아이들을 즐겁게 한다는 좋은 평판을 얻었다. 하이너는 가장 다루기 힘든 아이에게서조차 최선을 끌어낼 줄 알았다.

하이너는 아이들에게 성실히 일하라고 가르쳤다. 공동체 채소밭을 가꾸는 일에 아이들의 일손은 절대적이었다. 아이들은 오후에 모종을 준비하고 잡초를 뽑으며 밭일을 돕는 날이 많았다. 다른 어른들이라면 혼을 내면서 아이들을 통제하려 했을 수 있겠지만, 하이너는 윽박지르지 않고 신뢰를 통해 아이들의 마음을 얻으려 했다.

하루는 남자아이들 몇이 하이너의 말을 어긴 적이 있었다. 오렌지 수확 철을 맞아 하이너는 아이들에게 오렌지를 따지 말라고 신신당부했다. "저 열매는 할머니 할아버지께 드려야 하는 거다." 그러나 하이너가 자리를 비운 사이 오렌지를 따 먹고 만 것이다. 그 사실을 알아챈 하이너가 아이들을 불러 모았다. 아이들을 말없이 내려다보는 그의 눈이 어찌나 슬펐던지 아이들은 하이너의 시선을 피해 땅만 쳐다봤다. "어떻게 나에게 이럴 수 있니? 너희를 철석같이 믿었는데 말이야." 이렇게 말하고 하이너는 자리를 떠났다. 아이들은 벌 받을 때보다 더 심하게 부끄러움을 느꼈다.

한번은 하이너가 아이들을 데리고 근처 강둑으로 야영을 하러 갔다. 그들이 묵을 야영지까지는 10킬로미터 정도 떨어져 있었다. 남자아이 몇 명은 말을 타고 앞서갔고 하이너는 나머지 아이들과 짐을 지고 따라갔다. 수레를 끌고 야영지로 들어서자마자 하이너는 남자아이들이 탔던 말 하나가 좋지 않은 상태임을 알아챘다. 아이들은 죄책감에 휩싸인 표정으로, 오는 내내 전속력으로 달리던 말을 곧바로 물속으로 뛰어 들어가게 했다고 털어놓았다. 이 충격 때문에 암말이 새끼를 조산하려는 기미를 보였던 것이다.

하이너는 아이들에게 가까이 오라고 손짓했다. 암말 주위에 반원을 이루고 선 아이들은 새끼가 바닥에 놓일 때까지 조용히 지켜봤다. 하이너가 야영용 칼로 양막을 열었다. 새끼는 죽어 있었다. 하이너는 고개를 돌려 아이들에게 말했다. "애들아, 이게 다 너희의 경솔함 때문에 생긴 일이다. 언제나 경외심을 가지고 동물들을 대해라. 하나님이 지으신 거니까."

하이너는 다른 사람들에게 무례하게 행동하는 것을 용납하지 않았다. 특히 남을 조롱하는 일은 절대 금물이었다. 한번은 자신이 가르치던 소년이 할아버지 한 분의 특이한 행동과 말투를 흉내 낸 적이 있었다. 하이너는 벼락같이 화를 내며 꾸짖었다. "어떻게 감히 그분을 조롱할 수 있니? 함부로 다른 사람을 놀리면 안 돼!" 소년은 사과했고 하이너는 다시는 그 일을 입 밖에 꺼내지 않았다. 하이너가 좀처럼 언성을 높이는 일이 없었기에 아이들은 오래도록 이 일을 기억했다. 그러나 수십 년이 지나서도 아이들의 마음에 가장 생생하게 남은 기억은 따로 있었다. 바로 매주 한 두 번씩 있었던 오후 "자유 시간"이었다. 자유 시간은 숲속 학교에서 이뤄졌다. 두세 개의 은신처가 나무 사이에 마련되어 있어 수업도 하고 점심도 먹을 수 있는 공간이었다. 하이너는 아이들에게 뭐든지 해도 될 것 같은 자유를 허락했다. 어떤 아이들은 기사가 되거나 공주 또는 산적이 되어 놀았다. 진흙으로 도자기를 만드는 아이들도 있었다. 아이들은 자신이 만든 도자기를 칼의 아들 울리가 지은 가마에 구웠다. 한스의 딸 하이디와 그녀의 절친 제니 해리스는 몇 날 며칠 동안 실톱을 가지고 나무에 격자 모양을 새기기도 했다. 하이너는 주로 큰 나무 그늘에 누워 이야기책을 보았다. 아이들을 살피더라도 가급적 눈에 띄지 않게 했고 꼭 필요할 때만 끼어들었다.

오후가 끝나 갈 무렵 아이들이 저녁을 먹을 때면 하이너는 최근에 읽은 이야기를 들려주곤 했는데, 종종 그날 일어난 일에 맞춰 즉흥적으로 내용을 바꾸었다. 예컨대 하이디와 제니가 다툰 날엔 싸우고 화해하지 않은 두 공주에게 어떤 일이 벌어졌는지 말해 주었고, 형이 동생들에게 대장 노릇을 한 날에는 남을 괴롭히던 사람이 어떤 벌을 받게 됐는지 얘기해 주었다. 이야기가 워낙 재미있었기에 어떤 아이도 자신이 지적당한다고 느끼지 않았고, 교훈이 분명했기에 하이너가 따로 훈계를 늘어놓을 필요가 없었다.

하이너는 실제 있었던 이야기도 들려줬다. 유럽에서 고통받는 유대인들, 독일 나치에 저항하는 사람들, 초대 교회 순교자들, 그리고 라코프와 같은 사람들. 특히 라코프 이야기는 아이들이 좋아해서 몇 번이고 다시 얘기해 줬다.

하이너의 어린 시절 이야기도 인기가 좋았다. 아이들

은 태양 특공대와 운 좋은 한스, 선다 싱과 타타의 이야기를 좋아했다. 하이너 역시 아이들만큼이나 이런 이야기를 즐겼다. 같은 어른들에게는 하지 못했던 가장 소중한 이야기를 아이들에게 마음껏 할 수 있었기 때문이다.

하루는 하이디와 제니가 하이너가 들려준 이야기에 영감을 받아 짧은 연극을 만들었다. 땅에 내려온 천사가 걸인으로 변장해서 만나는 사람들에게 불쌍히 여기는 마음이 있는지 시험한다는 내용이었다. 두 여자아이는 곧 자기보다 나이가 많은 아이들을 연극 준비에 끌어들였다. 스스로 대사를 외우고 간단한 복장을 바느질했다. 연극에 쓰일 노래를 골라 연습까지 했다. 하이너는 아이들과 함께 소박한 무대를 만들었고 애나마리는 막으로 쓰일 담요를 구해 왔다. 공동체 사람들 모두 공연에 초대받았다.

그런데 잘 진행되고 있던 연극 준비가 한순간 무너져 버린 일이 생겼다. 1944년 8월 어느 날 오후, 숲속 학교에 도착한 아이들은 하이너를 찾을 수 없었다. 하이너 대신 새로운 선생님 안이 기다리고 있었다.

처음에는 얼떨떨해하던 아이들이 금세 무슨 일이 벌어졌는지 알아냈다. 하이너가 에미와 하디 그리고 몇몇 사람들과 함께 공동체에 말썽을 일으켰다는 것이다. 더욱 걱정스러운 건 어떤 아이들도 하이너와 대화해선 안 된다는 어른들의 지침이었다. 하이디는 제니에게 누가 뭐래도 하이너와 얘기해 보겠다고 다짐했다. "우리가 아는 한 하이너 선생님이 잘못한 건 없어. 우리가 선생님을 변함없이 지지한다는 걸 보여 줘야 해." 두 소녀는 실제 행동에 나섰다.

학교에서 아이들은 새로 온 얀 선생님에게 퇴짜를 놓았다. 얀 선생님이 나빠서가 아니라 잘 모르는 사람이어서 그랬다.

"하이너 선생님이 없으면 누가 우리 연극을 도와줘요?" 하이디가 집에서 눈물을 흘리며 속상해했다.

"새로 온 선생님이 도와줄 거야." 하이디의 아버지 한스가 답했다.

"하지만 얀 선생님은 우리를 이해 못한단 말이에요! 얀 선생님이랑은 못해요!"

결국 하이디와 제니는 어른의 도움 없이 연극을 무대에 올렸다.

며칠 후 제니는 집으로 향하는 하이너를 봤다. 하이너의 손에 조그만 여행 가방이 들려 있었다. 프리마베라에선 좀처럼 보기 어려운 광경이었는데, 십중팔구 어딘가로 떠난다는 의미였다. 제니가 지켜보는 가운데 애나마리가 집 앞으로 나왔다. 하이너가 애나마리에게 뭔가 알아들을 수 없는 말을 건넸다. 제니는 그 뒤 하이너가 꺼낸 말을 똑똑히 들었다. "한스가 말했어. '넌 언제나 선교하길 원했잖아. 이제 아순시온에 가서 실컷 사람들을 회심시켜 봐.'"

힘겹게 얘기하는 하이너의 고통을 제니도 느낄 수 있었다. 하지만 엿듣는다는 느낌이 들어 재빨리 발걸음을 옮겼다.

제니가 전해 준 소식을 듣고 하이디는 충격을 받았다. 하이너가 떠난다는 사실이 믿기지 않았다. 둘은 덤불 속에 숨어 프리마베라를 빠져나가는 큰 도로를 지켜보기로 했다. 오래지 않아 제니와 하이디의 눈에 마차가 들어왔다. 마부 뒤에 두 손으로 머리를 감싼 하이너가 보였다. 둘은 덤불에서 뛰쳐나와 작별 인사로 손을 흔들었지만 하이너는 보지 못했다. 하이너는 한 번도 고개를 들지 않았다.

25. 추방

하이너가 급작스레 떠나기 몇 달 전부터 폭풍은 이미 몰려오고 있었다. 이 모든 게 그날 아침 우연한 만남에서 시작됐다. 하이너는 마차를 몰고 두 공동체 사이를 오가는 중이었다. 길게 늘어진 밀림을 빠져나왔을 때 반대편에서 덜컹거리며 다가오는 수레 소리가 들렸다. 곧 나무 사이로 하디가 보였다. 두 사람은 마차를 세웠다.

하이너는 형이 어떻게 지내는지 애타게 묻고 싶었다. 지난 2년 동안 일어난 일을 모두 얘기하고 싶었다. 공동체 안에서는 그러기가 힘들었다. 늘 감시당하는 느낌이었다. 하지만 밀림 속에선 속 얘기를 털어놓아도 안전할 것이다. 그런데도 둘은 아무 말도 꺼내지 않았다. "우리가 감정을 속이는 데 너무 익숙해진 걸까?" 하이너는 속으로 생각했다.

침묵을 먼저 깬 건 하디였다. "한스와 게오르크 말이야. 사람들을 망치로 내려치진 않지. 그렇게 하면 반발할 테니까. 두 놈은 사람들을 수압기처럼 쥐어짜. 아주 천천히.

결국 한 줌의 생기마저 부숴 버리지."

하이너는 대답할 말을 찾았다. 하디의 말이 백번 옳았다. 하지만 뭐라고 답해야 할지 몰랐다. 하이너는 말없이 고삐를 채서 수레를 움직였다.

1943년 6월, 하디의 아내 에디트가 서른셋의 나이로 세상을 등졌다. 네 아이(5세, 6세, 8세, 9세)는 고스란히 아빠의 손에 맡겨졌다. 맹장염 증세를 조기에 발견하지 못해 맹장이 파열한 게 화근이었다. 누구나 그랬겠지만, 이 일로 젊은 아빠 하디는 엄청난 충격을 받았다. 그러나 하디를 더 힘들게 만든 것은 사람들의 반응이었다. 진심 어린 위로를 해주는 사람도 많았지만 어떤 이들은 괴로워하는 하디를 보고 무안해하거나 거북스러워하는 듯했다. 에미는 한스에게 하디의 가족에 합류해 엄마 잃은 손주들을 돌보게 해 달라고 편지를 썼지만 거절당했다.

하이너는 하디의 고통을 조금이나마 이해할 수 있었다. 지난 몇 달은 애나마리와 자신에게도 힘든 시간이었다. 프리마베라에 사는 대부분의 여자처럼 애나마리도 집안일과 더불어 공동체 일을 감당하느라 힘겨운 일과를 소화해야 했다. 에디트가 죽고 난 지 얼마 안 돼 네 번째 아이가 태어났다. 둘은 여자아이에게 하늘로 간 숙모의 이름을 붙여 주었다. 그 후 하이너와 애나마리는 또 다른 아기를 기다리고 있었다. 그러나 이듬해 3월, 임신 5개월째인 애나마리가 유산을 했다. 아마도 과로 때문이었을 것이다.

에디트가 죽은 지 1년이 되는 날, 하이너는 하디에게 시를 건넸다. 형을 위해 손수 지은 시였다. 어린 시절 좋아했던 신비주의자 마이스터 에크하르트를 떠올리며 지은 기도 시였는데, 제목은 "그리스도와 영혼의 대화"였다.

> 영혼: 제 마음은 병들고 두려움에 사로잡혔습니다. 오 예수님, 주께 모든 걸 말할 수 있는 입을 주소서. 제 처지가 절박합니다. 앞길이 보이지 않습니다. 제 영혼은 열정에 타오르다가도 비열해집니다. 오직 주님만이 제 갈 길을 아십니다. 겸손하지만 용감하고, 인내하면서도 정직하고, 거짓된 순교도, 불타는 자만심도 없는, 그런 길을 아십니다. 무슨 일을 하든지, 말할 때나 침묵할 때나 제 영혼은 죄에 물들었습니다. 오직 주님만이 길을 아십니다.
> 예수님: 나를 붙들어라. 나를 완전히 신뢰하느냐? 나를 믿느냐?
> 영혼: 네. 주님, 제가 주님을 신뢰합니다. 주님을 믿습니다! 하지만 제 마음은 얼음장처럼 차갑고 완고합니다.
> 예수님: 내가 너를 위해 여기 왔다. 너의 죄도 모두 지켜봤다. 네 깊은 절망도 안다. 축복의 강물이 너를 적시도록, 나는 네게 문을 열 준비가 되어 있다.
> 영혼: 저의 기도는 너무나 빈약하고, 문을 두드리는 손은 떨립니다. 저는 부정한 사람입니다. 두 마음을 품은 사람입니다.
> 예수님: 나는 자비가 넘치고 구하는 자에게 아낌없이 주는 자다.
> 영혼: 주님이 가까이 계시니 어찌나 놀라운지요! 저희가

형제자매를 용서합니다. 주님을 사랑합니다. 주님을 기다립니다. 아멘.

하이너만 이런 생각을 품고 있는 게 아니었다. 그 후 몇 주 동안 하이너와 애나마리는 허심탄회하게 얘기했다. 처음에는 둘만의 대화였지만 이내 다른 사람들도 가담해 무리가 형성됐다. 그렇다고 한꺼번에 다 같이 만나지는 않았다. 기껏해야 서너 명이 아무개 집 베란다에서 목소리를 낮춰 얘기하는 정도였다. 결국 서로가 같은 생각을 품고 있음을 아는 사람이 열여섯 명으로 늘어났다. 프리마베라는 방향을 잃고 두려움과 분열의 장이 돼 버렸다. 사랑과 일치 그리고 하나님 나라를 위해 프리마베라를 되찾아야 한다!

16인의 중심에는 공동체에서 오래 살아온 멤버들이 있었다. 하디, 프리츠와 마르타, 한스-헤르만과 게어트루드, 그리고 에미. 여기에 스위스에서 온 세 사람(피터와 애니 매티스, 장애인 여성인 돌리 볼리)을 비롯해 브루스 섬너와 그의 아내이자 자네츠 시절 하이너의 동급생이던 루이제까지 다양한 사람들이 합류했다. 시간이 지나면서 열여섯 명은 다음과 같은 계획을 실행하기로 마음을 모았다. 멤버 모임에서 일어나 공동체 앞에서 우리들의 우려를 표명하자. 도박 같지만 뜻을 같이하는 사람들도 있을지 모른다. 조금 더 시간이 주어진다면…….

그사이 공동체를 걱정하는 사람들은 다른 식으로 감정을 드러냈다. 8월, 에미는 일기에 다음과 같이 적었다. "우리 가운데 보살핌이 필요한 사람이 너무 많다. 성경은 우리에게 서로의 짐을 나눠 지라고 한다. 하지만 우리는 정말 그렇게 하고 있나? 내적으로 힘들어하는 사람은 어쩔 건가? 그들의 필요와 외로움, 유혹을 이해하기 위해 우리는 입장을 바꿔 생각하는가? 슬퍼하는 사람들을 제대로 돌보는가? 늦은 밤 병든 아이 침대 옆에 앉아서 쓴다."

"1941년 말에 있었던 일을 떠올리지 않을 수 없다. 하나님께서 우리 가운데 모든 것을 회복하길 원하신 때였다. 정말 마지막 앙금까지 사라질 수 있었는데. 위대한 사랑이 부어졌지만 마귀는 또다시 우리를 놀려 대며 불신의 씨앗을 심었다."

"서로를 진정으로 이해하려는 마음이 이렇게 모자라다니, 정말 슬프다. 어떻게 사람들이 '넌 네 생각만 하고 있어!'라고 쉽게 말할 수 있을까. 우리에게 사랑이 부족해서 하나님이 슬퍼하시지는 않을까? 연민을 조롱하는 사람들의 말이 비수가 되어 가슴 깊이 꽂힌다."

9월에 일이 터졌다. 미처 대비하지 못한 위기였다. 피터가 지지자를 한 사람 늘리려다 탈이 나 버린 것이다. 동지가 될 거라 기대했던 사람은 한스에게 쪼르르 달려가 모든 걸 일러바쳤다. 그날 밤늦게 피터는 하이너와 애나마리의 방으로 살며시 들어가 부부를 깨웠다. "싸움이 시작됐어. 이제 힘을 합쳐야 해." 피터가 속삭였다.

이번에도 한발 빨리 움직인 건 한스와 게오르크였다. 모임을 소집한 두 사람은 또 다른 음모가 발각됐다고 발표했다. 한스는 모세에게 반역하다 하나님께 벌을 받아 산 채로 땅속에 묻힌 이스라엘 자손의 이름을 따라 16인을 "고라의 패거리"라고 불렀다.

공동체의 다수가 16인을 조용히 응원했다. 하이너의 옛 스승 트루디도 그중 하나였다. 트루디는 자신도 16인의 무리에 들었었더라면 하고 아쉬워하기까지 했다. 기회가 없진 않았다. 다른 사람들과 함께 과감히 일어서서 분위기를 전환할 수 있는 순간이 있었다. 하지만 모두 침묵했고 기회는 사라졌다. 이후 한스와 게오르크는 반군을 소탕했다. 몇 번의 모임을 거쳐 두 사람은 반란을 완전히 진압했다.

16인 중 어떤 이는 곧바로 압력에 굴복했다. 모임을 거듭할수록 하디마저 흔들리기 시작했다. 아내 없이, 만장일치된 듯 보이는 공동체의 의견을 거스를 자신이 없었다. 결국 하디는 항복했다. "공동체가 갈라지게 할 순 없어." 하디가 하이너에게 말했다.

하이너에겐 적어도 의논할 수 있는 애나마리가 있었다. 애나마리는 자신은 끝까지 싸울 거라며 하이너를 안심시켰다. "꿋꿋하게 버텨. 내가 옆에 있으니까." 애나마리가 하이너를 독려했다. 하지만 모임에서 프리츠, 한스-헤르만, 하이너, 그들의 아내들, 그리고 나머지 사람들이 하나씩 백기를 들더니 결국 모두 무릎을 꿇었다.

마지막 사람이 얘기할 때 뒷좌석에서 날카로운 비명이 들렸다. 에미였다. 그 자리에 있던 사람들은 훗날 버림받은 에미의 표정을 영원히 잊을 수 없을 것이라고 말했다. 신뢰했던 사람들이 모두 에미에게 등을 돌렸다. 의식을 잃고 쓰러진 에미는 방으로 실려 갔다. 병원에서 의사가 내린 진단은 뇌졸중이었다.

반란을 진압했지만 한스와 게오르크는 성이 차지 않았다. 16인이 남긴 불씨를 완전히 밟아 버려야 했다. 이후 연달아 가진 모임에서 한스와 게오르크는 "패거리"에 동조했다는 의심이 가는 사람들을 하나하나 심문했다.

"왜 그들과 얘기했지?" 한스가 궁금해했다. "언제, 어디서, 뭘 얘기했냐고?" 애나마리의 오랜 친구인 마리아나와 그녀의 남편은 왜 그렇게 자주 하디를 집에 초대했냐고 추궁당했다.

"측은해서요. 하디도, 엄마를 잃은 아이들도 불쌍하잖아요." 마리아나가 답했다. 이제는 순수하게 베푸는 호의도 의심의 대상이 되었다.

잔당 처리를 위한 모임은 계속됐다. 드디어 한스와 게오르크가 공동체에 입장문을 발표했다. 그간 밝혀진 모든 사실과 관련자들이 받을 처벌을 정리한 내용이었다. 두 사람은 프리마베라의 모든 멤버에게 승인을 요구했다. 그들이 들고 온 제안에 충격을 받은 사람이 적지 않았지만 종국에는 모두 승인했다. 두려움 때문에 어쩔 수 없이 승인한 사람도 있었음은 불 보듯 뻔한 일이었다.

16인은 별도로 소집된 모임에 불려와 자신들에게 내려지는 선고를 들어야 했다. 하이너와 하디, 프리츠, 브루스, 그리고 장애인 여성 돌리는 공동체에서 추방됐다. 애나마리와 애니, 루이제는 추방된 남편들이 가족을 부양할 수 있을 때까지 공동체 가장자리에 격리되어 살게 됐다. 아이들은 위탁 부모에게 맡겨졌다. 마지막 남은 "주모자" 에미는 아직까지 뇌졸중에서 회복되지 않았기 때문에 정확히 어떤 징벌을 내릴지 결정된 것이 없었다. (이후 에미는 공식적으로 3개월간 제명되어 2년 전 하이너처럼 공동체에서 떨어져 홀로 지내야 했다. 의사의 진료 기록에 따르면 에미는 이 기간 신경쇠약증에 걸렸다.)

나머지 사람들도 여러 가지 징계를 받았지만 그래도 공동체에 머무를 수 있었다. 예를 들어, 한스-헤르만은 비록 가족들과 떨어졌지만 여전히 프리마베라에서 지낼 수 있었다. 한스와 게오르크가 발표한 입장문에는 한스-헤르만이 형들의 영향력에서 완전히 벗어나야 한다는 경고가 담겨 있었다.

입장문은 이렇게 끝을 맺었다. "우리는 문제를 일으킨 자들의 완전한 변화를 촉구한다. 머리끝에서 발끝까지 근본적인 태도 변화가 있어야 한다. 자신을 혐오스럽게 생각해야 하고 그릇된 개인 의견을 모두 버려야 한다. 다시 한번 경고한다. 겸손과 회개로 잘못을 씻으면 다시 자신의 의견을 내세울 수 있으리라는 착각은 버려라. 자기 의견과 노력, 위선과 거짓을 다 내려놓아야 희망이 있다. 다른 길은 없다. 그러지 않으면 너희는 버려진 사람들이 될 것이다."

애나마리와 함께 집으로 와서 옷을 챙긴 하이너는 머리가 텅 빈 느낌이었다. 자신과 곧 떨어져 지낼 애나마리를 생각하니 가슴이 미어졌다. 지난번에는 남편만 잃었지만 이번엔 아이들마저 떠나보내야 했다. 이들이 다시 가족으로 모여 살게 될지 누구도 알 수 없었다.

짐을 싸는 데 주어진 시간은 고작 몇 분이었다. 애나마리가 짐 싸는 하이너를 도왔다. 짐을 꾸린 하이너는 작별 인사를 하기 위해 로즈비트와 크리스토프, 아넬리를 깨웠다. 아직도 잠에 취한 아이들은 무슨 일이 벌어지는지 알 리 없었다. 하이너와 애나마리는 마지막으로 한 번 포옹하고 작별했다.

(며칠 후, 시릴과 그의 부인 마고가 새벽 세 시에 하이너의 집에 도착했다. 애나마리는 벌써 일어나 옷차림을 마친 상태였다. 시릴과 마고는 측은한 마음에 하이너와 애나마리의 아이들을 돌보겠다고 자원했다. 아이들이 각기 다른 위탁 가족으로 흩어지지 않게 하려는 배려였다. 이제 애나마리가 떠나야 할 시간이 다가왔다. 아이들은 모두 잠들어 있었다. 애나마리는 아이들에게 마지막으로 입을 맞추며 흐느꼈다. 그리고 미리 잘라 놓은 아이들의 머리카락을 챙겼다. 아침이 되자 아이들이 잠자리에서 일어났다. 여섯 살 로즈비트가 계속 물었다. "왜 엄마 아빠 침대를 옮겨요? 엄마랑 아빠는 다시 올 거예요, 그렇죠?")

하이너는 돌아서서 하룻밤 홀로 묵을 오두막을 향해 터덜터덜 걸어갔다. 한 걸음 옮길 때마다 가족들은 그만큼 멀어졌고 고독의 공포는 성큼 다가왔다. 내일 아침이면 강둑에 가서 아순시온으로 가는 배에 오를 것이다.

하이디와 제니가 마차를 타고 가는 하이너를 본 것은 바로 그날 아침이었다. 하이너를 태운 마차가 제니와 하이디를 지나 길 너머로 사라진 후, 두 소녀는 어두운 저녁에 다시 보기로 약속했다. 저녁 식사를 마치고 집을 몰래 빠져나온 하이디와 제니는 외딴곳에서 만났다. 거기서 둘은 하이너를 위해 기도했다. "제발 하이너와 다른 사람들이 돌아오게 해 주세요!" 하이디와 제니는 몇 주 동안 이런 식으로 계속 기도했다.

별이 유난히 총총했던 어느 날, 밤하늘을 바라보던 두 소녀는 지평선 쪽으로 쏜살같이 날아가는 유성을 목격했다. "우리의 기도가 응답됐다는 표시야!" 하이디와 제니가 서로에게 말했다. 하이너는 언젠가 반드시 돌아올 거야.

26. 나환자촌

1944년 10월.

아순시온에 도착한 하이너는 배에서 내리자마자 일자리를 찾아다녔다. 하지만 곧 취직이 거의 불가능하다는 사실을 깨달았다. 공용어인 스페인어와 과라니어를 할 줄 모르는 사람을 파라과이 회사에서 쓸 리 만무했다. 영국과 미국 회사도 하이너를 꺼리기는 마찬가지였다. 히틀러와 맞서 싸우는 전쟁이 한창인데 누가 독일인을 고용하겠는가? 파라과이로 이주해 온 독일인은 대부분 나치에 동조했고 하이너를 배신자로 생각했다.

하이너는 궁핍했다. 프리마베라를 떠날 때 받은 돈은 고작 2천 5백 페소였다. 하루 끼니를 때우기에도 모자란 돈이었다. 가끔 집에 페인트칠을 해 주는 것과 같은 허드렛일이 생겼지만, 방세를 내고 먹을거리를 사고 나면 남는 게 없었다. 일이 있어도 저녁이 되면 할 게 없었다. 하이너는 카페 구석에 앉아 아무것도 주문하지 않은 채 몇 시간씩 홀로 보내곤 했다. 적어도 다른 사람들과 섞여서 행복한 목소리를 들으며 다정한 얼굴을 볼 수 있었다. 그마저 없다면 미칠 지도 모른다고 하이너는 생각했다.

하이너의 집주인 아주머니도 비슷한 걱정을 했다. 이제는 한스의 측근이 된 그원을 만난 자리에서 집주인은 자신도 가톨릭 신자라 종교 단체에 규율이 필요한 점은 이해하지만 그래도 하이너의 경우는 너무 가혹한 것 같다며 우려를 표시했다. 아주머니는 이후 아순시온에 출장을 나온 한스에게도 심적으로 고통당하는 하이너에게 제발 관심을 가져 달라고 하소연하기도 했다. 집주인을 안심시킨 한스는 돌아와서 에미-마가렛에게 아주머니의 말을 전했지만 그게 끝이었다.

하디와 프리츠도 아순시온에서 하이너만큼 힘겨운 나날을 보내고 있었다. 두 사람 모두 일을 구하는 데 성공했지만(하디는 영어를 가르쳤다), 일이 있어도 바위처럼 짓누르는 외로움은 어쩔 길이 없었다. 프리마베라를 떠나면서 세 사람은 서로 만나지 말라는 지시를 받았다. 지시를 무시할 수도 있었다. 아순시온은 그다지 큰 도시가 아니어서 서로 어디에 사는지 쯤은 쉽게 알 수 있었다. 하지만 같은 이유로, 만났다가 금방 발각될 수도 있었다. 아순시온엔 언제나 프리마베라에서 일을 보러 나온 사람들이 있었기 때문이다. 잘못 걸리기라도 한다면…….

결국 세 사람은 어느 날 저녁 공원에서 만났지만 벤치에 따로따로 앉아만 있을 뿐 누구도 입을 열지 않았다. 그래도 혼자가 아니었다. 어떤 면에서 할 말이 없기도 했다. 서로가 형제라는 것만 느낄 수 있다면 그것으로 족했다. 그러나 하다는 마음을 표현할 다른 수단을 생각해 냈다. 어느 날 하이너의 방을 지나가던 하디는 봉투 하나를 창문 안으로 던졌다. 봉투 안에는 돈뭉치가 들어 있었다. 그날 보여 준 형의 마음을 동생은 영영 잊지 못했다.

하이너(그리고 프리츠와 하디)는 이 시기에 브루더호프를 훌쩍 떠나 버릴 수도 있었다. 프리마베라로 돌아가서 애나마리와 아이들을 마차에 태우고 어디론가 가 버리면 그만이었다. 한스와 게오르크의 손이 닿지 않는 어딘가로. 그곳에서 프리마베라 사람들이 제정신을 찾을 때까지 기다리면 될 일이었다.

누구나 솔깃하게 생각할 수 있는 계획이었지만 하이너는 조금도 그런 마음을 품어 본 적이 없었다. 단 한 번을 제외하곤. 어느 날 프리마베라 사람들이 하이너를 점검하러 온 적이 있었는데, 어찌나 만남이 괴롭던지 정말로 공동체를 떠나 버릴까 하는 생각이 들 정도였다. 오래전 슈파호프에서 공동체에 합류하기로 했을 때, 하이너는 언젠가 고난의 시간이 닥칠 것을 알고 있었다. 그때 벌써 아버지가 돌아가시면 무슨 일이 생길지 걱정스럽기도 했다. 특히 게오르크와 다른 사람들이 태양 특공대를 비웃었을 땐 더욱 그랬다. 타타에게 두려움을 털어놓았을 때 타타가 해 준 말을 하이너는 똑똑히 기억했다. "예수님을 따르는 길엔 언제나 고난이 있단다."

그 후 하이너는 한 번도 자신이 했던 서약을 의심한 적이 없었다. 하이너는 그리스도께서 자신을 공동체로 부르셨다고 믿었고 그래서 브루더호프라는 교회 공동체에서 섬기겠다고 종신 서약을 했다. 그러기에 그 약속을 번복할 수도 없었고 또 번복할 마음도 없었다. 아무리 프리마베라가 잘못된 길로 빠졌어도 부모님이 자네츠에서 일으킨 불꽃은 아직도 살아 있었다. 희미하지만, 자네츠에 살았던 많은 이들의 마음속에서. 하이너는 트루디, 아돌프, 칼과 엄가드, 알프레드, 그리고 모니와 같은 사람들이 불꽃이 다시 타오를 날을 간절히 기다리고 있다는 걸 잘 알았다. 꺼진 장작 밑에서 불꽃은 여전히 생명을 간직하고 있었다.

그러나 하이너는 도저히 공동체로 돌아가게 해 달라고 요청할 수 없었다. 그렇게 한다면 절대 용납할 수 없는 것을 받아들이는 꼴이 되어 버리기에. 존재가 조각조각 찢기는 괴로움 때문에 잠 못 이루는 밤이 계속됐다.

아순시온에 머무른 지 두 달이 지나서야 하이너는 드디어 안정적인 직업을 구했다. 다급한 마음에 내린 선택이기도 했다. 미국에서 후원하는 개발 계획에 지원서를 낸 하이너는 농업 관련 경력을 인정받아 산타 이사벨 나환자촌의 농장 관리인으로 고용됐다.

나환자촌은 아순시온에서 동남쪽으로 80킬로미터 떨어진, 사포카이라는 마을에 있었다. 경치가 좋은 숲으로 둘러싸인 곳이었다. 나무 연료를 쓰는 구닥다리 기차를 타고 네 시간 이상을 가야 도착할 수 있는 벽지였다. 기차에서 내린 하이너는 눈에 띄는 거라곤 다 무너져 가는 기관차 정비소뿐인 시골에 왔음을 깨달았다. 마을 주민들에게 나환자촌의 방향을 묻자 사람들은 무서워하며 뒷걸음질 쳤다. 외지인은 대부분 새로운 환자를 의미했기 때문이다.

나환자촌은 마을을 지나 두 시간을 더 걸어가야 나왔다. 정문에 다다른 하이너는 깜짝 놀랐다. 철조망도 감시탑도 없이 허름한 울타리와 목장 출입문, 흙벽돌로 만들어진 행정실이 전부였다. 모든 게 여유롭고 쾌적하게만 보였다. (하이너는 얼마 뒤 첫인상이 틀렸음을 알았다. 수용소를 도망친 환자는 붙잡혀 다시 끌려왔고 끌려오는 길에 죽임을 당한 환자도 있었다. 환자촌에는 군인이 상주했는데, 4년 전 환자들이 부패한 관리를 문제 삼아 일으킨 폭동에서 여섯 명이 숨지는 사건이 발생했기 때문이다.)

신원을 확인받고 정문을 지난 하이너의 눈에 수십 채의 작은 집들이 들어왔다. 경증 환자들이 머무는 곳이었다. 방 하나에 베란다가 딸린 초가집으로 벽은 흙벽이었다. 닭과 돼지, 소들이 자유롭게 집을 드나들었다.

하이너는 조금 더 걸어 들어가 교회와 목공소로 쓰이는 헛간이 있는 나환자촌 중앙으로 이동했다. 배급이 이루어지는 창고와 절도, 간음, 음주를 저지른 환자들을 가두는 교도소도 보았다. 두 개의 긴 창고가 있었는데 하나는 남자 환자를 위한 병동이었고 다른 하나는 여자 환자를 위한 병동이었다. 그 앞에는 거주자들이 어울릴 수 있는 작은 광장이 펼쳐져 있었다.

오후가 되면 열댓 명의 남자 환자들이 옷 하나 걸치지 않은 채 광장에 둘러앉아 마테차가 들어 있는 표주박을 돌려 마시곤 했다. 눈이나 코가 없는 사람도 있었고 손가락이나 발가락이 떨어져 나간 사람도 있었다.

하이너는 쳐다보지 않으려 노력했지만 나환자의 모습에 익숙해지기까지는 며칠이 걸렸다. 어쩌다가 저렇게 인간다움을 완전히 잃어버렸을까? 보는 것만으로도 괴로웠다. 옷을 걸치지 않아서 또는 몸을 바닥에 질질 끌고 다녀서 그런 게 아니었다. 그런 것은 도리어 측은한 마음을 불러일으켰다. 정말로 거슬리는 건 절망에 찌든 눈이었다.

병동에는 더는 걸을 수도, 길 수도 없는 남녀 환자들이 다닥다닥 붙어 있었다. 어떤 면에서 이들은 살아야 할 이유를 찾지 못하기에 이미 죽은 것과 다름없었다. 심지어 완치 판정을 받은 사람도 사정은 다르지 않았다. 수 세기 동안 나병 환자에겐 좀처럼 지울 수 없는 낙인이 붙어 다녔다.

어떤 젊은이가 완치 판정서를 받고 나환자촌을 떠났다. 그러나 집으로 돌아간 청년에게 사랑하던 여자 친구는 제삼자를 통해 이별을 통보했다. 옛 친구들은 그가 다가오는 것을 보고 길을 건너 다른 편으로 도망갔고, 형제와 자매들은 한 상에서 밥 먹기를 거부했다. 보다 못한 어머니는 그에게 이름을 바꾸고 먼 곳으로 이사 가라고 제안했다. 결국 젊은이는 산타 이사벨로 돌아왔다. "여기서는 제가 누군지 속일 필요가 없잖아요." 나환자촌에는 비슷한 일을 겪은 이들이 여럿 있었다.

나환자촌에 사는 사람들은 법적으로 범죄자와 다름없었다. 산타 이사벨에서는 유죄 판결을 받은 살인자들도 다른 사람과 똑같은 대우를 받고 살았다. 어떤 사람은 죄를 저질러 수감되었다가 나병에 걸렸고, 어떤 이는 동료 환자를 죽이기도 했다. 나병 진단을 받은 날 약혼녀를 살해한 청년도 있었다. 약혼녀가 나병에 걸린 사람과는 살 수 없다고 말했기 때문이다. 파라과이 법정은 이런 사건에 대해 실용적인 판결을 내리곤 했다. 나환자촌에 가두는 것은 곧 종신형과 같아서 굳이 다른 곳에 수용하는 형식상의 절차를 거치지 않아도 됐다.

하이너는 산타 이사벨의 농장 관리인으로 4백 명의 환자를 위해 식품 협동조합을 운영하는 책임을 맡고 있었다. 정부가 환자들에게 배급하는 음식에는 채소와 고기가 부족했고 종종 먹을 수 없는 것이 많았는데, 하이너가 수확한 농산물이 이를 보충했다. (정부 배급이 "도착하지 않을" 때도 있었다. 하이너는 배달이나 용역의 문제보다는 배급 관리인의 탐욕을 의심했다.)

처음에는 인식하지 못한 사실이었지만, 하이너는 나환자촌에서 중요한 역할을 맡고 있었다. 당시 나병과 싸울 수 있는 최선의 병기는 영양가 있는 먹을거리였다. 그런 점에서 식품 협동조합은 건강을 유지하는 데 의사보다 더 크게 기여하고 있었다. 기금으로 환자들을 고용할 수 있는 협동조합은 산타 이사벨에서 환자가 정기적으로 소득을 얻을 수 있는 몇 안 되는 곳이기도 했다.

시간이 지나 하이너는 고용된 환자들을 알아 가고 아끼게 되었다. 환자들은 툭하면 음식과 여자를 놓고 다투다가도, 자신을 돌보지 않고 다른 이를 도왔다. 하이너는 그들이 내뱉는 냉소적인 유머를 즐겼다. 누군가 나환자촌에는 단 한 사람도 독사에 물린 적이 없다고 우쭐대며 얘기했다.

"뱀도 나병에 걸리고 싶겠어요? 물론 뱀이 무서워하는 건 나병이 아닙니다. 우리가 먹는 설파제*죠. 냄새가 지독해서 얼씬도 못 하는 겁니다."

냄새가 지독하다는 말이 과장은 아니었다. 하이너는 어렸을 때 타타에게서 들은 아시시의 프란치스코와 나병 환자 이야기를 떠올리곤 했다. 부유한 집 아들이었던 프란치스코는 가난하고 병든 사람들을 업신여기며 자랐다. 나병 환자를 볼 때면 멀리서부터 코를 막을 정도였다. 그러던 어느 날 성 밖에 말을 타고 가던 프란치스코는 길가에 서 있던, 상처투성이 나병 환자와 마주쳤다. 갑자기 억누를 수 없는 강한 감정에 사로잡혀 말에서 내린 프란치스코는 나병 환자를 끌어안고 입 맞추었다. 이날 프란치스코가 베푼 사랑은 이후 그를 성인으로 만든 변화의 시작이었다.

산타 이사벨에서 하이너는 프란치스코를 자주 떠올렸다. 그렇다고 프란치스코처럼 말에서 내려 환자를 끌어안지는 않았다. 감염이 무서웠던 하이너는 성인과는 거리가 멀었다. 나병에 걸렸다간 나환자촌에 영원히 갇히게 된다. (당시 사람들은 나병을 전염성이 높은 병으로 여겨 나병 환자들을 산타 이사벨에 격리했다. 나병 치료제 댑손은 하이너가 나환자촌을 떠난 지 2년이 지나서야 개발됐다.) 하이너는 고용된 환자들과 늘 거리를 유지했다. 일을 시킬 때도 말에서 내리지 않았고, 월

★ 설폰아마이드 화합물을 이용한 합성 살균제로 감염 질환 치료에 놀라운 효과를 보여 이후 개발된 페니실린과 더불어 2차 세계대전 당시 사망자를 획기적으로 줄이는 데 일조한 화학 요법제.

급이나 보급품을 줄 때도 판초에 떨궈 줬다. 하이너는 애나마리와 자식들을 생각하며 언제나 나병 환자와 살이 닿지 않도록 신경 썼다. 훗날 하이너는 나병 환자들을 너무 차갑게 대했다며 자책했다.

하이너는 행정실로 사용하는 오두막 하나를 숙소로 쓰고 있었는데 병동에서 어느 정도 떨어진 곳이었다. 밤이 되면 하이너는 나병 환자를 대하는 자신의 모습을 돌아보며 몇 시간씩 괴로워하곤 했다. 절망스럽기는 프리마베라를 생각할 때도 마찬가지였다. 다시 돌아가지 못할 거야. 정말 가족들을 다시 볼 수 있을까 체념하다가도 어쩌면 볼 수 있을지 모른다는 환상을 품기도 했다. '저들이 가족과 조용히 살게만 해 준다면! 그렇게만 해 준다면 다시는 말썽을 일으키지 않겠다고 기꺼이 약속할 텐데.' 하지만 그런 생각은 오래가지 않았다. 하이너는 한스가 바라는 게 오직 무조건적인 충성임을 잘 알고 있었다. 그러나 하이너는 어떤 일이 있어도 그럴 수 없었다. 그것은 자신의 삶을 통째로 부인하는 행위였다.

하이너에게 실낱같은 희망을 주는 것은 애나마리의 변함없는 헌신이었다. 산타 이사벨에 온 처음 몇 달간 드물게 소식을 들었지만 하이너는 애나마리의 사랑을 의심한 적이 없었다. 애나마리는 마리아나, 루이제, 애니와 함께 프리마베라 가장자리에 살고 있었다. 징계 중인 이들은 모두 세탁실에서 일했다. 애나마리와 애니는 임신 중이었지만 하루에 몇 시간씩 물에 젖어 무거워진 빨래 더미를 들어 올려야 했다. 출산이 한 달 앞으로 다가올 때까지 세탁소 일은 계속됐다.

애나마리는 하이너를 생각할 때마다 떨어져 지내는 게 몹시 고통스러웠다. 이따금 (훗날 하이너에게 얘기했듯이) 슈파호프에 도착한 첫날을 떠올렸다. 타타의 죽음과 에버하르트의 환대, 피부로 느꼈던 기쁨과 일치감. 지금은 그저 견딜 수 없는 긴장뿐이다. 한편으로 애나마리는 하이너와 같은 마음이었다. 특히 공동체에 만연한, 냉랭하고 매정한 분위기는 정말 잘못됐다고 생각했다. 그러나 다른 한편으로 애나마리는 갈등했다. 하나님이 주신 소명과 공동체 형제자매들을 저버릴 수 없다는 마음 때문이었다. "분명 하나님은 이 삶으로 나를 부르셨어. 그러니 진실이 무엇이든 간에 언젠가 드러날 것을 믿자."

1945년 2월, 애나마리가 충분히 뉘우쳤다고 생각한 한스와 게오르크는 애나마리가 아이들과 같이 살도록 허락했다. 15주 만의 결합이었다. 그때부터 애나마리는 하이너에게 정기적으로 편지를 보냈다. 편지에는 가끔 아이들에 관한 내용도 실려 있었다. "몇 달간 떨어져 있다가 처음 다시 아이들을 본 순간 모두 내게 달려들었어. 크리스토프만 빼고. 말없이 무표정한 얼굴로 다가온 크리스토프의 반짝이는 눈에는 자기도 다른 아이들처럼 꼭 안기길 바라는 기대가 가득했어." 한 달 뒤 애나마리는 병원에서 출산 소식을 알려 왔다. 여자아이였다. 애나마리는 타타를 기념하기 위해 "엘자"의 다른 형태인 리사라는 이름을 붙여 주었다.

하지만 시간이 지나면서 애나마리의 편지는 다른 어조로 바뀌었다. 하이너의 고집을 책망하는 편지에선 말투가 엄하기까지 했다. 공동체로 돌아가기 위해 애나마리는 공동체에 절대적으로 충성하겠다고 동의했고, 이제 그것을 실천에 옮기고 있었다. (모든 "불화"를 잊기로 한 에미 역시 하디에게 집에 돌아올 수 있도록 "양심의 가책" 따윈 버리라고 편지에 썼다. "잊어버려야 해!") 편지의 어조가 어떠하든 하이너에게 가장 중요한 사실은 애나마리가 자신과 생각을 나눈다는 점이었다. 이 점이 하이너에게 삶을(아내와 아들, 딸들을) 포기하지 않게 해 주는 유일한 희망이었다. 하이너는 편지를 받을 때마다 되도록 빨리 답장했고, 돈을 모아 아이들에게 선물을 사 보내기도 했다.

열 달이 지났다. 아우슈비츠는 해방됐고, 베를린은 정복되어 둘로 나뉘었으며, 히로시마는 화염에 휩싸였다. 그리고 평화가 선포됐다. 산타 이사벨에 있던 하이너에겐 멀리서 들려오는 천둥소리처럼 희미하게 지나간 소식일 뿐이었다. 크리스마스가 다가왔다. 하이너가 가족을 본 지도 1년이 넘어가고 있었다. 그런데 어느 날 난데없이 전보가 도착했다. 프리마베라에서 보낸 전보에는 공동체로 돌아오라는 내용이 적혀 있었다.

크리스마스를 가족과 보낼 생각에 하이너는 떨 듯이 기뻤다. 며칠 동안 하이너는 아이들에게 줄 선물을 마련했다. 1년 내내 아버지 없이 자란 아이들. 로즈비트는 일곱 살, 크리스토프는 여섯 살이 되었다. 아이들에게 아낌없이 사랑을 보여 줄 수 있도록 그토록 기다렸던 이 순간을 잘 준비해야지.

12월 23일, 서른세 번째 생일을 맞은 하이너는 아순시온에서 강을 거슬러 오르는 배에 올라, 집으로 가는 이틀간의 여정을 시작했다. 부두에는 프리마베라에서 온 알버트가 기다리고 있었다. 하이너는 서둘러 인사를 건넸지만 알버트의 반응은 왠지 모르게 서먹서먹했다. 순간 하이너는 뭔가 잘못되었음을 깨달았다. 크리스마스의 기쁨은 온데간데없이 사라졌다.

둘은 마차를 타고 프리마베라 외곽의 들판에 다다를 때까지 아무 말도 하지 않았다. 말을 풀어 해거름까지 풀을 먹인 알버트는 하이너를 공동체 입구에 있는 수위실 옆으로 데려갔다. "여기서 기다려요. 곧 돌아올 테니." 하이너는 어둠 속에 앉아서 기다렸다. 두 시간이 지났다. 애쉬턴 필즈 시절부터 알고 지내던 피터가 나타나 따라오라고 지시했다. 둘은 외진 곳에 있는 오두막에 도착했다. 양봉 기구를 모아 놓은 창고였다. 피터는 "필요한 건 여기에 다 있을 겁니다"라는 말을 남기고 떠났다.

언제나 크리스마스이브는 가장 흥분되는 날이었다. 아놀드가의 아이들은 엄마가 크리스마스 준비를 할 수 있도록 방 하나를 내주고 며칠 전부터 한 방에 모여 잔다. 엄마는 어렸을 적 자신의 엄마가 그랬듯 크리스마스 방을 자물쇠로 잠가 놓는다.

크리스마스이브에 해가 지면, 애나마리는 하이너에게 크리스마스 벨을 울리라고 말한다. 크리스마스 방으로 서둘러 들어온 아이들은 촛불이 켜진 크리스마스트리와 그 밑에 식탁보로 덮어 놓은 선물 더미를 보고 입을 다물지 못한다. 한 사람에 하나씩 준비된 선물은 대부분 손수 만든 것으로, 그 아이에게 꼭 필요할 것으로 생각해 특별히 고른 선물이다. 아이들이 선물을 챙기면 하이너는 크리스마스 이야기를 읽어 준다. 그리고 잠자리에 들기 전까지 크리스마스 캐럴을 다 같이 부른다.

하지만 오늘 밤 크리스마스이브에 하이너는 그저 상상만 할 수 있을 뿐이었다. 의기소침해진 하이너는 어둠 속에 가만히 앉아 있었다. 몇 백 미터만 가면 우리 아이들이 있을 텐데! 이렇게 양봉 창고에서 홀로 밤을 지새우려고 이틀이나 걸려 이곳에 온 건가? 하이너는 풀썩 누워 버렸다. 너무 피곤해서 손가락 하나 움직이기 힘들었다. 마음이 뒤숭숭했다. 그러고 보니 열한 번째 약혼기념일이네. 달 밝은 밤 애나마리와 함께 걸었던 일과 질룸에서 축하를 받았던 기억이 너무 멀게만 느껴졌다.

마침내 하이너는 가방에서 초를 꺼내 불을 붙였다. 침대는 없었다. 매트리스로 쓸 수 있는 짚 부대가 있을 뿐. 하이너는 몇 시간이 지나서 잠이 들었다.

크리스마스 아침이 밝았다. 창고에서 일어난 하이너는 밖으로 나갔다. 여전히 혼자였다. 아침 내내 그리고 오후 내내 기다림은 계속됐다. 시간은 한없이 더디게 흘러갔다. 저녁이 되고 잠 못 이루는 밤이 다시 찾아왔다. 도대체 무슨 꿍꿍이일까? 왜 나를 공동체로 부른 거지? 설마 내가 여기 있다는 걸 잊은 건가? 영원같이 느껴지던 이틀이 지났다. 찾아온 사람도, 전갈도 없었다.

셋째 날이 되어 한스와 게오르크가 오두막 앞 공터에

나타났다. 두 사람은 하이너를 집으로 부른 이유도 설명하지 않고, 하이너에게 크리스마스를 어떻게 지냈냐고 묻지도 않았다. 그러나 하이너에겐 할 말이 있었다. "아무런 통보 없이 산타 이사벨을 오래 떠나 있을 수 없어요. 일자리를 잃을지 모릅니다. 구하기 쉽지 않은 자리예요."

한스의 안색이 변했다. "그게 하고 싶은 말이라면 자네랑 얘기해 봤자 별 소용없겠군!" 자리를 박차고 일어난 한스는 게오르크와 함께 사라졌다.

저녁 무렵 하이너는 프리마베라 병원 뒤편에 있는 오두막으로 가라는 지시를 받았다. 잠시 뒤 애나마리가 들어왔다. 1년이 지나도록 얼굴을 마주하지 못했던 아내. 애나마리는 하이너가 떠나간 사이 태어난 리사를 안고 있었다. 아홉 달이 다 돼 가는 동안 한 번도 보지 못한 아기였다.

애나마리는 하이너의 품에 아기를 놓고 탐색하듯 하이너를 바라봤다. 별거가 곧 끝날 조짐을 애타게 찾는 눈치였다. 무표정한 얼굴로 어색하게 아기를 안고 있는 하이너는 애나마리가 알던 그 남편이 아니었다. "왜 그렇게 돌처럼 차가워요?" 애나마리가 짜증스럽게 쏘아붙였다. "이런 순간에 눈물도 안 나와요?"

하이너는 어찌할 바를 몰랐다. 혼란스러운 마음속에 고통이 차올랐지만, 지옥 같았던 지난 몇 달 동안 눈물 흘리는 법을 잊었다. 지금 이 순간 하이너는 속으로 울고 있었다. 하지만 애나마리가 그걸 어떻게 알겠는가? 애나마리는 아기를 보여 주려고 온 것뿐이라며 곧 가야 한다고 말했다. 3분 정도 지나 하이너에게서 아기를 건네받은 애나마리는 성큼성큼 걸어 나갔다. 문이 쾅 닫히는 소리와 함께 하이너의 마음이 무너졌다.

그날 저녁, 하이너는 프리마베라 지도자 모임에 불려 들어가 심문을 받았다. 딱히 할 말이 없었다. 긴긴 밤을 홀로 지새운 하이너는 다음 날 아침 배를 타고 다시 사포카이 나병 환자들에게로 돌아갔다.

1946년이 시작됐다. 하이너는 나환자촌에서 1월부터 6월까지 하염없이 시간을 보냈다. 가장 괴로웠던 것은 숙소에서 홀로 보내는 밤이었다. 도대체 몇 년 동안이나 나를 가족에게서 떼어 놓으려고 하는 걸까? 애나마리가 너무 그리웠다. 한 번만 안아 볼 수 있다면. 크리스마스 때 애나마리가 자신을 쌀쌀맞게 대했던 것은 사실이다. 그러나 하이너는 좌절감 때문이지 냉담해진 것은 아니라고 확신했다. 다섯 아이를 혼자 키우는 것만 해도 버거울 테니까. 애나마리가 하이너의 신념(프리마베라 공동체는 고집이라 하겠지만)을 얼마나 이해하는지와 상관없이 저들은 계속해서 하이너를 아내와 공동체에서 멀리 떨어뜨려 놓으려 한다. 하이너는 치밀어 오르는 분노와 싸웠다.

동료들은 하이너가 종종 절망감에 빠진다는 사실을 눈치채지 못했다. 그들의 눈에 하이너는 유능하고 사려 깊은 감독관일 뿐이었다. 하이너의 지도 아래 협동조합은 번창하고 있었다. 하이너의 진가를 알아본 것은 동료들만이 아니었다. 곧 미국 나병 환자 선교회에서 하이너의 성과를 듣고 선교회 책임자인 유진 켈러스버거 박사가 하이너를 만나러 사포카이를 방문했다. 협동조합의 성공 사례를 다른 나병 환자촌에 적용해 보려는 기대감 때문이었다. 사포카이에 도착한 켈러스버거 박사 부부는 한눈에 하이너가 마음에 들었다. 이후 서신을 교환하면서 부부는 하이너를 친구로 대했다.

뜻밖에도 한스가 하이너를 공동체로 불러들여야겠다고 마음먹게 된 계기는 켈러스버거 박사와 하이너의 우정이었다. 병원을 둘러보려 프리마베라를 방문한 켈러스버거 박사는 공동체의 나병 환자 사역에 자금을 대 줄 수 있다고 넌지시 말했다. 이제 병원장이 된 시릴과 한스는 그 같은 후원이 병원을 완전히 바꿀 수 있다는 사실을 잘 알고 있었다. 지금까지는 기초적인 약과 의료품을 제공하기도 어려운 실정이었다. 거액의 기부금에 대한 기대감이 부풀어 올랐다. 하지만 프리마베라의 지도자들은 켈러스버거 박사와 하이너의 친분이 염려스러웠다. 켈러스버거 박사가 왜 하이너는 공동체 밖에 사냐고 묻는다면 뭐라고 답하지? 한스는 서둘러 하이너를 부르기로 했다.

다시 강을 거슬러 오며 하이너는 일말의 기대도 하지 않았다. 전에 묵었던 오두막에서 다시 격리 생활이 시작됐다. 하이너는 잡풀을 뽑고 울타리를 고치고 벌집을 점검하는 등 허드렛일을 하며 시간을 보냈다. 양봉을 담당하는 프란시스 빌즈가 음식을 가져왔다. 온화하고 친절한 프란시스는 하이너와 말하지 말라는 지시를 무시하고 말을 걸어왔다. 프란시스가 가면 다시 혼자였다. 사람의 모습이라곤 좀처럼 눈에 띄지 않았다. 예외가 있다면 망원경으로 보는 어린아이들이었다. 아이들이 노는 마당이 4백 미터 정도 떨어져 있었지만 그래도 간신히 얼굴을 알아볼 수 있을 정도였다. 하이너는 자신의 아이들을 찾기 위해 애를 태웠다. 로즈비트, 크리스토프, 아넬리, 에디트. 그새 얼마나 자랐을까?

2개월이 더 지났다. 마침내 오두막을 찾은 한스는 하이너에게 다시 가족과 합류하라고 알려 왔다. 아직 제명 상태가 해제된 건 아니라는 경고 따윈 귀에 들어오지 않았다. 가족과 다시 살 수 있다는 생각만으로도 하이너는 너무 행복했다.

가슴이 벅차오르는 기쁜 재회였다. 그러나 두 살배기 리사에게는 그렇지 않았다. 한 번도 보지 못했던 남자가 식탁에서 엄마 옆자리를 차지한 걸 본 리사는 울음을 터뜨리며 두 손에 얼굴을 묻었다. 반면 여섯 살이 된 크리스토프는 행복에 겨운 얼굴로 의기양양하게 앉아 있었다. 20개월 동안 크리스토프는 아버지를 한 번도 잊지 않았다. 크리스토프가 말을 안 들을 때마다 애나마리는 하이너의 사진을 보여 주며 "이러면 아빠가 안 좋아하실 걸"이라고 말했다. 그때마다 크리스토프는 고집을 꺾었다.

아버지가 돌아온 첫날 아침, 크리스토프는 아침 식사를 가져오기 위해 아버지 손을 억지로 끌고 프리마베라 한가운데를 지나 공동 주방에 갔다. 못마땅해하는 눈길을 아랑곳하지 않고 크리스토프는 만나는 사람마다 손을 흔들었다. "파파가 돌아왔어요! 파파가 집에 왔어요!"

27. 아버지 노릇

 1946년 8월, 하이너가 집에 돌아왔을 때 잔치는 없었다. 오랫동안 자리를 비운 하이너는 프리마베라 사람 대부분에게 낯선 이가 되어 있었다. 한때 하이너에게 조언을 구하던 젊은 영국 멤버들도 서먹하게 대하기는 마찬가지였다. 이들은 이제 농장을 책임지고 회계 업무와 병원 행정을 담당하는 등 모두 공동체의 한자리를 차지하고 있었다. 자기 일에 몰두한 나머지 하이너에게 무슨 일이 일어났는지 관심을 두지 않았다. 1년 반 동안 하이너가 사포카이에서 뭘 했는지, 작년 크리스마스 때 공동체로 불려와 어떤 푸대접을 당했는지 아는 사람도 거의 없었다. 최근 합류한 사람들은 왜 하이너가 떠나 있어야 했는지 잘 몰랐다. 모두 용서하자고 굳게 다짐한 하이너와 애나마리는, 다른 사람들에 대한 불신의 씨앗을 심지 않기 위해 누구에게도 자기가 당한 일을 말하지 않았다. 심지어 자녀들에게도. 다 자라 어른이 되기 전까지 하이너의 자식들은 감히 아버지가 떠나 있었던 이유를 묻지 못했다. 1944년 10월에 쫓겨났던 사람들

중 하이너가 마지막으로 돌아왔다. (돌리는 영영 공동체를 떠났다.) 프리츠와 하디, 브루스, 피터는 다시 가족과 재회했고 3개월 동안 격리됐던 에미도 돌아왔다.

그러나 하이너의 눈에 비친 어머니는 예전의 어머니가 아니었다. 자네츠가 시작됐던 첫해부터 어머니는 공동체 사람들을 자식처럼 돌봤다. 손님을 살피고, 아픈 사람을 간호하고, 여자들과 아이들, 아기들의 필요를 돌봤다. 한스는 어머니가 이제 이런 일에 맞지 않다고 간주하고 병원의 잡역부 일을 시켰다. 예순을 넘긴 나이에도 어머니는 일요일까지 일해야 했다.

그것도 모자란듯 한스는 에미의 물건까지 압수했다. 에미가 보석처럼 간직하던 에버하르트의 글 모음과, 에버하르트와 사귈 때 주고받은 편지 묶음, 그리고 다름슈타트에서 에버하르트가 죽을 무렵 썼던 에미의 일기장을 강제로 빼앗으며 한스는 "이런 건 장모님께 별 도움이 되지 않습니다"라고 말했다. 압수물을 벽장에 넣고 자물쇠로 채운 한스는 벽장을 "독극물 보관소"라 불렀다.

비슷한 맥락에서 한스는 아놀드 집안 사람들이 가까이 붙어 사는 일이 없도록 두 개의 공동체에 나눠 배치했다. "무슨 일이 있어도 이들이 같은 곳에 살게 놔 둬선 안 돼." 한스가 게오르크에게 얘기했다. 이것만이 아니었다. 한스는 하이너와 프리츠에게 "너희 둘은 서로에게 안 좋은 영향만 줄 뿐이야"라고 말하며 예전처럼 친하게 지내지 말라고 경고했다. 하이너는 경고를 무시하고 아무도 보지 않을 때 프리츠에게 말을 걸곤 했지만, 두 사람이 상대방의 집에 발을 들여놓는 일은 단 한 번도 없었다.

하이너의 가슴을 가장 아프게 했던 건 금지된 우정이 아니었다. 프리츠(실은 징계를 받았던 16인 모두)가 내적으로 고통받는 게 확연한데도 아무도 살펴보지 않는 매정한 현실이었다. 그렇다고 하이너가 나설 수도 없었다. 아직도 제명된 상태라 공동체의 어떤 결정에도 참여할 수 없었기 때문이었다.

한편으로 하이너는 제명된 상태가 차라리 낫다고 여겼다. 프리마베라가 지금과 같다면 굳이 멤버로 복귀되고 싶은 마음이 없었다. 모임에서 어머니가 비명을 지르며 쓰러진 일과 노라가 아이들을 태우고 떠나는 마차를 쫓아가며 눈물을 흘리던 날이 아직도 눈앞에 생생했다. '그런 일에 절대 가담하고 싶지 않아.' 하이너는 속으로 생각했다.

그래서 하이너는 아이들과 떨어져 지냈던 시간을 만회하는 일에 더 매진했다. 하이너는 아이들에게 말 타는 법과 돌보는 법을 가르쳤다. 나무 베기와 장작 쌓기, 장작에 불 피우는 법도 가르쳤다. 저녁이 되면 스스로 익힌 바이올린을 아이들에게 연주해 주거나, 무릎 위에 아이들을 앉혀 놓고 애나마리가 들려주는 이야기나 자장가를 들었다.

바이올린 연주와 더불어 하이너의 취미가 하나 더 생겼다. 바로 바이올린 만들기였다. 크리스토프와 로즈비트가 잘 말린 나무판자를 구해 오면 하이너는 두 아이가 지켜보는 가운데 바이올린 옆판을 휘어 붙이고 볼록한 부분을 조각했다. 공구는 시원찮았고 열대림의 목재를 시험해 봐야 했다. 파라과이에는 너도밤나무나 가문비나무가 없었기 때문이다. 하이너가 만든 바이올린은 비록 연주회용은 못 돼도 그런대로 쓸 만했다. 프리마베라의 연주자들에겐 소리만 나면 그만이었다.

하이너의 아이들에게 아빠는 뭐든지 만들 수 있고 뭐든지 고칠 수 있는 척척박사였다. 또 훌륭한 정원사이기도 했는데, 아이들의 보는 눈이 틀리지만은 않았다. 유럽의 장미가 맥을 못 추는 기후에서 하이너의 집 주변 정원의 관목들은 형형색색의 꽃을 피워 냈다. 프리마베라를 찾아온 방문객들은 하이너의 정원을 보고 탄복했는데 그중 한 사람은 켈러스버거 박사 부인이었다. 부인은 하이너의 성공 비결을 매우 궁금해했다. (비결은 접붙이기였다. 하이너는 하디의 토종 장미에 유럽 장미를 접붙였다.)

하이너는 맡은 일에도 온 정신을 쏟아부었다. 예전처럼 마차로 심부름을 다니는 일이었다. 마구간을 정비하고 말을 길들이는 일도 하이너의 몫이었다. 주로 프리마베라의 두 공동체 마을을 잇는 숲길을 왔다 갔다 했는데, 어쩌다 한번은 로자리오 부두에서 누군가를 데려오는 일처럼 장거리를 뛰기도 했다.

하이너의 가족들이 모여 즐겨하는 이야기 중에는 이런 장거리 여행에 관한 이야기가 하나 있다. 하루는 하이너가 몬테비데오에서 온 숙녀를 데리러 로자리오 부두로 간 적이 있는데, 그냥 평범한 숙녀가 아니라 유럽에서 온 아주 부잣집 숙녀였다. 프리마베라 병원 후원에 관심을 보이는 숙녀에게 좋은 첫인상을 심어 주는 게 하이너에게 맡겨진 임무였다.

하지만 숙녀가 배에서 내리는 순간부터 일이 어그러졌다. 우선 숙녀의 옷차림은 밀림보다는 근사한 오찬에 어울렸다. 숙녀는 마차에 오르자마자 진흙과 모기에 대해 불평을 늘어놓았다. 스프링이 장착되지 않은 마차는 바퀴 자국과 물웅덩이, 비 때문에 울퉁불퉁해진 길을 덜컹대며 달렸다. 낮게 늘어진 덩굴을 지나느라 수시로 머리를 숙여야 했고, 나무가 쓰러진 곳을 둘러가느라 그렇지 않아도 긴 여행이 더 길어졌다. 해가 치오르고 낮은 엿가락처럼 늘어졌다. (로자리오에서 프리마베라까의지 거리는 거의 60킬로미터에 달했다.) 기온과 함께 숙녀의 불쾌지수도 올라갔다.

갑자기 마차가 진흙 구덩이에 빠졌다. 바퀴 축까지 진흙에 닿을 정도로 깊은 구덩이였다. 설상가상 겁에 질린 말 한 마리도 같이 빠져 버렸다. 하이너는 숙녀에게 내려 달라고 부탁하는 수밖에 없었다. 숙녀는 신발에 진흙이라도 묻으면 어쩔 거냐며 짜증을 냈지만 하이너는 별도리가 없다고 설득했다. 숙녀가 내린 다음 하이너는 장대를 지렛대 삼아 말을 진흙에서 꺼냈다. 그러는 동안 땀을 뻘뻘 흘리던 숙녀는 큰소리로 불평하더니 눈물을 터뜨렸다. 마침내 말과 마차를 모두 구덩이에서 빼낸 하이너는 숙녀와 함께 다시 길에 올랐다.

10킬로미터쯤 잘 달리던 마차는 얄궂게도 또 멈춰 섰다. 이번에는 진흙 구덩이보다 더 심각했다. 말 하나가 갑자기 쓰러져 죽은 것이다. 둘은 밤이 늦어서야 프리마베라 정문 관리실에 도착했다. 하이너는 마침내 집에 도착했다는 안도감에 한숨을 내쉬었다. 하지만 거의 제정신을 잃은 숙녀는 즉시 샤워실과 냉장고를 요구했다. 둘 다 없다는 말을 들은 숙녀는 내일 아침 당장 떠나겠다고 선언했다.

두말할 것도 없이 누구도 숙녀에게 후원 얘기를 꺼내지 못했고 결국 후원은 없던 일이 돼 버렸다. 다행히도 숙녀를 다시 부두로 데려다주는 일은 하이너가 아닌 다른 사람에게 맡겨졌다.

짧은 여행을 갈 때 하이너는 종종 자식 중 한 명을 데려가기도 했다. 전에 없이 아이들과 많은 시간을 보낼 수 있게 된 하이너는 이 기회를 만끽했다. 아들 크리스토프에게 마차 모는 법도 가르쳤다. 하이너는 일곱 살밖에 되지 않았지만 금세 기본을 익힌 크리스토프에게 오랫동안 고삐를 맡기곤 했다.

하루는 하이너와 크리스토프가 마차를 몰고 밀림을 지나고 있을 때 갈기늑대가 길 위에 나타난 적이 있었다. 눈앞의 늑대를 보고 겁을 먹은 말이 갑자기 질주하기 시작했다. 하이너는 크리스토프가 잡고 있던 고삐를 낚아챈 후 크리스토프를 재빨리 안전한 뒷자리로 옮겼다. "꽉 잡아!" 하이너가 고함쳤다. 하이너는 전차를 모는 용사처럼 선 채로 허리를 웅크렸다. 발을 바닥에 단단히 고정하고 팔꿈치를 허리 옆에 붙인 하이너는 전력으로 고삐를 당겼다. 머리 위로 빠르게 지나가는 낮은 가지들을 피하려 고개는 말이 보일 정도로만 살짝 들었다.

말들은 멈출 줄 모르고 달렸다. 하이너는 속도를 늦추려 혼신의 힘을 다해 고삐를 당기면서도 계속해서 말에게 부드럽고 차분히 얘기했다. 마침내 말이 속도를 늦춰 걷기 시작했고 하이너는 이마에 흐르는 땀을 훔쳤다. 이제껏 경험해 보지 못한 박진감 있는 질주에 흥분한 크리스토프는 말을 다루는 아버지의 솜씨가 너무 자랑스러워 마차 위에서 펄쩍펄쩍 뛰었다.

원숭이를 밀림으로 돌려보내는 여행은 그날의 질주만큼 극적이지도 행복하지도 않았다. 하이너가 파라과이인 친구로부터 받은 원숭이는 온순하고 청결해서 애완용으로 기르기에 안성맞춤이었다. 하지만 불행히도 이웃집 토마토를 너무 탐냈다. 결국 어느 날 참다못한 이웃 남자가 하이너에게 말했다. "원숭이를 내다 버리지 않으면 내가 죽여 버릴 거야."

하이너는 아이들에게 원숭이를 밀림으로 돌려보내야 한다고 말했다. 딸아이들과 눈물의 작별식을 마치고 하이너와 크리스토프는 원숭이를 데리고 밀림으로 향했다. 밀림 안으로 몇 킬로미터쯤 들어가 나무 아래 원숭이를 두고 작별 인사를 한 두 사람은 다시 집으로 돌아왔다. 집에 도착한 그들 앞에 깜짝 선물이 기다리고 있었다. 문 앞에 원숭이가 서 있는 게 아닌가. 원숭이는 작은 몸집을 흔들며 끽끽 웃었다. 이후 몇 번 더 시도해 봤지만 결과는 늘 같았다. 결국 몇 킬로미터 떨어진 강으로 가서 배를 타고 강 건너편에 놓아 준 뒤에야 원숭이는 다시 돌아오지 않았다.

(원숭이 한 마리를 살리기 위해 그 고생을 감수한!) 하이너를 보며 프리마베라 사람들은 눈살을 찌푸렸다. 농지 한 평이라도 늘리려면 뱀, 메뚜기, 곤충(에 물려 생기는 질병)과 싸워

야 하는 이곳 사람들은 덮어놓고 자연을 적대시했다. 살생이 어쩔 수 없이 일상이 돼 버린 현실에서 그저 재미로 죽이는 일도 심심찮게 일어났다. 적어도 공동체에 사는 남자들과 소년들에게 동물을 잔혹하게 대하는 것은 남자다움의 상징이었다.

평생을 농부로 살아온 하이너도 감상적인 사람은 아니었다. 하지만 그처럼 생명을 경시하는 태도는 참기 힘들었다. 한번은 하이너가 몇몇 소년이 장난삼아 부엉이 한 마리에게 죽을 때까지 새총을 쏘는 것을 보았다. "누가 저 부엉이를 만들었다고 생각하니?" 하이너가 소년들에게 물었다. "너희가 만들었니? 저 새를 너희가 다시 살릴 수 있어?" 하이너가 눈을 부릅뜨고 아이들을 바라봤다. "다시 살릴 수 없다면, 누가 너희에게 부엉이를 죽일 권한을 준 거니?"

그중 몇이 부끄럽고 뉘우치는 얼굴로 하이너를 바라봤다. 하지만 대다수는 돌처럼 굳은 시무룩한 얼굴로 눈도 마주치려 하지 않았다. 하이너는 죽은 부엉이보다 아이들의 냉랭한 마음이 더 가슴 아팠다. 어디서 저렇게 차가운 마음을 배웠을까? 어떻게 저 아이들의 마음을 녹일 수 있을까?

이런 일을 거치며 하이너는 자신의 아이들은 다르게 키우겠다고 더 굳게 마음먹었다. 하이너는 지루한 설교 없이 자녀들에게 자연과 창조주를 향한 경외심을 심어 줬다. 가끔 자네츠에서 보낸 어린 시절 이야기도 들려줬다.

언젠가 자네츠를 방문 중이던 손님이 한스-헤르만을 궁지로 몰아넣고 하이너의 개가 어디에 있는지 캐물은 적이 있었다. 당시 열한 살이던 한스-헤르만은 손님이 나쁜 마음을 먹었을까 걱정했지만 속으로는 자신과 상관없는 일이라고 변명하며 개가 있는 곳을 알려 줬다. 다음 날 개는 독을 먹고 죽은 채 발견됐다. 한스-헤르만이 자신이 저지른 일을 실토하자 에버하르트가 엄히 꾸짖었다. "너 때문에 무고한 생명이 죽었다. 오늘 넌 어린아이의 마음을 잃은 거야." (훗날 한스-헤르만은 이 일을 떠올리며 하이너에게 고백했다. "그때는 다시 어린아이가 될 수 없는 게 조금 아쉽긴 했지만, 솔직히 어른이 됐다는 생각에 신이 났지.")

하이너는 종종 독일 소설가 칼 메이의 작품과 같은 모험 이야기를 아이들에게 들려줬다. 이야기에는 사막의 족장, 아프가니스탄의 부족민, 숭고한 수족* 전사들처럼 다양한 영웅들이 등장했다. 하지만 영웅들은 하나같이 정직과 용기, 너그러움과 같은 진정한 기사도를 보여 줬다.

하이너는 무엇보다 솔선수범함으로써 아이들을 가르치려 노력했다. 한때 프리마베라에 무장 강도가 빈번히 침입한 적이 있었다. 파라과이 원주민들이 어두운 밤을 틈타 연장이나 옷, 주방용품 등을 훔쳐 갔다. 한스-헤르만과 게어투르드의 집에서는 손에 잡히는 건 모두 가져가기도 했다. 집을 향해 총을 쏜 적도 있는데, 총알이 문밖으로 뛰쳐나오는 젊은 사람에게 상처를 입히고 자고 있던 사람을 간신히 지나친 적도 있었다.

때문에 어느 날 밤 하이너의 사냥개가 사납게 짖기 시작해 온 가족을 깨웠을 때, 하이너는 최악의 상황을 대비했

★   아메리카 원주민의 한 종족.

다. 방풍 랜턴에 불을 켜고 밖으로 나간 하이너의 눈에 아니나 다를까 도망치는 한 사람이 보였다. 하이너는 사냥개를 풀고 짖는 소리를 따라갔다. 이윽고 한 나무 아래에서 으르렁대는 개를 발견했다.

하이너는 랜턴을 들어 도망자를 올려다봤다. 무장하지 않은 남자는 놀랍게도 무서워 바들바들 떨고 있었다. 개를 진정시킨 하이너는 도둑을 달래어 나무에서 내려오게 한 후 집으로 초대해 음식을 대접했다. 음식을 먹으며 긴장이 풀린 사내는 사정을 하나둘 털어놓았다. 남자가 얘기할 때 모두 거실로 나온 하이너의 아이들은 호기심과 두려움에 가득 찬 눈으로 도둑을 바라봤다. 사내가 떠나고 하이너가 아이들에게 말했다. "하나님은 모든 사람을 사랑하신단다. 특히 저 아저씨 같은 사람을 사랑하시지."

하이너와 애나마리의 집은 누구에게나 열려 있었다. 프리마베라 도서관에서 일하는 귄터 호프만은 하이너의 집을 자주 찾았다. 키가 크고 책을 좋아하는 총각 귄터는 사교적이고 유능한 사람을 치켜세우는 공동체에서 별로 인기가 없었고 아이들한테마저 놀림을 당했다. 하지만 귄터는 하이너와 애나마리의 집에 가면 언제나 반갑게 맞아 줄 거라는 사실을 잘 알고 있었다. 수줍음이 많고 말을 더듬는 니클라우스와, 나치가 슈파호프를 급습했을 때 하이너 곁에 있었던 장애인 프리델도 단골이었다. 이들은 아무 말 없이 정자에 함께 앉아 마테차를 마시곤 했다. 서로가 느끼는 끈끈한 유대감 속에 말은 별 쓰임새가 없었다.

하이너와 애나마리의 가족은 의례적인 종교 형식을 따

르지 않았다. 가족 기도회도 성경 읽기도 없었다. 식사 기도도 하지 않았다. 하지만 집안 식구 누구도 집에서 가장 중요한 것이 무엇인지 의심하지 않았다. 아이들이 고약한 말을 내뱉거나 서로를 깎아내리는 말을 할 때면 어김없이 하이너의 우레 같은 호통이 뒤따랐다. 조금 있다가 하이너는 아이들에게 묻곤 했다. "어떻게 그런 말을 할 수 있어? 예수님을 잊어버린 거니?" 별다른 설명 없이도 아버지의 뜻을 알아들은 아이들은 자신의 행동을 뉘우쳤다.

하이너의 아이들은 아빠가 있으면 언제나 든든했다. 특히 무서운 밤에는 더 그렇게 느꼈다. 밤 열 시가 되면 프리마베라에 전기가 나가고 칠흑 같은 어둠이 찾아온다. 갈기늑대의 울부짖는 소리와 "죽음의 새"로 불리는 부엉이의 떨리는 노랫소리가 들린다. 상상 속 온갖 소리도 시작된다. 하이너는 겁먹은 아이들을 달래려고 노래를 가르쳐 주었다.

> 태양이 어둠 속에 모습을 감추고
> 사자 울음소리 들릴 때
> 캄캄한 밤 속에서도
> 예수님은 나를 지켜 주시리.

하이너가 다시 공동체의 멤버로 복권됐다. 자네츠 시절부터 친구로 지내던 아돌프 브라운 덕분이었다. 최근에 프리마베라 지도자로 세워진 아돌프는 밤마다 하이너와 애나마리를 찾아와 다시 멤버가 되는 게 어떻겠냐고 설득했다. 한스와 게오르크도 그런 아돌프의 노력을 막지 않았다.

아마도 더는 하이너가 위협이 되지 않는다고 생각했거나, 혹은 단순히 관심사가 바뀌었기 때문이었을 것이다. (전쟁이 끝나자 한스와 게오르크는 연달아 두 번이나 유럽으로 건너가 그곳에 1년씩 머무는 출장을 단행했다. 두 사람은 생긴 지 5년째 되는 영국 휘트힐 브루더호프 공동체를 방문했고, 그와 별개로 예순 명의 전쟁 고아를 프리마베라로 보내는 문제를 독일 정부와 상의했다. 결국, 독일 정부는 전쟁 고아 대신 114명의 피란민을 보냈다.) 한스와 게오르크의 생각이 어쨌든 간에, 몇 주에 걸친 아돌프의 끈질긴 설득으로 하이너는 마침내 자신을 다시 멤버로 받아달라고 공동체에 요청했다. 공동체는 하이너의 요청을 수락했고 이로써 하이너의 기나긴 야인 생활은 공식적으로 종료됐다.

하이너는 그간 일어났던 모든 일을 이해하지 못했고 또 이해할 수도 없었다. 특히 사포카이에 있을 때, 한스와 게오르크가 왜 그런 식으로 자신을 취급했는지 정말 알 수 없었다. 그러나 지금은 그게 중요한 문제가 아니었다. 하이너는 그저 용서하고 또 용서받고 싶을 뿐이었다. 지난 수년 동안 하나님 나라를 일구는 일이 지체됐는데 이제 서로 신뢰하고 앞으로 나아갈 때가 아닌가? 게다가 하이너는 자신에게도 잘못이 있음을 잘 알고 있었다. '내가 어렸을 때 받은 소명에 한 치의 흔들림도 없이 충실했다면 일이 이렇게까지 나빠지진 않았을 텐데.' 하이너는 속으로 생각했다. '나환자촌에 있을 때 내가 회개한 게 바로 이 부분이야. 한스와 게오르크에게 맞섰던 걸 뉘우친 게 아니라고. 비록 두 사람은 그 이유로 나를 내쫓았지만.'

28. 마리아나

1947년 7월이 저물어 가는 어느 날 저녁, 하이너는 아이들을 집 밖으로 데리고 나갔다. 별 구경하기 좋은 밤이라고 말하며 하이너는 아이들을 피크닉 테이블로 인도했다. 아이들은 아빠와 나란히 앉아 한쪽 지평선에서 다른 쪽 지평선까지 반짝가루를 뿌려 놓은 듯, 광활하게 펼쳐진 은하수와 남십자성을 바라봤다.

하이너는 말없이 손가락으로 별을 가리켰다. 모두 별을 감상하고 있는데 별똥별 하나가 하늘을 가르고 지나갔다. "하나님께서 곧 우리에게 아기를 주실지 몰라." 하이너가 아이들에게 속삭였다. "어쩌면 저 별이 하늘에서 내려오는 작은 영혼일 수도 있겠구나." 아이들은 경외심에 가득 찬 눈으로 조용히 하늘을 쳐다봤다. 저 위에 오파 에버하르트의 별도 있겠지. 타타와 에미 마리아의 별도. 하이너와 아이들은 매년 에미 마리아의 생일을 기념했다. 정말 저 하늘에서 아기가 내려올까?

하이너의 생각은 그날 아침 애나마리를 데려다준 병원

에 가 있었다. 어쩌면 "병원"은 너무 거창한 이름일지 모른다. 프리마베라 병원은 자연 건조한 벽돌로 올린 이층 건물로, 십여 개의 병상을 놓을 수 있는 입원실과 진찰실 몇 개, 수술실, 조제실, 실험실을 갖춘 정도였다. 병원 옆에는 허름한 창고가 있었는데 그곳 난로에서 물을 끓여 의료 기구들을 소독했다.

시설은 구식이었지만 나름 의료진을 잘 갖춘 좋은 병원이었다. 하이너는 애나마리에 대해 마음을 푹 놓고 있었다. 간호 조산사인 필리스는 이미 아놀드 부부의 세 아이를 받아 본 경험이 있었다. 오늘도 필리스는 애나마리를 명랑하고 따뜻하게 맞아 주었다. 애나마리도 아무런 걱정 없이 행복한 마음으로 집을 나섰다. "어서 빨리 아기를 볼 수 있다면." 하이너는 조바심이 났다.

애나마리는 눈을 좀 붙이려 했다. 종일 진통이 오다가 다를 반복했다. 밤에도 또 다음 날에도 마찬가지였다. 애나마리는 일기장에 다음과 같이 적었다. "낙심되기 시작한다. 이 작은 아기는 언제 세상에 나오려고 하는 걸까?"

둘째 날 저녁, 전과는 다른 진통이 시작됐다. 처음보다 더 고통스러운 진통이 스무 시간 동안 쉼 없이 지속됐다.

"산통이 어찌나 심하게 이어지던지 우리는 아기가 언제라도 나올 거라 예상했다. 하이너는 밤을 꼬박 새웠다. 남편이 없었다면 정말 견디기 힘들었을 거다. 날이 밝고 나는 기진맥진했다. 필리스가 분만 촉진제를 투여했지만 별 효과가 없었다. 루스가 왔다. 난 제발 제왕절개를 해 달라고 사정했다. 진찰을 마친 루스는 아기가 거꾸로 서 있어서 출산이 늦어진다고 설명했다."

하이너에게 악몽 같은 시간이 시작됐다. 지난 다섯 번의 출산에서 애나마리는 언제나 용감했다. 하지만 이번에는 진통이 길어지면서 무척 나약해졌다. 전에는 보지 못했던 모습이었다. 애나마리는 도와달라고 매달리고 애원하며 울었다. 하이너는 의사들에게 찾아가 어떻게 좀 해 달라고 부탁했지만, 그냥 두는 게 최선이라는 답만 돌아왔다. 의료진을 믿었지만 괴로워하는 애나마리를 지켜보는 건 참기 힘들었다. 애나마리에 대한 사랑과, 이 일의 장본인인 아기 아빠로서의 책임감이 파도처럼 끝없이 몰려왔다.

애나마리는 일기에 다음과 같이 적었다. "그 후 가장 고통스러운 시간이 찾아왔다. 진통은 점점 세지고 빈도도 잦아졌지만, 난 아무 일도 일어나지 않으리라는 것을 알았다. 그 심한 진통의 시간이 모두 헛되다니. 결국 의사들은 전신 마취를 한 상태에서 겸자를 써서 아기를 꺼내기로 했다. 우선 20분 정도 물을 끓여 수술 기구를 소독해야 했다. 기다리는 시간이 영원처럼 길게 느껴졌다."

"모든 준비가 끝나자 의료진은 내 얼굴에 에테르 마스크를 갖다 대며 차분하게 숨을 들이마시라고 말했다. 의식이 점점 흐려지는 와중에도 나는 다음 진통이 시작되는 것을 느낄 수 있었다. 이제 고통에서 벗어나겠거니 하는 생각과 함께 기억이 사라졌다."

하이너는 애나마리의 손을 꼭 잡고 그녀의 머리맡에 서 있었다. 시릴과 루스가 분만 집게로 아기를 빼내려 애썼다. 아기의 위치가 잘못돼 안면이 먼저 나왔다. 의사들의 시도는 몇 시간처럼 느껴질 만큼 오랫동안 지속됐다. 그러다 갑자기 위급 상황이 닥쳤다. 애나마리의 안색이 푸르스름해졌다. 호흡이 멈춘 것이다.

시릴과 루스는 즉시 수술을 멈추고 에테르를 적신 헝겊을 애나마리의 코에서 황급히 떼어 냈다. 시릴이 애나마리를 살폈다. "심장이 뛰질 않아!"

몇 초가 지나자 애나마리가 다시 숨을 쉬기 시작했고, 마취에서도 서서히 깨어났다. 수술실엔 안도감이 돌았다. 하지만 시릴은 여전히 불안해 보였다. "더는 애나마리의 출산을 도울 수 없어. 너무 늦었어."

깨어나자마자 찌르듯 날카로운 고통에 시달린 애나마리는 살려 달라고 애원했다. 하이너는 시릴에게 시선을 돌렸다. "제왕 절개는 안 됩니까?"

시릴이 고개를 저었다. "심장이 마취를 견뎌 내지 못할 거예요. 목숨을 잃을 위험이 너무 큽니다."

그리고 하이너가 평생 잊지 못할 순간이 찾아왔다. 시릴은 하이너에게 밖으로 나가 달라고 요청했다. "애나마리를 살릴 수 있는 유일한 방법은 낙태입니다." 시릴이 직설적으로 말했다. "그러지 않으면 둘 다 죽습니다."

할 말을 잃은 채 시릴을 바라보던 하이너는 밖으로 뛰쳐나가 병원 뒤 바나나밭으로 들어갔다. 비가 부슬부슬 내리는 칠흑 같은 밤이었다. 우리를 도와주는 사람들이 분만실에 저렇게 많은데, 이토록 고독하다니. 처음 겪는 외로움이었다. 심지어 나병 환자촌에서도 이렇게 외롭진 않았다.

도저히 사람들이 내 아기를 절단하도록 놔둘 수 없어. 어떻게 그런 악한 생각을 할 수 있지? 하이너는 구역질이 났다. '하지만 시릴은 애나마리가 죽어 가고 있다고 말하지 않았나?'

하이너는 비를 뿌리는 캄캄한 하늘을 향해 고개를 들었다. 이토록 눈물을 흘리며 기도한 적이 또 있었던가. "하나님, 주님의 뜻을 보여 주십시오. 오직 주의 뜻대로 되기를 원합니다." 다시 병원으로 들어간 하이너는 곧바로 시릴에게 달려갔다. "아기가 고통받지 않는 방법으로 유산시킬 수 있습니다." 시릴은 앵무새처럼 같은 말을 반복했다. "그것만이 애나마리의 목숨을 살릴 수 있는 길이예요." 하이너는 말없이 시릴을 지나쳐 분만실로 걸어 들어갔다.

훗날 애나마리는 다음과 같은 회고했다. "난 깜짝 놀라 마취에서 깨어났다. 내 위에서 머리와 몸뚱이들이 이리저리 움직이고 있었다. 모니와 시릴, 필리스, 루스. 한 번도 겪어 본 적 없는 격렬한 고통 때문에 몸이 갈가리 찢기는 듯했다. 고통은 중간중간 숨을 돌릴 최소한의 틈만 허락한 채 계속 이어졌다. 아기가 태어났는지, 어떤 상황인지 가늠하기 어려웠다. 그때 누군가의 목소리를 들었다. '얼마 남지 않았어.' 모두 내 주위에 서서 속수무책으로 나를 바라보고만 있었다. 너무 아파서 일분일초가 영원처럼 느껴졌다."

"갑자기 아기가 태어났다. 환호성이 들렸다. '딸이야, 딸!'"

"'살아 있어.' 시릴이 덧붙여 말했다. 시릴이 왜 그렇게 말했는지 궁금했다. 난 마지막 힘을 다해 출산을 마쳤다. 드디어 60시간 만에 처음으로 통증이 멈췄다."

"난 아기의 얼굴을 보고 싶은 그런 상태가 아니었다. 곧바로 잠이 들었다. 다시 일어났을 때에야 아기가 눈에 들어왔다. 겸자 때문에 머리에 검푸른 자국이 남아 있었다. 아기는 양수를 너무 많이 삼켜서 기도에 뭔가 걸린 것처럼 숨쉴 때마다 그르렁거렸다. 병원에는 산소통이 없어 양수를 뽑아 낼 방법도 없었다. 의료진은 아기를 조용히 두라고 말했다. 그들은 아기를 씻기지 않은 채, 그저 편안히 누워 있도록 손대지 않았다."

"우여곡절 끝에 낳은 우리 딸이 저기 아기 침대에 누워 있었다. 4킬로그램이나 되는 우량아였고 건강해 보였다. 적어도 내 생각엔. 그리고 딸이라 맘에 들었다."

"계속 잠이 밀려왔다. 맥이 풀려 몸을 가누기도 힘들었다. 한번은 눈을 뜨자 필리스가 아기를 들어 올리며 만족스러운 표정으로 말했다. '응가를 해서 담요랑 옷에 다 묻었어요.' 난 약간 주름지고 통통한 아기 다리를 볼 수 있었다. 발과 둥글넓적한 가슴도. 처음이자 마지막으로 아기를 자세히 봤던 순간이었다. 간호사는 다시 아기를 담요로 덮어 주었다."

"아기는 여느 건강한 아기처럼 힘차게 울 때도 있었지만, 대부분 작은 새끼 고양이처럼 높은 톤으로 울었다. 종종 숨소리가 구슬프게 칭얼거리는 듯 들리기도 했다. 얼굴은 보이지 않았다."

"잠에서 깨어난 나를 하이너가 행복한 얼굴로 맞아 주

었다. 하이너에게서 그간 있었던 일을 들었다. 우리는 아기를 마리아나라고 부르기로 했다. 그리고 난 다시 원기를 회복시켜 줄 깊은 잠에 들었다."

"다시 일어났을 때, 아기는 보이지 않았지만 어디선가 숨소리가 들렸다. 너무 가파른 듯한 숨소리였다. 아기는 정말 괜찮은 건가? 갑자기 무서워졌다. 의사들은 나를 안심시켰다. 아기 얼굴의 부기가 가라앉았다는 말도 덧붙였다. 루스가 아기 침대를 가까이 옮겨 오자 아기의 얼굴이 보였다. 아기는 모로 누워 있었다. 토실토실한 뺨과 넓적코, 세모난 입과 야무진 턱, 그리고 잘생긴 귀."

"얼마나 너를 품에 안고 자그마한 체구를 느끼고 싶었는지. 갓난아기에게서만 나는 은은한 향을 맡고 싶었는지!"

"다시 잠들었다가 한밤중에 깨어났다. 하이너와 에미, 루스가 나와 함께 있었다. 밤에는 발전기가 돌아가지 않아서 등유 불만 켜져 있었다. 하이너가 아기 침대를 내 옆으로 가까이 밀었다. 마리아나의 얼굴이 심상치 않아 보였다. 아니면 등불 때문인가? 등 하나를 더 켜고 자세히 보았다. 맞다, 피부색이 너무 어두웠다."

"우리가 할 수 있는 일이 별로 없었다. 루스가 얇은 고무 튜브로 양수를 빨아내 마리아나의 기도를 청소해 보려 했다. 아기가 눈을 떴다. 루스는 흥분했다. '이것 좀 봐. 배가 고파서 튜브를 빨고 있어.' 우리는 서로 쳐다보며 좋은 징조라고 얘기했다."

"몇 분이 지나 루스가 아기 피부색이 나아졌다고 얘기했다. 내가 보기엔 별로 달라진 게 없었지만 난 그저 루스의 말을 믿고 싶을 뿐이었다. 얼마 후 아기 숨소리가 점점 작아졌다."

"두려움에 가득 찬 나는 아기 숨이 너무 얕다고 말했다. 루스는 하이너에게 시릴을 불러오라고 부탁했다. 내가 지켜보는 가운데 마리아나는 눈을 감았다. 마리아나의 숨소리가 점점 작아지더니 완전히 사라졌다. 아기의 작은 가슴은 다시 들썩이지 않았다. '아기가 숨을 멈췄어요!' 난 소리쳤다. '숨을 쉬지 않는다고요!'"

"루스는 아기의 심장이 다시 뛰도록 아드레날린 주사를 서둘러 놓았다. 황급히 들어온 시릴은 청진기로 한참을 진찰했다. 난 이미 결과를 알고 있었지만, 아직 생명이 붙어 있다고 의사들이 말해 주기를 바랐다."

"하지만 그런 바람은 이루어지지 않았다. 저기 마리아나가 잠든 듯 누워 있었다. 난 아기에게서 눈을 떼지 못했다. 아기가 한 번 더 숨을 쉴지도 모른다는 생각에."

"시어머니가 마리아나를 들어 내 품에 놓았다. 아기의 무게가 느껴졌다. 손은 이미 식어 있었지만 목과 볼에는 따뜻한 기운이 남아 있었다. 여전히 살아 있는 것 같은데. 다리에도 온기가 붙어 있구나. 그게 처음이자 마지막으로 마리아나를 품에 안아 본 순간이었다. 눈에 넣어도 아프지 않을 사랑스러운 내 새끼. 그렇게 기다리고 그렇게 고생해서 낳은 이 작은 녀석이 앞으로 어떤 아이가 될지 알기도 전에 우리를 떠났다는 사실이 도무지 실감 나지 않았다."

"난 될 수 있는 한 오래도록 마리아나를 안고서 보고 또 보았다. 그리고 마지막 작별의 시간이 다가왔다. 시어머니는 장례를 위해 마리아의 시신을 거두어 병실 밖으로 나갔다. 순간 가슴 한쪽이 찢겨 나가는 것 같았다."

"그토록 힘겨웠던 시간에 사랑하는 남편이 옆에 있다는 게 얼마나 큰 힘이 되었는지! 아픔 속에서 우리의 영혼은 더 가까워졌다! 하이너의 얼굴은 암담하기만 했다. 4년 만에 처음으로 아기를 안아 볼 날을 그토록 기다렸는데! 리사가 태어났을 때는 멀리 사포카이에 머물렀던 남편인데."

"사람들이 병문안을 왔다. 하나같이 내가 살아 있어서 정말 다행이라고 말했다. 그제야 내가 얼마나 위중했는지 깨닫기 시작했다."

"다음 날 아침 눈을 떴을 때 병실은 텅 빈 듯 고요했다. 아기도 없었다. 난 울음을 참지 못했다. 지난 며칠의 기억이 물밀듯이 밀려왔다. 창밖을 보니 비가 내리고 있었다. 하염없이 내리는 비가 거무칙칙한 가을 풍경을 적셨다. 벌거숭이가 된 보리수, 누렇게 색이 바랜 들판과 몇 안 남은 장미. 때때로 새 울음소리가 들려왔다. 아무것도 걸려 있지 않은, 하얀 벽으로 둘러싸인 병실에는 숨 막힐 듯한 적막만 감돌았다."

아기가 곁을 떠나자 하이너는 갑자기 죄책감에 시달렸다. 출산 과정에서 하이너의 머릿속엔 오로지 애나마리 생각뿐이었다. 분만 시간이 기약 없이 늘어나고 상황이 위급해지면서, 하이너는 한때 애나마리가 살아남으리라는 희망을 포기하기까지 했다. 그러던 중 돌연 아기가 자연스럽게 태어나는 기적이 일어났다. 물론 아기가 태어나 기뻤지만 하이너의 정신은 온통 애나마리에게 가 있었다. 가슴이 아릴 정도로 아내가 고마웠다. "애나마리가 죽지 않았어!" 하이너는 속으로 탄성을 질렀다. "그리고 우리 아기도······." 하지만 위중한 아내를 걱정하느라 마리아나에게는 거의 생각이 미치지 못했다. 안아 볼 생각도 못했을 정도로. 하이너는 아기를 소홀히 했고 이제 아기는 영영 떠나 버렸다.

하이너는 아침 식사 자리에서 아이들에게 말하기로 마음먹었다. 아이들이 받아들이기 힘들어할 텐데. 지난 이틀 동안 아이들은 언제나 기대에 가득 찬 눈으로 병원에서 돌아온 아빠를 맞으며 질문을 쏟아 냈다. 어린 아넬리는 만나는 사람마다 "엄마가 하늘에 올라갔어요. 마리아한테 아기를 받아오려고요"라고 말했다. 그다음 날 조바심이 난 아넬리가 하이너에게 물었다. "왜 아기는 안 왔어요? 하나님이 아직도 만들고 계셔요?" 하이너가 마침내 아이들에게 여동생이 생겼다고 발표하던 날, 아이들은 흥분을 참지 못하고 펄쩍펄쩍 뛰었다.

집으로 가까이 갈수록 하이너의 발걸음이 느려졌다. 어떻게 말을 꺼내지? 곧 아이들이 달려나와 하이너를 맞았다. 아이들은 환호성을 지르며 아빠에게 매달렸다. "막내는 어젯밤에 잘 잤어요?" 로즈비트가 궁금해했다.

"일단 안에 들어가서 아침을 먹자꾸나." 하이너가 로즈비트에게 말했다.

"하지만 아빠, 그렇다 아니다로만 말해 주시면 되잖아요. 우리 동생 잘 잤어요?" 로즈비트가 계속 졸랐다.

식탁으로 간 하이너가 늘 앉던 자리에 앉자, 아이들을

돌봐 주던 애나도 맞은편에 앉았다. 애나가 앉을 때 얼굴에서 떨어지는 눈물을 본 아이들은 하이너에게 고개를 돌렸다.

"얘들아, 막내 여동생은 다시 하늘나라로 돌아갔단다."

크리스토프의 눈이 커졌다. "그러면 아기는 이제 우리 여동생이 아닌 건가요?" 로즈비트는 훌쩍거리기 시작했고 아넬리는 울음을 터뜨리며 소리쳤다. "내 동생 돌려줘요! 우리 동생이야!" 곧 눈물바다가 됐다.

후에 하이너는 화관을 만들기 위해 숲에서 꽃을 따는 로즈비트를 발견했다. 하이너가 로즈비트에게 아기를 보고 싶냐고 물었다. "마리아나의 영혼은 하늘나라로 갔지만 몸은 아직 이 땅에 있단다. 네가 원하면 지금 볼 수 있어."

마리아나는 테이블 위에 놓인 작은 관 안에 누워 있었다. 머리에는 화관을 쓰고 손에는 장미를 들고. 누군가 종려나무 가지로 방을 장식했는데, 잎이 아기를 보호하듯 그 위로 늘어져 있었다. 방에 들어선 로즈비트의 얼굴이 환하게 빛났다. 훗날 로즈비트는 그 순간을 천국의 그림을 본 듯했다고 회상했다. "잠든 것뿐이네요! 언제 다시 일어나요?" 로즈비트가 탄성을 질렀다.

하이너는 언젠가 죽은 사람이 모두 다시 깨어날 거라고 말해 주었다. "오파랑 에미 마리아도요?" 로즈비트가 물었다. "그럼, 물론이지." 집에 돌아온 로즈비트는 크리스토프와 여동생들에게 자신이 본 것을 얘기했다. 이후 며칠 동안 하이너는 아이들이 하늘나라에 관해 얘기하는 소리를 우연히 듣곤 했다. 아이들은 하늘나라가 아무 때나 들를 수 있는 곳쯤으로 생각하는 듯했다.

장례식은 일요일 아침이었다. 공동체 사람들은 병원에서 몇 킬로미터 떨어져 있는 묘지로 마차를 타고 이동했다. 하이너는 아침 일찍 일어나 애나마리를 방문했다. 마리아나의 시신은 여전히 "사랑스럽고 변한 게 없다"는 말을 남기고 하이너는 무거운 마음으로 관 뚜껑을 덮어 마차로 관을 옮겼다.

몸 상태가 안 좋아 장례식에 가지 못한 애나마리는 마차에 올라타는 사람들을 창문으로 지켜봤다. 순간 병원 저쪽 끝에서 오열하는 소리가 들려왔다. 나중에 안 사실이지만, 스무 번째 아기를 사산한 파라과이 여인의 가족이었다. 고통 외에 아무것도 희망할 수 없는 울음소리는 애나마리에게 이 땅에서 보상받지 못한 모든 비극을 노래하는 장송곡처럼 들렸다.

첫 번째 마차가 떠날 때 빗방울이 떨어졌다. 하디가 모는 마차에 하이너가 관을 안고 탔다. 행렬은 애나마리의 창문 아래로 조용히 지나갔다. 애나마리는 작은 관을 찾았지만 볼 수 없었다. 몇 시간이 지나 하이너가 돌아왔다. 여전히 밖에는 비가 쏟아지고 있었다.

그날 밤 애나마리는 일기장에 다음과 같이 적었다. "이해할 수 없는 나날이 지났다. 어떨 때는 일어나지 않은 일처럼 너무 비현실적으로 느껴졌다. 현실로, 일상으로 돌아가는 게 쉽진 않겠지. 그렇게 따뜻하고 생기 있던 아기가 작은 침대에 누워 내 곁을 차지하고 있었다는 사실을 누구이 기억하지 않는다면, 모든 게 꿈처럼 지나갈 것만 같다. 마리아나야! 사랑스러운 우리 아기, 제대로 알기도 전에 가버린 너."

29. 다시 나선 길

마리아나가 떠나간 지 4개월 후, 프리츠가 선반에서 튕겨 나온 나무 조각에 이마를 다쳤다. 이 사고로 프리츠는 오른쪽 눈 바로 위가 크게 찢어지는 상처를 입었다. 모니가 서둘러 작업장으로 달려가 프리츠의 상처에 붕대를 감았다. 곧 시릴도 프리츠를 병원으로 이송할 마차를 몰고 나타났다. 프리츠는 심하게 다쳤지만 도리어 다른 사람들을 진정시키려 했고, 아내에게 농담을 건네기도 했다. 그러나 48시간이 지나 상처 부위가 감염되자 상태는 급속히 악화됐다. 프리츠는 죽어 가고 있었다.

공동체 모임이 소집됐다. 이내 프리츠가 보이는 창밖에 모여 선 사람들은 성탄 찬양을 부르며(때는 12월이었다) 프리츠를 위해 기도했다. 뒤편에 서 있던 하이너는 옛 친구의 얼굴이 너무 보고 싶어 목을 길게 뺐다. 하이너는 작별 인사를 할 수 있는지 물어보기로 마음먹었다. 하지만 게오르크는 하이너의 요청에 퇴짜를 놓았다. 사흘 후 프리츠는 마지막 숨을 거두었다. 향년 43세였다.

다시 암흑과 같은 몇 개월이 흘렀다. 1년 후 애나마리는 딸을 출산했고, 부부는 아기에게 모니카 레나테라는 이름을 붙여 주었다. "레나테"는 "다시 태어난다"는 의미로 마리아나를 기념한 이름이었다. 이듬해 하이너와 애나마리에게 또 다른 딸이 태어났다. 둘은 딸에게 엘자라는 이름을 지어 주었다.

하이너는 두 딸에게 각별히 다정다감했다. 마리아나의 죽음이 자신과 애나마리에게 여전히 생생한 탓이었다. 마음이 힘들 때면 두 사람은 마리아나가 죽고 난 후 경험했던 며칠간의 일을 떠올렸다. 병실을 지켜 준 필리스와 루스부터 꽃다발을 가져온 학교 아이들까지, 정말 많은 공동체 사람들이 함께 마음 아파해 준 나날이었다. 그토록 꾸밈없는 사랑은 하이너에게 언젠가 프리마베라가 첫사랑을 다시 회복하리라는 희망을 심어 주었다. 하이너는 그날이 오기까지 기쁜 일이든 슬픈 일이든 언제나 다른 이들을 돕고 섬기겠다고 마음을 다잡았다.

1950년 9월, 하이너는 7주가 지난 엘자를 집에 두고 길을 나섰다. 크리스토프가 부두까지 하이너를 배웅했다.

배가 항구를 떠날 때는 이미 어두운 밤이었다. 난간에 기대 손을 흔들던 하이너는 부두에 홀로 서 있는 아들이 너무 애처롭게 느껴졌다. 열한 살이 된 아들은 또다시 아버지와 오랜 시간 떨어져 있어야 한다는 현실을 받아들이기 힘들어할 것이다. 하이너는 계속해서 아들에게 소리쳤다. "잘 있거라! 잘 있어!" 처음엔 씩씩하게 답하던 크리스토프는 점점 목소리가 떨리더니 결국 울먹였다.

하이너는 난간에서 몸을 돌려 앞으로의 일정을 점검했다. 아순시온에 도착해 볼리비아로 가는 비행기를 타고, 볼리비아에서 파나마로 가는 비행기로 갈아탄 다음, 파나마에서 아바나로 가는 비행기로 재차 갈아타는 일정이었다. 일단 아바나에 도착하면 북아메리카까지는 짧은 비행으로 갈 수 있는 거리였다.

여행의 목적은 모금이었다. 프리마베라는 여전히 재정이 열악했다. 아기들이 태어나고 유럽에서 새로운 사람들이 도착하면서 공동체 인원이 늘었다. 농장은 생산적으로 돌아갔지만 마땅한 소득원이 되지 못했다. 한편 병원은 늘어나는 원주민 환자들을 치료하기 위해 재정 지원이 더 절실한 상황이었다. 지난해 공동체는 비슷한 목적으로 미국에 네 명의 형제를 보냈다. 미국에 간 형제들은 수만 달러를 모금하고 다량의 기증품과 농기계를 보내왔다.

하지만 공동체의 상황은 그다지 나아진 게 없었다. 많은 남자들이 원래 옷감보다 덧대어 기운 헝겊이 더 많은 옷을 입고 다녔으며, 여자들은 단추를 꿰맬 실이 부족했다. 병원과 어린이집에는 기저귀와 침대 시트, 베갯잇이 늘 모자랐다. 모두가 다시 모금이 필요한 시점이라는 생각에 동의했다. 어려서부터 사람들의 마음을 움직이는 재주가 있었던 하이너만큼 모금 여행에 적격인 사람도 없었다. 하이너와 함께 길을 나서게 된 사람은 쉰한 살의 영국인, 윌 마천트였다. 1940년, 부인 캐서린과 애쉬턴 필즈에 합류한 윌은 하이너와 10년 동안 알고 지낸 사이였다.

마이애미 공항에 내린 하이너와 윌은 명단에 있는 첫 번째 사람을 만났다. 조지아에서 마중 나온 젊은 미국인 부부였다. 하이너와 윌은 부부의 차를 타고 북서쪽으로 900킬로미터를 달려 조지아주 아메리커스 근처에 있는 작은 땅콩 농장에 도착했다. 신앙에 기반해 세워진 협동조합, '코이노니아'였다. 인종 분리에 맞서 이제 막 일어나고 있던 위대한 운동의 전초 기지였다. 코이노니아의 설립자 클래런스 조던은, 하이너의 부모님이 자네츠에서 추구했던 것처럼, 산상수훈을 매일의 삶에서 실천하려 노력하는 급진적인 남침례교 교인이었다. 클래런스는 자신의 공동체를 "목화밭 신학교"라고 불렀다. 완고한 이웃들과 맞서기엔 그것으로는 모자라다는 듯, 클래런스는 백인뿐 아니라 흑인들도 환영했다. (몇 년 후 분리주의자들은 코이노니아의 창고를 폭파하고 코이노니아 제품의 불매 운동을 벌였다. 이따금 조합원의 집에 총알이 날아오기도 했다.)

하이너는 미국의 첫인상에 흥분했다. 하이너의 눈에 비친 미국은 타파웨어★ 파티와 고급스러운 나무 마감재로 장식된 스테이션왜건, 유머러스한 버마 면도용 크림 광고판으로 대표되는 나라였다. 동시에 미국은 엄청난 희생을 치른 국가이기도 했다. 전쟁 기간에 수많은 미국인이 정의를 위해 유럽과 태평양에서 피를 흘렸다. 이제 허리띠를 졸라매고 배급 카드를 받는 시기는 지났다. 무수한 군인이 아내와 아기들과 함께 행복한 삶을 꿈꾸며 자리를 잡아 가고

★ 미국의 플라스틱 주방용품 브랜드.

있었다.

하지만 이렇게 낙관적인 분위기 밑바닥엔 실망과 허무감이 흐르고 있었다. 힘겨웠던 전시 상황에서 미국은 아돌프 히틀러로 상징되는 악한 세력과 맞서 싸운다는 고상한 목표를 위해 똘똘 뭉쳤었다. 이제 히틀러는 사라졌다. 그렇다고 악이 완전히 제거된 건가? 전쟁이 끝났다고 세상이 더 안전해지지도 않았다. 러시아의 무기고는 가득 찼고, 공산주의자들은 동유럽에서 한반도까지 세력을 넓혀 갔다.

미국 내 상황도 호락호락하지 않았다. 영웅적인 희생을 치른 후 돌아온 일상은 사소하고 단조로웠다. 게다가 불확실한 미래라는 그늘까지 드리웠다. 아이젠하워 대통령마저 "군산 복합체"가 미국의 자유를 해칠까 우려했다. 대도시에서는 20년 후 끔찍하게 터질, 인종 차별과 가난이라는 상처가 서서히 곪아 가고 있었다.

1950년, 대다수의 젊은 미국인은 이런 사회 문제에 관심을 두지 않고 안락한 삶을 추구하느라 바빴다. 하지만 모두가 그랬던 것은 아니었다. 어떤 이들은 비트 세대★에 합류하기 위해 샌프란시스코에서부터 그리니치빌리지까지 대장정에 나서기도 했다. 수백 명의 사람들이 중산층의 꿈을 과감히 내던지고 자신들이 원하는 세계, 돈과 신용이 아닌 협력과 창의력에 기반한 세계를 이루기 위해 발 벗고 나

★ 2차 세계대전이 끝나고 1950년대 경제 성장 속에서 기성세대의 물질주의적, 체제 순응적 가치관을 거부하며 자유와 전원 생활, 민속 음악을 추구한 세대.

섰다. 캘리포니아에서 뉴저지에 이르기까지 공동체가 우후죽순 생겨났다. 60년대에 일어날 운동의 예고편이었다. 하이너와 윌도 곳곳을 누비며 새로운 사람들을 만나고 프리마베라에 관한 질문에 답하며 자연스럽게 이런 시대적 흐름에 동참하고 있었다.

두 사람은 클래런스와 가까운 친구가 되었다. 코이노니아 공동체에 있던 다른 사람들과도 따뜻한 우정을 나눴다. 사실 하이너는 코이노니아 사람들의 환대가 너무 과도하다고 느낄 때도 있었다. 하이너와 윌이 새벽에 도착하자 클래런스는 직접 두 사람이 머물 집으로 안내했다. 그런데 두 손님이 묵을 방에 집주인 부부가 자고 있지 않은가. 하이너와 윌을 보고 잠자리에서 일어난 부부는 편히 쉬라며 자신들의 침대를 내주었다. "세상에, 맙소사." 둘만 남자, 하이너가 윌에게 투덜댔다. 하이너는 손수건을 베개 위에 펴고 겉옷을 다시 입고는 조심조심 침대 위에 누웠다.

하이너와 윌은 코이노니아에서 사흘 정도 머물면서 농장일도 돕고, 미국 최남단의 한가운데 화합의 섬을 이루려는 분투에 관해 클래런스와 얘기를 나누기도 했다. 방문 마지막 날 두 사람은 코이노니아 공동체로부터 첫 번째 기부금 백 달러를 받았다. 두 사람은 깜짝 놀랐다. 누가 보기에도 협동조합은 형편이 넉넉지 못했다. 클래런스는 하이너와 윌이 본격적으로 모금 활동을 시작할 수 있도록 워싱턴 DC까지 태워 주겠다고 제안했다.

하이너와 윌은 오후 늦게 미국의 행정 수도에 도착했다. 클래런스는 두 사람을 내려 주고 떠났다. 이제 두 사람에겐 몇몇 이름이 적힌 목록과 코이노니아에서 받은 돈, 그리고 자신들의 지혜밖엔 의지할 데가 없었다. 시간도 그들의 편은 아니었다. 프리마베라 사람들이 이 모금 여행에 얼마나 큰 기대를 걸고 있는지, 기대에 못 미친 첫 번째 모금팀이 얼마나 많은 비난을 받았는지 두 사람은 잘 알고 있었다. 하이너는 다급한 공동체 상황을 이해했다. 그렇다고 생판 모르는 도시에서 아무나 붙잡고 돈을 달라고 할 수는 없는 노릇이었다. 하이너와 윌은 나름 현실적인 모금 목표액을 잡았다. 매달 천 달러.

절대 쉬운 목표는 아니었다. 우선 두 사람의 겉모습부터 불리하게 작용했다. 노인이나 부랑인이 아니면 다 말쑥하게 면도를 했던 50년대 미국에서, 수염이 덥수룩한 하이너와 윌은 기인처럼 보일 뿐이었다. 둘 다 미국 사회의 관습에 익숙지 못했던 데다가 하이너는 영어까지 서툴러 다시 배워야 할 지경이었다. 하이너는 트랙터는 몰 줄 알았어도 자동차는 운전할 줄 몰랐고, 윌 역시 운전 경험이 없었다.

그러나 하이너에겐 믿는 구석이 있었다. 윌을 호스텔에 남겨 두고 하이너는 서먼 아놀드라고 불리는, 잘 나가는 사촌을 찾아 나섰다. 서먼은 미국에 이민을 온 아놀드가의 후손이었다. 한 번도 본 적 없는 친척을 만난다는 생각에 하이너는 긴장했다. 분명한 건 서먼의 맘에 든다면, 사촌은 워싱턴에서 모금을 시작하는 하이너에게 날개를 달아 줄 사람이라는 점이었다. 전 예일 법대 교수이자 연방법원 판사였던 서먼은 프랭클린 루스벨트 밑에서 법무부 보좌관을 지냈었는데, 당시 독과점으로 폭리를 취하는 기업들과 전쟁을 선포하면서 유명세를 탔다. 지금은 워싱턴 DC 법조계에서 유력한 법률 회사인 아놀드앤포터의 공동 창립자로 일하는 중이었다.

하이너는 서먼이 히틀러에 맞선 에버하르트와 그의 가족들을 존경한다는 사실을 알고 있었다. 그러나 사촌이 공동체에 대해 어떤 생각을 가지고 있는지는 가늠할 수 없었다. 조지프 매카시* 상원 의원이 반공 캠페인을 한창 벌이고 있는 요즘, 서먼이 자신의 평판에 흠이 될까 두려워 브루더호프 돕기를 망설일 수도 있었다. 이미 공산주의에 동조했다는 혐의를 받고 있는 사람들 몇을 무료로 변호한 일만으로도 충분히 골머리를 앓고 있던 그였다.

아놀드앤포터 법률 회사 사무실에서 하이너가 마주한 미국의 모습은 코이노니아에서 본 것과는 사뭇 달랐다. 비서진은 서먼을 보러 왔다는 하이너를 놀란 눈으로 쳐다봤다. 비서 한 명이 하이너를 서먼의 사무실로 안내했다. 책상 위에는 루스벨트와 트루먼 대통령이 친필 서명한 초상화가 걸려 있었다. 하이너는 서먼에게 자신을 소개했다.

서먼은 하이너와 악수했다. 낯선 사촌의 등장에 약간 흥미로워하며 호기심이 발동하는 낌새였다. "버번 아니면 위스키?" 서먼이 비서가 밀고 온 서빙 카트에서 마음껏 고르라고 손짓하며 하이너에게 물었다. 하이너는 멈칫했다. 도대체 미국에선 적당한 주량이 어느 정도이지? 파라과이

★ 미국의 정치인. 반공주의자로 1950년대 트루먼 정권 내에 공산주의자가 있다고 발언하여 '매카시 선풍'을 일으켰다.

남자들은 독하기로 유명한 까냐를 파인트 맥주잔으로 마신다. 하이너는 어림짐작으로 여러 모금쯤 되는 스카치를 잔에 붓고 약간의 소다수를 섞었다. 하이너가 한 번에 잔을 거의 비우자 서먼은 경이에 찬 눈으로 사촌을 바라봤다.

"네 번 마실 양을 한 번에 끝내고도 끄떡없네!" 서먼이 탄성을 질렀다. 서부 개척 시대에 와이오밍에서 자란 사촌은 술이 센 남자를 좋아했다. 두 사람 모두 술잔을 비우고 자리에서 일어날 때쯤, 서먼은 일찌감치 하이너와 윌에게 자신의 집에 머물라고 초대한 상태였다. 서먼은 두 사람의 경비를 자신이 책임지겠다고 약속하며 식사도 언제든 회사 식당에서 공짜로 해결하라고 말했다.

"원하면 지금 집에 데려다줄게." 회사 건물을 나선 서먼은 러시아워로 혼잡한 길 한복판으로 성큼성큼 가더니 택시를 잡았다. 단지 한 블록 반 떨어진 곳에 세워 둔 자기 차를 타러 가기 위해서였다. (나중에 안 사실이지만 평상시에도 서먼은 이런 식으로 택시를 이용했다.) 호스텔에 머물던 윌을 태우고 도시를 벗어나 버지니아 교외로 나간 서먼은 언덕 위에 자리 잡은 대형 저택 앞에서 차를 멈췄다. 손님을 집으로 안내한 서먼은 아내 프랜시스에게 두 사람을 소개했다.

'전형적인 상류층 사모님이네.' 기이하게 생긴 두 사람을 소 닭 보듯 무심하게 쳐다보는 프랜시스를 보고 하이너가 속으로 생각했다. 키만 크고 깡마른 하이너의 머리는 바람에 날려 위로 뻗쳐 있었고, 키 작은 윌은 뾰족 수염을 기르고 있었다. 하이너는 형수의 시선이 불편했다. 하이너는 모금 여행을 위해 공동체에서 받은 검정 양복을 입고 있는 자신이 선원처럼 보이거나, 더 나쁘게는 목사처럼 보일 거라고 확신했다.

저녁 식사 자리에서 프란시스는 공손했지만 냉담했고 이후 며칠 동안 그런 태도를 유지했다. 하이너는 프란시스를 편하게 하려고 무진 애를 쓰면서도 윌이 고의 아니게 도로 아미타불로 만들까 불안했다. 노동자 계급에서 자란 윌은 아침을 먹다가도 손톱을 청소하거나 식사 중에 틀니 얘기를 꺼내는 것을 아무렇지도 않게 생각했다. 그럴 때마다 하이너는 속으로 움찔했지만, 다행히도 프란시스는 굉장히 재미있어 하며 차츰 두 손님에게 친근감을 드러냈다.

곧 윌은 프란시스의 관심을 받기 시작했다. "어쩜 저렇게 소탈할까!" 하지만 프란시스와 가까운 친구가 된 사람은 하이너였다. 남편의 사촌에겐 뭔가 특별한 구석이 있었다. 탁월한 감수성이랄까, 뭔가가 마음을 열게 했다. 오래지 않아 프란시스는 정든 친구에게 하듯 하이너에게 속 얘기를 털어놓았다. 하이너는 두려움과 걱정을 나눠도 될 만큼 신뢰가 갈 뿐 아니라 얘기를 들어 주는 것만으로도 기분을 좋게 만들어 주는 사람이었다.

몇 주가 지나자 프란시스의 냉담했던 태도는 완전히 사라졌다. 이제는 하이너를 더 도와주라고 남편을 부추길 정도였다. 어느 날은 침실에 아침을 가져오기까지 했다.

"형수님, 이렇게까지 하지 않으셔도 됩니다. 제 버릇만 나빠져요." 하이너가 사양하며 말하자 프란시스가 말했다.

"가끔 저를 위해 기도해 주시면, 하나님이 몇 천 배로 제게 갚아 주실 거예요."

아내의 설득에 못 이겨 서먼은 하이너의 경비를 대 줄 뿐 아니라 중고차를 사라고 하이너에게 2백 달러를 빌려줬다. 그것도 모자라 셔츠와 시계까지 사 줬고 체스터필드 담배도 끊임없이 챙겨 줬다. 싱글 몰트 위스키 한 병도 잊지 않았다. (위스키를 받은 하이너는 가난한 프리마베라가 떠올라 차마 마시지 못했다. 결국 나중에 지인에게 돈을 받고 팔아 모금액을 늘렸다.)

날이 밝으면 두 사람은 도시로 향했다. 일단 워싱턴 DC에 도착하면 하이너와 윌은 갈라져 집집이 걸어 다니며 모금 활동을 했다. 때는 동장군이 기승을 부리던 한겨울이었다. 이전 모금팀이 작성한 주소 목록을 들고 다니던 하이너는 얼마 안 가 차라리 전화번호부에서 임의로 이름을 뽑는 게 낫겠다는 생각이 들었다. "우리의 취지에 공감함"이라고 적혀 있어 잔뜩 기대에 부풀어 찾아갔다가 문전박대만 당하기 일쑤였다. 어떤 남자는 말을 채 끝내기도 전에 귀를 막고 쫓아내기도 했다.

어쩌다가 집 안으로 초대를 받아도 별 소득이 없을 때가 많았다. 부유한 노부인들은 하이너를 앉혀 놓고 브루더호프에 관해 침이 마르도록 칭찬하곤 했다. "인류애를 위해서 모든 걸 포기한 사람들이 있다니 정말 대단해요!" 노부인들이 이렇게 감탄할 때면 으레 가정부가 은찻잔에 차를 담아 왔다. 하지만 기부금은 언제나 기대 이하였다. 20달러 혹은 50달러, 아주 가끔 100달러. 아무개 로버츠 부인을 방문했을 때가 전형적인 예다. 로버츠 부인은 하이너가 세 번이나 전화하고 소개서를 보낸 후에야 만남을 허락했다.

어렵게 성사된 자리에서 부인은 하이너의 얘기를 처음부터 끝까지 귀담아들었다. 부인의 얼굴에 프리마베라 사정을 듣고 감명을 받은 표정이 역력했다. 그러나 하이너가 모금 얘기를 꺼내자 돌아온 답은 허무했다. "연말에 오신 게 너무 안타깝네요. 올해 기부할 돈은 이미 다 나가고 없어요. 내년에 다시 찾아오실 수 있을까요?"

이런 일을 당하면 그냥 사촌 집으로 돌아가고 싶었다. 사촌 부부는 이제 하이너를 아들처럼 대했다. 워싱턴에서 서먼은 성공한 변호사였지만 집에서는 털털하고 덤벙대기까지 했다. 서먼의 셔츠에는 커피 얼룩이 수두룩했고 담뱃재에 탄 구멍까지 있었다. 저녁 식사를 마치면 서먼은 위스키와 쿠바산 담배를 권했고 네 사람은 대화를 이어 갔다. 서먼은 그들이 접촉해야 하는 자선 단체와 자신이 그들을 위해 구상한 비영리 단체의 운영 방안까지 얘기를 늘어놓았다.

대화는 종종 서먼의 법률 회사 얘기로 회귀했다. 특히 하이너와 윌에게 무료 변론 얘기를 할 때면 서먼은 분을 삭이지 못했다. 서먼은 익명의 제보자들이 부추기는 마녀사냥으로 인해 어떻게 "점잖은 사람들"이 직업과 명성을 잃을 수 있냐며 격노했다. "지금 워싱턴은 집단 히스테리 상태라고!" 서먼은 큰 소리로 불평했다. "첩보 영화 같은 일들이 벌어지고 있어. 변호사들은 돈 많은 고객을 잃을까 봐 이런 사건에는 손도 안 대려고 해!" 이따금 서먼과 프란시스가 눈물을 보일 때도 있었다.

간혹 서먼과 프란시스가 하이너를 사교 모임에 데리고

갈 때도 있었다. 예를 들어, 뉘른베르크 재판*에서 미국 측 주재판관을 맡았던 프란시스 비들의 생일파티 같은 자리였다. (하이너는 그토록 친절하게 보이는 노인이 독일 장군들을 모조리 사형에 처했다는 사실에 놀랐다.) 많은 사람이 하이너의 이야기에 관심을 기울였지만, 지갑을 여는 사람은 드물었다. 모금이 쉽게 이루어질 수 있는 자리라고 생각했던 하이너에겐 미처 예상치 못한 일이었다. 모두 상상을 초월할 정도로 부유한 사람들이었다. 서먼의 요리사마저 새로 출시된 차를 타고 출근할 정도였다. 11월이 끝나 갈 즈음 그달 모은 모금액은 1천 달러를 한참 못 미쳤다.

월의 사정은 더 안 좋았다. 월은 좀처럼 모금을 요청하는 말을 입 밖에 내지 못했다. 그렇다고 눈치가 빠른 것도 아니었다. 한번은, 일부러 그랬던 건 아니지만, 운전을 못한다고 서먼의 아내를 놀리다가 그녀를 울린 적도 있었다. 하이너와 월 사이에 긴장이 고조됐다. 어느 날 아침 잠에서 깬 하이너는 발밑에서 자신의 바지 주머니를 뒤지는 누군가를 발견했다. 월이었다. 하이너의 지갑을 열어 전날 모금한 돈을 모조리 빼낸 월은 조용히 방을 빠져나갔다. 월은 그날 밤 늦게까지 모습을 드러내지 않았다. "아마 월도 프리마베라로 돈을 좀 보내고 싶었겠지." 하이너가 애나마리에게 보내는 편지에 농담조로 적었다. 하이너는 월과 자신 사이에 협

★ 2차 세계대전 후 독일의 주요 전쟁 범죄자를 처벌하기 위해 뉘른베르크에서 거행된 국제 군사 재판. 1945년 11월부터 10개월간 행한 이 재판에서 기소된 24명 가운데 사형 12명을 포함한 19명이 유죄 판결을 받았다.

동 정신이 부족한 점이 계속 마음에 걸렸다.

그러던 어느 날 윌이 뜬금없이 독립을 선언했다. 서먼이 빌려준 2백 달러로 차를 마련한 윌은 하이너에게 클리블랜드로 가겠다고 통보했다. "왜 하필이면 클리블랜드지?" 하이너는 궁금했다. 목록에 몇 사람이 있긴 했지만 도움을 줄 만한지는 확실치 않았다. 그래도 클리블랜드로 가겠다는 윌의 마음은 단호했다. 하이너는 혼자 모금 활동을 하는 게 차라리 나을 수도 있겠다 생각하며 윌을 보내 주기로 했다.

윌이 떠난 지 얼마 안 돼, 하이너도 워싱턴에서 만날 사람은 거의 다 만났다고 결론짓고 다음 행선지를 물색했다. 목록을 살핀 하이너는 필라델피아로 가기로 했다. 서먼과 프란시스는 하이너가 떠나는 날 아침 특별한 아침상을 차려 주었다. 하이너는 버스를 타고 북쪽으로 향했다.

필라델피아에 도착한 하이너는 짐을 맡기고 윌에게 전보를 치러 근처 우체국을 찾았다. 계산대에서 지갑을 꺼내려는데 이런, 지갑이 온데간데없는 게 아닌가.

시곗바늘은 저녁 다섯 시를 가리켰고, 12월이라 밖은 냉동 창고처럼 추웠다. 낯선 도시에 떨궈진 하이너에겐 이제 동전 몇 푼만 남았다. 예상 기부자 목록은 버스 터미널에 맡긴 가방 안에 있었다. 그러나 잃어버린 지갑 속에 있는 티켓이 없으면 짐을 찾을 수 없었다.

사라진 지갑보다 더 큰 문제가 있었다. 3백 달러가 넘는 기부금을 분실했다는 소식을 프리마베라에 어떻게 전하나? "공동체에 이 사실을 알리면 분명 망신을 주면서 당장 돌아오라고 할 텐데." 하이너는 염려했다. 애나마리도 힘들어하겠지! 지금까지의 노력이 물거품이 되는 건가?

실의에 빠져 어쩔 줄 몰라 하던 하이너는 큰길을 따라 퀘이커 서점으로 발길을 돌렸다. 공동체 사람들이 북아메리카에 출장을 나올 때 프리마베라에서 오는 편지를 수거하는 곳이었다. 어쩌면 서점을 운영하는 사무엘 쿠퍼가 도움을 줄지도 몰라. 순간 '팬들 힐'이라는 이름이 머릿속을 스치고 지나갔다. 뭐 하는 곳이지? 누군가에게서 추천을 받았다는 사실 외엔 아무것도 아는 게 없었지만 이제 팬들 힐은 하이너의 유일한 희망이었다. 쿠퍼 씨가 주소를 가지고 있어야 할 텐데. 다행히도 쿠퍼 씨는 그곳이 어디인지 알고 있었다. 팬들 힐은 30분 정도 떨어진 월링퍼드에 있었다.

"거기까지 가는 데 얼마나 드나요?" 하이너가 물었다.

"2달러요."

하이너에게 없기는 2달러나 2백 달러나 마찬가지였다. 그런데 쿠퍼 씨가 바쁘게 봉투 하나를 내미는 게 아닌가. "여기 당신 앞으로 온 편지가 있어요." 봉투 안에는 현금이 들어 있었다. 정확히 2달러였다.

팬들 힐은 퀘이커에서 운영하는 수련원이었다. 수련원장의 아내 애나 브린턴은 프리마베라에서 왔다는 얘기를 듣자마자 하이너에게 하룻밤 묵으라고 권했다. 숙박이 공짜가 아니라고 알려 주는 걸 잊은 채 애나는 유유히 사라졌다. 하이너가 그 사실을 깨닫기까지는 얼마 걸리지 않았다. 수련원 알림판을 지나던 하이너는 다음과 같은 광고를 확인했다. "오늘 저녁, 남아메리카 브루더호프에서 온 하이너

아놀드 형제의 강연이 열립니다."

강연장엔 수십 명 되는 관중이 모여 있었다. 영어로 더듬더듬 파라과이 공동체를 소개한 하이너는 기계와 장비가 모자란 프리마베라의 사정과 약이 부족한 병원 형편을 알렸다. 강연 막바지에 하이너가 지갑을 잃어버린 얘기를 꺼내자 관중들이 자발적으로 돈을 거두기 시작했다. 나중에 받은 돈을 계산해 보니 9백 달러였다. 잃어버린 돈의 세 배였다. 지갑을 도난당하지 않았다면, 몇 주에 걸쳐 모금해야 걷을 수 있는 돈이었다. 더 큰 소득은 오늘 밤 강연을 통해 새로운 사람들을 알게 된 점이었다.

모임이 끝나고 오십대 정도로 보이는 활달한 여인이 하이너를 찾아왔다. 자신을 그레이스 로즈라고 소개한 여인은 팬들 힐의 이사이자 평화와 사회 개선을 위한 활동가로 퀘이커 사람들에게 널리 알려진 존경받는 인물이었다. 퀘이커 영성에 심취한 그레이스는 17세기 퀘이커 운동을 일으킨 급진적인 설교가 조지 폭스의 열렬한 추종자였다. 그레이스는 주말을 같이 보내자며 하이너를 자신의 가족 농장에 초청했고 하이너도 흔쾌히 승낙했다.

뉴저지주 무어스타운 근처에 자리 잡은 히어샴 농장은 수익을 내기 위한 농장은 아니었지만, 12만 평이 넘었고 고용된 관리인까지 있었다. 제조업으로 돈을 번 그레이스의 부모님은 오래전에 별장으로 쓸 심산으로 이 농장을 사들였다. 다섯 자녀는 모두 장성했지만 그레이스와 베티는 아직 어머니를 모시고 이곳에 살고 있었다.

집은 화려하진 않지만 우아하고 고풍스러워 제법 값어

치가 나가 보였다. 그레이스의 이모들은 보닛을 쓰고 긴 검정 드레스 차림을 한, 마지막 필라델피아 퀘이커 교인 중 하나였다. 담배를 피우며 연기를 몰래 벽난로 쪽으로 날리는 베티가 하이너의 눈에 띄기도 했지만, 원칙적으로 이 집에선 술이나 흡연과 같은 세속적 행위를 금하고 있었다. 사람들은 여든한 살이 된 노모를 여왕처럼 모셨다.

하이너와 로즈 자매는 주말 대부분의 시간을 거실 벽난로 앞에서 보냈다. 노모도 옥좌와 같은 안락의자에 앉아 이들과 자리를 함께했다. 대화를 나누며 하이너는 차츰 그레이스를 알아 갔다. 젊은 시절, 세계 평화를 위해 평생 헌신하겠다고 맹세한 그레이스는 거의 모든 유산을 전후 구제 사업과 간디의 아슈람 공동체에 기부했다. 국제 관계론을 공부해 박사 학위를 취득한 그레이스는 헐 하우스를 설립한 제인 애덤스나 화해를 위한 연합 운동(Fellowship of Reconciliation)의 피에르 세레솔레와 같이 일하기도 했다. 또한 양심적 병역 거부자 위원회의 회장직을 맡기도 하고 친선 사절 단원으로 세계를 돌아다닌 경력도 있었다.

이런 그레이스이기에 프리마베라를 자신의 기부 대상 목록에 올리는 것만으로 만족하지 않았다. 그레이스는 하이너에게 질문을 퍼부었다. 사람들이 공동체로 사는 게 정말 가능한가? 공동체는 세상의 문제를 회피하는 도피처가 아닌가? 자신과 같은 사람도 프리마베라에서 받아 주나? "저는 지금 인생의 기로에 서 있어요." 그레이스가 하이너에게 털어놓았다.

특히 그녀는 자신이 내는 세금이 전쟁 보조금으로 사

용된다는 사실에 괴로워했다. "이런 식으로 계속 세금을 낼 순 없어요. 제 양심이 허락하지 않는다고요. 납세를 거부하고 감옥에 가거나, 당신의 형제자매들이 있는 파라과이로 가서 자발적으로 가난하게 살거나 둘 중 하나를 택하려고요."

그레이스의 진지한 표정을 본 하이너는 그녀의 진정성을 의심하지 않았다. 하지만 프리마베라의 초가지붕 막사에서 살 그레이스를 상상하니 속으로 웃음이 나오는 걸 참을 수 없었다. 어려서부터 호화로운 생활에 익숙해진 그레이스는 자신이 검소한 삶을 산다고 착각하고 있었다. 또한 자기가 사교 생활에 얼마나 애착을 느끼고 있는지 미처 깨닫지 못하는 것 같았다. 이런 이유로 하이너는 그레이스가 프리마베라에서 겪게 될 어려움을 더 부각했고, 자신은 기부자를 찾고 있지 회원을 모집하는 게 아니라고 강조했다.

그래도 하이너는 흥분을 감추지 못했다. 비록 계획했던 건 아니지만, 마침내 자신이 꿈꿔 오던 일이 시작되지 않았는가. 예상치 못했지만 충분히 이해되는 일이었다. 사람들이 기부하게 하려면 먼저 마음을 움직여야 하지 않는가. 그리고 감동을 받은 사람들은 단지 돈을 주는 데서 그치지 않을 것이다. 주말이 끝나 갈 즈음 베티 역시 프리마베라에 관해 속속들이 알고 싶어 했다.

하이너에게 질문 공세를 펼치며 점점 공동체에 관심을 보이는 딸들을 노모는 불안한 눈빛으로 바라봤다. 하이너는 문제가 되지 않았다. 흠잡을 데 없이 반듯한 손님이었으니까. 하지만 딸들이 히어샴을 떠나 듣도 보도 못한 독일 공동체에 합류한다는 건 말도 안 되는 일이었다. 노모는 애써 그런 가능성을 부인했다. 생각만 해도 몸서리가 쳐졌다.

주말이 끝나기 전 그레이스는 하이너가 자신의 친구 집에 머물 수 있도록 미리 손을 썼다. 낮에 하이너를 차에 태우고, 자신이 생각하기에 기부할 만한 사람들에게 데려가기도 했다. 그레이스에 따르면, 일흔두 명의 백만장자가 산다는 무어스타운만큼 모금 활동에 최적지는 없었다. 오랜 세월 인도주의 활동을 하며 쌓아 온 넓은 인맥 덕에 그레이스는 하이너에게 소개해 줄 사람이 많았다. 실험실 도구부터 침구, 신발에 이르기까지 프리마베라에 필요한 물품이 길게 적힌 목록을 가지고 있었던 하이너로서는 정말 잘된 일이었다. 차 안에서 둘은 많은 대화를 나눴다. 어느 날 그레이스는 히어샴에서 크리스마스를 보내지 않겠냐고 물으며 하이너를 초대했다.

그날 분위기는 살얼음판이었다. 윌은 12월 23일 저녁 식사 직전에 도착했다. 하이너의 서른여덟 번째 생일이었다. 클리블랜드로 간 일은 실패로 돌아갔다. 윌이 한 달 내내 모금한 돈은 고작 250달러였다. 하이너는 윌과 따로 만나 그간 쌓였던 감정을 풀고 싶었지만, 전혀 그럴 수 있는 상황이 아니었다. 식사가 끝나자 그레이스가 커다란 생일 케이크를 가져왔다. 그 후엔 크리스마스트리를 장식했다. 다음 날도 크리스마스 준비로 바쁜 일정을 보냈다.

크리스마스이브 만찬을 마치고 캐럴을 다 같이 부른 후, 노모가 크리스마스 이야기를 읽었다. 그러고 나서 선물을 개봉했다. "애나마리에게"라고 쓰인 선물도 꽤 있었다. 상자에는 로즈 가족이 프리마베라에 보내는 가정용품들이 차곡차곡 쌓여 있었다. 선물 개봉이 끝나고 모두 크리스마스트리 주변에 조용히 앉아 있었다. 트리에는 사랑하는 사람들의 이름이 적힌 카드들이 걸려 있었다.

카드를 바라보며 하이너는 가족을 떠올렸다. 애나마리의 편지에는 여덟 살이 된 에디트가 손도끼 때문에 손가락 일부를 잃는 사고를 당했고, 모니카는 말을 배우기 시작했다는 소식이 실려 있었다. 하이너는 로사리오에서 크리스토프와 헤어지던 순간을 생각했다. 지금쯤 엘자는 얼마나 컸을까. 마지막으로 봤을 땐 갓난아기였을 뿐인데. 하이너는 아이들이 아빠가 보낸 선물을 열어 보는 상상을 했다. 미국에선 싸구려지만 집에서는 진귀한 크리스마스카드와 풍선이 대부분이었다.

늘 그렇듯 하이너는 약혼 기념일인 크리스마스이브가 되면 애나마리가 생각났다. 지금은 몇 천 킬로미터나 되는 거리가 두 사람을 갈라놓고 있었다.

크리스마스를 보내고 이틀이 지나서야 하이너는 윌과 단둘이 만나 얘기할 기회를 잡을 수 있었다. 처음에 윌은 하이너의 말을 그저 웃어넘기려 했다. 하지만 그런 상황은 오래가지 않았다. 평화를 사랑하는 로즈 가족이 대화를 듣지 못하게 멀어지기를 기다렸다가 하이너는 윌에게 분통을 터뜨렸다. 대화가 마무리될 시점에 서로를 이해하게 된 두 사람은 이제부터 팀으로 함께 일하자고 서로 다짐했다.

그레이스와 베티의 질문은 나날이 늘어 갔다. 그들이

열정을 바친 평화 운동(위원회, 로비 활동, 구호 사업)이 실제로 해결한 문제가 있는가? 타협하지 않고 예수님을 온전히 따른다는 것은 무슨 의미인가? 편안한 삶을 누리며 이웃을 자신과 같이 사랑한다는 게 가능한가?

이런 질문들을 할 때면 로즈 가족은 격정적으로 변하곤 했다. 여러 날에 걸쳐 열띤 토론이 이어졌고 감정적인 장면이 연출됐다. 침울한 시간과 잠 못 이루는 밤들이 지나고 결단의 순간이 찾아왔다. 하이너는 얘기를 들어 주고 질문에 답해 주면서도 가급적 한 발 떨어져 있으려 노력했다.

1월 말이 되자 그레이스는 직접 프리마베라를 찾아가 보기로 했다. 몇 주 후 그레이스는 파라과이로 떠났다. 그 후 몇 달이 지나 베티도 같은 결정을 내렸다. 그레이스와 베티의 소식은 큰 파장을 일으켰고 "파라과이에서 온 형제들"에 관한 소문은 들불처럼 번져 나갔다. 한때 품위의 보루라고 불리던 히어샵은 더는 옛날의 히어샵이 아니었다. 하이너와 윌에게 저녁 식사 초대가 쇄도했다.

30. 변화

1951년 1월, 필라델피아.

플로리 포츠는 정처 없이 떠도는 사람들에게 다정했고, 친절을 베풀 만큼 형편도 넉넉했다. 홀리요크에서 학교를 마치고 번창하는 철강 도매 업체 부회장과 결혼한 이래로, 플로리는 언제나 사회 활동에 적극적이었다. 결혼 초기 몇 년은 소작농과 흑인의 권익을 위해 힘쓰는 진보 단체 위원으로 분주한 나날을 보냈다. 요즘은 아들 하나와 두 딸을 둔 엄마로 지내면서 필라델피아 저먼타운에 있는 삼층짜리 저택에 "흥미로운 사람들"을 초대하느라 바빴다.

새해 벽두 어느 날, 플로리는 남편의 사촌이자 같은 퀘이커 교인인 그레이스 로즈에게서 전화를 받았다. "남미에서 온 두 남자가 우리 동네에서 자신들이 운영하는 병원과 교회를 위해 모금 활동을 했어요." 그레이스가 말했다. "두 사람이 그쪽 동네로 갔으니 혹시라도 만나면 밥 한 끼라도 챙겨 주세요. 콩 한 쪽도 나눠 먹어야 할 정도로 정말 배고프고 가난한 사람들이에요."

플로리는 기억해 두겠다고 대답했다. 저먼타운은 워낙 좁은 지역이라, 예상대로 플로리는 며칠 만에 친구 집에서 두 사람과 마주쳤다. 자기소개를 마치자마자 플로리는 두 사람을 초대했다. "언제 우리 집에 오셔서 식사라도 같이하시죠."

식사하는 동안 플로리와 그녀의 남편 톰은 하이너와 월에게서 뒤섞인 인상을 받았다. 처음에는 옷깃이 없는 셔츠가 너무 낯설고 심지어 불량해 보이기까지 했다. 하지만 하이너가 얘기를 시작하자 포츠 부부의 경계심은 차츰 사라졌다. 하이너는 기본적인 약과 물품이 부족해 어려움을 겪는 병원 사정을 설명했다. 예수님의 산상수훈을 따라 살려고 노력하는 프리마베라 공동체에 관해서도 말해 주었다. "아이들을 위한 장난감은 말할 것도 없고 심지어 꼭 필요한 옷감도 사지 못하는 형편입니다."

톰과 플로리는 하이너의 말에 관심을 보였다. '진실한 사람이야.' 플로리가 속으로 말했다. '파라과이에 있는 병원을 진정으로 염려하고 있어. 모든 걸 바쳐서라도 병원을 살리려는 마음이 느껴져.' 사실 플로리는 병원에 큰 관심이 없었다. 병원보다는 하이너를 도와야겠다는 생각이 더 컸다. 플로리는 하이너와 월에게 어디서 머무냐고 물었다. 두 사람이 YMCA라고 답하자 플로리는 자신의 집으로 거처를 옮기라고 권했다. "손님방이 비어 있어요. 제가 금방 침대를 정리할게요."

일단 두 사람을 집으로 불러들인 후에는 하루만 더 있다 가라고 설득하는 일은 그리 어렵지 않았다. 곧 플로리의 집은 모금 활동 본부가 되었고, 플로리는 하이너의 참모를 자처했다(윌이 다른 지역으로 모금을 떠나지 않는 한 윌도 플로리의 코치를 받았다). 늦은 밤까지 모금 설명회를 진행하고 돌아온 하이너와 윌은 보통 다음 날 아침 늦게까지 잤다. 두 사람이 일어날 시간이면 톰은 벌써 출근하고 없었다. 플로리는 하이너와 윌을 위해 아침상을 다시 차렸고, 두 사람은 아침을 먹으며 플로리에게 전날 일을 보고했다. 플로리는 다음에는 누구를 만나고, 무슨 말을 하고, 무슨 말을 삼가야 하는지 가르쳤다.

이런 일상은 모두에게 이상적이었다. 단, 하이너와 윌의 얼굴을 거의 못 보고 사는 톰을 제외하곤. 어느 날 플로리는 남편을 생각하며 푸념을 늘어놓았다. "이건 불공평해요! 당신들은 제게 모든 걸 얘기하지만, 톰이 직장에 갔다가 집에 돌아올 때면 두 분은 저녁 약속 때문에 이미 나가고 없으니 말이에요."

"그럼 오늘은 집에 남아서 두 분과 시간을 가질게요." 하이너는 지체 없이 말하고는 바로 전화를 걸어 저녁 약속을 취소했다. 플로리는 깜짝 놀랐다. 오늘 밤 하이너와 윌을 초대한 사람은 기부를 심각하게 고민하는 부유한 부부가 아니었던가. '그런데도 두 번 생각하지 않고 내 푸념에 반응하다니.' 플로리는 감탄했다.

이 일 후로 플로리는 하이너를 돕는 일에 더 열의를 보였다. 지인들을 격의 없는 저녁 모임에 초대해서(어떨 때는 한 번에 서른 명이나 되기도 했다) 하이너에게 말할 기회를 마련해 주기도 했다. (플로리는 하이너에게 모두 "여윳돈이 많은 사람"이라고 귀띔해 주었다.) 초대된 손님들은 잡담이 끝나면 거실로 이동해서 하이너로부터 프리마베라의 병원과 공동체에 관한 이야기를 들었다. 하이너 말고도 말하는 사람이 또 있었다. 종종 흥분을 억누르지 못하고 플로리가 중간에 끼어들어 하이너가 빠뜨린 이야기를 덧붙이곤 했다.

톰과 플로리는 "그저 친구로서" 하이너를 도왔다. 그러나 몇 주가 지나면서 포츠 부부는 무엇 때문에 자신들이 하이너에게 끌리는지 묻게 되었다. "하이너라는 사람에게 끌린 건 아니었어요." 플로리가 훗날 회상했다. "그것보다는 하이너가 보여 주는 전혀 다른 방식의 삶에 이끌렸던 거죠." 포츠 부부에겐 괜찮은 집에서 자라 대학까지 나왔지만 직장을 구하지 못하는 친구가 있었는데, 그 친구를 대하는 하이너의 태도가 좋은 예였다. 최근 그는 우유 배달 아르바이트를 하고 있었다. 실패감에 젖은 얼굴을 본 하이너는 단번에 그와 친구가 되기로 마음먹었다. 하이너는 몇 번이나, 모금 활동에 가장 적합한 저녁 시간에 유망한 기증자를 만나는 대신, 우유 배달하는 친구와 그의 부인을 찾아갔다.

플로리에겐 아들이 원하지도 않는데 억지로 의과 대학에 보낸 의사 친구가 하나 있었다. 하이너는 우울하게 지내는 친구의 아들과 함께 아침 일찍 새를 관찰하러 나갔다. 심지어 밤늦게까지 모금 활동을 한 다음 날에도 같은 식으로 청년과 시간을 보냈다.

톰도 나름 하이너를 눈여겨봤다. 언젠가는 기차에서 생판 모르는 사람이 하이너에게 다가와 고민을 털어놓았다. 하이너는 자신의 옷차림이 특이해서 그런 거라고 둘러

댔지만 톰은 하이너의 인상과 인품 때문이라고 생각했다. "하이너는 정말 순수해. 아무하고나 금방 친구가 될 수 있는 사람이라고." 톰이 플로리에게 말했다. "하이너가 눈을 똑바로 바라보면 '이 사람은 정말 내게 관심이 있구나' 하고 느낄 수밖에 없어." (플로리가 나중에 안 사실이지만, 하이너에게 말쑥한 옷을 차려 입히려고 한 사람이 한둘이 아니었다. 그럴 때마다 하이너는 사람들이 쥐여 주는 돈을 감사하게 받아 프리마베라 병원에 보내고는 계속 허름한 옷을 입고 다녔다.)

얼마 지나지 않아 포츠 부부는 하이너를 만나면서 기존에 갖고 있던 생각들이 바뀌고 있음을 느꼈다. 톰과 플로리는 지금까지 나름 잘 살아왔다고 자부했다. 가정은 즐겁고 화목했다. 톰은 사업에서 고지식할 정도로 정직했고, 플로리는 사회 문제에 관심을 두고 자선을 베푸는 일에 아낌이 없었다. 하나님이 이 부부에게 더 바라실 게 있을까?

모를 일이었다. "아직 우리는 예수님이 명령하신 것만큼 이웃을 사랑하지는 않잖아요." 플로리가 톰에게 말했다. "어쩌면 하이너와 남아메리카에 있는 공동체는 그런 삶을 사는 것인지도 몰라요."

이런 생각에 위협을 느낀 포츠 부부는 비판의 날을 세우기 시작했다. 어느 날 아침 하이너와 설거지를 하던 플로리가 공격을 개시했다. "프리마베라처럼 공동체에서 살기로 한 사람들은 넓은 세상으로부터 자신을 고립시키는 것 아닌가요. 다른 사람들을 위해 마땅히 해야 할 일을 하지 않잖아요. 제가 보기엔 이기적인 삶이에요."

플로리는 말이 채 끝나기도 전에 벌써 흥분한 자신의

모습에 스스로 놀랐다. 그릇을 닦으며 묵묵히 듣기만 하던 하이너가 부드럽게 말을 꺼냈다. "당신과 톰은 좋은 집에 살고 있어요. 그렇죠? 아이들 놀이방도 있고, 아이들을 사립 학교에 보낼 돈도 있고요. 휴가 때면 가족이 다 같이 멋진 곳으로 떠나죠."

"이제껏 두 분이 프리마베라를 위해 도와주신 일은 이루 말할 수 없이 감사해요. 하지만 막상 두 분은 스스로 만족하며 갇힌 삶을 살아가고 있진 않나요? 두 분에겐 늘 가족이 먼저 아닙니까? 바깥세상은 여유가 있을 때나 걱정하면 되는 거고요. 가슴 속 깊은 생각이나 감정을 나누는 사람이 있나요? 인생에서 정말로 중요한 문제들에 대해 얼마나 자주 다른 사람과 진지하게 얘기합니까?"

플로리는 하이너의 말이 옳다고 인정할 수밖에 없었다. 이후 몇 주 동안 하이너가 했던 말이 계속 머릿속에 맴돌았다. 플로리는 더 많은 질문을 던졌다. 하이너는 질문에 답하면서 늘 같은 말로 끝맺었다. "직접 경험해 보아야 해요. 남미로 와서 얼마 동안 공동체로 살아 보세요. 그러고 나면 스스로 답을 찾게 될 겁니다."

하루는 플로리가 하이너에게 물었다. "어떻게 다른 사람들과 그렇게 가까이 살 수 있죠? 사생활이라는 게 없잖아요. 틀림없이 다닥다닥 붙어 살고 있을 텐데."

"프리마베라로 와서 직접 보세요." 하이너의 대답은 한결같았다.

이쯤 되자 플로리와 톰은 하이너의 말을 한 번 믿어 보기로 했다. 마침 그레이스도 프리마베라에 가 있던 참이었다. 포츠 부부는 그레이스가 보내오는 보고서를 뚫어져라 읽었다. 모든 게 다 좋다고만 쓰여 있지는 않았다. 하지만 공동체의 삶으로 부르심을 받았다는 그레이스의 확신은 어느 때보다 분명해 보였다. "우리도 다음 여름에 프리마베라로 가겠어요." 포츠 부부가 하이너에게 선포했다.

그사이 톰과 플로리는 하이너와 월이 자유롭게 집을 쓰게 해 주었다. 두 사람을 위해 언제나 손님방을 비워 놓았고, 현관문도 열어 두었다. 플로리는 아침에 일어나면 낡은 검은색 포드차가 나무 아래 주차돼 있는지 습관처럼 창문 밖을 내다봤다. 밤사이 하이너와 월이 집에 들어왔는지 알고 싶어서였다. 플로리는 포드차를 볼 때마다 가슴이 두근거렸다.

1951년 5월, 하이너와 월은 프리마베라로부터 집으로 돌아올 준비를 하라는 전갈을 받았다. 버지니아에 있는 서먼과 프랜시스를 비롯해 그동안 만났던 사람들을 찾아가 작별 인사를 건넨 두 사람은 드디어 남아메리카로 향하는 배에 올랐다. 1만 2천 달러가 넘는 돈을 모금한 하이너와 월은 7월, 따뜻한 환영을 받으며 집에 도착했다.

포츠 부부는 1952년 여름, 6주 동안 파라과이를 방문했다. 프리마베라 공동체에서 그들이 머문 곳은 하이너의 옆집이었다. 하이너는 며칠에 한 번씩 포츠 부부의 거실 창문(프리마베라의 다른 창문들처럼 유리창 없이 툭 터인 창문)을 들여다보았다. 집 안쪽으로 상체를 기울인 하이너는 집안일로 바쁜 플로리가 자신을 알아챌 때까지 기다렸다가 눈을 반짝이며 묻곤 했다. "사생활이 부족하지는 않나요?"

방문 마지막 날 공동체가 포츠 부부를 환송하는 의미로 마련한 식사 자리에서 하이너는 톰에게 고별인사를 하겠냐고 물었다. 톰이 입을 열었다. "글쎄요. 뉴욕에 살던 애송이 아가씨가 여름휴가로 애리조나의 관광 목장에 갔다가 카우보이와 사랑에 빠진 느낌입니다. 아가씨는 이런 생각이 들었죠. '내가 뉴욕에 관해 일자무식인 저 카우보이랑 결혼할 수 있을까? 교양도 아무것도 모르는데 말이야. 어떡하지?' 아가씨는 뉴욕으로 돌아가서 그때도 카우보이를 사랑하는지 알아보기로 했습니다."

"저도 이 아가씨랑 똑같은 마음입니다. 돌아가서 여전히 카우보이를 사랑하는지 확인해 봐야죠."

포츠 부부가 카우보이를 사랑하는지 확인하는 데는 얼마 걸리지 않았다. 필라델피아로 돌아간 지 한 달쯤 지난 어느 날, 퇴근한 톰이 플로리에게 말했다. "당신은 어떤지 모르겠지만 난 돌아가서 공동체에 합류하고 싶어." 플로리도 같은 마음이었다. 그 후 며칠 만에 톰은 회사를 그만두겠다고 말해 동료들을 깜짝 놀라게 했다. 그리고 가족과 함께 남아메리카로 떠날 준비를 시작했다.

포츠 부부 정도 되는 사람들이 기존에 어울리던 세계에서 아무 소동을 일으키지 않고 조용히 빠져나올 수는 없는 노릇이었다. 재정적인 안정이나 인맥뿐 아니라 예의범절과 합리성을 중시하는 계층의 사람들을 갑작스레 떠날 때는 언제나 그럴듯한 설명이 필요했다. 톰은 기꺼이 탈퇴의 변을 밝혔다.

퀘이커 모임에 참석하는 회원들에게 공개적으로 보낸 편지에 톰은 다음과 같이 적었다. "성인이 되고 나서 저는 줄곧 '평범한' 미국인의 삶과 '네 이웃을 네 몸과 같이 사랑하라'는 '실천 불가능한' 예수님의 가르침 사이에서 좌절했습니다."

"주중에는 바른 생활 사나이로 살았습니다. 철강 도매 회사의 공동 소유자라는 번듯한 직업도 있었습니다. 직원들과 동료애도 끈끈했고, 사업 확장을 위해 타회사와 경쟁하는 일에도 신바람이 났습니다. 광고도 가격도 모두 정직했습니다. 종업원들과 좋은 관계를 유지하려 애썼고 매년 크리스마스 파티도 열었습니다. 불우 이웃 돕기도 열심히 했고 이익 공유제도 실행했습니다."

"하지만 이게 이웃을 제 몸과 같이 사랑하는 걸까요? 저는 신형 자동차를 타고 다니면서 시내 전차를 타고 출근하는 직원을 걱정한다고 말할 수 있을까요? 제가 경쟁사 판매원이 큰 주문을 받도록 도와주나요? 불우 이웃 돕기에 내는 성금은 어차피 남는 돈 아닌가요? 예수님은 '너 자신을 돌본 후에 이웃을 사랑하라'고 말씀하시지 않았습니다."

"일요일이 되면 다른 퀘이커 교인들과 섞여 예배를 드립니다. 여러분처럼 저도 모든 사람이 형제자매이며 하나님의 자녀라고 믿습니다. 하지만 실제 삶은 어떻습니까? 우리는 정기적으로 다음과 같은 질문을 받습니다. '당신은 검소하고 소박하게 살아갑니까? 지나치게 이익을 추구하지 않습니까?' 저와 제 아내에겐 차가 두 대 있습니다. 저희 자녀들은 사립 학교에 다닙니다. 다른 아이들에게 뒤쳐지지 않으려 사고 싶은 것은 다 삽니다. 저희 부부도 사실 원하는 건 모두 다 구매합니다. 이게 검소한 삶인가요?"

"'지나친 이익 추구'는 또 어떻게 절제하나요? 제 생각엔 오늘날 회사 몸집을 부풀리지 않으면서 사업을 하기란 불가능합니다. 회사를 두 배, 세 배, 열 배로 키우기 위해 다음 20년을 소진하는 게 저한테 무슨 의미가 있을까요? 연봉이 갑절로 오르고 걱정은 산더미가 되겠죠. 어쩌면 좋은 일에 더 많은 돈을 기부할지도 모릅니다. 하지만 아무리 기부금을 많이 낸다고 한들 하나님 나라를 이 땅 위에 세우는 데 얼마나 도움이 될까요? 차라리 남은 생애 동안 참된 기독교인으로 살아가려 힘쓰는 게 낫지 않을까요?"

이즈음 프리마베라에 있던 하이너에게 새로운 일이 벌어지고 있었다. 어쩌면 바깥세상을 돌고 온 하이너에게서 신선함이 느껴져서 그랬던 것일지도 몰랐다. 이유야 어찌 됐든, 사람들이 양육이나 일터에서 벌어지는 어려움 등 다양한 문제를 가지고 하이너에게 찾아와 조언을 구하기 시작했다. 적어도 10년 동안 없던 일이었다. 공동체 사람들이 보여 주는 신뢰에 몸 둘 바를 몰랐지만, 하이너의 생각은 저 멀리 북미에 가 있을 때가 많았다.

지금은 하디와 다른 이들이 미국에서 하이너와 윌이 하던 모금 활동을 이어 가고 있었다. 하디는 공동체에 관심을 보이는 사람뿐 아니라 코이노니아의 클래런스 조던, 보수주의 출판가 헨리 레그너리, 도리스 듀크 재단 등 놀라울 정도로 다양한 후원자를 만났다. 최근에는 영화배우 마를 렌 디트리히를 접촉하기도 했다. 하이너는 형이 보내는 편지를 목이 빠지게 기다렸고 새로운 일이 벌어질 때마다 흥분했다.

1952년이 저물어 가던 어느 날, 공동체는 하디와 임무를 교대할 사람으로 하이너를 선택했다. 놀랍게도 이번에는 애나마리와 동행하게 되었다. 두 사람은 12월, 그윈과 그의 아내에게 아이들을 맡기고 여행길에 올랐다.

하이너와 애나마리는 먼저 필라델피아로 갔다. 두 사람을 반갑게 맞아 준 포츠 부부는 애나마리를 지인들에게 소개했다. 플로리의 손에 이끌려 아놀드 부부의 얘기를 듣는 자리에 초대된 시인, 제인 타이슨 클레멘트는 애나마리의 첫인상을 이렇게 기억했다. "정말 솔직담백하고 현실적인 여자였어요." 제인과 다른 사람들은 "공동체"라는 말을 들으면 중세 수도원 같은 이미지를 먼저 떠올렸다. 그런데 여기 소박한 블라우스에 파란색 점퍼를 걸치고 머리를 땋아 올린 푸근한 여인이 눈을 반짝이고 있지 않은가. 말할 때는 더도 덜도 없이 있는 그대로 말했다. 애나마리는 프리마베라의 어린이집, 학교, 여러 작업 부서를 묘사했다. 공동체로 사는 이유에 대해서도 간략하게 설명했다. 설득도 과장도 없었다. 그런데도 청중은 애나마리의 얘기를 계속 듣고 싶어 했다.

포츠 부부의 집을 본거지 삼아 지내면서 하이너와 애나마리는 중간중간 새로운 곳으로 모금 활동을 나갔다. 차를 타고 떠나기 전 두 사람은 앞창을 닦을 누더기 천(당시에는 와이퍼가 전자식이 아니어서 오르막길에서는 작동하지 않았다)

을 하나 가득 싣고 출발했다. 하이너가 운전하면 창을 닦는 건 애나마리의 몫이었다. 애나마리는 하이너를 구슬려 얻은 돈으로 공동체 어른들과 아이들을 위한 선물을 구매했다. 모두 프리마베라에서 구하지 못하는 물품들이었다. 그렇게 사 둔 물품을 몇 주에 한 번씩 생필품 꾸러미로 만들어 공동체에 보냈다. 꾸러미 안에는 여자아이들이 뜨개질 수업에서 쓸 실, 남자아이들을 위한 주머니칼, 그리고 그림물감, 책과 퍼즐, 학용품이 들어 있었다.

가가호호 방문하며 사람들을 만날수록 하이너와 애나마리는 차츰 마음이 홀가분해졌다. 지난날의 힘들었던 기억과 풀리지 않은 의문으로부터 자유로워진 것이다. 애나마리는 새로운 얼굴과 친구들과의 만남에 흥분을 감추지 못했다. 사람들에게 프리마베라에 관해 이야기할 때면 아놀드 부부는 열정에 불타올랐다. 물론 공동체에 약점이 있다는 사실도 감추지 않았다. 하이너는 "약점을 너무 잘 알아서 문제죠"라고 말하며 껄껄 웃곤 했다. 특히 공동체 방문이나 합류를 심각하게 고려하는 사람에겐 어떤 희생이 따르는지 에누리 없이 말해 줬다. 하지만 어떤 경우에도 자신들이 겪었던 고통스러운 일들을 입 밖에 내지 않았다. 하이너와 애나마리는 결점이 없는 건 아니지만 그래도 공동체는 단단한 기초 위에 서 있다고 강조했다.

1953년 여름, 아놀드 부부는 집으로 돌아갔다. 브루더호프는 최근까지 꾸준히 확장을 시도했다. 프리마베라의 지도자들은 공동체가 어느 정도 성장했는지 조사하고 싶어 했다. 콘퍼런스가 소집됐고 하이너와 애나마리도 참석하라는 통보를 받았다.

두 사람은 미네소타 출신의 젊은 여인 도리 그리브스와 같이 비행기에 올랐다. 미국에서 아놀드 부부와 가까워진 도리는 오래전부터 프리마베라에 방문하길 꿈꿔 왔다. 마침 하이너와 애나마리가 돌아간다는 소식을 듣고 이때다 싶어 동행을 결심했다.

몬테비데오에 도착한 일행은 지난해 시작한 공동체 지부인 엘 아라도에 들렀다. 사람들이 따뜻하게 맞아 주었고 곧 환영 만찬이 뒤를 이었다. 그런데 갑자기 도리가 식사 중에 일어나 도망치듯 자리를 떴다. 도리가 머무는 방으로 따라간 하이너와 애나마리는 슬픔을 가누지 못하고 우는 도리를 발견했다.

"무슨 문제라도 있어요?" 애나마리가 물었다. 도리는 말로 설명하기 힘든 어떤 것 때문이라고 답했다. 사람들의 문제는 아니었다. 사람들은 더할 나위 없이 친절했다. 하지만 도리는 뭔가가 잘못됐다고 느꼈다. 도리의 기대가 산산이 조각났다. "어쩌면 분위기 때문일지 모르겠어요." 도리가 무심코 말했다. "너무 편협하고 자족하는 분위기예요."

하이너는 말문이 막힌 채 그냥 서 있었다. 자신도 도리와 똑같이 느꼈기 때문이었다.

세계 브루더호프 콘퍼런스(포츠 부부가 콘퍼런스에 붙인 별칭이었다)는 3주 동안 지속됐다. 여러 공동체를 대표해서 참석한 사람들이 돌아가며 발표하는 시간을 가졌다. 행사는 신중한 기획을 거쳐 성공적으로 치러졌다. 다양한 위원회에서 여러 가지 의제를 다뤘고 세부적인 문제, "어떤 부류의 사람들이 우리의 메시지에 가장 잘 반응할까?", "모금이 가장 성공적으로 이뤄질 수 있는 곳은?", "전 세계에 형제애가 자리 잡게 하기 위해 브루더호프 운동이 할 수 있는 일은?" 등을 토론하기 위해 긴 회의가 열렸다.

두말할 것 없이 하이너는 프리마베라 공동체가 열의를 갖고 미국 선교를 추진하는 것에 신이 났다. 미국에서 온 참석자들도 발표자로 초청받았는데 그중에는 양계를 시작하기 위해 마흔다섯 개의 부화용 수정란을 가지고 프리마베라로 돌아온 톰과 플로리도 포함됐다. 에버하르트 탄생 70주년을 기념하는 순서도 있었다. 공동체의 새로운 변화를 감지할 수 있는 대목이었다. 에미 아놀드가 초대되어 어떻게 공동체가 자네츠에서 시작되었는지 발표했고, 한스 줌퍼가 에버하르트의 글을 읽었다.

그러나 콘퍼런스가 진행될수록 하이너와 애나마리는 자축하는 분위기에 점차 불편함을 느꼈다. "도대체 무슨 일이 벌어지고 있는 거지?" 둘만 있는 공간에서 부부는 서로에게 물었다. "몇 달 동안 우리는 사람들에게 예수님을 따르는 것에 관해 얘기하며 다녔는데, 지금 이 사람들은 공책을 들고 공동체 확장 계획에 골몰하고 있으니." 하이너가 보기에 토론은 너무 오만하고 학구적이었다. 도대체 이 많은 토론이 사람들이 실제 겪고 있는 문제를 해결하는 데 얼마나 도움이 될까? "우리가 없는 동안에 프리마베라가 이토록 변했단 말인가? 아니면 우리가 변한 건가?" 어느 날 밤 하이너가 애나마리에게 물었다.

콘퍼런스가 끝나기 전, 새로운 모금팀이 발표됐다. 한스-헤르만과 게어투르드가 그 주인공이었다. 집에 머물 수 있게 된 하이너와 애나마리는 안도의 한숨을 내쉬었다. 물론 여행을 즐겼지만 두 사람에겐 키워야 할 아이들이 일곱 명이나 있었다. 그래도 하이너와 애나마리는 동생 부부의 여행에 흥분했다. 한스-헤르만과 게어투르드에게는 모금뿐 아니라 집을 얻어 북아메리카에 전초 기지를 세우는 임무도 맡겨졌다.

하지만 이내 집 한 채로 모자라다는 사실이 명백해졌다. 미국에 도착한 지 몇 달 안 되는 기간 동안, 수십 명의 사람들이 "형제들"이 왔다는 소식을 전해 듣고 한스-헤르만과 게어트루드에게 찾아와 함께 지내게 해 달라고 요청했다. 그들 모두를 수용하려면 더 큰 장소가 필요했다.

결국 공동체는 뉴욕주 북부 시골에 있는 우드크레스트를 매입하고 1954년 6월 첫 거주자를 이주시켰다. 그해 말 거주자는 여든 명으로 늘었다. 한스-헤르만과 게어트루드가 우드크레스트의 시작을 책임지고 있었지만, 미국에 계속 머무를 수 없는 상황이었다. 정식 비자로 입국하지 않았고, 파라과이에 두고 온 아홉 명의 자식이 부모를 기다리고 있었기 때문이다.

한스는 하이너와 애나마리만 한 대안이 없다고 생각했다. 하디만큼 하이너도 모금에 소질이 있다는 것은 이미 모두가 아는 사실이었다. 돈이 있는 곳에 하이너를 보내는 건 당연한 이치였다. 언젠가 한스가 말했던 것처럼, "황금알을 낳는 거위를 죽일 수는 없는 일"이었다.

하이너와 애나마리의 가족은 이민 서류가 통과되는 대로 이주할 계획이었다. 클래런스 조던이 신원 보증서를 써 줬다. 서류 작업은 꼬박 1년이 걸렸고 아이들은 조바심을 내기 시작했다. 하이너와 애나마리도 초조하긴 마찬가지였다. 그러나 생각보다 프리마베라를 떠나는 일은 쉽지 않았다. 6년간 하이너는 어머니를 모시고 살았다. 에미는 조용히 옆집에 살면서 뜨개질을 하거나 손주들과 시간을 보냈다. 헨델의 메시아 몇 구절을 따라 부르는 앵무새도 에미의 좋은 벗이었다. 에미는 정신은 말짱했지만, 일흔을 목전에 두고 있었고 몸도 점점 노쇠했다.

떠나기 힘든 이유가 어머니만은 아니었다. 지난 14년간 산전수전 다 겪으며 많은 사람과 가까워졌다. 밀림 속에 공동체를 일구며 아이를 키우고 가족을 먹여 살리려 함께 고생했다. 사랑하는 이를 잃는 슬픔도 같이 나눴다. 에디트, 프리츠, 그리고 많은 아이들. 그중에는 사랑하는 마리아나도 있었다.

물론 격리되고 추방된 암흑 같은 시간이 하이너와 애나마리에게 상처를 남긴 것도 사실이다. 결코 화해하지 못한 일도 많았다. 그러나 하이너와 애나마리는 새로운 곳으로 이사 가기 전, 과거의 모든 일을 뒤로하기로 굳게 다짐했다. 그런 의미에서 둘은 강제로 떨어져 지내던 때 주고받았던 편지를 모두 태워 없앴다. 단지 떠올리기 싫어서가 아니라 용서하기 위해서였다.

31. 우드크레스트

1955년 2월, 뉴욕, 리프턴.

눈 덮인 2월 어느 날 아침, 하이너의 가족이 차에서 내렸다. 샌들을 신은 하이너의 딸들은 경유지인 마이애미에서 산 코코넛 열매를 들고 있었다. 모두 익숙지 않은 뉴욕의 겨울 추위에 덜덜 떨었다.

'여기가 바로 우드크레스트군.' 하이너가 속으로 말했다. 언덕 꼭대기에 자리 잡은 우드크레스트에서는 눈에 덮여 반짝이는 캐츠킬 산맥이 한눈에 들어왔고, 언덕 발치에는 윌킬강이 흘렀다. 전망은 이루 말할 수 없이 아름다웠지만 우드크레스트 자체는 그렇지 못했다. 본관은 덩치만 크고 낡은 저택이었는데, 50년 전 직물업으로 거부가 된 이가 지은 건물이었다. 당시에는 영국식 저택의 정원처럼 잔디밭과 테라스, 생울타리와 분수로 꾸며져 있었지만, 지금은 무릎 높이까지 웃자란 덩굴옻나무와 정리되지 않고 눈에 파묻힌 덤불 천지였다. 창밖에 걸어 놓은 빨래는 비스듬히 꽁꽁 얼어 있었다.

아놀드 가족은 더그와 루비를 뒤따라갔다. 공항으로 하이너의 가족을 마중 나온 젊은 미국인 부부는 이제 그들을 새집으로 인도했다. 닭장이었다가 최근에 주택으로 개조된 집이었다. 마당에선 아직도 닭 냄새가 진동했다. 집에는 배관이 설치되지 않았고(화장실은 옆집에 있었다), 난방 시설은 거실에 있는 배불뚝이 석탄 난로가 전부였다. 여자아이들 방은 침대만 간신히 놓을 수 있을 정도로 비좁았다. 루비는 하이너의 가족이 어떻게 반응할지 궁금했다. 놀랍게도 이 방 저 방을 살펴보던 애나마리가 손뼉을 치며 독일 말로 소리치는 게 아닌가. "어머나, 어쩜 이렇게 좋을 수가!"

더그와 루비도 하이너의 가족과 복도를 사이에 두고 같은 건물에 살고 있었다. 더그는 엄격한 선교사 가정에서 자랐다. 어느 날 저녁 하이너가 술을 권하자 더그가 정색하며 말했다. "제 나이 서른여섯이 되도록 맥주 한 잔 입에 안 대고 살았습니다." 더그는 커피조차 양심에 꺼려 못 마시는 사람이었다. 하지만 수수하고 털털한 하이너 탓에 더그도 긴장을 풀었고, 두 사람은 곧 죽마고우처럼 친해졌다. 날씨가 풀리면서 하이너와 더그는 일과를 마치고 낮은 창턱에 걸터앉아 폴몰 담배와 맥주를 나누는 날이 많아졌다. 하이너는 더그에게 자신의 유년 시절과 아버지, 타타에 관해 얘기해 주었다. 훗날 더그는 하이너가 수년 동안 말할 사람을 기다린 사람처럼 이야기를 쏟아 냈다고 기억했다.

애나마리는 첫눈에 우드크레스트가 맘에 들었다. 시어머니 에미에게 보내는 편지에서 애나마리는 다음과 같이 썼다. "이곳에선 지루할 겨를이 없어요. 아침에 일어나면 무슨 일이 벌어질지 모릅니다."

여름이 시작되고 매주 새로운 사람들이 찾아오면서, 주거 공간을 수시로 조정해야 했다. 가족 전체가 방 하나짜리 집으로 옮기기도 했다. 독신 자매 여럿이 잔디 마당에 텐트를 치고 지냈는데, 이들은 서리가 내려서야 건물 안으로 이동했다.

날씨가 좋으면 예정에 없던 피크닉이 벌어졌고, 계획했던 저녁 모임도 자유롭게 현관 앞에 모여 노래 부르는 시간으로 대체됐다. 짝이 맞지 않는 그릇들이 대부분인 설거지를 끝내면, 누군가 최근에 등사로 인쇄한 포크송집을 가지러 갔고 어떤 이는 기타를 들고 왔다.

우드크레스트는 모든 게 잘 짜인 프리마베라와는 너무도 달랐다. 고정된 일이 없었고(전문가보다는 풋내기가 훨씬 많았다), 일정은 너무 유연해서 손님들이 일정이란 게 있는지 알아채지 못할 정도였다. 위생 관념도 느슨했다. 침대를 정리하지 않는 사람도 있었고 며칠 동안 설거지를 쌓아 놓는 사람도 있었다. 여자들은 바지를 입고 다녔고 뜨개질을 하듯 운동도 했다. 아침마다 흰옷을 입고 낮은 나뭇가지에 거꾸로 매달려 요가를 수행하는 사람도 있었다.

공동체에 오래 살았던 사람들은 이런 일에 눈살을 찌푸릴 수도 있었겠지만, 하이너와 애나마리는 웃어넘기거나 실용적으로 접근했다. 불쾌하게 느껴질 때면 솔직하게 물어보거나 훈계했다. 해결해야 할 문제가 생기면 해결하면 그만이었다. 얼마나 늦게까지 아이들을 재우지 않고 그냥 두어도 되나? 공용 식료품 저장실은 잠가 두어야 하나, 아니면 양심에 맡겨야 하나? 고물상이 돈을 낸 것보다 더 많이 챙겨 가면 경찰을 불러야 하나? 종종 식사 시간에 이와 같은 토론이 벌어졌다. 잠시 들른 손님이든 공동체에 오래 산 멤버든 모두 자유롭게 의견을 개진했다. 문제가 첨예해서 합의가 어려울 때면 하이너는 굳이 결론을 내려 하지 않았다. "다음에 다시 얘기합시다. 서로 사랑하면 방법을 찾을 겁니다."

하이너가 즉흥적인 분위기의 위험성을 모르는 건 아니었다. 금세 무질서한 혼란으로 바뀔 수 있다는 걸 경험으로 잘 알고 있었다. 단순한 의견 차이가 심각한 긴장을 야기할 수 있다는 점도 충분히 인식하고 있었다. 순수한 이상주의가 불같이 일어났다가 며칠 만에 사라지는 일도 있었다. 하지만 하이너는 우드크레스트를 있는 모습 그대로 사랑했다. 오랜 기다림 끝에 아버지의 꿈이 실현되는 것을 목격할 기회를 드디어 이곳에서 발견한 것이다. 조직이 아닌, 살아 있는 유기체로서의 공동체. 하이너는 규칙으로 공동체를 길들이려는 모든 시도와 맞서 싸웠다. 어느 정도의 질서가 필요하다는 사실에 동의했지만, 열정에 찬물을 끼얹는 행위는 모두 경계했다.

적당한 균형을 잡기란 늘 힘든 일이었다. 종종 하이너가 출타 중일 때, 의욕이 앞선 멤버들이 아수라장처럼 보이는 공동체에 기강을 확립하려 했다. 출장에서 돌아오면 고양이나 장난감 경주차 또는 풍선껌에 관한 새로운 금지령이 하이너를 기다리고 있었다. "제가 집에 올 때마다 새로운 규칙들이 생겨나네요." 하이너가 농담처럼 말했다. 다행히 새로운 규정들은 대부분 며칠 못 가 자연스럽게 사라졌다.

우드크레스트에서는 "상황이 정상으로 돌아가면"이라는 말은 우스갯소리와 다를 바 없었다. 그런 일은 절대 벌어지지 않았기 때문이다. 공동체 합류를 심각하게 생각하는 사람부터 단순한 호기심에 찾아온 사람까지 방문객이 줄을 이었다. 어느 주말에는 시온주의를 추종하는 젊은 이스라엘 친구들이 잠깐 들러 공동체에 관해 함께 토론하고 포크 댄스로 하루를 마무리하기도 했다. 집단 농장을 운영하는 러시아 공산주의자들도 찾아왔다. 맨해튼에서 버스를 타고 와 주말을 보낸 도로시 데이는 「가톨릭 일꾼」 신문에 우드크레스트를 소개했다. 큰 글씨로 "평화 순례자"(PEACE PILGRIM)라고 쓰인 옷을 입고 미국을 횡단한 여인도 우드크레스트의 단골손님이었는데, 특히 아이들에게 인기가 많았다. 인도의 화해 협회(Fellowship of Reconciliation) 회장인 K. K. 챈디는 방문 후 공동체와 평생 친구가 되었다.

하루 일정으로 우드크레스트를 방문한, 전 영부인 엘리너 루스벨트는 전국 일간지에 게재되는 칼럼 두 편에 걸쳐 우드크레스트의 서로 돕는 생활 방식과 점심 메뉴로 나온 양고기 스튜를 호평하는 글을 남겼다. 그날 주방장이 예산을 아끼려 싸구려 코티지치즈와 삶은 근대로 양을 늘린 사실을 전 영부인이 알 리 없었다. 공동체는 식비에 쓸 돈이 항상 모자랐는데도 종종 건강을 신경 쓰는 사람들이 찾는 맥아, 맷돌에 간 밀가루, 당밀로 만든 "호랑이 우유"를 사는

데 예산을 탕진했다. 이런 상황에 대해 하이너가 은근슬쩍 한마디했다. "홍당무만 먹고 며칠을 더 살 수 있으면 좋은 일이죠. 하지만 중요한 건 그 며칠을 어떻게 사용하느냐입니다."

우드크레스트를 단기간 방문하고 떠난 사람들이 수백 명에 이르렀다. 그중 수십 명은 떠나지 않고 아예 눌러앉았다. 공동체에 합류한 사람들은 각양각색이었다. 클로드 넬슨은 애틀랜타에서 스포츠 기자를 하던 사람이었다. 캐럴 킹은 미네소타 주의원으로 뽑힌 최초의 사회주의자였고, 버사 밀즈는 알래스카에 파송된 성공회 선교사였다. 돈과 메릴린 노블 부부는 세자르 차베스가 주도한 농장 노동 운동의 열렬한 추종자로 중부 캘리포니아에 있는 과수원 지대 출신이었다. 다우 케미컬에서 경영자로 일했던 존 하우스만은 지난해 우드크레스트를 사들일 때 계약금 전부를 지불했다. 캔자스에서 온 드와이트와 노랜 블라우는 하버드 대학의 사회학자 피티림 소로킨의 글에서 우드크레스트를 접하고 찾아온 스물두 살 동갑내기 부부였다. 보호소에서 살았던 흑인 목수 폴 윌리스에겐 모형 배를 만들고 싶어 하는 아이들이 늘 따라붙었다. 밥 클레멘트는 필라델피아에서 잘나가던 변호사였다.

무리 전체가 합류하는 일도 있었다. 조지아주 언덕에서 젖소 농장과 제조업을 운영하는 협동조합 마세도니아 공동체가 그중 하나였다. 딕 맘슨은 마세도니아 공동체에서 흔히 마주칠 수 있는 사람이었다. 딕은 2차 세계대전 기간 양심적 병역 거부자로 공공 근로 캠프에서 대체 복무를 마치고 10년 전 마세도니아에 왔다. 딕과 그의 아내 도트는 손수 지은 통나무집에 살았다. 1953년 방문한 하이너와 애나마리를 통해 프리마베라 얘기를 듣고 다른 회원들과 마찬가지로 깊은 감명을 받았지만, 맙슨 부부는 왠지 마음이 편치 않았다. 간디와 알베르트 슈바이처를 우러러보는 마세도니아 회원들은 인본주의적 이상을 더 선호했다. 그들이 보기에 기독교는 너무 편협하고 독단적이어서 아무짝에도 쓸모가 없었다.

 1957년 여름, 변화의 물결이 일었다. 겉으로 보기에 마세도니아는 10년이 넘는 끈질긴 노력 끝에 마침내 번창하는 듯 보였다. 하지만 딕과 도트는 여전히 뭔가 부족하다고 느꼈다. 마세도니아를 찾는 사람 중엔 알코올 중독이나 불륜, 사이비 종교에 빠졌던 일로 괴로워하는 이들이 있었다. 인본주의 공동체에서 이런 문제를 어떻게 다루어야 하는가? 신앙적 기반을 공유하는 것이 도움이 될 거라는 결론에 도달한 마세도니아 공동체는 연구 모임을 계획했다. 그리고 신약 성경부터 시작해서 코란과 바가바드기타를 다 함께 읽기로 했다.

 연구 모임은 그리 오래가지 않았다. 누가복음 첫 몇 장을 함께 읽은 후 사람들은 그 내용에 완전히 사로잡혔다. 누구도 예상치 못했던 일이었다. 예수님에 관해 읽으며 사람들 마음속 깊은 곳에서부터 동요가 일어났다. 많은 이들이 눈물을 흘렸다. 마세도니아는 우드크레스트에 조언을 구했고 하이너와 애나마리가 찾아왔다. 며칠 후 놀라운 일이 벌어졌다. 하이너를 모임으로 부른 마세도니아 회원들이 공동체 열쇠 꾸러미를 건네며 말했다. "이제 마세도니아는 우드크레스트 소유입니다."

이 일이 있고 난 뒤 얼마 안 되어 마세도니아 사람들 모두가 우드크레스트로 이주했다. 전에는 의혹의 눈길로 브루더호프를 바라보던 딕과 도트도 이제 합류를 원했다. 도트가 조지아주를 그리워하긴 했지만, 저항할 수 없는 어떤 강력한 힘이 부부를 우드크레스트로 이끌고 있었다. "여기가 바로 우리가 여생을 보낼 곳이야."

맘슨 가족과 같이 새로운 이주민들이 늘어나면서 주거 공간이 절실해진 우드크레스트는 이층짜리 집을 짓기 시작했다. 골조로 쓰려고 구입한 목재는 덜 말라서 못질을 하면 수액이 눈에 튈 정도였다. 보기보다 무거운 건 당연했다. 더 그는 빼빼 마른 하이너가 기다란 목재를 이층까지 옮기는 걸 보고 놀라워했다.

좋은 목재를 산다는 건 생각도 못할 일이었다. 우드크레스트의 수입은 150명이나 되는 사람들의 생활비는 물론, 공동체 시설비를 감당하기에도 터무니없이 모자랐다. 그렇다고 돈 걱정 때문에 풀이 죽어 살았던 건 아니다. 사람들은 오히려 재정 계획 없이 새로운 프로젝트를 시작하는 걸 대수롭지 않게 생각했다. 거의 모든 경우에 있어서 필요한 돈은 기부금이나 대출 형태로 마련됐다. 그럴 때마다 사람들은 안도의 한숨을 내쉬는 것에 그치지 않았다. "자, 이제 잔치를 벌입시다!" 하이너가 광고하면 사람들은 금고에 몇 달러 안 되는 돈을 챙겨 차와 픽업트럭을 타고 근처 아이스크림 가게로 향했다.

하지만 영원히 돈을 빌릴 수만은 없었다. 다행히 마세도니아 공동체에서 옮겨 온 장난감 제조 사업이 있었다. 이후 몇 년 동안 우드크레스트는 가용 자원을 총동원해 사업에 쏟아부었다. 파라과이에 있던 톰과 플로리 포츠 부부도 우드크레스트에 합류했다. 회사를 운영했던 톰에게 사업의 지휘를 맡기기 위한 결정이었다. 헛간을 공장으로 개조하고 마세도니아 공동체에서 보낸 기계를 설치했다. 꽤 실용적인 기계도 있었고 아주 기발한 것도 있었다. 어떤 기계는 분해된 차의 구동축에 톱날을 부착해 머리 위 높이에서 가동했다. 그 옆에는 내릴톱이 달린 기계도 있었는데 작동하는 사람이 큰 망치로 목재를 쳐 가며 밀어 넣어야 하는, 괴물 같은 기계였다. 헛간 위 다락은 영업 사무소로 변신했다. 창문이나 난방 기구, 사무용품도 없었지만 그래도 어디까지나 사무실이었다.

하이너와 애나마리는 우드크레스트의 살림살이뿐 아니라 산적한 다른 일 때문에 자정이나 새벽 한 시까지 깨어 있을 때가 많았다. 하이너는 오래된 차고 꼭대기에 있는 비좁은 서재에서 몇 시간씩 자신에게 온 편지에 답장을 써야 했다. 프리마베라 지도자들은 매주 상세한 보고서를 요구했고, 방문을 원하거나 공동체에 합류하고 싶어 하는 사람들과 서신을 교환하는 일도 하이너의 몫이었다. 그 밖에도 회계사와 공장 책임자, 학교 교장 등 이제 막 공동체 생활을 시작한 사람들이 조언을 구하기 위해 들렀다. 하이너는 그제서야 아버지가 자신을 쉬트리크호프 농업 학교에 보낸 것이 선견지명이었음을 인정하게 되었다. 회계, 건축, 경영

등 제일 싫어했던 과목들이 이곳에선 아주 유용하게 사용되었다.

현실적인 부분을 감독하는 일이 업무의 반을 차지했지만, 하이너가 진짜 관심을 기울이는 일은 따로 있었다. 하이너는 "영혼을 돌보는" 상담가의 책임을 훨씬 더 중요하게 생각했다. 종종 누군가의 어깨에 손을 얹고 진지한 대화를 나누며 건물 주변을 도는 하이너의 모습이 사람들의 눈에 띄곤 했다. 하이너의 서재는 누구에게나 열려 있었다. 하루에도 몇 번씩 상담이나 격려가 필요한 이들이 수시로 드나들었다.

사람들이 자신의 문제를 나눌 때 하이너는 거의 듣기만 했다. 심지어 몇 시간씩 앉아서 얘기를 들을 때도 있었다. 브루클린에서 온 젊은 여인 엘렌은 이렇게 말했다. "하이너는 정말로 당신의 고민에 귀 기울이는 사람이에요." 어쩌다가 조언할 때면 한두 문장이 전부였다. 그런데도 상담을 받은 사람들은 거의 모두 격려를 받고 홀가분한 마음으로 떠났다.

그렇다고 하이너가 마음씨 좋게 공감만 했던 건 아니다. 최근에 멤버가 된 제니스가 언젠가 하이너에게 찾아와 자신에게 별 재주가 없다며 속상해한 적이 있었다. "제가 공동체에 보탬이 될 수 있었으면 정말 좋겠어요."

"다른 사람들이 공동체에 보태는 건 죄밖에 없습니다." 하이너가 제니스에게 말했다. "그런데 당신은 산타클로스처럼 되길 고집하는군요."

제니스는 한 방 먹은 것처럼 멍했다. 그러나 다음 날이 되자 하이너의 본심을 이해할 수 있었다. 하이너는 제니스가 지나친 자기 걱정으로부터 자유로워지기를 바랐던 것이다. 직설과 함께 유머도 좋은 상담 도구였다. 어느 날 수련자로 지내던 조지 벌리슨이 찾아와 누군가를 험담한 일을 털어놓았다. 하이너는 조지가 자신을 괴롭히는 문제를 모두 쏟아 놓는 동안 조용히 앉아만 있었다. 조지는 심하게 꾸지람을 들을 것을 각오하며 고개를 들었다. 그러나 조지의 뉘우치는 마음을 느낀 하이너는 눈을 똑바로 바라보며 말했다. "얼마나 지루합니까, 그렇죠?" 하이너는 그렇게 부드럽게 얘기하고 악수를 청했다. 집으로 돌아가는 조지의 마음은 뛸 듯이 기뻤다.

목회 상담가로서 종종 쉽게 답을 찾을 수 없는 상황에 맞닥뜨린 하이너는 자문할 수 있는, 믿을 만한 사람들을 사귀었다. 정서적 질환은 지역에서 존경받는 정신과 의사와 긴밀히 협력했고, 영적인 지도에서도 다른 사람들에게 조언을 구했다. 특히 나치에 저항했던, 저명한 가톨릭 철학자로 포덤 대학교에서 가르치는 디트리히 폰 힐데브란트의 조언을 값지게 생각했다. (교황 요한 바오로 2세는 힐데브란트를 "20세기 최고의 윤리학자 중 한 사람"이라고 높이 평가했다.) 하이너는 결혼과 성에 관한 힐데브란트의 글을 탐독한 후 그를 직접 찾아가 관련된 문제로 고민하는 사람들을 어떻게 도와야 할지 자문을 구하기도 했다.

애나마리도 하이너가 맡은 일을 잘 감당하도록 가까이서 내조했다. 애나마리의 쾌활하고 직설적인 성격 탓에 하이너는 모든 문제를 객관적으로 볼 수 있었다. 겉으로 보기에도 두 사람의 기질은 정반대였다. 몇 십 년 전 하이너의 어머니 에미가 이미 파악했듯이, 하이너는 "신비주의에 매혹을 느끼고, 아주 민감하며, 타인에게 헌신하는" 스타일인 반면, 애나마리는 사색이나 명상과는 아주 거리가 멀었다.

둘 다 지지 않는 성격이어서 남들 앞에서 대놓고 입씨름을 했고, 심지어 일주일에 서너 번 있는 멤버 모임에서조차 의견 충돌을 감추지 않았다. 심하게 말다툼할 때면 다른 사람들이 듣고 있는 걸 인식하지 못하는 것처럼 보일 때도 있었다. 마치 자기 집 거실에서 하듯 하이너와 애나마리는 거리낌 없이 언쟁을 주고받았다. 하지만 서로를 향한 둘의 사랑은 너무 명백해서 누구도 그런 장면을 보고 안절부절못하지 않았다. 완강한 의지를 가진 두 사람도 근본적인 것에 관해서는 너무나 조화롭게 하나가 되었다. 과정이야 어찌 됐든 하이너와 애나마리는 늘 의견의 일치를 보았다.

애나마리는 모임에 꼴찌로 나타날 때가 많았다. 대화 소리가 잦아들고 사람들이 조용히 모임이 시작되길 기다리고 있을 때면 애나마리가 가만히 들어와 잰걸음으로 하이너 옆 빈 의자를 향해 직진하곤 했다. 그러면 하이너는 큰 소리로 애나마리에게 물었다. "도대체 어디 있다가 이제 나타나는 거요?"

딕과 도트 부부처럼 우드크레스트 공동체 사람들 대부분은 종교라면 손사래를 쳤다. 그렇다고 하나님을 찾지 않는 건 아니었다. 하이너는 이러한 점을 잘 이해했고 아마도 그런 이유로 사람들은 하이너를 신뢰했을 것이다. 어느 날 저녁 식사 자리에서 방문객이 물었다. "브루더호프에서는 마귀와 지옥에 관해 어떻게 가르치나요?" 프리마베라에서였다면 긴 설명이 나올 만한 질문이었지만 우드크레스트에서는 달랐다.

담배를 내려놓고 질문을 곰곰이 생각하던 하이너가 입을 열었다. "하나님은 하나님이십니다. 이 사실 외에 다른 어떤 것도 중요하지 않습니다." 어리둥절해 하는 방문객을 보고 하이너가 대답을 이어 갔다. "마지막 심판 날에 우리는 하나님 앞에 떨며 서 있겠죠. 브루더호프나 또는 다른 누가 무엇을 가르치느냐는 하나님의 뜻을 털끝만큼도 바꾸지 못합니다. 우리에겐 하나님을 해석할 권리가 없어요. 예수님이 말씀하셨습니다. '가진 것을 팔아 가난한 자들에게 나눠 주어라. 더는 죄를 짓지 말아라. 이웃을 네 몸과 같이 사랑하여라.' 이 말씀은 실천하라고 있는 것이지 해석하라고 있는 게 아닙니다."

어느 날 또 다른 방문객 시빌 센더가 하이너의 서재 문을 두드렸다. 당시 스물세 살이던 시빌은 하버드 대학에 갔다가 (사기라고 느껴서) 자퇴하고 결혼했다가 (너무 갑갑해서) 이혼하고 한 아이를 혼자 키우고 있었다. 뉴욕에서 고급 잡지 편집자로 일하던 시빌은 전남편이 우드크레스트 방문을 귀찮게 권하는 바람에 못 이기는 척 방문했던 참이었다. "가 보면 맘에 확 들걸."

우드크레스트에 도착한 시빌은 단단히 마음먹었다. 미워해야지. 고리타분한 예수쟁이들을 놀래 주고 말 거야. 시빌은 어렵지 않게 목적을 달성할 거로 생각했다. "방탕하게 살다가 일찍 죽어서 예쁜 시신을 남겨라"라는 영화 대사가 내 좌우명 아닌가. 시빌은 무신론과 섹시함으로 무장한 자신에게 종교적인 공동체는 상대가 안 될 거라 확신했다.

하지만 시빌의 적개심은 우드크레스트의 분위기에 곧 녹아내렸다. 순수하고 따뜻한 사람들에게서 종교적이고 위선적인 모습은 찾아볼 수 없었다. 그리고 지금 시빌은 허름하고 비좁은 서재에 하이너라고 불리는 낯선 이와 앉아 있었다. 하이너가 시빌에게 커피를 타 주었다. 시빌은 복잡하게 엉킨 실타래를 풀듯이 자신이 살아온 이야기를 하이너에게 모두 털어놓았다. 시빌에게 더 할 말이 남지 않았을 때 하이너가 말했다. "이렇게 솔직히 다 얘기해 주실 정도로 저를 신뢰해 주시니 정말 감사합니다."

시빌은 하이너에게 생활 방식을 고칠 생각이 없다고 말하며 으름장을 놓았다. "저는 뉴욕으로 돌아가야 해요."

"그건 죽으러 가는 겁니다." 하이너가 맞받아쳤다.

"맞아요. 그래도 여기에 머물 순 없어요."

3개월 후 시빌은 다시 돌아왔다. 어떻게든 우드크레스트를 잊으려 별짓을 다 했지만 소용없었다. "이번에는 눌러앉을 생각으로 왔습니다." 시빌이 하이너에게 알렸다.

하이너와 애나마리는 우드크레스트 사람들의 솔직함에 매일같이 놀랐다. 물론 언제나, 그리고 모두가 그런 건 아니었다. 하지만 이곳에선 적어도 프리마베라를 오염시켰던 모략이나 해묵은 원한 같은 건 없었다. 사람들은 투명하고 솔직한 관계를 추구했고, 1925년 에버하르트가 작성한 공동체 규율인 "자네츠의 첫 번째 규칙"을 문자 그대로 받아들였다.

사랑 외에는 어떠한 법도 없습니다. 사랑은 다른 사람과 기쁨을 나누는 것입니다. 그렇다면 어떻게 우리가 다른 사람에게 화를 낼 수 있습니까? 사랑의 말은 형제자매와 함께 있을 때 느끼는 기쁨을 전해 줍니다. 그런 의미에서 다른 지체에 대해 분하고 상한 마음으로 험담을 하는 것은 있을 수 없는 일입니다. 어떤 상황에서도 다른 형제자매에 대해, 또한 그들의 개인적인 특성에 대해, 그들 앞에서든 그들이 없는 곳에서든, 험담하거나 빗대어 이야기해서는 안 됩니다. 가족 사이에서도 그래서는 안 됩니다. 이런 침묵의 규율 없이는 어떠한 신뢰도, 공동체도 기대할 수 없습니다.

직접 이야기하는 것이 유일한 길입니다. 이것은 어떤 사람의 연약함이 우리의 마음을 힘들게 할 때, 그 사람에게 우리가 형제로서 마땅히 해야 할 자발적인 섬김입니다. 솔직한 대화는 우정을 깊게 하며 마음속에 앙금을 남기지 않습니다. 단지 이러한 방법으로 신속히 화해하지 못할 때에만, 두 사람 모두 신뢰할 수 있는 제삼자에게 찾아가 이야기할 수 있습니다. 이렇게 문제를 해결하면 우리는 더 깊고 높은 차원의 일치를 이룰 수 있습니다.

우드크레스트 사람들은 대장장이가 쇠를 두드리듯 치열하게 이 규율을 실행에 옮겼다. 심지어 다른 곳에서라면 진심을 숨기기 위해 애썼을 단기 방문자들도 이곳에선 왠지 솔직해야 한다고 느꼈다. 언젠가 하이너는 헐뜯는 말을 한 방문객을 딕이 야단치는 장면을 목격했다. 나중에 하이너는 딕의 어깨를 톡톡 치며 말했다. "그렇게 강한 어조로 말하는 게 꼭 현명한 일은 아닌 것 같은데."

딕이 휘둥그레진 눈으로 하이너를 쳐다봤다. "아니, 그게 사실이라면 왜 얘기를 안 합니까? 진실을 빼놓고 뭐를 얘기하란 말씀인지 전 모르겠네요."

하이너는 딕의 말이 옳다고 인정하며 껄껄 웃었다. 자네츠도 그런 분위기였다. 하이너는 자신과 가까운 사람이라면 쓴 말도 서슴지 않았다. 하루는 거짓말을 했다고 의심되는 청년을 더그가 호되게 질책했다. 그때까진 별문제가 아니었다. 하이너는 교활함을 꿰뚫어 보는 더그의 눈에 청년이 딱 걸렸다고 생각했다. 다만 지나치게 판단하는 더그의 어조가 마음에 걸렸다. 하이너는 친구에게 다가갔다. "이제까지 나는 변명하는 사람의 마음을 간파하는 자네의 능력이 은사라고 생각했네. 하지만 사랑이 없다면 그건 마귀의 선물에 불과하다네."

'대놓고 말하는' 우드크레스트의 분위기를 모두가 즐겼던 건 아니다. 그윈이 파라과이에서 방문했을 때 일요일 아침 예배를 인도해 달라는 부탁을 받은 적이 있었다. 프리마베라에서 늘 하듯이 그윈은 종교적 영감이 가득한 장문의 글을 읽었다. 옆에 앉아 있던 시빌은 지루함을 숨기지 못했다. 그윈이 읽기를 마치자 시빌이 하이너에게 몸을 기울여 속삭인다고 한 말이 너무 크게 들렸다. "도대체 이 양반은 왜 이런 글을 읽는 겁니까?" 그윈은 화들짝 놀랐다. 시빌의 악의 없는 솔직함을 아는 하이너는 웃음을 간신히 참으며 적당한 대답을 찾느라 진땀을 뺐다.

대개 모임은 식사 시간만큼 활기찼다. 좋아하는 노래 제목을 자유롭게 말하면 다 같이 불렀고, 누군가의 질문이 긴 토론으로 이어지기도 했다. 재정 문제나 어려운 부부 관계 등 민감한 이야기도 나왔다. 하지만 전반적으로 가족 모임과 같은 분위기였고 뜨개질 거리를 가져오는 여자도 많았다. 분위기가 너무 무거워지면 하이너가 가벼운 농담을 던지기도 했다. "5분 웃으면 계란 한 줄 먹은 것만큼 건강해집니다." 입버릇처럼 하이너가 말했다. 다른 사람을 놀리기도 했는데 특히 애나마리가 주 대상이었다. 그럴 때면 애나마리는 뜨개질바늘로 하이너를 콕콕 찌르며 다정하게 앙갚음했다.

하이너가 수염을 기르는 문제로 두 사람이 다툰다는 건 모두가 아는 공공연한 비밀이었다. 최근에 불거진 문제가 아니었다. 약혼한 지 며칠 만에 수염 문제로 싸운 두 사람은 25년이 지난 지금까지 한 발도 물러서지 않고 계속 같은 문제로 아옹다옹했다. 예를 들어, 언제 이발을 해야 할까 얘기하다가 말다툼으로 번지는 식이었다.

"하이너, 당신 머리가 너무 길어."

"아니, 애나마리, 장발이 어때서? 베토벤을 생각해 봐."

"당신은 베토벤이 아니잖아."

"그럼 아인슈타인은 어떻고?"

"그리고 그 수염. 꼭 아미쉬 사람 같아."

"애나마리! 아미쉬 공동체에 무슨 나쁜 감정이라도 있어?"

황소고집인 애나마리가 싸움을 그만둘 리 없었다. 어느 날 저녁 공동 식사 자리에서 몇몇 여자들이 즉흥적으로 무대에 올라섰다. 시빌이 연설을 할 때 다른 이들이 냄비를 두드리며 버마 면도 크림 광고문을 인용한 손팻말을 흔들었다.

면도하지 않는 남자는
동굴로 가라.
털북숭이 수염 보고
아이들도 도망간다.
수염은 화재의 원인.

여인들의 캠페인은 성공을 거둔 듯했다. 이후 몇 년 동안의 사진에서 하이너는 콧수염만 길렀다.

건축팀이 주택 공사를 마무리하자 하이너의 가족이 다른 가족들과 함께 새집으로 이사했다. 공간은 이전보다 넓었지만 투박한 건 마찬가지였다. 새집에는 배관 시설이 있었지만 그게 꼭 좋은 일만은 아니었다. 건물 현관문을 들어서자마자 화장실이 있었는데 이웃한 주택들과 공유하기 위해 특별히 그 자리에 설치됐다. 누군가 요강을 비우면 냄새가 진동했다. 애나마리가 매스껍다고 투덜거리면 하이너는 재빨리 애나마리를 거실로 밀치며 "걱정하지 마, 애나마리.

내가 담배 한 대 피우면 다 없어져"라고 말하곤 했다. 벽이 너무 얇아 매일 밤 이웃 사람들 양치하는 소리가 다 들렸다. "한 편의 소야곡이 시작됐군." 열여섯 살이 된 크리스토프가 우스갯소리로 말했다. "단, 모차르트 작곡이 아닐 뿐."

이미 고등학교에 다니기 시작한 크리스토프와 로즈비트, 아넬리는 밤마다 새로 발견한 이야깃거리를 가지고 집으로 돌아왔다. 국기에 대한 맹세, 브루클린 다저스, 핵폭탄 실험, "데이트"라고 불리는 이성 교제 등. 어린 동생들도 바뀐 환경에 적응해야 했다. 파라과이에 다시 가고 싶다고 떼를 쓰는 모니카는 초등학교 1학년 선생님이 "조금 둔하다"고 평가하는 바람에 다시 유치원으로 보내졌다. 숲에서 노는 맛을 들인 에디트는 야생 동물을 잡아다가 애완용으로 기르겠다며 날다람쥐, 어린 사슴, 새끼 여우, 너구리로 집을 채웠다.

아이들은 할머니와 우드크레스트로 와서 같이 살게 되어 마냥 신이 났다. 화창한 날이면 에미는 하이너의 집 앞에 앉아 뜨개질하거나 지나가는 사람과 대화를 나눴다. 브루더호프의 공동 창립자를 만났다는 사실에 신기해하는 손님들은 에미 옆에 앉아 자네츠와 베를린에 관한 이야기를 듣곤 했다.

어렸을 적 하이너는 종종 아빠 엄마와 함께하는 시간이 없다고 투덜대곤 했다. 아버지가 된 지금 비슷한 일이 재현되고 있었다. 아침 식사 시간이 가족으로 다 같이 모일 유일한 기회일 때가 많았다. 매일 아침 거실로 들어온 하이너는 식탁을 돌며 자식들과 한 사람씩 눈을 맞추면서 어떻게 지내는지 물었다. 하이너는 아이들 마음에 불편한 구석이 있으면 곧바로 알아챘고 무엇이 문제인지 반드시 확인했다.

공동체에는 대학생 연령대의 청년들이 큰 비중을 이루고 있었는데, 그중 몇이 자연스럽게 로즈비트와 아넬리에게 관심을 보였다. 물론 두 사람이 먼저 반할 때도 있었다. 큰딸들은 좋아하는 사람이 생길 때마다 아버지의 눈을 속이기 힘들다는 걸 잘 알았다. "요새 왜 그렇게 조용하니?" 하이너가 아넬리에게 물었다. "무슨 일일까? 좋아하는 사람이라도 있니? 어떤 사람인지 말해 주렴." 하이너는 드라이브를 가자고 하며 딸과 함께 밖으로 나갔다.

아넬리는 이런 문제에 관해 아버지와 얘기하는 것을 전혀 불편하게 생각하지 않았다. 하이너도 사랑에 빠지는 건 세상에서 제일 자연스러운 일이라고 말하며 아넬리를 편하게 해 주었다. 그렇다고 하이너가 흐지부지 넘어갈 사람은 아니었다. 아넬리가 좋아하는 사람 얘기를 마치면 하이너는 딱 부러지게 말해 줬다. "내가 보기엔 그 사람은 너와 별로 어울리지 않는 것 같구나. 잊어버리렴." 아넬리는 아버지를 신뢰했기에, 적어도 아넬리 쪽에서 마음을 정리하는 건 별로 어렵지 않았다.

하이너의 아이들은 언제나, 하루가 저물 무렵 탁자에 둘러앉아 아빠와 늦게까지 얘기하고 노래하기를 바랐다. 하지만 실망스럽게도 사람들이 종종 이 시간에 찾아와 아버지와 따로 긴 대화를 나눴다. 좀처럼 면담 요청을 뿌리치지 못하는 하이너는 찾아온 사람과 어디론가 사라져 저녁 내내 돌아오지 않곤 했다.

　우드크레스트를 찾는 사람 중에는 왠지 상처받고 마음 아픈 이들이 많았다. 하이너는 그런 사람들을 기꺼이 집으로 초대했는데, 그럴 때면 아이들에게 꼭 영어로 말하라고 타일렀다. 자연스럽게 하이너의 가족은 거의 언제나 정신적으로 어려움을 겪는 젊은이 한두 명과 함께 지냈다. 어떤 이는 몇 개월씩 머물기도 했는데, 크리스토프와 방을 같이 쓰거나 아니면 다른 딸들과 동숙했다. 몇몇 사람은 정서적으로 불안했고 또 어떤 사람은 정신병을 앓기도 했다. 하이너는 이에 대해 현실적인 관점을 가지고 있었다. "우리는 노이로제의 시대에 살고 있습니다. 현대 사회에서 자라면서 누구나 어느 정도 정신병에 노출될 수밖에 없습니다."

　자살 충동으로 어려움을 겪는 젊은 여성도 둘이나 있었다. 하이너는 이들을 돕기 위해 밤낮으로 대기 중이었다. 도와달라는 연락을 받으면 감기나 독감에 걸렸을 때도 슬리퍼를 신고 서둘러 눈 덮인 길을 지나 두 사람의 숙소로 향하곤 했다.

　정신이 온전치 못한 또 다른 젊은 여인 라일라(가명)를 하이너와 애나마리는 딸처럼 가깝게 여겼다. 나이도 스물셋으로 에미 마리아가 살아 있었다면 동갑이었을 나이였다. 라일라도 곧 두 사람을 "파파"와 "마마"라고 불렀다. 우드크레스트에 처음 왔을 때 라일라에겐 특별히 이상한 점이 없었다. 하지만 몇 개월이 지나자 히스테리를 일으키기 시작했다. 주체를 못하고 울거나 단지 하나님이란 단어만 들어도 몸서리를 쳤고, 귀신에 들린 증상을 보이기도 했다.

하이너와 애나마리는 라일라의 질환에 관해 말을 아꼈다. 라일라가 어렸을 적에 주술을 경험했고, 이제는 자신보다 더 큰 세력에 맞서 싸우고 있다는 사실 외에 더 알아야 할 것은 없었다.

이따금 라일라가 자살을 시도하기도 했다. 발코니에서 뛰어내리고, 번잡한 고속도로로 뛰어간 적도 있었다. 한번은 유리창을 깨서 팔에 상처를 내기도 했다. 하이너와 애나마리는 라일라를 로즈비트의 방으로 옮겨 발작을 감시했다. 발작을 일으키면 라일라는 폭력적으로 변했고 진정시키려 하는 사람을 때리거나 손톱으로 할퀴었다. 하이너와 애나마리는 몇 주 동안 딸과 함께 밤낮으로 라일라를 지켰다. 그런데도 라일라는 종종 감시망을 뚫고 밤중에 집을 빠져나갔다. 결국 애나마리는 매트리스를 옮겨 라일라의 방문 앞에서 잤다. 탈출을 막기 위한 고육지책이었다.

한바탕 소란이 지나가면 라일라는 편하고 사려 깊은 사람으로 돌아왔다. 다른 방문객들도 라일라를 어린아이와 같이 행복해하는 사람으로 생각했다. 모니카와 엘자는 라일라가 같이 놀아 주거나 책을 읽어 주는 시간을 마냥 좋아했다. 두 아이는 한 번도 라일라가 무섭다고 생각한 적이 없었다. 슬프게도 어둠의 영은 라일라를 계속 괴롭혔다. 반년 정도 지나 라일라는 스스로 정신 병원에 입원했다.

하이너는 목회자로 공동체 사람들의 출생과 결혼, 질병과 죽음을 돌보느라 여전히 바쁜 나날을 보내고 있었다. 더그와 루비 무디 부부가 셋째 아이를 사산하면서 도움을 구하기 위해 하이너를 찾았다. 루비는 슬픔에 젖어 제정신이 아니었고, 더그는 병원 이층 창문에서 뛰어내리고 싶은 충동과 싸워야 했다고 털어놓았다.

하이너는 더그와 루비의 고통을 충분히 공감했다. 애나마리와 자신도 아이를 잃지 않았던가? 그렇다고 하이너가 무디 부부에게 값싼 위로를 전한 것은 아니었다. 하이너는 기도했음에도 불구하고 에미 마리아를 잃었던 경험과 마리아나가 태어날 때 인공 유산을 권유받았던 일을 말해주었다. 이야기 끝에 하이너가 말했다. "더그와 루비, 어떤 생명도, 아니, 아기가 살기를 바라는 어떤 희망도 절대 헛되지 않아요." 더그와 루비의 삶에 깊은 영향을 남긴 말이었다.

후에 더그는 하이너에게 감사의 마음을 어떻게 표현해야 할지 고민하다 다음과 같이 말했다. "하이너, 난 당신이 사람들을 대하는 태도가 정말 마음에 들어요." 하이너는 잠자코 듣기만 했다. 하이너는 자신을 사람들을 잘 다루는 사람, 늘 답을 가지고 있는 사람으로 바라보는 시선이 너무 힘들었다. 하지만 더그와 다른 우드크레스트 사람들이 자신이 얼마나 자주 과거로 인해 괴로워하는지, 프리마베라를 생각할 때마다 얼마나 마음이 복잡해지는지 어떻게 알 수 있겠는가? 하이너를 더 힘들게 했던 것은 1941년 이래 계속 영혼을 갉아먹고 있는 죄책감이었다. 한스와 게오르크를 다시 지도자로 세운 자책감. 지금까지도 공동체는 두 사람의 손아귀에서 조금도 벗어나지 못하고 있었다. 하지만 이제 와서 과거의 일을 들춘다고 무슨 소용이 있겠는가? 어차피 애나마리와 함께 용서하기로 하지 않았나? 하이너는 더그에게 짧게 대답했다. "더그, 어떤 것도 제 개인에게서 나오는 건 없어요. 제게 있는 건 모두 하나님으로부터 온 겁니다. 제가 얼마나 실수투성이인지 당신이 알 수만 있다면 좋겠군요!"

이 일이 있고 난 뒤 얼마 되지 않아 한스가 우드크레스트를 방문했다. 더그는 하이너가 한스를 둘도 없는 친구처럼 대하는 모습을 보고, 한스를 존경받을 만한 사람이라고 생각했다.

루비도 애나마리가 늘 프리마베라 사람들을 염두에 두고 있다는 점을 알았다. 우드크레스트에 기증품이 도착할 때마다 애나마리는 가장 좋은 것만 골라 파라과이로 보냈다. 우드크레스트에서도 유용하게 쓸 수 있는 물건들이었지만 애나마리는 언제나 넓은 아량으로 나누고 싶어 했다. 애나마리가 옷가지와 책, 재봉틀을 250리터들이 금속 드럼통에 쟁여 넣으며 어찌나 프리마베라 형제자매들에 대한 칭찬을 아끼지 않던지, 루비가 직접 가 보고 싶은 마음이 들 정도였다.

더그와 루비는 우드크레스트에 뭔가 특별한 게 있다고 느꼈다. 마치 본인 앞에 남겨진 유산을 발견하거나 오랫동안 잊어버렸던 자신의 뿌리를 알아낸 듯한 느낌이었다. "우드크레스트 언덕을 처음으로 올라오던 날, 저희 모두 심장 박동이 빨라졌어요." 더그가 회상했다. "무성한 잡풀과 허름한 건물, 난방이 안 되는 공장이 눈에 들어온 건 한참 지나서였죠. 곳곳에 생기가 넘쳐났어요. 식사 시간에 부르는 노래와 함께 나누는 교제에서 발산되는 기쁨은 마치 손에 잡힐 듯 생생했습니다. 미미한 우리 존재가 이해할 수 없는, 어떤 위대한 일이 곧 벌어질 것 같았어요."

"사막에서 몇 십 년 동안 의미 있는 삶을 찾아 헤매다가 오아시스를 만난 기분이었습니다. 갑자기 마음의 평화와 진리의 빛을 찾은 거죠." 더그가 말했다.

이전에 알던 친구를 우연히 우드크레스트에서 마주친 방문객은 이렇게 말하기도 했다. "사람이 이렇게 바뀔 수 있다니. 얼굴이 완전히 달라졌네!"

캔자스에서 온 젊은 교사인 도나 포드는 차를 타고 우드크레스트 언덕을 오를 때 "점점 부풀어 오르는 기대감"에 사로잡혔다고 말했다. "승합차에서 내렸을 때 눈물이 났습니다. 집에 온 듯한 느낌이었거든요."

막 대학을 졸업한, 또 다른 중서부 출신의 드와이트 블라우도 비슷한 경험을 공유했다. "한 번도 우드크레스트를 방문한 적이 없었지만, 진입로에 들어서면서 '바로 여기야!' 하는 느낌이 왔어요. 아내에게 말했죠. '우리가 읽고 들은 얘기가 사실이라면 평생 이곳에 머무는 거야.'" (드와이트의 말은 그대로 이루어졌다. 이후 드와이트는 하이너의 가장 가까운 친구이자 동료가 되었다.)

하이너와 애나마리는 사람들이 새롭게 찾아오는 것을 기뻐하면서도 그들을 설득해선 안 된다고 생각했다. 손님들은 스스로 머물기(혹은 떠나기)를 결정해야 했다. 어떤 경우에도 세를 불리는 게 공동체의 목적이었던 적은 없었다. 이즈음 하이너는 다음과 같은 글을 남겼다. "그리스도인들이 늘 얘기하는 신도의 공동체, 즉 모든 세대에 걸쳐 존재하는 몸 된 교회를 생각해 본다면, 브루더호프와 그 문화는 아무것도 아닙니다. 퀘이커, 메노나이트, 형제 교회와 같은 다른 종파들도 마찬가지입니다. 이런 종파 속에 선한 것이 있다면 그것은 단지 생명의 물줄기에 사로잡히거나 굴복했기 때문입니다. 따라서 브루더호프 혹은 다른 특정한 운동을 지나치게 강조해선 안 됩니다. 브루더호프도 다른 많은 공동체처럼 사라질 것입니다. 하지만 우리가 삶을 내던진 생명의 강은 절대로 사라지지 않습니다. 바로 이 점이 중요합니다."

하이너는 방문객들이 우드크레스트에 끌렸던 건 바로 이 생명의 물줄기 때문이라고 생각했다. 그렇지 않고서야 어떻게 그토록 다양한 배경을 가진 사람들이 찾아와 머물겠다고 결심할 수 있겠는가?

캐나다에서 온 사회 운동가이자 영화 제작자인 돈 피터스는 다음과 같이 말했다. "처음에는 공동체가 너무 신실해서 마음이 불편했습니다. 하지만 가식이 아니었어요. 순수하고 솔직한 분위기 때문에 오히려 제 위선이 드러났죠. 저와 아내는 새로운 눈으로 서로를 바라보게 되었습니다. 브루더호프에서의 경험이 우리 삶을 멈춰 서게 했습니다. 살아도 사는 것 같지 않던 이전의 삶으로 다시 돌아갈 수 없었습니다."

시빌은 다시 우드크레스트로 돌아왔을 때를 다음과 같이 회상했다. "두 번째로 공동체에 왔을 때 전 사시나무 떨 듯 떨었어요. 내가 광신도로 변할까 걱정됐죠. 그런데 제 방문 앞에 붙어 있는 종이에 아이가 '환영합니다'라고 삐뚤빼뚤 쓴 걸 보고, 그래, 여기가 우리 집이구나 싶었습니다. 물론 갈등이 없진 않았죠. 하지만 웃음으로 넘기지 못할 일은 없었습니다. 저는 우울한 자기 성찰을 예상했지만 제가 발견한 것은 기도와 용서, 하나님이었습니다. 만나는 사람들은 모두 저처럼 평범한 인간이었고 그들과 함께 삶을 나누는 것은 끝없는 모험처럼 흥미진진했습니다. 우드크레스트로 온 건 마치 진주를 발견한 듯한 느낌이었습니다. 저는 사랑에 빠진 사람처럼 환희에 들떴습니다."

이곳에서 독일의 청년 운동이 새롭게 태어났다. 시대는 변했지만 예전의 신선함과 순수함, 열정은 그대로였다. 하이너는 어렸을 때로 돌아간 듯 행복했다. 부모님과 타타가 꿈꿨던 일이 드디어 우드크레스트에서 벌어지고 있었다.

1955년 3월, 우드크레스트에서 처음으로 맞는 부활절이 다가왔다. 하이너는 특별한 날을 기념하기 위해 성찬식을 거행하길 소망했다. 애나마리는 스물네 명의 멤버가 서로 마주볼 수 있도록 성찬 상을 배치했다. 그리고 하얀 천과 초, 들꽃으로 상을 장식했다. 저녁 시간 모두가 모인 자리에서 하이너가 빵을 쪼갰다. 빵을 담은 접시가 이 손에서 저 손으로 전달된 후 포도주 잔도 같은 식으로 돌려졌다.

오래전 하이너가 열세 살이던 해, 친척을 방문한 루이제가 포도주 한 병을 들고 자네츠로 돌아온 일이 있었다. 루이제와 조피, 하이너는 포도주를 어떻게 쓸까 고민하다가 태양 특공대에서 성찬을 하기로 결정했다. 누구도 어떻게 성찬을 진행하는지 알지 못했지만(하이너는 막연한 개념만 가지고 있을 뿐이었다) 성찬이 예수님과 이웃을 사랑하는 것과 관련된 일이라는 것은 모두 알고 있었다. 성찬을 마치고 태양 특공대는 병을 깨뜨려 남은 포도주를 처리했다. 나중에 하이너는 이 일이 신성 모독 행위였나 하는 걱정이 들어서 타타에게 달려가 모든 것을 털어놓았다. 하이너의 진심에 감동한 타타는 "너희들이 한 일은 전혀 나쁜 일이 아니야"라고 말하며 하이너를 안심시켰다. 타타가 꾸짖은 게 하나 있긴 했다. "그런데 성찬을 마치고 대체 병은 왜 깨뜨렸니? 아빠에게 드렸으면 정말 좋아하셨을 텐데! 공동체는 네 아빠에게 포도주 한 병 사 드릴 형편이 못되거든."

파파와 타타, 아돌프, 프리츠. 모두가 여기 우드크레스트에 함께 살아 있는 듯했다. 하이너는 프리마베라에 있는 게오르크에게 보낸 편지에 "우드크레스트는 제 생애 가장 큰 선물"이라고 적었다. "마치 어린아이로 돌아간 것처럼, 다시 시작할 기회를 얻었습니다." 뉴욕 북부의 노후한 저택에서 자네츠의 영이 되살아나고 있었다. 하이너는 환한 얼굴로 집회실을 둘러봤다. 성찬을 끝내고 모두 악수와 포옹으로 인사할 때 하이너가 소리쳤다. "성령이 다시 오셨습니다!"

그 뒤 며칠 동안 하이너의 사무실 창에서 헨델의 할렐루야 합창이 흘러나왔다. 음악은 바람을 타고 세탁소의 빨랫줄을 넘어 무성한 풀밭으로 퍼졌다.

32. 시련

하이너와 애나마리가 우드크레스트로 이사한 해, 한스는 독일에 또 다른 브루더호프 공동체를 시작했다. 브루더호프가 시작됐던 땅으로 돌아갈 좋은 기회라고 생각했던 것이다. 전쟁의 총성이 그치고 유럽은 다시 문을 열고 있었다. 한스는 독일 정부가 히틀러를 피해 국외로 탈출한 국민에게 주는 보상금으로 공동체를 세우는 자금을 어느 정도 조달할 수 있을 것이라 생각했다. 나머지는 우드크레스트에서 모은 기부금으로 충당하기를 바랐다. 한스에게 부유한 미국인들은 돈주머니나 다름없었고 파라과이의 책임자들의 생각도 크게 다르지 않았다.

프리마베라는 여전히 근근이 먹고사는 형편이었으며 수입보다 지출 규모가 훨씬 컸다. 가장 오래되고 규모가 큰 공동체였기 때문에 모두가 프리마베라를 브루더호프의 중심지로 인정했다. 전체 재정이 조정되고, 기록 보관소가 설치되고, 중요한 회의가 열리는 곳도 프리마베라였다. 프리마베라 지도자들이 한스와 상의하에 주요 결정을 내린다는 것은 모두가 다 아는 사실이었다. 프리마베라의 재정 관리자들이 점점 다른 공동체가 부족한 자금을 채워 줄 것이라 기대하는 건 자연스런 일이었다. 가장 큰 부담은 매년 수만 달러를 보내야 했던 우드크레스트의 몫이었다. 자체적으로도 빚이 많은 상황이었지만 우드크레스트는 프리마베라에 송금하기 위해 기부금을 요청하고 대출을 늘렸다.

하이너는 프리마베라의 열악한 재정 상황을 너무도 잘 알고 있었다. 여러 사업과 농장을 유지하기가 얼마나 힘든지도 모르는 바 아니었다. 그래서 더욱 목재 가스 공장, 종합 병원 신축, 12만 평의 습지를 논으로 바꾸는 프로젝트 등 수익이 되지 않는 사업에 왜 돈과 인력을 쏟아붓는지 이해하기 힘들었다. 프리마베라가 형편 이상으로 돈을 쓰고 있다는 걸 잘 아는 재정 부서가 어째서 이렇게 비용이 많이 드는 계획을 승인했을까? 북아메리카 기부자들의 너그러움을 당연시하는 건가? 하이너의 걱정은 기우가 아니었다. 1958년 말, 프리마베라에서 우드크레스트의 송금액이 줄어든 이유를 추궁하는 편지가 연달아 도착했다. 하이너는 당혹스러웠다. '10만 달러는커녕 1만 달러 모금하기도 얼마나 힘든지 알고 하는 소린가?' 하이너는 프리마베라에 그러한 불평은 비현실적이며, 감사와 겸손이 부족하면 협력 관계에 위협이 될 수 있다고 답장했다.

하이너는 자신의 답장이 불러올 파장을 알고 있었다. 본부를 희생시켜 가며 우드크레스트를 옹호한다고 비난받을 게 분명했다. 조만간 한스가 이 일에 관여할 것을 잘 아는 하이너는 독일에 있던 한스에게 미리 전화를 한 후, 일련의 편지를 보내 자신의 상황을 설명했다.

한스는 하이너의 입장을 지지하는 듯한 반응을 보였다. 애매한 구석이 있어 조금 헷갈리기도 했지만, 호의를 보였다는 데에는 의심의 여지가 없었다. '한스만 괜찮다면 프리마베라와의 견해차쯤이야 형제처럼 극복할 수 있겠지.'

그러나 한스는 괜찮았던 게 아니었다. 한스의 답장이 도착한 지 두 주 후, 최근 유럽을 방문했던 그윈이 우드크레스트에 들러 며칠간 머물렀다. 방문 중 그윈은 한스가 우드크레스트의 "반프리마베라 정서"에 노발대발하며 이게 다 하이너 탓이라고 말한 일을 하이너에게 언급했다. 그윈이 출발하기 전 한스는 "나 대신 자네가 미국에 가는 게 다행이야. 내가 우드크레스트에 갔다면 산산조각을 냈을 테니까"라고 말하기까지 했다.

하이너는 할 말을 잃었다. 한스가 재정 논란에 관해 프리마베라 편을 드는 건 그다지 놀라운 일이 아니었다. 그러나 치밀하게 계산된 이중 행동은 정말 비열한 짓이었다. 이런 일이 처음은 아니었다. 최근 한스가 보인 다른 언행들 역시 하이너의 마음을 불편하게 했다. 하이너가 그윈에게 물었다. "한스에게 그런 얘기를 들었다면, 당신은 한스가 무슨 의미로 그런 말을 했는지 공동체에 밝힐 책임이 있지 않습니까?" 그윈은 하이너의 말이 옳다고 시인하면서도 자신과 동행해 달라고 간청했다. 그윈은 한스와 정면으로 부딪치기를 극도로 불안해하는 눈치였다.

하이너도 겁이 나긴 마찬가지였다. 예전에도 매형의 잘못을 지적한 일이 있었지만, 매번 후유증을 극복하는 데 수년이 걸렸다. 첫 번째는 질룸에서였다. 아버지가 돌아가신 뒤 한스가 애나마리를 보내 자신과 맞서게 했을 때, 하이너는 애나마리와 영영 헤어질 뻔했다. 두 번째는 파라과이에서였다. 한스와 게오르크의 무자비함을 비판했을 때, 하이너는 외딴 오두막에서 굶주림과 싸워야 했다. 세 번째로 한스와 맞섰을 때 하이너는 1년 동안 나병 환자촌으로 쫓겨났다. 또다시 부딪힐 생각을 하니 자신이 없었다. 그래도 해야 하나? 한스에게 굴복한다면, 그것은 형제자매처럼 사랑하며 사는 공동체를 설파한 자신의 말을 믿고 부르심을 따라 모든 것을 버린 사람들을 배신하는 행위였다. 여하튼 이 논란은 개인 차원의 문제가 아니었다. 공동체 전체의 운명이 위험에 처했다.

하이너는 곧 닥칠 충돌에 관해 애나마리 외에 누구에게도 말하지 않았다. 우드크레스트의 사람들에겐 단지 "어떤 형제와 의견이 맞지 않아 해결하러 유럽에 갑니다"라고만 말했을 뿐이다.

세 사람은 독일의 한 호텔에서 만났다. 한스는 자신의 양면성을 변명하기에 급급했다. 그에 따르면 모든 게 엄청난 오해였다. "내가 얼마나 스트레스를 받고 있었는지 자네가 알았다면, 왜 그렇게 말했는지 금방 이해했을 텐데 말이야!"

"하지만 한스, 도대체 무슨 의미로 그런 말을 한 거죠?" 하이너가 따져 물었다.

지루한 논쟁이 며칠간 계속됐다. 나흘 후 영국으로 건

너간 세 사람은 거기서도 논쟁을 이어 갔다. 만날 때마다 한스는 갖은 수를 써서 하이너와 그원의 사이를 어그러뜨리려 했다. 결국 하이너와 그원은 한스의 노림수에 학을 뗐다. 게임이 끝났음을 깨달은 한스가 돌연 회유적인 자세로 하이너와 그원에게 자신이 어떻게 하면 좋겠냐고 물어 왔다.

자리에서 물러난 두 사람은 해법을 논의했다. 하이너는 지금까지 보여 온 한스의 위선적인 태도가 공동체의 리더로서 자질을 의심케 한다고 주장했다. "적어도 혼란이 잠잠해질 때까지 직분을 내려놓는 게 낫지 않을까요?" 그원은 그 말에 동의하면서도 별안간 한스를 감싸려 했다. "자리에서 내려오게 하더라도 한스에게 망신을 주는 일이 없도록 조심합시다. 제가 아는 그 누구보다도 브루더호프를 위해 열심히 일한 사람이니까요. 한스의 공을 생각해서라도 관대하게 처분하면 좋겠습니다."

한스는 직분을 내려놓아야 한다는 말에 침울해했지만 결국 권고를 받아들였고, 공동체에 사과함으로써 무엇이 문제였는지 투명하게 밝히는 데에도 동의했다.

한스는 불스트로드에서 사과하기로 했다. 불스트로드는 런던 근처에 위치한 저택으로 가장 최근 유럽에 세워진 브루더호프 공동체였다. 사람들이 다 모이고 한스가 일어나 발언을 시작했다. 하이너는 발언이 짧을 것으로 예상했다. 사과의 말과 지도자 자리에서 내려오겠다는 말이면 충분했다. 하지만 자신을 지지하는 불스트로드 사람들에 둘러싸이자 한스의 뉘우치는 기색은 온데간데없이 사라졌다. 한스는 마치 하이너와 그원이 그 자리에 있다는 사실을 망각한 것처럼 행동하고 있었다. 의례적인 몇 마디로 발언을 시작한 한스는 갑자기 아내의 건강 문제를 들고나왔다. "에미-마가렛이 다음 주에 갑상선 수술을 받습니다. 아내에게 아주 힘든 시간이 될 것 같습니다. 오늘 아침 이 자리에서 공동체가 어떻게 제 아내를 도울 수 있을지 함께 고민했으면 좋겠습니다."

불스트로드 멤버들이 기다렸다는 듯 반응했다. 사람들은 잇따라 일어나 동정과 지원의 뜻을 밝혔다. 모임이 끝나갈 무렵 공동체의 하나 됨을 확인하고 에미-마가렛에게 용기를 주는 의미에서 성찬을 하자는 제안까지 나왔다. 하이너는 망연자실해서 자리를 떴다. 이곳 사람들이 이렇게 확고하게 한스를 지지하는데 하이너와 그윈이 뭘 할 수 있겠는가?

이후 하이너는 작심하고 한스에게 말했다. "당신은 거짓말쟁이에 사기꾼이야!"

그날 밤 하이너는 누구도 자신과 말하려 하지 않는다는 사실을 깨달았다. 이곳 사람들에게 하이너는 낯선 이가 아니었다. 불스트로드 공동체의 다수가 이미 프리마베라에서 같이 살았던 사람들이었기에 하이너를 잘 알고 있었다. 그런데 이제는 상종도 안 하려는 분위기였다. 처음에 하이너는 얼떨떨했지만 곧 이유를 알아챘다. 불스트로드에서 한자리를 차지하려면 한스의 환심을 사야 했다. 모두 한스의 심기를 불편하게 할까 봐 겁을 먹고 있었다.

얼마 전 한스는 하이너의 옛 스승 트루디와 그녀의 남편을 쫓아냈다. 트루디가 자신의 뜻을 거슬렀다는 게 주된 이유였다. 트루디와 그녀의 남편이 떠나자 한스는 빈집을 샅샅이 뒤져 그들이 남기고 간 물건을 모아 멤버 모임에 가져왔다. 한스는 의복과 편지, 세면도구, 그림 등 물건을 하나하나 집어 들면서 트루디가 얼마나 "물질주의적인" 사람인지 조롱했다. 그러나 누구도 감히 한스에게 뭐라고 하는 사람이 없었다.

지금도 상황은 마찬가지였다. 사람들이 한스의 의견을 반대할 만한 특별한 사건이 생긴 건 아니었지만 숨 막힐 듯 팽팽한 긴장감이 흐르고 있었다.

하이너는 왕따가 된 기분이었다. 저녁에 누군가 자신을 초대하지 않을까 기대하는 마음으로 아치형 천장 아래 긴 복도를 걸어가면, 사람들은 하이너를 보고 문을 닫았다. 결국, 하이너는 외롭고 상심한 마음에 저택을 빠져나와 넓은 들판을 가로질렀다. 근처 마을 맥줏집을 들어서며 하이너는 적어도 이곳에선 다정한 얼굴 하나쯤은 볼 수 있으리라 생각했다.

다음 며칠 동안 세 사람은 네 명의 중재인과 함께 만났다. 교착 상태를 풀어 보려는 불스트로드 공동체의 제안이었다. 이전처럼 한스는 언쟁하고, 발뺌하고, 동정을 구하려 했다. 하지만 이번에는 그원과 하이너가 단호한 태도로 맞섰다. 마침내 중재를 나선 사람들이 전체 멤버 회의에 보고서를 올렸을 때, 모두가 같은 결론에 도달했다. 잘못은 한스에게 있다는 사실이 명백히 드러났다.

하이너는 다소 안도했다. 그리고 그 후에 일어난 일은 하이너의 불안을 완전히 잠재웠다. 사람들이 한스에 대한 솔직한 심정을 드러내기 시작했다. 모두가 나름대로 한스와 관련된 사연을 가지고 있었다. 한스의 고압적인 태도, 아첨, 그리고 아첨이 통하지 않을 때 뒤에서 빈정대고 은근히 협박했던 일.

많은 사람이 사람을 차별하는 한스의 태도를 지적했다. 한스가 아무렇지도 않게 모욕하는 말을 내뱉었던 일에 관해 언급하는 사람도 많았다. 거리낌 없이 말하는 사람은 "육체의 가시"로 불렸고, 어떤 이는 "너무 조용하다"고 바보 취급당했다. 단지 유대인이라는 이유로 의심받은 여자도 있었다(한스는 이 여인의 약혼자에게 결혼을 다시 생각해 보라는 말까지 했다). 거의 모든 사람이 험담을 즐기는 한스의 성격을 알고 있었으며, 그의 험담에 맞장구친 사람도 많았다. 그러나 대부분 대수롭지 않게 넘겼다. 이제, 사건들이 하나둘씩 밝혀지며 한스의 충격적인 실체가 드러났다. 모두가 한스의 만행을 충분히 알게 되자, 불스트로드 공동체는 한스에게 지도자 자리에서 내려올 뿐 아니라 한동안 미국 공동체로 가서 성찰의 시간을 가질 것을 요구했다.

그날 밤늦은 시각, 하이너는 숙소에 혼자 머물렀다. 하이너는 한동안 서서 창밖을 바라보았다. 창문은 날개처럼 양쪽으로 뻗은 저택 건물 한가운데를 가로지르는, 판석으로 포장된 안마당을 향해 열려 있었다. 이 늦은 시간 맞은편 건물의 불은 한 방만 빼고 모두 꺼져 있었다. 한스의 방이었다. 불빛이 새어 나오는 창 너머로 아무것도 보이지 않았지만, 하이너는 한스가 깨어 있을 거라고 확신했다. 창가에 서 있던 하이너는 불현듯 한스의 창 쪽에서 자신을 향해 화살

같이 날아오는 어두운 증오의 기운을 느꼈다. 하이너는 불길한 예감에 사로잡혔다. "한스가 나를 죽이고 싶어 하는구나." 등골이 오싹해진 하이너는 방문을 잠그고 침대에 누워 기도했다. 그리고 다시 벌떡 일어나 구석에 있던 무거운 옷장을 문 앞으로 밀어 놓았다.

하이너는 몇 시간을 깨어 있었다. 자정이 지난 어느 시각, 복도 끝에서 방 쪽으로 다가오는 발소리가 들렸다. 발소리는 문 앞에서 멈췄고 손잡이가 조금 돌아가다가 잠금장치에 걸렸다. 침입을 시도하던 자는 손잡이를 몇 번 더 돌리다가 이내 문을 세차게 두드렸다. 두 사람 모두 말이 없었다. 문을 두드리는 요란한 소리만 공허하게 들릴 뿐. 잠시 후 소음이 갑자기 멈추더니 발소리가 멀어져 갔다.

한스는 갑상선 수술을 받고 회복한 에미-마가렛과 함께 코네티컷주에 있는 브루더호프로 이사했다. (몇 달 후 하이너는 화해를 기대하며 줌퍼 부부를 우드크레스트로 초대했다.) 그 사이 남아메리카와 영국, 독일, 미국에 있는 공동체 사람들은 안도의 한숨을 내쉬었다.

한스가 자리에서 물러난 뒤 처음 몇 달간 공동체의 상황은 개선되는 듯 보였다. 매주 새로운 사람들이 합류했고 사업도 순조로웠다. 그 어느 때보다 대중의 관심도 높았다. 24개국의 다양한 국적을 가진 1천 3백여 명의 멤버가 다섯 개 나라의 열한 개 공동체에 흩어져 살고 있었다. 브루더호프는 전에 없이 번성하고 있었다. 언제나 그렇듯 장애물이 없진 않았지만, 한스가 사라진 지금 넘지 못할 장애물은 없다고 긍정적으로 생각하는 사람들이 많았다. 올해는 "위기 없는 해"가 될 거라고 낙관하는 자도 있었고 "희년"이라고 하는 이도 있었다.

수년간 자기 목소리 내기를 주저했던 구성원들이 새로운 해방감에 용기를 얻어 처음으로 의견을 표명하기 시작했다. 사람들은 생각할 수 있는 모든 주제에 관해 자신의 주장을 상세히 늘어놓았다. 모임은 어설픈 생각을 쏟아 내는 아무 말 잔치로 끝날 때가 많았다. 에미는 이런 대중적 희열감에 부화뇌동하지 않는 몇 사람 중 하나였다. "아무개가 거리낌 없이 얘기한다고 모두 좋아하지만, 대부분은 터무니없는 말뿐이야." 어느 날 에미가 한스의 아들이자 자신의 손자인 벤에게 무심코 말했다. "내용을 분별하려고 귀담아 듣는 사람이 아무도 없구나."

모임에서 놓치고 있는 것은 없는지 살피는 사람도 없었다. 예를 들어, 어떻게 한스가 그토록 오랫동안 제멋대로 할 수 있었는지 아무도 의문을 제기하지 않았다. 사실 답은 간단했다. 많은 추종자가 없었다면 한스가 그처럼 장기간 권력을 휘두르는 일은 없었을 것이다. 하지만 그런 진실을 겸허히 받아들이기 전까지는, 한 사람을 희생양 삼아 모든 비난을 퍼붓는 편이 모두에게 훨씬 쉽고 덜 고통스러웠다.

1960년 하지(夏至)는 자네츠에서 브루더호프 공동체가 시작된 지 40주년이 되는 날이었다. 하이너는 독일 지부인 진탈 부르더호프에 가 있었다. 우드크레스트를 방문 중이었던 한스-헤르만은 애나마리와 함께 기념식을 계획했다. 저녁에 열린 특별 만찬에는 화려한 꽃 장식과 노래가 있었고 에미의 회고록이 부분적으로 낭독됐다.

화기애애한 분위기 속에 돌연 먹구름이 드리웠다. 한스가 사라졌다. 날이 어두워졌는데도 한스는 돌아오지 않았다. 처음 있는 일은 아니었다. 봄 동안 한스의 얼굴은 내내 어두웠고 일터를 떠나 몇 시간씩 대로변을 서성일 때도 있었다. 하지만 그때에도 해 질 녘이면 항상 집으로 돌아왔다. 이제 시곗바늘은 밤 열 시를 가리켰고 에미-마가렛은 걱정되기 시작했다. 소규모의 인원으로 구성된 몇 개의 탐색팀이 한스를 찾아 나섰지만 아무런 성과가 없었다.

마침내 모습을 드러낸 한스는 유령처럼 음울해 보였다. 더그와 한스-헤르만 그리고 다른 몇몇 사람이 한스를 다그쳤다. "도대체 종일 어디에 있었던 겁니까?" 한스는 다시 우울증이 도졌다고, 너무 우울해서 자살하고 싶었다고 말했다. 지나가는 차에 몸을 던지려 대로로 갔다가 우드크레스트로 돌아온 한스는 덤불 속에 몸을 숨겼다. 그 속에서 저녁 내내 자신을 찾아 헤매는 사람들을 지켜봤던 것이다.

"아마도 당신은 자신이 얼마나 심각한 상황에 처했는지 인식하지 못하는 것 같네요." 누군가 한스에게 말했다. "이건 한 개인의 문제가 아니라 교회 전체의 문제예요."

한스는 창백하고 무표정한 얼굴로 앉아 있었다. 한스가 입을 열었을 때 누구도 그의 자백을 들으리라 예상했던 사람은 없었다. "나도 알아. 그건 심각한 죄야…… 헬레나랑 있었던 일."

긴 침묵이 흘렀다. 그 자리에 있던 사람들은 공동체의

신뢰받는 멤버인 헬레나가 수년 동안 한스의 비서로 일했던 사실을 알고 있었다. 하지만 둘 사이에 부정한 일이 있었으리라고는 누구도 상상하지 못했다. 왜 한스는 지금 이 사실을 실토하는 걸까? 의문이 해결되기까지는 긴 시간이 필요하지 않았다. 하이너가 헬레나가 사는 독일 브루더호프를 방문한다는 사실을 알게 된 한스는 헬레나가 하이너에게 자신과의 간통 사실을 고백할까 염려했다. 헬라나의 입을 더 이상 막을 수 없었던 한스는 그녀가 하이너에게 모든 걸 털어놓았으리라 지레짐작했던 것이다.

그날 밤 하이너에게 전화를 걸었을 때 더그는 아직 그런 일이 없다는 사실을 알아냈다. 그러나 다음 날 아침 헬레나가 입을 열었다. 하이너가 찾아온 용건을 듣고 헬레나는 안도했다. 헬레나는 거의 10년 전부터 시작된 불륜 관계 때문에 그간 너무 고통스럽게 살아왔다고 말했다. 한스의 협박 때문에 꺼내지 못했던 추악한 이야기를 헬레나는 이제 후련한 마음으로 몽땅 털어놓았다.

이틀 후, 한스는 친구 집에 머물 예정으로 독일행 비행기에 몸을 실었다. (남편의 부정에 큰 충격을 받은 에미-마가렛은 아이들과 함께 우드크레스트에 남았다.) 프랑크푸르트 공항에서 매형을 만난 하이너는 제발 마음을 돌이키라고 사정했지만, 두 사람의 만남은 그게 마지막이었다.

한스에 관한 믿기지 않는 소식에 모든 브루더호프 공동체가 충격에 휩싸였다. 모두가 이 일이 몰고 올 파장을 잔뜩 긴장하며 지켜보고 있었다. 어떤 가족도 이 사태에서 자유롭지 못했다. 오랜 세월 동안 한스는 그들의 자녀를 결혼

시키고 부모의 장례를 주관했다. 사람들을 상담하고, 죄 고백을 들었다(그리고 성적인 죄는 특히 엄중하게 다스린다는 명성을 얻기도 했다). 게다가 한스는 에버하르트가 직접 자신의 뒤를 이어 공동체를 이끌 사람으로 지명한 인물 중 하나였지 않은가. 한스는 두려움의 대상이기도 했지만 동시에 경외의 대상이기도 했다. 이런 거물의 배신을 어떻게 받아들여야 하나?

많은 사람이 현실을 받아들이기 힘들어했다. 작은 눈덩이가 눈사태를 일으키듯, 오랜 멤버들이 진저리를 내며 하나둘 공동체를 등지기 시작하더니 곧 여섯 가족이 짐을 싸 떠났다.

최근 합류한 멤버들도 큰 충격을 받은 건 마찬가지였다. 그러나 이들은 어려움을 전화위복의 계기로 삼으려 했다. 모든 것을 버리고 합류한 공동체가 바람 앞의 촛불처럼 위태로웠다. 상황은 악화일로다. 그러나 공동체를 버리고 도망가는 일은 있을 수 없다. 아니, 지금은 오히려 마음을 굳게 먹고 흔들리지 않아야 할 때다. 게다가 많은 이들이 한스-헤르만처럼 닥쳐올 변화를 미리 감지하고 있었다. "우리 운동은 암 수술을 받았습니다. 암 덩어리를 대부분 걷어 냈지만, 다시 건강을 회복해야 합니다. 게다가 제거되어야 할 부분이 다 제거되었는지도 아직 확실하지 않습니다."

한스-헤르만의 예상대로였다. 한스가 사라지고 그의 독재 체제를 떠받들던 권력 구조도 무너지기 시작했다. 한스의 실체가 드러났던 불스트로드에서처럼, 브루더호프 도처에서 사람들이 수년 만에 처음으로 입을 열면서 한스의 꿍꿍이가 분명해졌다.

　한스의 최측근에 따르면, 그는 야심차게 독일 공동체의 미래를 준비하고 있었다. 한스는 늘 에버하르트가 이룬 모든 업적을 뛰어넘길 바랐다. 하지만 그의 뜻대로 일이 풀리지 않았다. 한스의 야망과 달리 브루더호프 운동이 꽃을 피운 곳은 그가 "개종 기관"이라고 조롱하던 우드크레스트였다. 불타는 질투심을 숨긴 채 한스는 어떤 희생을 치러서라도 하이너와 건방진 미국인들의 콧대를 꺾어 주겠노라 다짐했다. 우드크레스트에 새로운 회원이 몰려드는 만큼 한스도 "자신의" 공동체에 사람을 채워 넣으려 했다. 곧 유럽인을 모집하려는 공격적인 시도가 진행됐다.

　이제 한스의 시도는 무위로 돌아갔다. 한스의 꼭두각시가 된 사람들, 그중 일부는 공동체 삶에 준비되지 않은 몽상가들은 길을 잃고 자괴감에 빠졌다.

　1961년 1월, 하이너는 프리마베라로 갈 채비를 했다. 지난 몇 달간 벌어진 일로 공동체 구성원들이 불안해하고 낙심하자, 프리마베라 지도자들이 하이너에게 방문을 요청했다. 하이너는 우드크레스트와 프리마베라의 연대를 통해 사람들을 격려하고자 했다. 1월 말, 하이너는 더그 무디, 그리고 몇 년 전 마세도니아에서 합류한 아트 와이저와 함께 길을 떠났다. 남쪽으로 향하는 비행기에 올라탄 두 젊은 미국인은 생전 처음 프리마베라를 볼 생각에 신이 났다. 두 사람은 하이너에게 프리마베라에서 살았던 시간에 관해 물었다. "한스가 그렇게 오래 이중생활을 했는데 왜 아무도 그를 막지 못했죠? 도대체 그 세월 동안 무슨 일이 있었던 건가요?"

하이너는 즉답을 회피하며 "누구에 관해서든 안 좋은 편견을 갖게 하고 싶지 않네요"라고 말했다. 그러고 나서 환하게 웃으며 프리마베라에서 만나게 될 사람들에 대해 얘기하기 시작했다. "아순시온에 도착하면 자니 로빈슨이 기다리고 있을 겁니다. 자니가 어떤 사람인지 알고 싶다면, 종이에 큼지막한 하트를 그리고 거기에 팔다리를 붙이면 돼요."

일행이 도착한 프리마베라는 1940년대의 프리마베라와는 완전 딴판이었다. 그때는 먹고 살기 팍팍한 개척지였지만 이제는 안정된 선교 식민지처럼 보였다. 백인들이 기계를 운전하며 백여 명이 넘는 현지인을 고용해 감독하는, 전형적인 선교지의 폐단이 이곳에도 존재했다. 사람이든 물건이든 모두 제 위치에서 각자의 역할을 수행하고 있었다. 때때로 갑갑하게 느껴질 수도 있지만 적어도 아무 탈 없이 굴러가는 공동체였다.

처음 참석한 공동 식사 자리에서 하이너와 모금 여행을 함께 떠났던 윌이 방문객에게 환영 인사를 건넸다. 더그와 아트는 곧 프리마베라에서 윌의 손이 닿지 않는 곳이 없다는 사실을 눈치챘다. 윌은 작은 수첩에 적은 의제들을 꼼꼼히 체크하며 모든 회의를 주관하는 듯 보였다. 우드크레스트와는 달리 모임의 어조가 딱딱하고 사무적이었다. 윌이 수첩을 접는 동시에 회의는 마무리되고 사람들은 각자의 자리로 흩어졌다. 주말쯤 되자 더그와 아트가 부르더호프 본부 공동체를 향해 품었던 기대는 시들해졌다. 이게 정말 우리가 합류한 운동이란 말인가?

방문 나흘째 윌이 하이너 일행과 따로 만나기를 요청했다. 윌은 하이너와 더그, 아트에게 자신의 삶이 엉망이며 우울증과 궤양을 앓고 있다고 털어놓았다. 윌이 고백을 이어 갔다. "난 전혀 엉뚱한 것에 심혈을 쏟아부었어. 공동체 전문가가 돼 버렸지. 조직과 규약을 만드는 데만 몰두했다고. 하지만 더는 이렇게 살고 싶지 않아." 윌의 얼굴에 절망이 가득했다.

이틀 후 윌이 다시 찾아왔다. 대화 도중 더그가 에버하르트를 언급하자 윌은 몸을 부르르 떨었다. "난 언제나 에버하르트가 죽은 게 다행이라고 생각했어." 윌의 목소리가 음울해졌다. "그렇지 않았다면 공동체는 에버하르트의 영향력에서 벗어나지 못했을 테니까." 윌은 울음을 터뜨리며 자기가 맡은 직분을 내려놓게 해 달라고 간청했다.

그날 밤 프리마베라의 멤버들이 모여 윌의 상황을 논의했다. 열대성 폭풍이 몰아치던 밤이었다. 세찬 빗소리와 천둥소리 때문에 사람들은 언성을 높여야 했다. 모임에 불려 온 윌이 일어나 울음 섞인 목소리로 말했다. "제 인생의 가장 큰 싸움은 공동체에서 에버하르트의 영향력을 지우려는 싸움이었습니다."

발언하는 윌의 얼굴에 번갯불이 비추었다. 윌이 자리에 앉자 여기저기서 분노와 경악의 함성이 터져 나왔다. 사람들은 윌을 몰아붙이며 추가적인 설명을 요구할 기세였다. 얼마나 오랫동안 그런 생각을 품고 있었는가? 도대체 사반세기 전에 죽은 사람, 한 번도 만난 적이 없는 사람에 대해 왜 그렇게 강한 적개심을 가졌는가? 공동체 설립자에게 악감정을 품은 윌이 그토록 오랫동안 프리마베라를 이끌었다면 도대체 지금의 프리마베라는 뭐란 말인가?

윌의 용기 있는 고백이 프리마베라의 많은 이에게 충격을 안겨 준 건 사실이지만 전혀 뜻밖의 일이라고 할 순 없었다. 청천벽력처럼 보이지만 사실은 수십 년 동안 지속된 갈등이 수면 위로 떠오른 것에 불과했다. 한편에는 공동체를 시작했던 사람들의 비전이 있었다. 초대 그리스도인들처럼 서로 사랑하고 섬기며 예수님의 가르침을 실천하는 삶이었다. 다른 한편에는 지난 20년 동안 프리마베라를 이끈 비전이 존재했다. 유능한 사람이 이끄는, 외형적으로 성공하고 잘 굴러가는 공동체를 만드는 것이었다. 두 개의 다른 비전은 서로 상충할 수밖에 없었다.

이후 며칠 동안 어두운 과거를 들춰내는 발언이 빗발쳤다. 윌이 무너뜨린 둑 사이로 옛 기억이 쏟아져 나오는 듯했다. 특히 프리마베라 초창기에 관한 얘기가 많았다. 의사인 루스 랜드도 많은 이들의 마음을 불편하게 했던 기억을 소환했다. 16인을 반역자로 몰아세웠던 날 밤 에미가 뇌졸중으로 쓰러졌던 일이었다.

프리마베라의 과거에 관해 하이너에게서 아무 말도 듣지 못했던 아트와 더그는 이 모든 이야기에 현기증을 느꼈다. 두 사람은 1940년대 초 공동체가 자네츠의 정신을 의도적으로 폐기하고 그 대신 "객관성"과 "조직화"를 선택했다는 인상을 받았다. 아트와 더그는 무 자르듯 단호한 윌의 성격 때문에 공동체 사람들이 둘 중 하나를 선택하도록 강요받았다는 사실을 깨달았다.

아트와 더그는 프리마베라 초창기 멤버들을 따로 불러 모았다. "1944년 에미 아놀드가 받았던 처우를 직시하고 회개해야 하지 않겠습니까? 그러지 않고서 우리 공동체가 어떻게 하나님의 축복을 받을 수 있겠습니까?" 두 사람의 말에 사람들이 하나같이 동조했다. "맞습니다. 하지만 그게 전부가 아니에요! 1942년과 1944년 에미와 프리츠, 하디, 하이너가 어떤 취급을 당했는지 아십니까?" 사람들이 구체적인 기억을 끄집어내면서 당시의 이야기가 하나씩 하나씩 드러났다. 하이너와 애나마리 (그리고 다른 이들의) 가족이 강제로 분리됐던 일, 화장실 휴지로 사용된 에버하르트의 시 묶음, 자네츠와 슈파호프 공동체에 관한 이야기를 달가워하지 않던 분위기.

많은 사람이 회한에 휩싸였다. 알프레드는 모임 내내 흐느꼈다. 무슨 일이 벌어지는지 잘 몰랐다며 책임을 회피하는 사람들도 있었다. 그러나 대부분은 지나치게 오랫동안 감춰진 일에 관해 마침내 입을 열 수 있게 되어 안도하는 기색이었다. 훗날 루스는 이렇게 말했다. "이게 바로 우리가 늘 바라던 일이었습니다. 그동안 우리는 일에 파묻혀 살았어요. 언제나 할 일이 산더미였으니까요. 끊임없는 활동에 모두 허우적댔습니다. 동시에 무기력함에서 벗어날 수 없었지요. 절대 과거사를 끄집어내서는 안 된다는 잘못된 신념 때문에 누구와도 제 고민을 나눌 수 없었습니다."

많은 사람의 기억 속에 어둠 속 불빛과 같은 순간이 있었다. 1941년 10월, 죽음의 문턱에 선 하이너가 사람들에게 회개를 호소했던 일이었다. 나이 든 멤버들은 그 순간을 계속 언급하며 공동체의 중요한 전환점이었다고 말했다. 프리마베라가 사랑의 공동체로 거듭날 절호의 기회였다. 하지만 사람들은 변화를 거부했고, 한스가 하이너의 호소로 시작된 회심 운동을 무참히 짓밟도록 허락했다.

이제 거의 모든 사람이 프리마베라가 내적으로 썩었음을 인정했다. "우리는 공동체 전문가였지만 서로를 학대했습니다. 공동체주의가 그리스도를 몰아낸 것입니다." 그원 에반스는 뒷날 이렇게 적었다. "이 모든 게 나사렛 예수님의 가르침과 아무 상관이 없었다고 하는 건 너무 부드러운 표현입니다. 적어도 저는 복음서에서 말하는 사랑과 용서를 걷어찬 사람입니다. 그러나 가장 끔찍한 건 이 모든 일이 형제애라는 이름으로 자행됐다는 사실입니다." 공동체의 가장 중요한 정신이 위험에 처해 있었다.

프리마베라의 의사 결정 기구인 전체 멤버 회의가 매일 저녁 열렸고, 심지어 낮에 소집될 때도 있었다. 합의점과 나아갈 방향을 찾기 위한 몸부림이었다. 그러나 회의를 거듭할수록 혼란만 가중됐다. 모두가 과거의 잘못을 들춰내기 바빴다. 사람들은 체벌을 받은 아이들, 장애가 있다고 또는 괴짜라고 왕따를 당하고 놀림받은 멤버들을 거론했다. 조그만 잘못에도 다시 한 번 기회를 얻지 못하고 내쫓긴 사람들과 떼거리로 몰려다니며 말썽을 일으켰던, 방치된 청소년들에 관해서도 얘기했다.

공개적인 자백 뒤에 절규가 이어졌다. 길고 지루한 설

명이 중단되었다가 재개되기 일쑤였다. 사람들은 비난을 주고받았고 방어에 나서거나 사과했다. 아트는 이때의 모임을 되돌아보며 사람들이 종종 군중 심리에 사로잡혔었다고 말했다. 짐을 싸서 떠날 것을 요구받은 회원들도 여럿 있었는데, 순전히 작은 오해에서 비롯된 경우도 있었다. 하이너가 간곡하게 말했다. "계속 이런 식으로 갈 순 없습니다. 서로의 얘기를 경청해야 해요." 그러나 그때뿐. 잠시 무거운 침묵이 흐른 뒤 다시 같은 일이 반복되었다. 사람들은 밤중에 하이너에게 찾아와 앞날에 관한 두려움을 호소했다. 도대체 지금 무슨 일이 벌어지고 있는 건가요? 우리는 어떻게 되는 겁니까? 공동체를 떠나겠다고 선언하는 사람들이 생기기 시작했다.

어느 날 저녁, 삿대질과 고함으로 얼룩진 모임이 끝나갈 무렵 하이너가 입을 열었다. "지금 이곳에서 섬김을 받는 분이 나사렛 예수님 맞습니까?" 모두가 침묵한 채 모임이 끝났다.

모든 게 암울하기만 했던 건 아니었다. 하이너는 철저한 개혁을 바라는 프리마베라의 젊은 멤버들에게서 희망의 불씨를 보았다. 이들은 하이너와 동고동락한 옛 동료의 자녀들이었다. 슈파호프와 애쉬턴 필즈에서 뛰놀던 아이들이 자라서 이제 이십대가 된 것이다. 우드크레스트에서 불어오는 새바람을 느낀 청년들은 하이너에게 묻기를 멈추지 않았다. "어떻게 하면 이곳에서도 그런 정신을 찾을 수 있을까요?" 다수의 나이 든 멤버들은 청년들에게 "잠깐! 너희들이 보는 것처럼 프리마베라가 그렇게 나쁜 곳은 아니야"

라고 반응했다. 젊은이들의 갈증에 공감하면서도 과도한 열정이 분열의 골을 깊게 할까 염려한 하이너는 젊은이들에게 주의를 줬다. "너무 밀어붙이지는 말아요. 천천히 가도 됩니다."

프리마베라가 유례 없는 혼란기에 접어들고 있음을 확인한 하이너는 그간 있었던 일을 유럽과 미국의 브루더호프 공동체에 보고해 몇 가지 사항에 동의를 구했다. 하이너는 특히 영국에 있는 게오르크가 어떤 반응을 보일지 신경이 쓰였다. 다행히도 유럽의 세 공동체 모두 지지를 표명하는 전보를 보내왔다.

그러나 프리마베라의 상황은 점점 안 좋아졌다. 어느 날 저녁에 열린 회의는 아수라장으로 변해 버렸다. 모임은 나이 많은 멤버들의 긴 발언으로 시작됐다. 그러나 얼마 안 가 몇몇 젊은 회원들이 발언을 끊었고, 그중 한 명이 일어나 소리쳤다. "정말 참을 수 없네요. 이제 이런 얘기는 못 들어 주겠습니다." 모임은 막다른 골목에 다다랐다.

모임 후 하이너는 홀로 숲에 들어갔다. 음습한 밀림의 기운이 하이너를 둘러쌌다. 하이너는 번민에 싸여 어찌할 바를 몰랐다. "어떻게 하면 이 위기를 극복할 수 있을까? 모일 때마다 상황은 더 안 좋아지니…… 차라리 이곳에 오지 않았더라면 더 좋았을 것을."

적은 무리의 사람들이 하이너에게 다가온 것은 바로 이즈음의 일이었다. 그들은 너무나 많은 사람이 과거의 짐을 벗어 버리지 못하고 혼란스러워하는 상황에서 전체가 다 함께 모이는 것은 의미가 없다고 주장했다. 기존 멤버 모임을 해체하고 정말 원하는 사람으로만 멤버 모임을 새롭게 구성하면 어떨까? 이 제안을 한 안드레아스 마이어는 훗날 상황을 이렇게 설명했다. "어차피 진정한 의미의 멤버 모임은 존재하지 않았습니다. 우린 그런 현실을 직시해야 할 때라고 느꼈죠."

놀랍게도 이제껏 어떤 것에도 합의하지 못했던 프리마베라의 회원들은 이 제안에 동의했다. 사람들은 전체 멤버 회의를 해산하고 대신 몇몇 핵심 인물로 새 멤버 모임을 조직한 후, 한 사람 한 사람씩 다시 늘려 가기로 했다.

다수의 사람이 우드크레스트에서 온 세 사람을 포함해 다섯 명이 이끄는 위원회를 만들어 누가 새 멤버 모임에 들어갈지 결정하자고 제안했지만 하이너는 그렇게 일방적으로 해서는 안 된다며 일언지하에 거절했다. "이런 일은 프리마베라 사람들이 합의해야 할 사안입니다." 결국 파라과이 멤버들은 공동체의 중요한 일을 다룰 23인을 만장일치로 선출하고, 나머지 사람들은 자신을 추스르기로 했다. 회원으로 복권되는 일은 개별적으로 진행하기로 했다.

3월 초, 한 달 넘게 치열한 회의를 이어 간 하이너는 지칠 때로 지쳐 당장이라도 우드크레스트로 돌아가고 싶었다. 우선 파라과이의 상황을 논의하려고 영국에서 건너온 게오르크를 만날 일이 급했다. 애나마리가 걱정스러운 것도 또 다른 이유였다. 사실 애나마리도 파라과이에 내려와 하이너를 도울 예정이었지만 심장에 문제가 생겨 계획이 취소됐다. 하이너는 "어쩌면 아내가 내려오지 못한 게 다행일지도 모른다"고 생각했다. 가슴 아픈 과거의 일들이 너무 많이 드러났기 때문이었다.

새롭게 구성된 멤버 모임에서 열정적으로 활동한 시릴의 생각도 비슷했다. 과거의 진실이 드러난 어느 모임을 마치고 시릴은 아트를 따로 불러 애나마리가 이 모든 내용을 듣지 않은 게 얼마나 다행인지 모른다고 말했다. "아트, 애나마리가 얼마나 시련을 겪었는지 자네는 믿지 못할 걸세."

귀로에 오른 하이너는 부에노스아이레스로 향했다. 당시는 장시간 경유하는 일이 흔해 뉴욕으로 가는 비행기를 타기까지 사흘이나 걸렸다. 다른 때 같았다면 여독을 풀기 위해 휴식을 취했겠지만 하이너는 느긋하게 쉴 수 없었다. 지난 몇 주 동안의 일로 인해 몸도 마음도 완전히 소진된 상태였다.

하이너가 프리마베라를 떠나기 전, 새롭게 구성된 멤버회는 "불분명한" 회원들 몇 명에게 떠날 것을 요구했다. 그중에는 하이너의 오랜 친구 자니도 있었다. 고통스럽지만 어쩔 수 없는 긴급 조치임을 하이너도 이해했다. 곳곳에서 불거진 갈등 때문에 공동체는 운영이 거의 불가능한 상태였다. 게다가 누구도 영구히 추방되지 않았으며, 잠시 떠나 숙고할 시간을 가지라고 요청한 것뿐이었다. 새 지도부는 사람들이 거리를 두고 시간을 가지면 자연스럽게 갈등도 해소되고 마음가짐도 되돌아볼 수 있으리라고 기대했다. 하지만 하이너는 그 와중에 누군가 절망에 빠질까 우려하며 신중히 결정해 달라고 신신당부했다.

부에노스아이레스에 홀로 남은 하이너는 자신의 역할을 다하지 못했다는 자책감에 빠졌다. 예컨대 자니를 떠올릴 때마다 하이너는 자니가 부당하게 쫓겨났다는 느낌을 지우지 못해 괴로워했다. 할 수만 있었다면 하이너는 다시 프리마베라로 돌아갔겠지만 안타깝게도 비행기 표를 바꿀 돈이 없었다.

우드크레스트로 돌아온 지 며칠이 지나 하이너는 프리마베라에서 보낸 전보를 받았다. 백여 명이 넘는 사람들이 공동체를 떠난다는 내용이었다. 경악을 금치 못한 하이너는 다시 파라과이로 내려갈 계획을 세웠다.

하이너는 게오르크에게 동행해 달라고 간청했지만, 게오르크는 사정이 여의치 않았다. 몇 달 전 뇌졸중으로 쓰러진 게오르크의 아내는 아직도 온전치 못한 상태였다. 하이너는 게오르크 없이 서둘러 길을 나섰다. 공동체를 떠나 달라고 요구받은 사람들과 만나 시간을 갖기 원했기 때문이다. 하지만 하이너에게 그런 기회는 오지 않았다. 프리마베라의 사업 경영자들이 공동체 폐쇄를 대비하라는 얘기를 듣고 너무 성급히 공동체 대지를 매각한 탓에 전 공동체가 길거리에 나앉을 판이었다. 이후 3주 동안 하이너는 이 문제를 해결하느라 애를 먹었고, 결국 예정보다 일찍 미국으로 돌아왔다. 프리마베라 매입을 추진했던 메노나이트 중앙 위원회와 협상을 벌여야 했기 때문이다.

우드크레스트로 돌아온 하이너는 지칠 대로 지쳐 있었다. 호흡이 곤란해 걷지도 못할 정도였다. 최근 공동체에 합류한, 젊은 의사 밀턴 짐머만은 심전도를 측정하고 하이너에게 말했다. "잘못하다간 심장 마비가 올 수 있습니다. 절대 안정을 취하십시오."

이제 하이너는 누워서 폭풍이 휩쓸고 가는 상황을 지켜볼 수밖에 없었다. 사실 누구도 사태의 흐름을 바꿀 수 없었다. 성급하게 결정했다가 번복하는 일이 속출했고 줏대 없이 남의 의견에 따라 움직이는 사람들이 허다했다. 하루는 하이너가 게오르크에게 말했다. "가을까지 프리마베라 공동체를 지킬 수 있다면, 그나마 다행일 텐데……. 그러지 못한다면 솔직히 앞날이 막막합니다."

5월 초, 불스트로드에 있던 하디가 우드크레스트로 왔다. 어느 날 하이너와 함께 차를 타고 어디론가 가던 하디가 최근에 알게 된 사실이라며 1941년 게오르크와 한스가 하이너의 입을 막기로 합의했던 일을 짧게 언급했다.

"무슨 합의?" 하이너가 물었다. "도대체 무슨 얘길 하는 거야?"

"왜, 네가 아팠을 때 두 사람이 모의한 거 있잖아. 네가 회개가 어쩌고저쩌고 떠들어 대는 게 별로 건전하지 못하다고 두 사람이 짜고서 너를 대항하기로 했던 일……."

하디는 소스라치게 놀라는 하이너를 보고 말을 더듬었다. "게오르크가 너도 알 거라고 하던데. 다 털어놨다면서. 불스트로드에 있을 때 그렇게 말했어."

"아니, 모르는 일이야. 게오르크는 나한테 그런 말 한 적 없어."

"내 생각엔……."

하이너는 형의 말을 끊었다. "한스와 손잡고 나를 제거할 음모를 꾸미던 게오르크가 1941년 안수 기도를 받으려고 내게 무릎 꿇었단 말이지? 지도자가 되려고?"

며칠 동안 하이너는 식사를 제대로 못했다. 마음이 너무 어수선해서 아무것에도 집중할 수 없었다. 심지어 가족과도 떨어져 지내야 할 정도였다. 생각을 정리해서 게오르크에게 편지를 쓰기까지 일주일의 시간이 걸렸다. 서두에서 하디의 말이 사실인지 물은 하이너는 처음으로 자신의 마음을 쏟아 놓았다. "이제 저는 제 인생에서 가장 어려운 문제에 봉착했습니다. 올해에도 어김없이 씨름하고 있는 문제입니다. 어렸을 적 저는 예수님을 만났고 그 경험을 보석처럼 여겼습니다. 그런데 이모부는 이 경험을 비웃고 힐난했습니다. 그래요, 제가 더 심하게 표현할 수도 있습니다. 하지만 아마 이모부도 프리마베라에서 제게 했던 말을 기억할 겁니다. 단둘이 있을 때 그리고 사람들 앞에서도 했던 말입니다. 이모부는 딱 잘라 말했죠. '그리스도는 오직 교회를 통해서만 경험할 수 있다!' 하지만 교회라고 주장하던 공동체가 증오와 거짓말, 분열과 음란을 묵인하는 사이, 저를 공동체의 삶으로 이끈 개인적인 체험은 조롱거리가 되고 거부당했습니다. 저는 지금까지 누구에게도 이 때문에 얼마나 괴롭고 힘들었는지 말하지 않았습니다. 하지만 이제 깨달았습니다. 이모부의 말을 들었던 건 제가 저지른 가장 심각한 죄였다는 사실을. 이 죄가 아니었다면 저는 다른 인생을 살았을지 모르죠. 이곳 미국에서 다시 어린아이처럼 살 기회를 얻은 것은 제 인생에서 가장 큰 선물입니다."

하이너는 무너지기 일보 직전이었다. 한스의 위선과 그의 퇴장이 불러온 소란, 프리마베라 공동체의 와해와 좀처럼 가라앉지 않는 혼란, 발각된 게오르크의 배신. 이다음엔 또 무슨 일이 일어날까?

하이너는 무엇보다 그렇게 많은 사람이 젊었을 적 꿈을 등지고 떠나는 게 가슴 아팠다. 기쁨에 넘쳐 어떤 희생도 감수할 각오로 슈파호프와 질룸, 애쉬턴 필즈를 찾았던 사람들이었다. 새로운 삶의 약속을 좇아 직업도 가족도 버렸던 사람들. 그들 중 많은 이들이 하이너의 도움을 받아 믿음을 발견했다. 하이너에게 죄를 고백하고 세례를 받은 이들, 하이너가 결혼을 주례했던 이들도 많았다. 하나님뿐 아니라 서로에게 신실할 것을 서약한 이들에 대해 하이너는 목자의 책임감을 느꼈다. 이제 중년이 된 이들이 씁쓸한 마음으로 공동체를 떠나고 있었다. 한때 자신을 깨우고 변화시킨 비전을 부정하는 사람들을 보며 하이너는 비통했다.

하이너는 떠나는 사람만큼 자신에게도 잘못이 있다고 생각했다. 프리마베라 초기를 떠올릴 때면 더욱 그렇게 느껴졌다. 하이너와 다른 사람들이 두 번씩이나 한스와 맞섰지만 공동체가 분열될까 두려워 모두 물러섰다. 20년이 지난 지금 결국 공동체는 갈라졌다. "어렸을 적 하나님이 주신 소명에 끝까지 충실했다면!" 하이너가 속으로 탄식했다. "내가 물러서거나 타협하지 않았다면, 내 양심에 재갈을 물리지 않았다면 이런 참사를 피할 수 있었을지도 몰라."

5월 내내 하이너는 거의 집에 머무르며 휴식을 취했다. 애나마리와 아이들이 저녁 모임에 갈 때도 동행하지 않았다. 너무 어려서 집에 남아 있던 모니카와 엘자는 침대에 조용히 누워 벽을 통해 들려오는 아빠의 소리를 듣곤 했다. 종종 하이너는 울면서 하나님께 용서를 빌었다. 어느 밤에는 그냥 흐느끼는 정도가 아니라 슬피 울부짖으며 머리를 벽에 쿵쿵 찧었다. 한번은 모니카와 엘자 방에 들어와 "얘들아, 이 못난 아빠를 용서해 다오" 하며 눈물을 줄줄 흘리기도 했다.

6월에 들어서자 하이너의 몸 상태가 더 안 좋아졌다. 더그는 우드크레스트 근처에 있는 작은 집을 빌려 하이너와 애나마리가 쉴 수 있도록 배려했다. 6월 1일 목요일, 하이너와 애나마리는 빌린 집으로 들어갔다. 일요일은 크리스토프가 경영 대학을 졸업하는 날이었다. 하이너가 아들과 함께 축하하기를 그토록 고대했던 날이었지만 그런 일은 벌어지지 않았다. 토요일 오후, 하이너가 코피를 쏟았다. 코피는 저녁 내내 흐르다 멈추다를 반복했다. 코피를 흘리는 시간과 함께 한 번에 쏟는 양도 늘어났다. 애나마리가 자정쯤 밀턴을 불렀다. 다섯 시간 동안 면 거즈로 코피를 멈추려 시도하던 밀턴은 마침내 하이너를 응급실로 데려갔다.

하이너는 수술을 받고 3주 동안 병원에 머물렀다. 코피도 문제였지만 과도한 스트레스로 인해 생명이 위협을 받을 정도로 심장이 안 좋아진 게 더 큰 문제였다. 공동체 이곳저곳에서 도움을 요청하는 편지가 쇄도했지만 하이너가 그 많은 편지에 일일이 답장을 주기엔 무리였다. 하지만 자신이 매몰차거나 지나치게 판단했던 일이 떠올라 양심의 가책을 느끼고 몇몇 사람에게 용서를 비는 편지를 보내기도 했다.

그사이 프리마베라는 계속 와해하고 있었다. 프리마베

라에서 시작된 진동은 이제 유럽의 브루더호프까지 닿아 공동체를 뿌리째 흔들었다. 하이너가 나중에 알게 된 사실이지만, 영국과 독일 공동체의 혼란상은 파라과이보다 더 심했다. (하이너와 애나마리가 미국에 있을 때 아이들을 돌봤던 그윈도 이즈음 공동체를 떠났다. 아놀드가의 아이들은 언제나 그윈을 다정한 수양아버지로 기억했다.) 애나마리는 하이너가 염려스러워 유럽의 소식을 상세히 전달하지 않았다. 그러나 하이너에게 고통스럽긴 마찬가지였다. 하이너는 꿈에서조차 공동체의 위기를 괴로워했다.

하이너가 정상적으로 일과를 소화할 수 있게 된 것은 8월이 다 되어서였다. 프리마베라의 소란은 거의 다 가라앉은 상태였다. 그해 말 1천 3백 명의 공동체 사람 중 246명의 멤버와 294명의 미성년자, 총 540명이 자의 또는 타의로 공동체를 떠났다. (이 중 146명은 시간이 지나 다시 공동체로 돌아왔다.) 하이너가 열한 개의 공동체에 보내는 보고서를 구술하면 타자기로 받아치던 시빌은 일이 수월해졌음을 깨달았다. 1년 전만 해도 열한 장의 카본 복사지로 사본을 만드느라 자판을 한 자 한 자 꾹꾹 눌러야 했는데, 이젠 우드크레스트와 불스트로드 그리고 미국에 있는 다른 두 공동체에 보내는 네 장의 사본이면 충분했다. 나머지 일곱 개 공동체는 모두 문을 닫았다.

남은 공동체는 그 여파로 휘청였고 빚더미에 올라앉았다. 하이너는 프리마베라를 떠나는 어른과 아이에게 각각 고향으로 돌아가는 비행기 표와 100달러의 정착금을 주도록 공동체를 설득했다. 개인에겐 얼마 안 되는 돈이었지만, 공동체가 감당하기에는 터무니없이 큰돈이었다. (나중에 밝혀진 사실이지만, 현금이 모자라 100달러가 안 되는 돈을 받고 떠난 사람도 있었다. 브루더호프는 비용을 충당하기 위해 고액의 대출을 받아야 했고 우드크레스트는 이후 수년 동안 빚을 갚았다.)

모자란 돈을 만들어 낼 수 없다는 사실을 잘 알았지만 그래도 하이너는 마음이 편치 못했다. 날마다 떠난 사람들의 명단을 꺼내 보며 괴로워했다. 이들은 어떻게 지낼까? 공동체에 남아 있는 사람들에게 상처받은 게 있지는 않을까? 하이너는 낯설고 불친절한 세상에 무일푼으로 내보내지는 게 어떤 건지 누구보다 잘 알고 있었다.

사실 돈보다 훨씬 더 큰 문제가 있었다. 도대체 무슨 일이 벌어진 것인지 어느 누가 실마리를 찾을 수 있을까? 폭풍처럼 들이닥쳤지만, 누구도 촉발하지 않은 일이었다. 하늘에서 쏟아지는 장대비처럼 모두에게 갑작스레 찾아온 일이었다. 25년 동안 해결되지 않은 문제가 어느 날 느닷없이 청구서로 돌아왔다. 그것도 일시 상환을 요구하는 청구서로. 누구도 사태가 이 지경에 이른 데 대한 책임에서 자유롭지 못했다. 잘못한 사람들이 떠나고 결백한 사람들만 남은 게 아니었다. 모두가 잘못했다. 한때 밝게 타오르던 기쁨을 안주와 독선이 서서히 사라지게 만든 것이다.

해산의 고통을 거쳐야 새롭게 태어날 수 있다는 사실이 분명해졌다. 남은 자나 떠난 자 모두 각자 맞닥뜨려야 할 질문이 있었다. 이 혼란을 야기한 자신의 책임을 인정하는가? 개인적으로 뉘우치고 변화할 의향이 있는가?

많은 이가 변화를 견딜 수 없어 했다. 자신이 믿던 세계가 산산이 조각난 마당에 어떻게 다시 시작할 엄두를 내겠는가. 어떤 이는 갈수록 분노하고 원통해 했다.

공동체의 지각 변동을 환영하는 사람도 있었다. 1961년에 떠났다가 70년대에 돌아온 독일인 멤버, 일자 폰 퀼러는 이 격변의 시간을 "공동체의 쭉정이를 날려 버린, 그리스도의 폭풍"으로 묘사했다. 떠나간 사람들에 대해 가슴 아파하던 에미도 한편으론 오랫동안 기다려 온 봄이 찾아왔다고 말했다. "모두를 위해 긴긴 겨울의 추위가 하루빨리 물러나기를! 저만치 눈에 보이는 봄을 곧 함께 만끽할 수 있게 되기를." 다른 많은 이들도 생각이 비슷했다. 이들은 이 시간을 다시 새로워질 수 있는 마지막 기회로 기꺼이 받아들였다.

그중엔 게오르크도 있었다. 5월에 하이너에게서 편지를 받고 몇 주 동안 갈등하던 게오르크는 자신이 오랫동안 이중적인 삶을 살아왔다는 사실을 인정해야 했다. 하이너에게 보내는 답장에서 자신의 잘못을 시인한 게오르크는 에미와 하이너 그리고 자신에게 상처를 입은 다른 사람들뿐 아니라 전체 공동체에 용서를 구했다(물론 사람들은 기꺼이 용서했다). 몇 달 안에 게오르크는 다시 신뢰받는 목회자로 세워져 공동체를 섬겼다.

하지만 정든 형제자매들이 너무 많이 떠나갔다. 자니, 윌, 그윈, 시릴, 조피와 루이제, 한스. 하이너의 친형제인 한스-헤르만과 모니카도 떠났다. 이들과 화해하려는 하이너의 노력은 그가 세상을 뜰 때까지 계속됐다.

33. 해방

20년 동안 브루더호프는 선장 없는 배였다. 1941년 하이너가 병으로 드러누웠을 때부터 책임자 역할을 해 온 한스는 공식적인 직함을 거부했다. 한스는 겉으로 평등주의를 내세우며 막후에서 사람들을 원하는 대로 조종하는 꼭두각시놀음을 선호했다.

이제 한스가 사라지자 많은 사람이 통합의 리더십을 보여 줄 누군가를 찾았다. 사람들은 관리자나 경영자가 아닌 목자의 리더십을 갈망했다. 악몽과 같았던 지난 3년 동안, 공동체는 초기 그리스도인들이 감독(공동체에서 실제로 이 용어를 사용하지는 않았다)을 세워 한 사람도 방치되는 일이 없도록 조치했던 결정이 얼마나 지혜로웠는지 새삼 깨달았다. 얼마 안 가 하이너의 이름이 거론되기 시작했다.

하이너는 제안을 달가워하지 않았다. 하이너는 "우리 모두 그리스도의 종이 되어야 합니다. 저는 단지 여러분의 형제가 되고 싶을 뿐입니다"라고 말하곤 했다. 애나마리도 같은 생각이었다. 애나마리는 한스가 그토록 오랫동안 지도자의 지위를 악용했는데, 이제 와서 다시 누군가에게 그런 역할을 맡기는 건 별로 좋은 생각이 아닌 것 같다며 우려를 표했다.

그러나 사람들은 리더십에 관한 하이너의 생각을 잘 알았기에 그가 전체를 이끌 지도자로서 적격이라고 확신했다. 훗날 하이너는 이런 말을 남겼다. "진정한 리더십은 섬김입니다. 따라서 다른 사람들을 조종하려고 리더십을 사용하는 건 끔찍한 일입니다. 특히 형제자매들이 신뢰하고 열린 마음으로, 자발적으로 헌신하는 공동체에서 그처럼 지위를 남용하는 건 사악한 행위입니다. 독재 정권 아래에서 사람들은 속으로는 악이라고 거부하면서도 폭정에 굴복할 수 있습니다. 하지만 서로 신뢰하는 신자들의 공동체에서 사리사욕을 채우려 리더십을 오용하는 건 영혼의 살인입니다. 제가 눈곱만큼이라도 다른 사람에게 영향을 미치려 한다고 느끼신다면, 제발 지적해 주십시오. 그러느니 저는 차라리 죽음을 택하겠습니다."

1962년 여름이 되자 하이너가 전체를 이끌 만한 사람이라는 공감대가 널리 형성됐다. 하이너와 애나마리도 결국 제의를 수용했다. 7월 13일, 우드크레스트에서 공동체는 브루더호프 운동을 이끌 대표 목사로 하이너를 임명했다. 애나마리는 눈물을 흘렸다. 공동체 생활을 시작한 지 얼마 안 되는 사람들과 달리, 애나마리는 앞으로 어떤 어려움과 상처가 있을지 충분히 예견할 수 있었다. 하지만 안수식이 끝나 갈 무렵 애나마리는 눈물을 닦고 하이너를 돕기로 마음먹었다.

애나마리는 웬만하면 걷지 않고 뛰어다녔고, 새벽같이 일어나 늦게까지 일손을 놓지 않았다. 편지를 쓰고 뜨개질을 하고 정원을 가꾸고 집 청소를 하고 (그런 다음엔 이웃집 청소를 돕고) 다른 집 아기를 돌봐 줬다. 아침 식사 전 잔업(옥수수밭 잡초 제거나 콩 수확)이 있다는 광고를 들으면 연장자로 침대에 머물 수도 있었지만 제일 먼저 나타나곤 했다. 아주 드물게 일이 없을 때는 산책하러 나가 산딸기를 따거나 수영을 했다.

일생 내내 하이너는 만나는 사람마다 강렬한 반응을 끌어냈다. 어떤 이는 그에게 경의를 표했고 어떤 이는 극도의 적대감을 드러냈다. 아마 후자는 하이너가 받는 사랑과 신뢰를 질시했을 것이다. 프리마베라에서 제명을 당했을 때조차 사람들은 하이너에게 찾아와 사적인 고민과 자녀 양육 문제를 털어놓았다. 사람들이 하이너에게 보이는 신뢰를 시기하는 자들은 하이너가 신뢰를 얻기까지 얼마나 큰 희생을 치렀는지 제대로 알지 못했다.

1961년에 브루더호프 운동이 거의 붕괴할 뻔한 일이 있고 난 후, 공동체를 떠났던 이들 중 어떤 이는 하이너를 공격했다. 누군가는 "꽃 같은 청춘을" 공동체에 바쳤다며 성을 냈고, 누군가는 공동체를 떠나면서 받은 상처로 아파했다. 떠나간 모든 이들과 접촉할 순 없었지만 하이너는 단한 순간도 그들을 잊지 않았다. 그 후 여러 해에 걸쳐 하이너는 (미국과 영국, 독일에 사는) 떠나간 수십 명의 멤버들을 방문하고 수백 통의 편지를 보냈다. 공동체에 남은 사람들에게도 도움을 요청했다. 드와이트, 더그, 아트, 딕, 그리고 그 밖의 이들과 매년 유럽과 남미를 돌며 화해를 도모했다. 이후 몇 년간 많지는 않지만, 조피를 비롯해 수십 명의 복귀 행렬이 꾸준히 이어졌다.

하이너가 방문했던 사람 중에 어떤 이는 호의적이었지만 공동체에 무관심했고, 어떤 이는 문전 박대했다. 다수의 사람이 프리마베라 폐쇄의 책임을 하이너에게 돌렸다. 부당했지만 충분히 예견된 일이었다. 그러나 대부분의 경우 하이너는 자신을 변호하지 않았고 "자신이나 공동체에 받은 상처"에 대해 겸손하게 용서를 빌었다. 조언을 받아들일 준비가 된 사람에겐 그들도 공동체의 일부였음을 조심스럽게 상기시켜 주었다.

우드크레스트의 어떤 이들은 이토록 끊임없는 하이너의 노력을 언짢아했다. 왜 그렇게 귀한 시간을 과거의 유령에 허비하는가? 하지만 하이너는 포기할 수 없었다. 떠나간 형제들을 떠올릴 때마다 마음의 평온을 찾을 수 없었기 때문이다. 언젠가 하이너는 자신과 애나마리가 떠난 멤버들을 같은 처지로 만날 수 있도록 공동체에 제명을 요청하기까지 했다. 요청은 받아들여지지 않았지만(다른 멤버들이 양심상 허락할 수 없는 요청이었다) 화해를 위한 하이너의 노력은 한층 더 강화됐다. 1964년 봄, 유럽으로 건너간 하이너는 무려 40회에 걸쳐 이전 멤버들을 방문했다. 많은 이들이 적개심을 드러냈지만, 개중에는 마음의 문을 연 사람도 있었다.

신경 써야 할 일이 산더미 같은 상황에서 하이너가 공

동체 내부의 문제에만 집중한다 하더라도 이해 못할 사람은 아무도 없었다. 그러나 하이너는 질룸에서 라인강 계곡을 함께 내려다보며 아버지가 남기신 말을 결코 잊지 못했다. 파파는 당장 급한 일에 휩쓸려 더 큰 세상을 잊는 일이 있어서는 안 된다고 하이너에게 단단히 경고하셨었다.

1964년 8월 4일, 북베트남 해안을 순항하던 미 해군 구축함 매독스가 통킹만에서 공격받았다는 소식이 알려졌다. 몇 시간 뒤 린든 존슨 대통령은 북베트남 공습을 명령했다. 베트남을 미국화하려는 전쟁이 시작된 것이다. 같은 날, 실종된 인권 운동가 세 사람을 찾던 연방 수사국은 미시시피 외딴곳에서 결정적인 단서를 발견했다. 흙둑을 파내던 수사관들은 무더운 오후, 사람 손을 찾아낸 것이다. "유전을 발견했음!" 수사관들은 KKK와 내통하는 경찰의 도청을 따돌리기 위해 미리 약속한 암호로 본부에 무전을 쳤다.

단단하게 다져진 진흙 아래서 마이클 슈워너의 시신이 나왔다. 뉴욕시에서 아내와 함께 미시시피에 온 스물다섯 살의 슈워너는 인종 평등 의회(Congress for Racial Equality)라는 단체와 함께 흑인 유권자 등록을 돕고 있었다. 슈워너가 마지막으로 목격된 것은 한 달 전이었다. 슈워너의 시신 밑에는 두 명의 동료, 앤드루 굿맷과 제임스 채니도 묻혀 있었다.

며칠 후 마이클 슈워너의 시신은 장례를 위해 뉴욕으로 옮겨졌다. 「타임스」지는 공항에서 슈워너의 관을 기다리는 어머니의 참혹한 표정을 1면에 실었다. 오열하는 그녀의 얼굴이 처절한 슬픔으로 일그러져 있었다. 사진을 보는 순간, 하이너는 뭔가 해야 한다고 느꼈다. 우드크레스트 공동체는 마틴 루서 킹 주니어 목사와 친분이 있었으며, 클래런스 조던 및 코이노니아 공동체와의 오랜 인역 덕에 흑인 민권 운동과 다년간 교류하던 중이었다. 하이너는 정의를 위해 모든 것을 희생한 젊은이의 가족에게 지지를 표할 좋은 기회라고 생각했다. 절친한 딕 도머에게 사진을 보여 주며 하이너가 말했다. "어떡해서든 도와야 해. 무슨 일이라도 해야 하지 않을까?"

얼마 지나지 않아 하이너와 딕은 주소가 적힌 쪽지를 들고 차에 올라 슈워너 가족이 사는 뉴욕 펠햄으로 출발했다. 미리 통화를 시도했지만 연결되지 않았다. "어쨌든 집에 가 보지." 하이너가 말했다.

두 사람은 오후 네 시쯤 교외의 평범한 이층짜리 주택 앞에 차를 세웠다. 하이너가 벨을 누르자 오십대로 보이는 키 작은 아주머니가 문을 열었다. 하이너가 모자를 벗으며 "슈워너 부인이신가요?"라고 묻자 그녀가 고개를 끄덕였고 하이너는 자신을 소개했다. "아드님에 관한 기사를 읽고 이렇게 찾아왔습니다."

앤 슈워너는 하이너를 재어 보는 듯 잠시 뜸을 들였다. 논리적으로 생각하면 앤이 허름한 옷차림을 하고 예고 없이 찾아온, 수염 기른 남자를 문 앞에서 쫓아낼 이유는 차고 넘쳤다. 한눈에 봐도 독일 태생임이 분명한 하이너가 기독교 공동체에서 왔다고 말했으니 벌써 반감을 살 이유가 두 개나 됐다. 정통 유대교 가정에서 자란 앤은 유대인 대학살의 그늘에서 자랐고 기독교의 수호자를 자처하는 KKK의 손에 아들을 잃었다. 지난 몇 주간 신원을 알 수 없는 인종차별주의자들이 전화를 걸어와 살해 위협을 가하기도 했다. 남편 네트는 낯선 사람에게 절대 문을 열어 주지 말라고 단단히 일렀다.

하지만 문틈 사이로 하이너를 보는 순간, 이 남자의 뭔가가 앤을 안도하게 했다. 하이너의 얼굴을 확인한 앤은 그가 순수한 사람임을 직감했다. 앤은 문을 열어 두 사람을 안으로 들였다. "들어오세요. 아들 얘기를 해 드릴게요."

거실에 앉자 앤은 두 사람이 어디서 왔는지 궁금해했다. 간단히 설명을 마친 하이너가 한 마디 덧붙였다. "키부츠* 같은 곳이죠. 기독교인들이라는 것만 다를 뿐 형제애를 위해 사는 건 같습니다."

앤이 반갑게 응수했다. "형제애. 그게 바로 우리 아들 미키**가 바랐던 거예요. 아들은 '저는 사회 복지를 원하는 게 아닙니다. 그건 너무 온정주의적이에요'라고 입버릇처럼 말했죠." 앤이 일어나서 음료를 가져왔다. 하이너는 앤이 입을 열면서 활기를 띠기 시작한 걸 눈치챘다. 앤은 끊임없이 움직이며 에너지를 발산했다. "사실 저는 신앙심이 깊지 않아요. 미키도 그랬죠. 하지만 미키는 사람이 하나님에게서 나왔다면 서로 형제처럼 대해야 한다고 믿었어요. 그래서 만나는 사람마다 친형제처럼 지내려 늘 청바지(실제로

★ 이스라엘의 농업 및 생활 공동체. 철저한 자치 조직을 바탕으로 개인 소유를 부정하고 생산, 소비, 육아, 교육, 후생 등을 공동으로 행했다.
★★ '마이클'의 애칭.

는 작업복)를 입고 수염을 길렀지요. 아시다시피 기존 문화에 저항한다는 표시였어요. 나쁜 놈들 눈에 띄기 딱 좋았죠. 저놈이 바로 죽일 놈이구나 했을 겁니다." 앤은 미키의 어릴 적 사진을 들고 왔다.

하이너와 딕은 한 시간 반 동안 그 집에 머물렀다. 떠나기 전 하이너가 앤에게 말했다. "남편 분과 함께 저희 공동체에 꼭 들러 주세요." 앤이 그러겠다고 답했다.

몇 달 뒤 앤과 네트는 처음으로 우드크레스트를 찾았고 그 후에도 방문은 계속됐다. 두 사람이 방문할 때마다 신앙과 정치에 관한 열띤 토론이 벌어졌다. "인종 차별주의자는 정말 몹쓸 놈들입니다." 앤이 말했다. "미시시피에서 흑인 여성이 맹장염 수술을 받으러 가면 불임 시술하는 거 아세요? 정부도 다 알면서 손 하나 까닥 안 합니다. 히틀러의 독일과 다를 바 없다구요!"

시간이 흘러 아놀드 가족과 슈워너 가족은 가까운 친구가 되었다. 좀처럼 공통점을 찾을 수 없는 친구였다. 남편처럼 앤도 지독한 무신론자로 어렸을 적 유대교를 떠났다. 앤은 사회 정의를 고민하는 이성적인 사람이 어떻게 신앙을 가지고 살 수 있는지 정말로 궁금해했다. 어느 날 저녁, 앤은 의심의 눈초리로 거실에 앉아 있는 한 사람 한 사람에게 물었다. "하나님에게 기도하시나요? 기도하냐고요? KKK 놈들도 기도로 의식을 시작하는 거 아세요? 당신들의 신앙과 그자들의 신앙이 뭐가 다른 거죠?"

너무나 다른 두 부부였지만 그들은 서로의 마음을 훤히 들여다보았다. 앤은 언제나 하이너에게 각별한 애정과 존경심을 보였다. 앤을 만날 때마다 하이너는 까치발을 하고 두 팔을 뻗쳐 자신을 포옹하려는 그녀를 위해 한껏 허리를 구부려야 했다.

나치 독일에서 성년기를 맞았던 하이너는 미국의 자유를 사랑했다. 그런 이유로 독일을 파괴한 군사주의, 경기 침체, 인종 차별이라는 악마가 그의 새로운 고향에서 머리를 쳐드는 게 더욱 불안했다. 그러나 하이너는 목소리를 높이는 수많은 이들을 보며 용기를 얻었고 자신도 그 대열에 참여하고 싶어 했다.

1964년 가을, 미국의 대중들이 자국의 군대가 베트남에 진입했다는 사실을 어렴풋이 인지하기 시작했을 때 하이너는 우드크레스트에서 일단의 사람들이 반전 행진을 조직하도록 도왔다. 또한 (이후 9년 동안) 많은 젊은이에게 참전 대신 양심적 병역 거부라는 길이 있음을 알리기 위해 노력했다. 하이너는 양심적 병역 거부를 신청하는 과정을 도왔고 징병 위원회에 불려가 소명하는 젊은이들을 격려했다. 그리고 양심적 병역 거부자로 인정받은 사람이 적당한 대체 복무지를 찾을 수 있도록 도왔다.

마틴 루서 킹 주니어를 깊이 존경한 하이너는 종종 그를 "예언자의 목소리"라고 얘기했다. 1965년 2월, 흑인 인권 운동을 하던 지미 리 잭슨이 순교하자 하이너는 아들 크리스토프와 아트를 장례식에 보냈다. 다음 달에는 드와이트, 밀턴 등 우드크레스트 멤버들과 함께 마틴 루서 킹 주니어가 셀마에서 몽고메리까지 이끄는 두 번째 시위에 직접 참여하기도 했다. 우드크레스트 일행이 시위에 참석한 첫날, 같은 미 북부 사람인 비올로 리우조가 총에 맞아 살해되어 긴장감이 고조됐다. 하지만 하이너는 이러한 위험과 심장 질환에도 불구하고 앨라배마의 더위를 견디며 종일 걸었다.

하이너는 투표권, 교내 인종 차별 폐지, 평등한 고용 기회를 외치는 정치적 구호에 공감하면서도 그것만으로 충분치 않다고 느꼈다. 하이너의 마음에 깊은 울림을 준 것은 핍박받는 이들을 위해 일어선 사람들이었다. 소년 시절의 영웅이었던 크리스텔과 여러 프롤레타리아 혁명가들을 기억하며 하이너는 정의를 위한 싸움의 밑바탕엔 하나님의 영감이 흐른다는 신념을 종종 피력했다. 하이너는 불스트로드에 있는 게오르크에 편지를 보냈다. "사람들은 마이클 슈워너가 수염을 기른 유대인이었기 때문에 살해당했다고 얘기합니다. 이제 믿지 않는 사람들이 기독교인에게 묻습니다. '예수님은 누구였나? 그도 수염을 기른 유대인이 아니었나?' 많은 비신자가 불의로 인한 고통에 그리스도인보다 더 가슴 아파하며 예수님 역시 소외된 이였다는 사실을 지적합니다. 예를 들어, 네트와 앤은 우리에게 자기 아들이 기독교인은 아니었지만 예수님의 가르침을 진심으로 존중하며 예수님을 '가장 위대한 사람'이라고 불렀다고 말했습니다. 이곳에서 일어나는 일은 개인 구원만 설교하는 부흥 운동과 완전 반대입니다. 이 운동에서 사람들은 정의의 문제로 고민하다가 예수님을 바라보게 됩니다."

1966년 5월, 네트와 앤이 크리스토프의 결혼식에 참석했다. 신부인 버레나 마이어의 부모는 스위스에서 살다가 애나마리와 비슷한 시기에 슈파호프에 합류했다. 결혼식을 직접 주례한 하이너는 종교적인 것을 싫어하는 슈워너 부부를 배려해 형제애와 정의를 위해 평생 헌신하겠다는 신혼부부의 포부에 초점을 맞췄다.

크리스토프는 하이너의 자녀 중 두 번째로 결혼했다. 지금은 마리아라고 불리는 아넬리가 전해에 결혼해 9월에 첫아이를 낳았고, 하이너와 애나마리는 이제 할아버지 할머니가 되었다.

크리스토프가 십대가 된 이후로 하이너는 줄곧 아들과 특별한 유대감을 느꼈다. 이전에는 크리스토프가 어떤 신앙적 압박도 느끼지 않도록 조심했다. 동시에 자신이 타타와 부모님을 통해 개인적인 신앙을 갖게 된 것처럼 크리스토프도 자신과 애나마리를 통해 그렇게 되기를 바랐다. 그리고 하이너의 바람은 이루어졌다.

막연하게나마 크리스토프는 늘 부모님의 발자취를 따르고 싶었다. 어느 날 밤 열다섯이 된 크리스토프는 우드크레스트가 보이는 언덕 위에 앉아 별을 보다가 누군가 자신을 부르는 소리를 들었다. 인간의 목소리가 아닌 내면 깊은 곳에서 들리는 소리였다. 인생의 분수령이 된 그 순간부터 크리스토프는 예수님께 삶을 드리겠다고 굳게 다짐했다. 크리스토프는 라코프와 할아버지, 할머니, 부모님처럼 복음의 증인이 되길 소망했다. 집에 돌아온 크리스토프는 곧장 부모님 침실로 가 자신의 결심을 나누었다. 하이너와 애나마리는 눈물을 흘렸다. 크리스토프는 부모님이 얼마나 자신을 위해 기도해 왔는지 깨달았다. 그날 저녁 이후로 아버지와의 관계가 달라졌다. 언제나 가까웠던 두 사람이었지만 이제는 더 끈끈한 결속감을 공유했다.

하이너의 딸들도 각자의 시간에, 나름의 방식으로 비슷한 결정을 내렸다. 두 번째로 어린 모니카는 중학교 3학년 여름 방학 때 인생의 전환점을 맞았다. 어느 일요일 예배에서 드와이트는 "하나님께 인생을 바치기에 너무 어린 사람은 없습니다"라는 주제로 설교했다. 드와이트의 도전에 깊은 감명을 받은 모니카는 하나님께서 친히 자신을 제자로 부르셨음을 깨달았다. 모니카는 아버지와 얘기하고 싶은 마음에 예배가 빨리 끝나기만을 기다렸다. 하이너가 딸에게 말했다. "맞다. 너는 결코 어리지 않단다." 아버지의 그 말을 듣는 순간 모니카는 앞으로 어떻게 살아야 할지 깨달았다.

1968년 봄, 의예과에 다니던 스무 살 모니카는 공동체에 정회원이 되기를 요청했다. 모니카는 자신과 비슷하게 정회원을 신청한 다른 사람들과 함께 일주일에 한 번씩 부모님 집에 모여 자유롭게 토론하는 시간을 가졌다. 편안한 분위기에서 젊은이들은 하이너에게 공동체 역사에 관한 질문을 쏟아냈다. 그 많던 학교 친구들이 갑자기 공동체를 떠났던 1961년에 도대체 무슨 일이 있었던 건가요? 왜 나이 드신 분들은 파라과이 초창기에 관해 입을 굳게 다물고 있나요?

다른 이들처럼 하이너도 침묵을 지켰다. 1940년대 초

반에 있었던 일에 관해서는 심지어 애나마리에게까지도 입을 열지 않았다. 1961년 베일에 싸였던 프리마베라의 과거가 마침내 밝혀졌을 때 알게 된 일조차 다 전달하지 않았다. 괜히 말을 꺼냈다가 옛 상처를 헤집기만 할 뿐이라고 생각했기 때문이다. 게다가 하이너와 애나마리는 이미 오래전 "우리가 잘못을 용서받은 것처럼" 그들에게 상처 주었던 사람들을 용서하겠다고 마음먹지 않았던가.

다른 한편 하이너는 자신의 자녀들과 그 또래 청년들이 공동체의 역사를 모른 채 자라고 있다는 사실을 깨달았다. "젊은이들도 과거에 대해 알 권리가 있지." 하이너는 속으로 생각했다. 그래서 하이너는 처음으로 아버지의 죽음에서 시작해서 그 뒤 벌어졌던 모든 일을 말해 주기로 했다. 우드크레스트에 있던 다른 사람들도 관심을 두고 있었기 때문에, 공동체는 하이너에게 단지 모니카와 청년들뿐 아니라 전체를 대상으로 얘기해 달라고 요청했다.

이야기를 시작하면서 하이너는 자신의 잘못을 먼저 강조했다. "오늘 밤 저는 여러분에게 제가 저지른 가장 큰 실수에 관해 얘기하려 합니다. 파라과이에 가기 몇 달 전 저는 한스 줌퍼가 '완전히 용서받아야 한다'는 생각에 골몰했습니다. 한스가 다시 지도자로 세워지고 파파가 마지막 편지에서 거명했던 사람들이 선친의 뜻대로 동역해야 한다고 생각했던 겁니다. 저는 한스, 게오르크, 하디와 제가 협력하면 파파가 돌아가시고 내리막길을 걷던 공동체가 회복될 것이라고 확신했습니다. 영국을 떠나 남미로 향하면서 저는 '이 일에 힘쓰자'고 굳게 다짐했습니다."

"그곳에서 저는 몸져눕게 되었습니다. 의사가 몇 시간밖에 못 살 거라고 얘기하더군요. 저는 마지막 소원으로 공동체 멤버들에게 한스와 하디, 게오르크를 지도자로 세우자고 요청했고 제 요청대로 세 사람은 다시 책임을 맡게 되었습니다. 이후에 듣게 된 얘기지만, 제 요청이 아니었다면 모두가 동의하지는 않았을 것이라고 하더군요. 한스를 군림하는 사람으로 기억했던 다수가 주저했지만, 단지 저를 봐서 찬성했던 겁니다."

"하지만 곧 모든 일이 어긋나기 시작했습니다. 제가 바랐던 동역은 전혀 이루어지지 않았습니다. 단 스물네 시간도 말이죠."

하이너가 이후에 벌어진 일들, 그러니까 병석에서 앓았던 환각 증상, 자신을 밀어내고 침묵시키려던 한스와 게오르크의 음모, 가족과의 생이별과 나병 환자촌으로 추방된 일을 얘기하자 듣고 있던 젊은이들이 소스라치게 놀랐다. 하이너가 거의 죽을 뻔했다는 사실과 사람들이 질병을 이용해 어떻게 하이너를 곤경에 빠뜨렸는지를 깨달은 하이너의 주치의 밀턴도 경악하기는 마찬가지였다.

밀턴은 의학적으로 더 자세히 파악해 보고 싶었다. 이후 사무실에서 하이너의 진료 기록철을 꺼내 시릴이 노란 종이에 단정한 필체로 정리한 내용을 훑어보기 시작했다. 뜻밖의 사실을 발견한 밀턴은 곧 메모를 시작했다. 1941년 병든 하이너는 브롬화물 과다 복용으로 인한 부작용으로 고통받은 듯했다. 밀턴은 시릴이 기록한 하이너의 증상이 자신의 진단과 일치하는지 확인하기 위해 약학 책자와 대조해 가며 꼼꼼히 살폈다. 모든 게 자신이 생각한 대로라고 확신한 밀턴은 하이너와 애나마리와 약속을 잡았다. 두 사람을 만난 자리에서 밀턴은 환각 증상을 포함해 1941년 10월과 11월에 하이너가 겪은 정신 이상 증상 모두가 약물로 인한 부작용임을 설명해 주었다.

밀턴은 자신의 설명을 듣는 하이너와 애나마리의 얼굴에 안도감이 밀려오는 것을 보았다. 수십 년 동안 두 사람은 환각에 관한 기억 때문에 스스로 회의에 빠지곤 했다. 한스와 게오르크는 그러한 환각증이 정서적 불안, 심지어 영적인 어둠을 드러내는 증거라고 주장했고 26년 동안 하이너는 그들의 말이 옳을지 모른다는 불안감을 안고 살아왔다. 하이너가 밀턴에게 말했다. "여태까지 나는 내 속에 사악한 뭔가가 있을지 모른다고 염려하며 살았어." 하이너는 자신의 기괴한 꿈과 브롬화물 간에 어떤 연관성이 있을 거라 짐작해서 약 먹기를 거부했던 일을 떠올렸다. 그때마다 사람들은 하이너의 목구멍에 강제로 약을 부었다. 종종 그때의 기억이 되살아나 괴로웠던 건 애나마리도 마찬가지였다. "전 정말 남편을 향한 비방을 어떻게 받아들여야 할지 몰랐어요. 한스와 게오르크는 툭하면 그 일을 끄집어내어 남편을 책망했죠. 결국 저는 더는 견딜 수 없을 만큼 고통스러워서 잊으려고 발버둥쳤습니다."

그날 저녁 밀턴은 자신이 발견한 사실을 멤버 모임에 보고했다. 더그는 그 자리에 있던 게오르크에게 어떤 일이 있었는지 밝혀 줄 수 있냐고 물었다. "시릴이 제게 뭐라고 했는지 정확히 기억이 안 납니다만, 제 생각엔……." 게오르크의 목소리가 차츰 잦아들었다. 더는 설명할 수 없거나 아니면 별로 설명하고 싶지 않은 눈치였다. 게오르크가 다음 세대들에게조차 깊은 상처를 남긴 사건에 관해 자기 몫의 책임을 시인하지 않는다는 점이 곧 자신과 모두에게 분명히 드러났다.

처음으로 상세한 내용을 접한 우드크레스트 사람들은 질겁하며 게오르크를 당장 쫓아낼 기세였다. 하지만 하이너가 나서서 게오르크를 감쌌다. "이것만은 분명히 밝혀 두겠습니다. 저는 게오르크를 위해 싸울 겁니다. 저는 게오르크를 사랑합니다. 왜 그가 자신이 했던 일을 인정하지 않는지 이해할 수 없지만, 저는 게오르크를 포기하지 않을 겁니다."

이번에도 게오르크는 공동체에 용서를 구했지만, 하이너는 모든 게 끝났고 용서됐다고 서둘러 말하지 않았다. 지난 10년 동안 이미 여러 번 게오르크와 화해한 하이너는 그때마다 게오르크가 모든 걸 털어놓았다고 믿었다. 하지만 이제는 과거의 용서가 공허하게 느껴졌다. 하이너는 게오르크가 자신의 과거 행적이 공동체에 미친 영향을 총체적으로 직면하는 게 중요하다고 생각했다. 게오르크를 생각한다면 더더욱 그랬다. 그러지 않고 어떻게 신뢰가 회복될 수 있겠는가? 게오르크는 시간이 필요하다는 하이너의 생각에 수긍했다. 이후 몇 달 동안 게오르크는 용기를 내어 과거에 있었던 일을 정직하고 숨김없이 공동체에 고백했다.

게오르크가 새로운 사실을 밝힐 때마다 하이너는 아물었던 상처가 다시 헤집어지듯 괴로웠다. "게오르크를 사랑했기 때문에 마음이 더 아파." 하이너가 더그에게 말했다. 용서를 위한 하이너의 몸부림은 계속됐다. 이따금 하이너는 분노를 억누르며 방안을 서성였다. 그리고 예수님의 경고를 떠올렸다. "네 형제를 용서하지 않으면, 너도 용서받지 못할 것이다." 어떨 때는 좀 더 쉽게 용서를 다짐할 수 있었다. 하이너는 깊은 상처를 준 사람을 용서하는 첫걸음은 자신의 잘못을 먼저 인정하는 것임을 경험으로 알고 있었다. 자신에게 엄정한 잣대를 댄 하이너는 자신이 책임져야 할 과거의 일이 생각날 때마다 더그에게 찾아가 고백했다.

몇 달간 어둠의 터널을 지난 게오르크가 마침내 빛을 보았다. 게오르크의 편지에는 더 이상 그를 괴롭히는 과거가 없었다. 게오르크는 투명한 양심과 평안을 새롭게 찾은 듯했다. 하이너가 게오르크에게 말했다. "이제 다시는 과거를 언급하지 맙시다." 진실한 화해가 일어나자 하이너는 다시 게오르크를 전적으로 신임했다. 그 뒤로 누구도 게오르크의 잘못을 거론하지 않았다. 혹 거론하더라도 이미 용서됐음을 강조했다. 하이너는 자신의 자녀들에게도 게오르크를 용서해야 한다고 거듭 강조했다.

이후로도 여러 해에 걸쳐 여러 사람들이(하이너가 가장 의지했던 동료 지도자들을 포함해서) 하이너의 신뢰와 그들에게 양처럼 맡겨진 공동체의 신뢰를 저버렸다. 한스와 게오르크의 경우처럼, 대부분 위임받은 권위를 고압적으로 사용하거나 다른 사람들 위에 군림했던 게 문제였다. 하이너는 그 같은 권력 남용이 벌어지면 절대 그냥 넘어가지 않았다. 그러나 뉘우치는 사람은 진정성을 의심하지 않고 모두 용서했다.

하이너에게 신뢰는 신앙과 같은 것이었다. 공동체에 새로 온 사람이나 오래 있었던 사람이나 모두 입에 침이 마르도록 용서를 강조하는 하이너를 보면서 종종 머리를 흔들었다. 누구누구에게 배반을 당하고도 왜 하이너는 매번 그를 다시 신뢰해야 한다고 고집하는 걸까? 웬만한 사람은 이해하기 힘든 일이었다. 하지만 하이너의 생각은 달랐다. 한번은 크리스토프에게 이런 말을 하기도 했다. "단 하루라도 불신하며 사느니 차라리 신뢰하고 천 번 배신당하는 게 낫단다."

게오르크와 달리 한스는 우드크레스트를 떠난 지 10년이 지나서도 자신의 지도력을 오용했던 일에 대해 일말의 뉘우침도 보이지 않았다. 하이너는 화해를, 아니, 적어도 얘기할 기회를 바라며 독일에 있는 한스를 몇 번이나 방문하려 했다. 하지만 그때마다 한스는 화해는커녕 만남조차 거부했다. 원통함에 사로잡힌 한스는 부유한 친구들의 후원을 받아 자신의 관점으로 브루더호프 역사를 저술하는 일에 매진했다. 1972년 주고받았던 편지에서 하이너는 한스에게 마음을 툭 터놓고 얘기해 보자며 다시 손을 내밀었다. 퇴짜를 놓는 한스의 편지는 다음과 같은 조롱으로 시작했다. "더러운 돼지 새끼 하이너야……." 그게 마지막 서신 교환이었다.

그해 여름, 코네티컷에 살던 한스-헤르만이 하이너에게 전화를 걸어왔다. 동생은 울면서 자신이 말기 암 진단을 받았다고 알렸다. 하이너는 우드크레스트에서 생의 마지막을 보내라며 곧장 한스-헤르만을 초대했다.

동생의 소식에 하이너는 충격을 받았다. 56세에 아홉 자녀를 둔 한스-헤르만은 1961년 혼란스럽고 어두웠던 공동체를 떠났다. 그리고 지난 10년 동안 홀로 지낸 동생은 최근에 들어서야 길게 늘어진 과거의 그늘에서 벗어나기 시작하던 터였다.

하이너와 프리츠, 하디와 그 밖의 이들처럼 한스-헤르만도 한스와 그의 추종자들에게 맞설 때마다 가혹한 징벌을 받았다. 그러나 아놀드가의 형제 중 막내(아버지를 잃었을 때 고작 스무 살이었다)였던 그는 하이너와 하디와 달리 영혼에 깊은 상처를 입었고, 그 후 끊임없는 자기 회의와 자책감에 시달려야 했다. 한스-헤르만은 차츰 다른 사람들을 불신하기 시작했고 사랑하던 형들까지도 의심했다. 하이너로서는 믿기 어려웠지만, 이제 동생은 죽어 가고 있었다. 하이너는 자녀들에게 거듭해서 말했다. "한스-헤르만은 내 동생이야. 같은 방에서 자고 무서워하는 것도 같았어. 학교도 같이 가고 냇가와 숲속에서 함께 놀았는데, 그랬던 동생이 이제는 나보다 먼저 가게 생겼구나."

말기 암 진단을 받고 며칠이 지나 한스-헤르만은 아내 게어투르드와 자녀들과 함께 우드크레스트로 이사 와서 하이너와 애나마리 옆집에 머물렀다. 하이너는 적어도 하루에 두세 번 동생을 방문했다. 뼈만 앙상하게 남은 채 병상에 누운 한스-헤르만은 가쁜 숨을 내쉬었다. 동생은 빠르게 기력을 잃어 가고 있었다. 하지만 하이너가 찾아올 때마다 밝은 얼굴로 기운을 내어 몸을 일으켜 세우려 했고 두 팔을 벌려 형을 환영했다. 지난날의 오해와 불신은 눈 녹듯 사라졌다. 형제 사이에는 사랑만 남았다. 두 사람은 함께 울고 웃으며 막힘없이 대화했다. 화제는 번번이 유년 시절로 돌아갔는데, 그럴 때면 두 사람은 다시 한 번 자네츠로 돌아간 소년들 같았다.

역시 우드크레스트에 살고 있던 하디도 매일같이 그들과 함께했다. 세 형제가 일정 기간 한곳에 모여 산 것은 수십 년 만에 처음 있는 일이었다. 프리마베라에서 고생했던 일을 떠올릴 때면 세 사람의 대화는 종종 심각해졌다. 언젠가 한스-헤르만과 하디가 하이너에게 말했다. "하디 형과 난 정말 형을 이해할 수 없었어. 어쩔 땐 형을 반대하기도 했지. 이제 모든 걸 새롭게 보게 되었어. 하디 형과 내가 형에게 상처를 줬다면 부디 용서해 줘."

여든여덟이 된 에미도 종종 함께했다. 에미는 별말 없이 안락의자에 앉아 한스-헤르만의 곁을 지켰다. 때때로 막내 모니카도 찾아왔다(모니카는 1960년에 공동체를 떠났지만 근처에 살고 있었다). 에버하르트가 죽고 나서 거의 처음으로 온 가족이 다시 모였다.

이들의 행복에도 아쉬운 점이 하나 있었다. 아직도 과거에 사로잡힌 듯한 에미-마가렛. 많은 사람이 남편 한스와 10년 넘게 떨어져 살고 있는 에미-마가렛을 버림받은 아내로 측은히 여겼다. 본인은 물론 다른 사람들도 한스에게 어떻게 학대받았는지 계속 드러나는 와중에도 에미-마가렛은 남편을 옹호했다. 마치 주문에 걸리기라도 한듯 에미-마가렛은 한스와 정서적으로 단단히 묶여 있는 것처럼 보였다.

사람들은 에버하르트가 죽고 나서 한스가 철권을 휘두르는 데 에미-마가렛이 중요한 역할을 감당했다고 보았지만, 정작 에미-마가렛은 이런 사람들의 시선을 의식하지 못했다. 자신을 피해자로만 생각했기 때문이었다. 자신이 죄와 거짓이라는 거미줄에 꼼짝없이 잡혀 있다는 사실도 인식하지 못했다. 심지어 한스-헤르만의 임종이 다가오는 이 시점에도 가족들 뒤에서는 죽어 가는 동생과 다른 식구들을 지속적으로 험담했다. 막상 그들 앞에서는 가족에 헌신하며 한스-헤르만에게 애정을 쏟는 것처럼 보이려고 애쓰면서도.

한스-헤르만은 그런 누나의 마음을 꿰뚫어 보았다. 죽음을 앞두고 동생은 누나의 영혼을 걱정했다. 한스-헤르만은 에미-마가렛에게 누나 역시 언젠가 죽을 것이며 어떻게 살아왔는지 책임져야 할 거라고 경고하며 더는 찾아오지 말라고 부탁했다.

하이너는 동생의 뜻을 이해할 수 있었지만 에미-마가렛에게 찾아오지 말라고 한 말은 제발 거둬 달라고 사정했다. "누나에게 한 번만 더 기회를 줘 봐. 적어도 작별 인사는 해야지."

한스-헤르만은 형의 간청을 받아들였다. "좋아, 누나 얼굴을 다시 볼게. 하지만 제발 누나에게 말해 줘. 위선적인 연기는 그만하라고."

에미-마가렛은 한스-헤르만의 방에 들어오자마자 무

릎을 꿇고 용서를 빌었다. 에미-마가렛에게 시선을 고정시킨 한스-헤르만은 누나가 잠잠해질 때까지 기다렸다. "누나." 한스-헤르만이 마침내 입을 뗐다. "난 이미 오래전에 누나를 용서했어. 하지만 제발 그렇게 살지 마. 마음을 고쳐먹고 독설을 멈춰. 다시 어린아이처럼 되라고."

한스-헤르만의 말을 듣고 에미-마가렛은 자신을 깊이 성찰하기 시작했다. 하이너와 하디도 동생의 말을 가슴에 새겼다. 한스-헤르만의 말은 누나가 처한 어두운 상황을 비추는 한 줄기 빛이 되었다. 어렸을 적 그들이 알던 누나에게 무슨 일이 벌어진 건가? 그 시절 누나는 천진난만하고 솔직하고 명랑했다. 부모에게 사랑받는 아이였고 타타와 단짝이었다. 하지만 지금의 누나는 너무도 불행해 보였다.

그해 말, 한스-헤르만의 상태가 악화됐다. 죽음이 임박했다는 사실이 명확해졌다. 가쁜 숨을 몰아쉬는 동생을 지켜보는 것만으로도 하이너는 괴로웠다. 하이너는 밤낮으로 동생의 병상을 지켰다.

크리스마스를 한 주 앞둔 어느 날 이른 아침, 한스-헤르만은 갑자기 산소마스크를 잡아뗐다. 이제는 갈 때라고 마음먹은 것이다. 곁을 지키던 게어투르드는 임종이 가까운 걸 직감하고 하이너와 다른 가족들을 방으로 불렀다. 10분 후 한스-헤르만은 마지막 숨을 거뒀다.

그 후 수년이 지나도록 하이너는 동생이 떠나는 순간 자신이 목격했던 동생의 눈빛과, 동생의 표정을 바꾸어 놓은 평화에 관해 계속 얘기했다. 타타 이후로 하이너는 그렇게 의식적으로 기쁨에 차서 승리를 확신하며 마지막 순간을 맞는 사람을 보지 못했다. "동생의 얼굴을 보면서 누구나 승리를 느꼈습니다. 하나님의 뜻과 그분의 시간을 받아들이는 기쁨이라는 말 외에 달리 뭐라 표현할지 모르겠네요."

1973년 3월, 충격적인 소식을 알리는 뜻밖의 전화가 유럽에서 걸려 왔다. 마요르카로 휴가를 가던 한스 줌퍼와 그의 정부(情婦)를 실은 비행기가 프랑스 상공에서 화물기와 충돌했다는 소식이었다. 탑승객은 전원 사망했고 시신은 3만 킬로미터 반경의 벽지에 흩어졌다. 비보를 들은 하이너는 큰 충격에 휩싸였다. 그래도 그의 첫마디엔 희망이 실려 있었다. "한스가 마지막 순간에 하나님과 화해했을지 누가 알겠어."

비록 비극적인 죽음이었지만 하이너는 이 일로 에미-마가렛이 수렁에서 빠져나올까 기대했다. 지금까지도 에미-마가렛은 남편의 그늘에서 벗어나지 못하고 있었다. 마치 안개 속에서 길을 잃어 아무리 기를 써도 출구를 발견하지 못하는 것 같았다. 이제 별거가 갑작스럽게 막을 내렸다. 어쩌면 이런 충격이 에미-마가렛에게 자유를 안겨 줄지 모를 일이었다. 하지만 한스의 죽음을 전해 들은 에미-마가렛은 한동안 망연자실할 뿐이었다. 어느 날 밤 에미-마가렛은 하이너에게 한스는 죽어서도 여전히 자신을 두렵게 한다고 말했다.

이 사실을 깨닫는 순간 에미-마가렛에게 드리워져 있

던 잿빛 구름이 걷히기 시작했다. 이후 몇 달 동안 에미-마가렛은 여러 시간에 걸쳐 꾸준히 상담을 받았다. 길고 어려운 싸움이었지만 끝까지 싸우겠다는 에미-마가렛의 의지는 결연했다. 하이너는 누나를 위해 많은 시간을 할애하며 힘겨운 과정을 함께했다. 에미-마가렛은 한스를 만난 이후로 카리스마와 유능함, 자신감을 갖춘 그를 흠모했다고 말했다. 한스와 결혼할 때쯤 에미-마가렛의 흠모는 숭배로 바뀌어 심지어 한스가 잘못할 때조차 지적할 수 없을 만큼 그녀를 무력하게 만들었다. 에미-마가렛은 신혼여행을 가서야 지배하려 드는 한스의 태도가 얼마나 추한지 깨닫기 시작했다. 부모님이나 타타와 가깝게 지냈기 때문에 얼마든지 조언을 구할 수도 있었다. 하지만 그러는 대신 에미-마가렛은 남편의 잘못을 가족들에게, 특히 아버지에게 숨기기에만 급급했다. 얼마 안 가 에미-마가렛은 오직 한스만 맹종하기 시작했다.

아버지가 떠난 후 에미-마가렛은 한스가 점점 잔혹하게 변하는 것을 보면서도 남편이 권력을 잡도록 뒤에서 도왔다. 자신의 어머니와 형제들이 용기를 내어 남편의 그릇된 행동을 막아설 때조차 에미-마가렛은 한스 편에 섰다. 남편을 거스르면 보복을 당할까 두렵기도 했지만 영향력을 행사하고 싶은 욕망도 있었다. 에미-마가렛은 한스의 지위가 가져다주는 사회적 명성을 즐겼다.

에미-마가렛은 조각조각 얘기를 끄집어내며 잘못된 충성심과 충돌하는 감정을 정리하고 구분했다. 수십 년 동안 자신을 짓누르던 절반의 진실과 거짓을 벗어 내면서 에미-마가렛은 점점 강해지고 홀가분해졌다.

1973년 가을쯤 에미-마가렛이 싸움을 이겨 냈다는 사실이 모두에게 확연히 드러났다. 자네츠 시절처럼 어린아이와 같은 기쁨이 뿜어져 나왔고 표정이 완전히 바뀌었다. 심지어 건강마저 좋아졌다. 한스-헤르만이 죽고 나서 언니를 처음 만난 모니카는 놀라워하며 소리쳤다. "언니, 완전히 다른 사람처럼 보여. 너무 달라졌어!"

에미-마가렛의 변화는 값비싼 대가를 치르고 얻은 열매였다. 남편과 화해하지 못한 채 사별했을뿐더러, 과거의 잘못을 보상하려는 그녀의 시도는 한스 편에 섰던 옛 친구들을 격분케 했다. 그러나 에미-마가렛은 자신의 선택이 그만한 가치가 있음을 의심하지 않았다. 동생 하디에게 보내는 편지에서 에미-마가렛은 자신의 기쁨을 이렇게 표현했다. "내가 바라고 기도했던 것보다 훨씬 더 거대한 해방과 평화의 파도가 나를 덮쳤어. 그 파도는 지금도 계속 밀려와."

34. 피날레를 향해

한스-헤르만을 떠나보내며 하이너는 자신도 살날이 얼마 남지 않았음을 예감했다. 환갑의 나이에 들어선 하이너는 이십대에 신장염에 걸린 이후 건강을 완전히 회복하지 못했다. 1961년 응급실에 실려 간 이후에도 마찬가지였다. 만성 폐 질환과 안 좋은 심장 때문에 짧은 거리를 걸어도 숨이 찼다. 설상가상으로 심한 당뇨병까지 찾아왔다.

이따금 애나마리의 머릿속에도 하이너와 함께할 수 있는 시간이 거의 끝나고 있는 건 아닌가 하는 생각이 스쳐 지나갔다. 하이너와 그런 생각을 나누진 않았다. 종종 대화보다 글을 통해 속 깊은 생각을 수월하게 표현하는 애나마리는 하이너의 예순두 살 생일에 다음과 같은 편지를 남겼다.

당신 생일을 위해 특별히 준비한 게 없어서 짧은 편지를 씁니다. 돌아보면 감사한 마음뿐이에요. 지나간 날들은 우리를 더 가깝게 만들었어요. 아마 고달픈 시간들이 있었기 때문이겠죠. 당신은 언제나 내게 속 얘기를 감추지 않았어요. 지난날의 힘겨웠던 갈등까지도. 그래서 당신을 속속들이 이해할 수 있게 되었습니다. 이젠 당신이 겪었던 고통도 헤아릴 수 있어요. 결혼 초기에 당신을 이해하지 못해서 별로 사랑하지 못한 적이 너무 많은 것 같아 속이 상해요. 특히 프리마베라에서 살았던 1940년대를 생각하면 그래요. 하지만 올해 내내 저는 마음속 깊이 우리가 하나이구나 느끼며 살았습니다. 예수님을 향한 당신의 사랑은 늘 제게 격려와 도전이 됩니다. 앞으로 어떤 일이 벌어지든 간에 우리 부부의 연은 영원토록 끊어지지 않으리라 확신해요. 언제나 그래왔지만 지금은 더 깊어지고 가까워졌어요. 절대 분리될 수 없는 그런 관계 말이에요.
당신만의 애나마리가.

그날 저녁 하이너는 베개 위에 놓인 애나마리의 편지를 발견했다. 다음 날 아침 하이너가 답장을 썼다.

하나뿐인 나의 애나마리! 어제 편지는 내게 남다른 기쁨을 주었소. 내가 그런 사랑과 신뢰를 받을 만한 사람인지 부끄러운 생각까지 들었다오. 당신 말대로 올해 우리는 특별한 은혜를 경험했소. 내면의 공동체를 향한 당신의 뜨거운 갈망을 느낄 수 있어서 얼마나 감사했는지 모른다오. 과거에는 당신이 알아서 잘 사는구나 싶은 때가 있었지만, 지난 1년간 당신이 언제나 마음을 나누길 원했다는 걸 새삼스레 깨달았소. 내 짧은 생각을 용서해 주구려.

내 마음에 무슨 일이 생겼는지, 특히 에미 마리아를 그렇게 잃고 난 후의 일은 나도 뭐라 설명하기 힘들다오. 당신에게 마음 문을 닫고 괴로움을 나누지 못한 건 내 잘못이오. 정말 지옥 같은 시간이었소. 나도 어찌할 수 없는 그런 시간이어서 아무리 마음을 다부지게 먹어도 뜻대로 되지 않았지. 모든 노력이 허사로 돌아갔으니까.

칠흑 같은 어둠 속에서도 나를 꼭 붙들었던 건 내가 예수님을 경험했다는 사실이었소. 아무리 괴로운 시간에도 그 경험만은 내 영혼 심연에 살아 있었지. 의심의 순간에도 예수님은 날 붙잡아 주셨다오.

당신을 깊이 사모하는 하이너가.

생일을 맞고 일주일 후 하이너의 정신력을 시험하는 미증유의 일이 벌어졌다. 경비행기가 산비탈에 충돌한 사고로 오랜 동료이자 가장 가까운 친구인 드와이트가 목숨을 잃었다. 1956년 아내 노랜과 우드크레스트에 온 드와이트는 얼마 안 가 목숨을 건 용기로 하이너의 주목을 받았다.

이층에 하이너의 사무실을 두었던 건물에 불이 난 적이 있었다. 불길이 손쓸 수 없이 번지는데도 드와이트는 이층으로 뛰어 올라갔다. 이미 화염이 창밖으로 치솟고 있어서 아무것도 할 수 없는 게 명확해지자, 하이너는 드와이트에게 내려오라고 소리쳤다. 하지만 위험을 감수하면서까지 무엇이든 건져 보려고 충동적으로 올라간 드와이트의 모습은 하이너의 뇌리에 깊이 각인됐다.

프리마베라가 폐쇄된 후, 1964년 하이너가 공동체를 떠났거나 공동체에서 쫓겨난 사람들을 방문하려 유럽을 찾았을 때 드와이트도 동행했다. 독일어도 모르고 프리마베라에 산 적도 공동체를 떠난 멤버에게 상처를 준 일도 없었지만, 그와 같은 여행이 하이너에게 얼마나 큰 부담이 되는지 알았던 드와이트는 어떻게든 도움이 되고자 선뜻 나섰다. 두 사람은 돌리 볼리와, 질룸에서 하이너를 돌봤던 한네스와 엘자 볼러 부부, 어릴 적 친구 조피와 그녀의 남편 크리스천 같은 하이너의 옛 친구들을 찾아갔다. 마지막 방문은 공교롭게도 비극적인 시기에 이뤄졌다. 선천적인 병을 앓았던 조피의 열일곱 살 아들 요한 그레고르가 갑자기 세상을 떠난 것이다. 사람들이 슈파호프에 젊은 청년을 묻을 때 드와이트와 하이너는 조피 곁을 지켰다. 요한의 무덤에서 몇 발자국 떨어진 곳엔 타타와 에버하르트의 묘가 있었다.

1968년 드와이트는 펜실베니아주로 이주했다. 그곳에 있는 브루더호프 공동체를 돌보는 책임을 맡았기 때문이다. 하지만 드와이트는 여전히 하이너와 다른 우드크레스트 사람들과 매일같이 연락을 주고받았다. 드와이트는 1950년대 분열과 경쟁 때문에 브루더호프 운동이 거의 소멸할 뻔한 사실을 잘 알고 있었다. 이러한 이유로 드와이트는 공동체 간의 원활한 의사소통과 이동을 위해 경비행기 구매에 앞장섰고, 운명적인 사고가 일어난 그날도 비행기에 타고 있었다.

드와이트가 죽자 부인 노랜은 졸지에 남편 없이 열두

명의 자녀(막내는 고작 생후 6주가 된 아기였다)를 키워야 하는 과부가 되었다. 드와이트가 살았던 공동체는 지도자를 잃었고 하이너의 마음에도 큰 구멍이 생겼다.

드와이트가 죽은 다음 날, 딕 맘슨은 크게 확대한 드와이트의 사진을 하이너에게 가져왔다. 친구를 잃었다는 깊은 상실감에 하이너는 사진을 쳐다보지도 못했다.

슬픔에도 불구하고 하이너는 매우 바쁜 일정을 보냈다. 하이너의 비서 니키 마스는 이렇게 말했다. "하이너처럼 일분일초를 아껴 쓰는 사람은 만나 보지 못했어요." 네 개 공동체의 천 명이 넘는 사람들을 돌보는 장로에게 여가는 없었다. 공동체의 재정과 사업, 교육을 책임진 사람들이 여러 가지 계획과 문제에 관해 하이너에게 조언을 구하는 건 당연한 일이었다. 하지만 이는 하이너의 업무 중 일부에 불과했다. 거듭되는 여행으로 목숨을 잃을 수도 있다는 의사의 경고에도 불구하고 하이너는 계속해서 다른 공동체를 방문하며 미국과 유럽 사이의 접촉면을 넓혀 갔다. 한번은 영국에 갔다가 심한 가슴 통증으로 쓰러져 위급히 병원에 실려 가기도 했다. 하지만 그런 일마저도 형제자매들을 만나려는 하이너의 의지를 꺾을 수 없었다. 누군가 아무도 모르게 가슴 아파하고 있다면 어떡하는가? 이야기를 들어줄 사람이 필요한 형제가 있다면 어떡할 건가?

하이너에게 영혼을 돌보는 일은 단순히 조언을 하거나 지혜를 나눠 주는 문제가 아니었다. 그건 "서로 사랑하라"는 성서의 명령에 순종하는 문제였다. 자신이 잇따라 힘겨운 일을 겪었기에 하이너는 외롭고 낙심한 사람들의 심정을 누구보다 잘 이해했다. 예수님을 개인적으로 알아 가는 것이 도움이 될 수 있다는 점도 체험적으로 잘 알고 있었다. 형제의 어깨에 다정히 팔을 두르든, 솔직하게 권면하든, 아니면 공개적으로 지적하든 언제나 하이너가 가리키는 것, 그의 충고의 핵심은 예수님과의 관계였다.

1970년대가 시작됐지만 여전히 공동체를 떠나 돌아오지 않은 사람들이 맘에 걸린 하이너는 영국에 새로운 공동체, 다벨을 시작하자고 제안했다. 유럽에 있는 사람들이 쉽게 찾아올 수 있게 하기 위한 조치였다. 하이너와 애나마리는 아직도 떠나간 사람들을 찾아다녔다. 시릴 데이비스와 그의 아내 마곳은 아놀드 부부를 반갑게 맞이했지만, 공동체로 돌아가지 않겠다고 분명히 선을 그었다. 월 마천트와 그의 아내 캐서린의 반응도 비슷했다. 이후 월은 아들 제리 편에 보낸 편지에서 하이너에게 우드크레스트 초기 2년의 시간이 자기 인생의 황금기였다고 말하기도 했다.

하이너는 프리마베라 공동체가 붕괴된 일로 아직도 휘청거리고 있는 자니 로빈슨을 찾아가 사과했다. 자니가 심각한 오해를 받아 쫓겨나는 것을 막지 못했기 때문이다. 동시에 하이너는 공동체의 붕괴가 이유 없이 생긴 일이 아니라는 점을 자니에게 상기시켜 주었다. 모두가 사랑했던 프리마베라 공동체는 내적으로 "파산 상태"에 가까웠으며, 하이너와 자니도 그에 대한 책임에서 자유롭지 못했다. 자니는 하이너의 말을 새겨들었고 결국 다시 공동체로 돌아왔다. 그러나 자니가 돌아왔을 때 그를 반겨 줄 하이너는 더 이상 이 세상 사람이 아니었다.

또 다른 전 멤버 모린 번에게 하이너는 다음과 같은 편지를 보냈다. "1960년과 1961년은 당신에게 너무나도 끔찍하고 고통스러운 해였음을 잘 알고 있습니다. 하지만 오직 공동체를 떠났거나 떠나야 했던 사람에게만 가슴 아팠던 경험이라고 생각한다면 그건 오해입니다……. 모린, 1961년 당신이 떠날 때 제가 했던 말은 아직도 유효합니다. '우리가 정직하게 새 출발을 했다고 생각된다면 꼭 돌아오셔야 해요.'" 하이너의 제안을 받아들인 모린은 다시 돌아와 공동체와 화해했다.

공동체 안팎의 사람들과 이렇게 서신을 교환하기 위해 하이너는 여러 명의 타자수를 두어야 했다. 한 주에만 백여 통이 넘는 편지를 받을 때도 있었다. 편지에서 사람들은 자녀 양육, 대학 진학에서부터 사랑하는 이와의 사별, 성 문제에 이르기까지 다양한 방면의 조언을 구했다. 하이너는 구술로 몇 천 통이나 되는 편지에 답장을 보냈다. 아이들에게 받은 편지까지도 하이너는 오래된 친구에게 받은 편지와 다를 바 없이 정성껏 답해 줬다. (어떤 이는 지금도 하이너에게서 받은 편지로 가득 찬 신발 상자를 가지고 있다.)

편지를 받았던 사람만이 하이너의 통찰을 보석처럼 여긴 것은 아니었다. 하이너가 죽고 나서 그의 편지와 글을 모아 만든 『제자도』라는 책은 수많은 독자에게 사랑을 받았다. 유명한 영성가이자 작가인 헨리 나우웬은 이 책이 출판되기 전에 원고를 받았다. 내용에 깊은 감명을 받은 나머지 헨리 나우웬은 다시는 서문을 쓰지 않겠다던 약속을 번복하고 며칠 만에 『제자도』의 서문을 완성했다. 서문에서 그는 다음과 같이 책을 소개한다. "이 책은 불편하게 만드는 책이다. 저자 하인리히 아놀드는 진실과 거짓, 구원과 죄, 이타심과 이기심, 빛과 어둠, 하나님과 사탄 사이에서 이제는 선택을 하라며 마치 양날 검처럼 나를 찔렀다."

"처음엔 그런 직면이 불편했고 내면에서는 약간의 반항심마저 일었다. 내가 원하는 것은 따스함, 위로와 격려, 그리고 내면의 평화와 일치를 주는 복음이었다. 그러나 아놀드가 일깨우는 복음은 달랐다. 그가 말하는 평화는 세상의 평화와 같지 않았다……. 그의 복음은 선택을, 그것도 도발적인 선택을 요구한다. 항상 칭찬이 기다리는 그런 선택은 아니었다."

"그러나 아놀드는 무자비하거나 고집불통이 아니다. 광신자이거나 독선적인 사람도 아니다. 오히려 사랑으로 가득하다. 거칠지만 진짜 사랑 말이다. 예수님의 깨어진 심장에서 흘러나오는 사랑."

"하인리히 아놀드는 자기 이름을 걸고 말하지 않는다. 예수님의 이름으로 말한다. 그는 바울이 디모데에게 한 말을 확실히 깨달은 것이다. '나는 하나님 앞과, 산 사람과 죽은 사람을 심판하실 그리스도 예수 앞에서, 엄숙히 명령합니다. 그대는 말씀을 선포하십시오. 기회가 좋든 나쁘든 꾸준하게 힘쓰십시오.'"

"아놀드는 예수 그리스도께 견고하고도 깊이 뿌리를 내리고 있다. 이 영적인 여정이 지혜롭고 신중하면서도 도전적인 이유다. 그리고 한 가지가 더 있다……. 그의 이야기는 모두 제자도가 살아 있는 공동체에서 직접 경험한 것이다……. 이런 책이 나와 주어서 고맙다. 이 책은 예언적인 책이다."

바쁘든 바쁘지 않든 하이너는 상담을 원하는 사람을 위해 늘 시간을 내주었다. 사람들은 언제나 경청하는 하이너의 태도에 끌렸다. 하이너와 20년 지기인 엘렌이 공동체 밖에 살 때였다. 한 해에 두 아이를 잃은 후 너무나 큰 고통을 겪은 엘렌은 종종 미쳐 버릴 것만 같았다. 하루는 충동적으로 하이너에게 전화를 걸었다. 딱히 할 말이 있었던 것도 아니었다. 하이너가 전화를 받았지만, 엘렌은 자기가 누구인지조차 밝히지 못한 채 흐느껴 울기만 했다. 하이너는 아무 말 없이 듣고 있었다. 훗날 엘렌은 자신이 몇 분 동안 그러고 있었는지 기억하지 못했다. 드디어 입을 연 하이너의 한마디는 "이해해요"였다. 그게 다였다. 엘렌은 하이너가 그냥 하는 말이 아니라는 걸 잘 알았다. 하이너의 말은 엘렌에게 다시는 느껴 보지 못할 거라 생각했던 희망과 위로를 안겨 주었다.

몇 달 동안 우드크레스트에만 머물고 있을 때도 하이너의 생각은 더 넓은 세상을 누렸다. "나이가 들수록 제게 브루더호프는 덜 중요합니다." 어느 날 저녁 하이너가 공동체 멤버들에게 도전적으로 말했다. "공동체에 함께 사는 것만으론 충분치 않습니다. 서로 사랑하고 서로를 행복하게 하는 것, 이웃에게 저녁을 대접하고 그 이웃에게 저녁을 대접받고 사는 게 다일 수는 없습니다. 우리에겐 할 일이 더 있습니다." 하이너는 끊임없이 바깥세상을 살피며 고민했다. "우리의 책임은 무엇일까? 오늘날 벌어지는 일, 베트남 전쟁, 스리마일 섬 원전 사고★, 이스라엘과 팔레스타인의 분쟁, 주 이란 미국 대사관 인질 사건에 어떻게 반응해야 하나?"

하이너의 서재를 찾은 방문객은 뉴욕시나 시골 공동체에서 온 히피부터 머리를 길게 기르고 "하나님과의 만남"을 얘기하는 '예수 운동'★★ 사람, 인터뷰를 위해 찾아온 기자와 학자에 이르기까지 다양했다. 1970년대 동남아시아의 "보트피플"이 신문 1면을 장식할 때 하이너는 그중 몇 가족이라도 안정된 직장과 적절한 거처가 마련될 때까지 공동체에서 지낼 수 있도록 신경 써 줬다. 하이너는 베트남전 참전 용사 테리 프리츠와 우정을 나눴는데, 지역 노숙자였던 그는 약물 오남용 전력까지 있었다. 1977년 테리가 자살하자 하이너는 친아들을 잃은 것처럼 오열했다.

하루는 문선명의 통일교 교인이었던 젊은 여인, 지오바나가 도움을 구하러 하이너를 찾았다. 통일교가 이단이

★ 1979년 미국 펜실베이니아주 스리마일 섬 원자력 발전소에서 일어난 노심 용융 사고로 미국 원자력 산업 역사상 가장 심각한 사고로 기록된다. 이 사고로 가장 오염 없고 비용이 적게 드는 꿈의 에너지로 각광받던 원전에 대한 시각이 한순간에 뒤집혔고 반핵 운동이 가속화되었다.

★★ 1970년대 히피 운동에 환멸을 느끼고 신앙으로 돌아온 젊은이들이 일으킨 운동. 여전히 히피 문화에 영향을 받아 기존 교회의 보수적인 신앙을 거부했으며, 주로 찬양에 열정을 쏟았는데 이는 CCM(Contemporary Christian Music)의 시초가 되었고 캠퍼스 사역에도 지대한 영향을 미쳤다.

라는 사실(특히 교주가 신이라고 주장한다는 점에서)을 깨달은 지오바나는 대학 때 버렸던, 어릴 적 신앙을 간절히 되찾고 싶어 했다. 그러나 내적으로 여전히 통일교에서 자유롭지 못했고, 이단에 속했었다는 과거가 마음을 무겁게 짓누르고 있었다. 하이너의 서재를 찾은 지오바나는 호된 꾸중을 들을까 봐 초조한 마음에 안절부절못했다. 그녀에게 건넨 하이너의 첫마디는 다음과 같았다. "지오바나, 이곳 공동체에서는 사람을 숭배하지 않습니다." 하이너는 따뜻하면서도 자기 생각을 분명하고 솔직하게 밝혔다. "당신은 자신의 정신 건강뿐 아니라 영혼까지 위태롭게 만들고 있습니다."

하이너와의 대화는 지오바나에게 중요한 첫발을 내딛는 계기가 되었다. 수년 뒤 지오바나는 다음과 같이 회상했다. "하이너와의 첫 만남에서 제게 가장 인상 깊게 다가온 것은 그의 고결함이었습니다. 결코 타협이 없었죠. 전에 만난 적이 없음에도 저는 '이분은 하나님의 사람이야. 분명 이해할 수 있을 거야'라고 확신했습니다. 하이너는 한 발짝의 양보도 없이 예수님의 말씀을 대변했어요. 이게 사람들이 하이너를 전적으로 신뢰하는 이유입니다."

자신을 권위자로 만들려는 어떠한 시도도 단호히 거부했음에도 많은 사람이 하이너를 스승으로 모시려 했다. 하지만 하이너는 여전히 선의로 자신을 찾아오는 사람은 어떻게든 만나 주는 게 당연하다고 생각했다. 시빌의 딸 자비에르는 고등학교 시절 몇 주 동안이나 하이너와의 상담을 고심한 적이 있었다. 한편으론 수줍기도 했고 다른 한편으론 하이너를 너무 존경한 나머지 그와의 만남이 인생을 바꾸어 놓을 거라 확신했기 때문에 섣불리 결정할 수 없었다. 마침내 자비에르는 용기를 내어 하이너에게 상담을 요청했다.

자비에르가 하이너의 서재를 찾았을 때 하이너는 아이스크림이 담긴 그릇을 비우고 있었다. 자비에르는 생각해 두었던 말을 한마디도 빼먹지 않고 하이너에게 모조리 쏟아 냈다. 진리를 찾고 싶은 마음, 지난날의 실수, 의심과 불안 등. 자비에르의 긴 얘기를 들으며 하이너는 계속 아이스크림을 먹었다. 말을 마치고 자비에르가 기대에 찬 눈으로 하이너를 바라봤다. 드디어 기다리던 순간이 찾아왔다. 하이너가 번뜩이는 통찰로 내 인생을 바꾸어 줄 거야.

잠시 뜸을 들인 하이너가 말했다. "자비에르, 부탁 좀 들어줄 수 있겠니? 이 그릇을 부엌에 가져다 놓으면 정말 고맙겠구나." 그것으로 상담은 끝났다.

하지만 괴로워하는 누군가가 있으면 하이너는 그냥 넘어가지 않았다. 열일곱 살이 된 배리는 사춘기를 거치며 혼란스러워했다. 특히 성적인 유혹 때문에 마음을 썩이고 있었는데 자기 또래 여자아이뿐 아니라(배리도 그건 정상이라는 걸 알았다) 끔찍하게도 유부녀에게까지 끌렸기 때문이다. 다른 사람들에게 솔직히 말하기가 두렵고 부끄러운 나머지 배리는 자신의 감정을 꼭꼭 숨겼다. 급기야 도움을 받지 않으면 미쳐 버릴 수도 있겠다고 생각한 배리는 어느 오후 하이너의 서재를 찾아가 상담을 청했다. 서재에 둘만 남자, 배리는 고민을 몽땅 털어놓았다.

배리에게 솔직히 말해 줘서 고맙다고 얘기한 하이너는

젊은이가 자신의 욕구에 어떤 태도를 취하는지는 아주 중요한 문제라고 강조했다. 그리고 자신이 배리와 비슷한 나이였을 때 아버지께서 해 주셨던 얘기도 들려주었다. "지금 성적인 영역을 최대한 정직하고 존중하는 마음으로 접근한다면, 이후에 자기 절제가 훨씬 쉬워질 거란다. 양심이 옳다고 하는 것에 귀를 기울이렴." 마지막으로 하이너가 덧붙였다. "너를 생각하마."

하지만 이번에는 그것이 전부가 아니었다. 그날 저녁 집에 돌아온 배리는 하이너가 찾아와 그의 침대 위에 편지를 놓고 간 사실을 알게 됐다. 편지는 이렇게 시작했다. "사랑하는 배리에게, 오늘 오후 내가 별 도움이 되지 못한 것 같아 미안하구나. 네가 자신을 괴롭히는 유혹에 관해서 솔직히 나눠 주었는데도 말이다. 이런 문제는 누가 다른 사람을 도와줄 수 없는 문제란다. 더더구나 혼자서는 불가능하고. 예수님이 삶에 들어오셔야 해. 그분은 말씀하셨단다. '나를 따라오려거든, 자기를 부인하고 자기 십자가를 지고 나를 따라오너라.' 우리가 기꺼이 이 말씀을 받아들이면, 예수님은 능력으로 다가오셔서 우리를 자유롭게 하신단다. 그 어떤 사람도 할 수 없는 일을 이루시지. 너의 친구, 하이너가."

1960년대 중반부터 크리스토프가 하이너의 오른팔이 되어 가까이서 아버지의 상담 일을 도왔다. 1974년 공동체는 크리스토프에게 아버지의 장로로서의 사역을 보좌할 것을 공식적으로 요청했다. 아내 버레나와 함께 가족을 돌보는 일만으로도 바빴지만, 크리스토프는 여전히 아들을 많이 의존하는 아버지를 돕는 것을 우선순위로 여겼다. 아버지가 전화를 걸면 몇 분 안에 나타나서는 갑자기 벌어진 위급 상황에서 아버지가 다른 사람의 영혼을 돌볼 수 있도록 돕거나, 쉽지 않은 상담을 곁에서 거들었다. 차를 운전해 하이너를 어떤 곳으로 모시고 가거나, 깜짝 방문한 손님들을 대접하기 위해 음식을 가져다주기도 했다.

종종 아버지의 천식이 심해져 지쳐 보일 때면, 크리스토프는 공동체 모임을 건너뛰고 집에서 쉬기를 권하기도 했다. 아들의 권면을 받아들일 때도 있었지만, 하이너는 노래 부르고 기도하는 저녁 모임에는 무슨 일이 있어도 참석했다. 아무리 호흡이 불편하고 고열이 있어도 막무가내였다. "형제자매들을 봐야 해. 그래야 힘이 나거든."

그런 날은 크리스토프가 미리 사람들에게 아버지의 상태를 알렸다. "오늘은 아버지께서 기운이 없으시니 배려해 주시면 고맙겠습니다." 하지만 모임 장소에 들어서는 순간, 하이너는 기운을 차리곤 했다. 조금 전까지 기진맥진했던 하이너는 사랑하는 사람들을 만나 금세 활기차게 변했고, 저녁 내내 활력을 유지했다. 모임 후 집에 돌아와서는 커다란 안락의자에 앉아 애나마리와 자녀들, 그들의 배우자들과 함께 담소를 나누며 그동안 자신이 생각해 온 것에 관해 얘기하거나 최근 고민하는 문제에 관해 의견을 묻기도 했다. 에미나 하디가 들르거나 게오르크가 찾아와 함께 포도주잔을 기울이며 추억에 잠길 때도 있었다. 어떨 때는 너무 고무돼서 밤잠을 못 이루기도 했다.

하이너는 이따금 크리스토프에게 아버지와의 관계를 얘기하며 자기가 살날이 얼마 안 남았을 수 있으니 아버지에게 건네받은 횃불을 전해 줘야 할 것 같다고 말하곤 했다. 하이너에게 에버하르트는 육신의 아버지 그 이상이었다. 에버하르트가 열두 살 아들이 예수님을 경험했다는 사실을 알았던 순간부터 깊은 영적 유대가 두 사람을 묶어 주었다. 이제 하이너와 크리스토프 사이에도 똑같은 유대가 형성됐다.

어느 날 밤 하이너는 아들 내외에게 편지를 썼다. 거의 동틀 무렵이 다 돼서 편지를 마무리한 하이너는 서신을 봉인해 자기가 죽은 후에 열어 보라는 지시와 함께 금고에 보관했다. 크리스토프와 버레나를 수신자로 한 편지는 다음과 같이 시작했다. "사랑하는 크리스토프에게, 요 몇 년간 네가 나와 함께 정말 많은 일을 감당했구나. 그러니 이제는 내가 떠난 후의 시간을 위해 몇 가지 생각을 너와 나누려고 한다. 먼저 네 할아버지께서 다름슈타트에서 쓰셨던 편지를 미래를 위한 나침반으로 삼거라. 언제나 그 편지가 너의 길잡이가 되길……. 내면의 자유와 진실함을 지키기 위해서라면 무엇과도 타협하지 말아라. 어떤 일이 있어도 하나님의 위대함과 이 땅에 있는 하나님 나라를 부인해선 안 된다. 모든 일에 있어서 철저히 하나님을 신뢰하렴."

이어서 하이너는 크리스토프가 장래에 반면교사로 삼길 바라는 마음으로 공동체의 역사를 회고했다. "공동체 초기에 소수의 사람들은 예수님의 사랑에 완전히 사로잡혀서 서로에 대한 사랑이 넘쳤단다. 비록 적은 무리였지만 얼마나 많은 일을 감당했는지 생각해 보면 정말 놀라울 따름이다. 심지어 아이들도 어려움을 어려움이라 생각하지 않고 앞장서서 거지와 불쌍한 사람들을 나름대로 도왔어. 예수님의 사랑이 아이들의 마음속에 가득했기 때문이다."

"그 후 특히 파라과이에서 사람들은 예수님의 참사랑을 점점 거부하기 시작했지. 브루더호프의 삶은 서서히 처음과 전혀 다른 정반대 방향으로 흘러갔어. 내 표현이 무척 투박하다는 건 나도 안다."

"끊임없이 나 자신에게 물었어. 오파와 오마 그리고 타타가 그리스도 안에서 세운 이 공동체가 어떻게 완전히 다른 모습으로 일그러질 수 있을까? 그렇게 선명하게 그리스도의 반석 위에서 시작된 공동체가 시간이 지나면서 철저하게 왜곡되는 일이 어떻게 가능할까?"

"공동체를 시작할 때의 정신과 너무도 명확하게 대조를 이루는 끔찍한 상황 속에서도 나는 왜 잘못을 인식하지 못했을까? 이제 와서 지난 일과 잘못을 시시콜콜 따지자는 건 아니다. 우리 아놀드 가족에게도 분명 책임이 있으니까 말이다······."

"결국 우린 모두 형편없는 사람들이다. 진심으로 하는 말이다. 십자가에 달리신 그리스도가 없다면 누구도 하나님께 나아갈 수 없단다. 이게 우리의 기쁨과 믿음이요 우리의 선언이지······."

"언제나 예수 그리스도를 중심에 모셔야 한다. 공동체는 끊임없이 내적으로 갱신되어야 해. 하나님을 새롭게 만나야 한다는 뜻이다."

하이너는 지금까지 아버지의 축복이 자신에게 얼마나 큰 의미였는지 돌아보며 개인적인 인사로 편지를 마무리했다. "하나님의 축복이 너와 네 아내 버레나 그리고 너의 사랑하는 아이들의 앞길에 함께하길……."

앞날을 내다보며 하이너는 또 다른 준비를 했다. 틈날 때마다 목회에 관한 생각을 비서인 니키와 헬라에게 구술했다. 출판부에서 일하던 크리스토프는 이를 두 권의 책으로 묶는 작업을 도왔다. 『하나님의 형상으로』(In the Image of God)는 결혼과 성이라는 주제를, 『생각 지킴』(Freedom from Sinful Thoughts)은 거의 언급되지 않지만 누구나 겪는 고통의 근원을 다루었다. 특히 『생각 지킴』은 하이너가 젊었을 때부터 좋아했던 마이스터 에크하르트에게서 많은 영감을 얻은 책이었다.

하이너는 이렇게 인쇄된 책을 주로 상담을 받으러 찾아온 사람에게만 나눠 주었다. 책이 사람들에 의해 회람되자 곧 감명을 받은 독자에게서 감사의 편지가 날아오기 시작했다. 공동체는 정식으로 원고를 출간하기로 뜻을 모았고 책은 점점 더 큰 반향을 일으켰다. 전혀 모르는 독자가 하이너에게 『생각 지킴』을 읽고 나서 자신의 삶이 완전히 바뀌었다는 편지를 보내기도 했다. (몇몇 사람은 자살을 생각하다가 『생각 지킴』을 읽고 마음을 바꾸었다고 고백하기까지 했다.) 요란한 광고 없이도, 두 책은 매해 꾸준히 팔려 나갔다.

책등에 새겨진 자신의 이름을 보고 흐뭇해진 하이너는 이제 우드크레스트로 돌아온 옛 스승 트루디를 짓궂게

놀렸다. "선생님은 늘 저를 가망 없는 학생이라고 말씀하셨죠." 하이너가 오래전 일을 끄집어냈다.

"그래, 하이너. 넌 정말 골칫덩어리였어! 내가 영어 좀 가르쳐 보려고 했는데도 넌 입도 꿈쩍 안 했지."

"그리고 나서 불어를 가르치기 시작하실 땐 제가 보는 앞에서 아버지께 이런 말도 하셨죠. 전 아직도 그 말이 귀에 생생합니다. '하이너에겐 희망이 없습니다.' 그 말을 듣고 아버지는 저를 대학에 보내지 않기로 하셨죠. 그런데 트루디 선생님, 그랬던 제가 오늘 저자가 됐습니다." 두 사람은 웃음을 터뜨렸다.

이제 하이너와 애나마리의 손주들이 학교에 다니기 시작했다. 손주들이 찾아올 때마다 하이너는 별칭이나 각별히 고른 애칭을 불러 가며 반갑게 맞아 주었다. 크리스토프의 아들 하인리히는 자신에게 이름을 물려주신 할아버지를 더 가깝게 느꼈다. 하인리히가 매일 등굣길에 방문할 때마다 하이너는 손자를 꼭 안아 주고 볼에 입맞춤을 한 후에야 학교에 보냈다.

하이너는 자라나는 손자들을 보면서 남자가 된다는 게 무슨 의미인지 가르치려고 노력했다. 하이너가 손자들에게 말했다. "하디와 내가 젊었을 때, 하디는 멋있고 똑똑한 대학생이었어. 난 농사꾼의 아들이 다니는 농업 전문학교에 갈 예정이었고. 하디와 내가 씨름을 하면 난 한쪽 팔을 뒤로 접고도 하디를 땅에 고꾸라트릴 수 있었지."

아직 말타기를 즐겼던 하이너는 하인리히와 네이선(하이너의 딸 마리아의 장남)을 시켜 말에 안장을 갖추고 서재 밖까지 끌고 오게 하곤 했다. 기력이 쇠한 하이너는 말에 오를 때 도움을 받아야 했지만, 일단 안장에 앉으면 한 손으로 고삐를 잡고 손쉽게 말을 다루며 집 뒤의 숲과 들판을 천천히 가로질렀다.

더 어린 손주들은 자네츠와 베를린 얘기를 듣는 특권을 누렸다. "하디와 내가 타타와 함께 기차를 타고 가는데 말이다……." 몸짓을 섞어 가며 즐겨하는 얘기를 들려주는 하이너의 눈이 반짝였다. "검은 드레스를 품위 있게 차려입은 나이 든 귀부인이 우리 칸에 타고 있었어. 갑자기 하디가 헉 소리를 내며 손가락으로 귀부인의 얼굴을 가리켰지. '타타, 저기 코 좀 봐요! 코에 사마귀가 있어요.' 타타는 아무것도 아니라며 하디에게 조용히 하라고 했지. 그런데 하디는 아랑곳하지 않았어. '저거 안 보여요? 사마귀예요.' 마침내 잔뜩 화가 난 귀부인은 일어나 다른 칸으로 뛰어갔지."

아이들을 아꼈던 하이너는 종종 어른들에게 혼나는 아이들을 감싸 줬다. 특히 성적으로 아이들을 평가하고 공부를 강요하는 어른만큼 하이너를 화나게 만드는 건 없었다. 어느 날 오후 크리스토프와 버레나의 열네 살 딸인 에미 마리아가 불쑥 들어왔을 때 하이너는 다른 사람들과 우드크레스트 학교의 문제점을 논의하고 있었다. "이런 어리석고 교만한 교사들 같으니라고! 좋은 대학 나왔다고 자기들이 다른 사람들보다 나은 줄 알아. 공부 잘하는 사람만 잘났다고 생각한다고." 하이너가 눈을 부릅뜨며 말했다. 에미 마리아가 방에 있는 걸 눈치챈 하이너는 손가락을 내저으며 손녀에게 말했다. "오늘 들은 얘기는 절대 선생님께 말해서는 안 된다."

그런 일에도 불구하고 애미 마리아는 선생님 말씀을 안 들었다간 할아버지 얼굴을 봐야 한다는 사실을 잘 알고 있었다. 하이너의 손주들에게 가장 무서운 한마디는 "가서 오파에게 네가 한 일을 말씀드려라"였다. 하이너가 꾸짖거나 벌을 주어서가 아니었다. 할아버지 앞에서 잘못한 일(거짓말이나 무례함)을 말하는 것은 그 어떤 벌보다 힘들었다. 물론 하이너는 다음부턴 안 그러겠다는 다짐을 받지 않고 손주들을 그냥 돌려보내는 법이 없었다. "내일은 다를 거야, 그치? 할아버지가 안아 주마."

1970년대 초부터 하이너는 당뇨병 때문에 정기적으로 인슐린 주사를 맞아야 했다. 이 때문에 하이너의 체중은 점점 늘어 생전 처음 뚱뚱한 사람이 됐다. 곧 다른 합병증이 생기자 의사들은 하이너에게 흡연과 소금 섭취를 금했다. 하이너가 이런 금지 규정을 반길 리 없었다. 가족들이 다른 일로 분주한 저녁이면 하이너는 슬리퍼를 신고 살며시 위층에 올라가 슈파호프에서 같이 자란 옛친구 루디 힐델을 찾았다. 하이너는 발소리를 내지 않고 거실을 가로질러 언제나 폴몰 담배가 있는 루디의 셔츠 주머니에 손을 넣었다. 루디와 담배 한두 개비를 같이 피우고 나서 하이너는 싱글벙글 계단을 내려오곤 했다.

두세 달에 한 번씩 한스와 에미-마가렛의 아들 벤이 코네티컷에서 찾아왔다. 아마추어 포도주 제조자인 벤은 올 때마다 최근에 담근 포도주를 통째로 들고 왔고 두 사람은 그들만의 시음회를 벌였다. 한번은 하이너가 벤에게 말했다. "벤, 예수님이 행하신 첫 번째 기적이 물로 포도주를 만든 거라는 거 너도 알지? 근데 세상엔 예수님이 포도주가 물이 되게 하셨더라면 하고 바라는 기독교인들이 많아. 하지만 그건 진짜 복음이 아니지!" 저녁 식탁에 앉아서 금지된 소금을 음식에 잔뜩 뿌리며 하이너는 비슷한 식의 얘기를 꺼내곤 했다. "예수님은 우리보고 세상의 소금이 되라고 하셨어. 그런데 의사들은 나한테 소금은 안 된다고 말하니, 나 원 참!" 그렇게 말하곤 하이너는 자신의 말을 강조하기 위해 소금 통을 몇 번 더 흔들었다.

하이너는 육십대밖에 안 됐지만 폭삭 늙어 보였다. 반대로 애나마리는 활기가 넘쳤다. 두 사람은 여전히 금슬이 좋았다. 늘 농담을 주고받거나 실제적인 문제로 다툴 때도 서로에게 다정했다. 집을 나서기 전 애나마리는 분주하게 하이너 주위를 돌며 단정하게 머리를 빗겨 주거나 외투의 얼룩을 닦아 줬다. 콜로뉴 향수를 뿌려 주기도 했는데 그럴 때면 하이너는 "아니, 애나마리, 정말 이렇게까지 해야 해?"라고 말하며 좋은 듯 싫은 듯 모호한 투정을 부렸다.

누구도 애나마리 없는 하이너를 생각해 보지 못했다. 하이너 자신에게도 그건 상상할 수 없는 일이었다. 실제로 애나마리가 자신보다 오래 살 거라 확신했던 하이너는 어느 날 자신의 사후 애나마리를 돌보는 문제에 관해 크리스토프와 상의했다. 하이너는 크리스토프에게 애나마리를 설득해 자네츠 시절부터 지금까지의 공동체 역사를 쓰게 하면 어떻겠냐고 제안했다. 하이너가 보기에 그녀만큼 적당한 사람도 없었다. 애나마리가 썼던 셀 수 없이 많은 편지를 읽어 본다면, 그녀에게 서술과 묘사에 뛰어난 재능이 있다는 건 누구나 인정할 만한 사실이었다.

하지만 1979년 9월 어느 날 오후, 모든 게 뒤집어졌다. 애나마리에게 림프종이라는 혈액암 선고가 내려졌다. 그렇다고 청천벽력 같은 일은 아니었다. 몇 주 동안 가슴 통증을 호소하며 기운 없어 하는 애나마리를 보고 지금은 의사가 된 모니카가 검진 예약을 했다. 그러나 여전히 모두가 결과를 믿기 어려워했다. 크리스토프와 모니카가 검진 결과를 알려 주자 애나마리와 하이너 모두 눈물을 흘렸다. 하지만 이내 마음을 추스른 애나마리는 하이너를 똑바로 바라보며 말했다. "이제 매일 매 순간이 소중해요. 형제자매들과 아이들, 공동체를 찾는 손님들에게 사랑을 보여 줄 기회를 하나라도 놓치면 안 돼요."

암은 급속도로 퍼져 나갔다. 1월이 되자 평생 다른 사람을 섬겨 오던 애나마리가 반대로 돌봄을 받는 처지가 됐다. 애나마리는 그런 현실을 받아들이기 힘들어했다.

그해 겨울, 엎친 데 덮친 격으로 하이너의 어머니 에미까지 폐렴으로 몸져누웠다. 지난 몇 년 동안 에미는 위층에 살면서 버레나와 에미-마가렛 그리고 다른 사람들의 보살핌을 받았다. 이제 96세가 된 에미는 생각에 잠겨 있을 때가 많았고 혼란스러워할 때도 종종 있었다. 하지만 내적인 열정만은 변함이 없었다. "어려울 때 난 더 강해집니다." 다른 사람들을 불안하게 만드는 안 좋은 소식이나 문제를 듣고도 에미는 전혀 동요하지 않았다. 에미는 매일같이 "영원으로 건너가는" 얘기를 했고 소녀가 크리스마스를 기다리듯 그 순간을 고대했다. "타타가 늘 말했어. '나는 죽을 때 아이처럼 잠들 거라고.'" 45년을 미망인으로 살아온 에미는 "에버하르트를 만나러 간다"는 얘기도 수시로 했다. 어떨 때는 하이너를 소중하게 여긴 나머지 자신의 남편과 혼동할 때도 있었다. 에미가 반짝이는 푸른 눈으로 하이너를 바라보며 "나의 에버하르트, 나의 에버하르트"라고 말해도 아무도 정정하려 들지 않았다.

에미의 96세 생일인 크리스마스가 3주 정도 지난 어느 날 저녁, 버레나가 크리스토프와 하이너를 에미의 방으로 호출했다. "할머니께서 곧 돌아가실 것 같아요." 몇 분 후 타타의 말처럼 에미는 아이가 잠들듯 세상을 떠났다. 언젠가 하이너가 자녀들에게 말했다. "어머니가 돌아가시면 하늘에서 뭔가 중대한 일이 생길 거란다." 이제 그 순간이 찾아왔다. 가족에게 깊은 상실감을 주었지만, 외롭고 침통했던 오랜 세월 끝에 남편과 재회해 기뻐할 그녀를 생각하면 그렇게 견디기 어려운 슬픔은 아니었다.

애나마리는 몸이 편치 못해 시어머니의 시신을 단장하는 일과 시신이 놓일 방을 꾸미지 못하는 것을 가슴 아파했다. 애나마리는 이런 일을 공동체 사람들을 위해 베푸는 "마지막 사랑의 섬김"이라고 부르며 언제나 특권처럼 생각했다.

그러나 작별해야 할 사람은 에미만이 아니었다. 에미가 죽은 지 며칠 안 돼 애나마리가 거의 반세기 동안 알아왔던 도라 역시 세상을 떴다. 애나마리는 너무 쇠약해져서 장례식에 참석할 순 없었지만, 도라의 운구 행렬이 그녀의 집 앞을 지날 때 고열에 시달려 몸을 덜덜 떨면서도 병석에서 일어나 상복을 차려입고 문 앞에 서 있었다.

일주일 후 하이너의 오랜 동급생 루스도 눈을 감았다. 지난주보다 더 몸 상태가 안 좋았지만 애나마리는 다시 상복을 입고 장례식에 참석했다. 감당치 못할 게 분명한데도 애나마리는 루스에게 경의를 표하기 위해 고집을 꺾지 않았다.

세 여인 모두 수년 동안 애나마리와 가까웠던 사람들이었기에 상실감은 이루 말할 수 없이 컸다. 한 사람씩 떠나보낼 때마다 애나마리의 병세도 눈에 띌 정도로 악화됐다. 하이너는 애나마리가 죽어 가고 있다는 사실을 의사들보다 먼저 인지했다. 의사들은 애나마리의 암이 치사율이 낮고 예후도 좋다고 말하며 하이너를 안심시켰다. 그러나 어느 날 하이너가 밀턴에게 말했다. "옆에서 보고만 있어도 애나마리가 점점 약해지는 게 보여. 자네는 매일 다음에 할 검사를 얘기하면서 칼륨 수치가 올라갔고 심장 상태가 개선됐다는 식으로 말하지. 하지만 한 번도 애나마리가 죽어 가고 있고 내가 아내를 잃을 거라고는 말하지 않았어."

밀턴은 깜짝 놀랐다. 자신도 인정하고 싶지 않은 사실을 하이너가 일깨워 준 것이다. "하이너가 옳아. 애나마리의 마지막이 가까이 다가왔어."

애나마리가 죽기 몇 주 전부터 하이너는 온 힘을 다해 애나마리를 돌봤다. 손주들과 시간을 보낼 때를 제외하곤 거의 아내 곁을 떠나지 않았다. 고통스러워하는 애나마리를 보는 것만으로도 이미 괴로웠지만, 그보다 하이너를 힘들게 만든 건 애나마리가 길게 말하는 능력을 상실한 것이었다. 어느 날 밤 굳게 닫혔던 애나마리의 입이 열려 모두를 놀라게 했다. 에미 마리아를 부르며 동요하는 어머니를 진정시키기 위해 로즈비트가 자신의 아기를 안고 왔다. 애나마리가 40년 전에 잃은 딸아이의 이름을 붙인 에미 마리아였다. 아기를 가슴에 품은 애나마리는 차츰 평온을 되찾았다.

   3월 15일 저녁 일곱 시, 밀턴이 하이너와 그의 자녀들을 애나마리의 침대 옆으로 불러모았다. 애나마리의 맥박은 불규칙했다. 침대 옆 창밖에서는 공동체 사람들이 노래를 부르고 있었다. 뭔가 말을 하려는 듯했던 애나마리는 끝내 입을 떼지 못했다. 애나마리는 하이너 쪽으로 시선을 돌려 몇 분 동안 하이너의 눈을 똑바로 바라봤다. 분명한 작별 인사였다. 다시 몇 분이 지나 거실로 나온 하이너는 눈물을 흘리며 손주들에게 할머니의 죽음을 알렸다.

   애나마리가 떠난 후 하이너는 끊임없이 아내 얘기를 했고 아내의 편지와 일기를 보고 또 봤다. 비록 몸은 떠났지만 애나마리는 다른 방식으로 하이너와 함께했고 하이너도 아직 아내를 떠나보내지 못했다. 장례를 치르고 얼마 안 된 어느 날, 하이너가 딸들과 앉아 커피를 마시고 있었다. 딸들은 자기 가족 얘기를 나누며 즐거운 시간을 보내고 있었다. 하이너는 대화에 끼어들지 않았다. 그리고 곧 딸들의 밝은 모습에 상처를 받았다는 사실을 숨기지 않았다. 하이너는 딸들의 삶이 어떻게 그토록 빨리 정상으로 돌아갈 수 있는

지 의아해했다. 엄마를 생각하며 아직까지 슬퍼하고 있는 이 애비가 보이지 않니? 왜 너희들은 나만큼 애나마리의 죽음을 무겁게 받아들이지 않니?

얼마 후 하이너는, 자신을 위해, 자녀들에게 엄마에 관한 기억을 적어 달라고 부탁했다. 그리고 그 글을 적어도 한 번 이상 읽게 했다. "내가 어떤 사람을 잃었는지 알고 싶구나." 하이너가 눈물을 흘리며 말했다. "이제 아내의 영혼이 얼마나 아름다운지 깨달았어."

애나마리를 잃고 나서 처음 맞는 크리스마스날, 하이너는 네이선을 방으로 불러 낡은 기타를 건네 줬다. "이건 네 할머니의 기타란다." 하이너가 열다섯 살 손자에게 말했다. "내가 아순시온에서 할머니를 위해 산 거야. 같이 연주하곤 했었는데……." 하이너가 눈물을 터뜨렸다. 손자는 침대에 같이 앉아 할아버지를 위로해 드리려 했지만 어찌할 바를 몰랐다.

그 후 2년은 하이너에게 외롭고 고통스러운 시간이었다. 지금까지 하이너는 크리스토프를 의지했다. 그러나 애나마리가 죽고 나서 이젠 크리스토프에게 기대는 것도 어려워졌다. 아버지와 아들의 특별한 유대감을 시기한 딸들이 아버지의 관심을 끌기 위해 경쟁하며 크리스토프를 밀어냈다. 동시에 서로 갈등이 생길 때나 공동체에 문제가 있을 때 하이너를 자신의 편으로 끌어들이려 했다. 이처럼 뼈아픈 가족의 분열로 하이너의 마음은 한없이 무거웠고 체력마저 소진돼 더는 공동체를 이끌 수 없게 되었다.

그나마 위로가 되었던 것은 아이들이었다. 애나마리가

눈을 감기 몇 주 전, 손주들과 그 또래의 여러 친구들이 자발적으로 애나마리를 위해 기도하는 모임을 시작했다. 아이들은 종종 애나마리의 방이 들여다보이는 창밖에 모여서 노래를 불러 애나마리를 기쁘게 했다. 그렇게 아이들이 찾아오고 나면 애나마리는 몇 시간 혹은 며칠씩 상태가 좋아지곤 했다. 애나마리가 떠나고 나서도 아이들의 모임은 더 활기를 띠었다. 더 많은 아이들이 모임을 찾았다. 모닥불 주위에서 노래를 불렀고, 하이킹을 했고, 자신들이 만든 연극을 무대 위에 올리기도 했다. 그들을 보면서 하이너는 자신의 어린 시절과 태양 특공대를 떠올렸다. 하이너는 크리스토프에게 아이들의 사정을 잘 살피고 비록 선의일지라도 어른들이 아이들의 모임에 간섭하는 일이 없게 해 달라고 당부했다.

때때로 아이들이 직접 하이너를 찾아와 자신들의 활동을 설명하거나 조언을 구하기도 했다. 그럴 때면 하이너는 에버하르트와 에미, 자네츠, 어렸을 적 키웠던 개에 관한 이야기로 답을 대신했다. 성경 이야기나 성 프란치스코와 나병 환자 이야기, 라코프, 헬리오퍼, 사두 선다 싱 이야기도 빠트리지 않았다.

지난 몇 달간 하이너의 인생도 막바지로 향하고 있다는 사실이 확연히 드러났음에도 가족들은 1982년 봄 하이너의 신체 기능이 하나둘씩 멈추기 시작했을 때 충격을 감추지 못했다. 6월과 7월 내내 하이너는 집 밖으로 나오지 못했다. 그러나 여전히 손주들과 친구들을 집으로 초대해 만나거나 소중한 사람을 볼 수 있게 불러 달라고 부탁하곤 했다.

지난 2년 동안 선교에 대한 하이너의 관심은 더 깊어졌다. 그가 고민했던 선교는 사람들을 회심시키거나 공동체 멤버를 모집하는 차원의 선교가 아닌 복음서에 나오는 예수님의 말씀을 따르는 의미의 선교였다. "내가 배고플 때 너희가 먹을 것을 주었고, 목마를 때 마실 것을 주었다. 낯선 이의 모습을 한 나를 집에 들였고, 벌거벗은 내게 옷을 주었다. 내가 아플 때 문병을 왔고 감옥에 갇혔을 때 찾아왔다."

이와 같은 말씀(하이너의 마음속에 평생 타올랐던 말씀)에 순종하기 위해 하이너는 공동체가 일터에서 멤버들을 자유롭게 놓아주어 두 사람씩 양로원이나 교도소, 빈민가 등 사회의 어두운 곳으로 선교를 나갈 수 있게 해야 한다고 강조했다. "우리가 좀 더 적극적으로 선교 활동에 임하길 갈망합니다. 이 시대는 참으로 절박한 시대입니다. 너무나 많은 사람이 고통 가운데 살고 있습니다. 해야 할 일이 많아요. 우리에게 빛이 비춰서 사랑의 메시지, 새로운 사랑의 길이 온 세상에 전파되기를 기도합니다."

여전히 도움이 필요한 지오바나처럼 하이너 주변에 있는 사람들 역시 이러한 선교의 대상이었다. 마지막으로 하이너를 찾은 지오바나는 쇠약해진 그의 모습을 보고 깜짝 놀랐다. "이리 와 앉아요." 하이너가 말했다. "그러잖아도 어떻게 지내는지 궁금하던 참이었어요."

하이너의 인사말에 어리둥절해진 지오바나는 속으로

생각했다. "죽을 날이 가깝다는 걸 알면서도 나 같은 사람을 생각하다니!" 수년 후 지오바나는 하이너와의 마지막 만남을 이렇게 회고했다. "저는 계획에 없던 말을 마구 쏟아냈습니다. 생각 속에서도 어떻게 표현해야 할지 모르던 말이었어요. 나를 잡고 있던 무엇인가가 떠나가는 느낌이었죠. 하이너가 조금도 정죄하는 기색 없이 연민 가득한 눈으로 바라보며 들어 주셔서 정말 무슨 말이라도 다 할 수 있었어요. 그분의 존중하는 마음이 느껴져서 가능했던 일이라고 생각해요. 하이너는 모든 사람을 하나님의 자녀라고 보았으니까요."

"떠날 시간이 되자 하이너가 제게 말했어요. '할 얘기가 있으면 언제든 다시 찾아와요. 기다리지 말고요. 아무 때나 오셔도 됩니다.' 방을 나서면서 저는 벌써 치유되기 시작했음을 느꼈습니다."

하이너는 이따금 자신이 실패자일지 모른다고 생각했다. 어릴 적 꿈꿨던 것처럼 이 마을 저 마을을 떠도는 일은 하이너에게 일어나지 않았다. 어렸을 적 받았던 소명을 따르지 못한 것은 아닌지 걱정하기도 했다. 하이너의 삶은 칼날 위에 놓인듯 위태롭고 힘겨웠다. 안전이나 평온과는 거리가 먼 삶이었다. 하이너는 회심한 날부터 줄곧 전장의 한복판에 있었고 한 걸음 움직일 때마다 상처를 입었다. 그렇게 부서진 채 조금씩 죽음을 향해 다가갔다.

그러나 그 부서짐은 할아버지를 거의 알지 못하는 나 같은 손자에게 그분이 남긴 가장 큰 선물이었다. 내 눈에 오파는 집에서 쫓겨나 거지로 객사한 선다 싱처럼, 자신의 백성을 위해 심장을 찢은 헬리오퍼처럼 부서진 인생이다. 감옥에서 숨을 거두며 떠오르는 태양을 향해 두 팔을 뻗고 "형제 예수여, 제가 갑니다. 제가 갑니다!"라고 소리 높여 외친 라코프처럼, 그렇게 부서진.

나가며

1982년 7월 24일, 우드크레스트.

앤 슈워너는 시신을 보고 싶지 않았다. 하이너의 시신은 어제 *그가* 숨을 거둔 침대 위에 놓여 있었고, 자연스러워 보였다. 그러나 잠자는 사람이라면 그토록 단정하게 머리를 베개 한가운데 둘 리 없었다. 하이너의 손에는 아홉 송이의 장미가 쥐어져 있었다. 에미 마리아와 마리아나를 포함한 아홉 명의 자녀들을 상징하는 장미였다. 마지막으로 아버지의 눈을 감긴 크리스토프가 밀턴의 도움을 받아 시신을 씻기고 옷을 입혔다. 장의사가 끼어들 틈이 허락되지 않았음을 앤은 눈치챌 수 있었다. 죽은 지 스물네 시간이 지난 시신의 얼굴은 살짝 느슨해졌다. 아이처럼, 자신만만해 보였다.

시신을 빤히 쳐다보는 대신 앤은 방 안을 살폈다. 그녀가 알지 못하는 열 명 남짓한 사람들처럼, 남편 네트도 말없이 엄숙하게 앉아 있었다. 노란 벽에는 수십 장의 사진이 전시되어 있었다. 앤은 여러 사진 속에서 애나마리를 알아봤다. 행복하면서도 조급한 표정으로 카메라를 바라보는 애나마리. 뭔가 처리해야 할 일이 있어 바삐 움직이다 누군가에 의해 멈춰 서 포즈를 취했겠지. 한쪽에는 밝게 웃는 아이들의 스냅 사진이 각각 둥근 황동색 액자에 담겨 나란히 배열되어 있었다. 분명 손주들일 것이다. 하이너의 머리맡에는 누군가 손수 만든 작은 십자가가 걸려 있었다. 나뭇가지 두 개를 접착제로 붙인 다음 검게 칠한 십자가였다.

저온으로 설정된 두 개의 에어컨이 시끄럽게 돌아갔다. 앤은 남편에게 밖으로 나가자고 눈짓했다. 다른 조문객들이 나가는 길을 터 주기 위해 움직일 때 의자들이 삐걱댔다. 다시 한낮의 열기 가운데 나온 그들은 장미와 제라늄이 피어 있는 화단 옆에 서 있었다. 아마 애나마리의 정원일 거라고 앤은 짐작했다. 무음 버튼을 누른 것처럼, 세상은 고요했다. 이내 누군가 커피 한 잔 마시고 가라고 그녀와 네트를 초대하는 소리가 두꺼운 유리창을 통해 새어 나왔다. 앤은 집에 곧장 가야 한다며 사양했다.

이해가 안 갔다. 무신론자인 내가 도대체 여기서 뭘 하고 있는 건가? 수제 십자가를 곁에 둔 이 사내를 떠나보내기가 왜 이리도 힘들까?

감사의 말

크리스토프와 버레나 아놀드의 도움과 격려가 없었다면 이 책은 완성되지 못했을 것이다. 두 분에게 감사한 마음으로 이 책을 헌정한다. 길었던 조사와 집필 작업 동안 변함없이 날 지지해 주신 부모님과 데이비드, 로즈비트 메이슨 부부에게도 감사의 인사를 전한다.

오파, 오마의 문서와 두 분의 삶을 연대순으로 상세하게 정리해 주신 캐롤린 윅스의 공헌은 아무리 과장해도 지나치지 않을 것이다. 문장을 살피고 조언해 준 편집자 크리스 짐머만에게도 감사드린다. 면접에 응하고, 자료를 제공하고, 원고에 대한 의견을 말해 주며 적극적으로 이 책에 기여한 분 중 특별히 르우벤과 마가렛 짐머만 부부, 피터와 리사 마스 부부, 데이비드와 마리아 맨들 부부, 데이비드와 에디트 무디 부부, 더그와 루비 무디 부부, 시빌 센더, 조피 뢰버, 피터와 케이트 카바나 부부, 루스 랜드, 제니 해리스, 스탠과 헬라 에어리히 부부, 아트와 메리 와이저 부부, 딕과 로이산 도머 부부, 알랜과 닐리 스티븐슨 부부, 데렉과 메지

워들 부부, 클라우스와 하이디 바르트 부부, 루디 힐델, 요르크와 레나타 바르트 부부, 존과 낸시 윈터 부부, 밀턴과 샌디 짐머만 부부, 그리고 나의 조부모님인 아놀드와 도로시 맘슨에게 감사드린다.

그 외에도 오파와 오마를 아는 많은 분이 직접적 혹은 간접적으로(이미 돌아가신 경우, 생전에 남긴 글을 통해) 책의 출간을 도와주셨다. 돈과 이브 알렉산더 부부, 제임스와 헤리엇 알렉산더 부부, 헤르만 아놀드(하이너의 사촌), 슈테판과 질 바르트 부부, 요제프와 룻 벤엘리이자 부부, 프란시스와 실비아 빌즈 부부, 더피와 수지 블랙 부부, 크리스토프와 마이디 볼러 부부, 휴고와 마저리 브링크만 부부, 노랜 블라우, 모린 번, 메리 코지, 프리다 뒤라프, 세펄과 크리스틴 피실리 부부, 스텐리 플래처, 도너 포드, 게리와 수잔 프레이즈 부부, 알프레드와 그레텔 그나이팅 부부, 야콥과 홀리아나 그나이팅 부부, 도리 그리브즈, 캐서린 하젠버그, 존과 그웬 하인 부부, 펩 힝키, 프란츠 허시, 월터와 트루디 허시 부부, 칼과 임가르드 카이덜링 부부, 롤랑과 로테 카이더링 부부, 케럴과 도리스 킹 부부, 일자 폰 퀼러, 하워드와 메리언 존슨 부부, 마틴과 버글 존슨 부부, 에드나 조리, 크리스텔 클뤼버, 줄리 린, 라헬 뢰버, 니키 마스, 헤리와 로티 매기 부부, 알리스터와 주디 마천트 부부, 윌과 캐서린 마천트 부부, 올기 마틴, 아놀드와 글래디스 메이슨 부부, 자니와 비나 메이슨 부부, 미리엄 포츠 매티스, 안드레아스와 피다 마이어 부부, 수지 프로스 마이어, 샤론 멜런슨, 토비와 요한나 맘슨 부부, 도리 카이저 무디, 돈과 메럴린 노블 부부, 폴과 메리 파파스 부부, 톰과 플로리 포츠 부부, 마틴과 수잔나 라임스 부부, 로버트와 올웬 라임스 부부, 아일린 로버쇼, 자니와 베티 로빈슨 부부, 이본 샌더슨, 메리 앤 세이비츠, 제프와 몰리 손 부부, 낸시 트래프넬, 제리와 낸시 볼 부부, 네이선과 루시 워런 부부, 게어드와 게어트루드 베그너 부부, 앤 빌러, 에미 윌슨, 지오바나 우드, 아서와 필리스 울스턴 부부, 로즈마리 카이저 울스턴, 윌프레드와 니나 라이트 부부, 조나단과 조이아나 짐머만 부부, 마리아나 짐머만, 그리고 벤과 마리아나 줌퍼 부부에게 감사드린다.

위에 언급된 분 중 다수가 원고의 사실 확인에 도움을 주셨다. 필자는 초고의 장이 끝날 때마다 관련된 시대 배경을 잘 아는, 스무 명 정도 되는 분들에게 검토를 부탁드렸는데, 그분들의 열정에도 큰 빚을 졌다. 그분들은 단순히 실수와 모순을 발견했을 뿐 아니라 지나치게 평면적인 해석을 지적하며 필자가 놓친 배후 사정이나 상세한 상황 설명으로 본서의 내용을 더 풍성하게 만들었다. 아직도 어딘가에 오류가 존재한다면 그건 당연히 내 탓이다.

마지막으로 가장 신랄하게 내 책을 비평해 주고 언제나 남편을 참아 주고 격려해 준 아내 윌마에게도 감사의 말을 전하고 싶다.

부서진 사람

부르심을 따라 살았던 사람, 하인리히 아놀드의 생애

초판 1쇄 인쇄 2021년 4월 13일
초판 1쇄 발행 2021년 4월 23일

지은이 피터 맘슨
옮긴이 칸앤메리
펴낸이 박명준

편집 박명준	펴낸곳	바람이 불어오는 곳
디자인 김진성	출판등록 2013년 4월 1일 제2013-000024호
제작 공간	주소 08072 서울 양천구 중앙로43길 14, 106-1504
	전자우편 bombaram.book@gmail.com
	문의전화 010-6353-9330 팩스 0504-323-9330

ISBN 979-11-968892-8-9 03840

• 이 책의 판권은 지은이와 바람이 불어오는 곳에 있습니다.
  이 책의 내용의 전부 또는 일부를 재사용하려면 반드시 양측의 서면 동의를 받아야 합니다.

• 잘못된 책은 구입하신 곳에서 교환할 수 있습니다.

바람이불어오는곳 은
교회 안과 밖 사람들의 신앙 여정을 담은 즐거운 책을 만듭니다.

bombaram.book